D1755146

Das Haus in Habana

Weiß jemand etwas? In einer Stadt, in der die Geschichte mit dieser entsetzlichen Feierlichkeit, die ihr eigen ist, jede Art von Lust ausgelöscht hat, kann sich da nicht alles Beliebige, das Winzigste, Kindischste, Albernste, Gröbste schließlich in eine zarte, dringliche Lust verwandeln?

Abilio Estévez, *Los Palacios distantes*

Am Ende gilt doch nur, was wir getan und gelebt – und nicht was wir ersehnt haben.

Arthur Schnitzler, *Traumnovelle*

*

Für die traurigen/fröhlichen Tiger der Insel und die Schönheit ihrer Würde

Comme d'habitude: Pour H., erstem Ohrenzeuge des Geschehenen

Marko Martin

Das Haus in Habana

Ein Rapport

Wehrhahn Verlag

Bibliografische Information der Deutschen Nationalbibliothek

Die Deutsche Nationalbibliothek verzeichnet diese Publikation in der Deutschen Nationalbibliografie; detaillierte bibliografische Daten sind im Internet über <http://dnb.ddb.de> abrufbar.

1. Auflage 2019
Wehrhahn Verlag
www.wehrhahn-verlag.de
Gesamtgestaltung: Wehrhahn Verlag
Umschlagabbildung: Foto, Marko Martin
Druck und Bindung: Sowa, Piaseczno

Alle Rechte vorbehalten
Printed in Europe
© by Wehrhahn Verlag, Hannover
ISBN 978–3–86525–640–9

Seltsam: Gerade dort, auf jener Insel der angeblich angehaltenen Zeit, schien es keine Langsamkeit und kein Verweilen zu geben – weder für deinen Blick noch für die Geschehnisse, denen er folgte. (Oder es zumindest versuchte.)

*

In den kühlen, weiß getünchten Wandelgängen und auf den Fluren des *Hotel Nacional* hingen die gerahmten Bilder der Berühmtheiten, doch nicht einmal an der Pinnwand der Gartenbar hoch über den Malecón fand sich eine einzige jener Schwarzweiß-Fotografien, die Europas Geister derart angefixt hatten, vor über einem halben Menschenleben. Danny Glover, Kool & the Gang, Sean Penn und ein aufgeschwemmt verschwitzter Oliver Stone in verblasster Farbe, das Kartonpapier in der Hitze zerschlissen, gewellt von trägen Tisch-Ventilatoren. Sartre aber (Zigarre rauchend, schielend) und die Beauvoir (mit Turban, fokussierter beobachtend) fehlten völlig. Ebenso – obwohl diese Abwesenheit keine Überraschung war – die Bilder von Rita Montaner, der brillantine-schönen *La Única*, die hier, wiederum Jahrzehnte zuvor, mit ihren Liedern das vorrevolutionäre Publikum verzaubert hatte, lange bevor ihr Neffe zum Staatsfeind des neuen Regimes wurde. Doch war das protzige *Nacional* mit all seinen blassen, *Peso Convertible*-Drinks kippenden europäischen und Gringo-Touristen nicht aus diesem Grund der falsche Ort.

*

»Der Meister aus Paris hatte immer einen schmutzigen Arsch, wegen der Hämorrhoidencreme, die er benutzte. In der tropischen Hitze suppte das Zeug durch die dünne ungebügelte Stoffhose, verband sich mit Schweiß und Fäkalienresten, und wenn er – überwacht von Madame Simone – sein Hotelzimmer verließ, um unten in der Stadt die Arbeiter nach den Segnungen der Revolution zu befragen, starrten diese zuerst einmal ungläubig auf den so heruntergekommenen *blanco*. Ich weiß, wovon ich berichte, denn ich hatte das seltsame Paar damals begleitet.«

Der achtzigjährige Señor Arrufat (nicht: Arafat) hatte sich an mancherlei erinnert bei diesem nachmittäglichen Treffen in der von Meeresbrise durchzogenen Dachwohnung eines heruntergekommenen Hauses im Vedado-Viertel, aber selbstverständlich konnte auch dies nicht der Ort sein, nach dem du suchtest, seit langer, sehr langer Zeit.

*

»Wollen wir bumsen«, murmelte der dunkelhäutige Alex (nicht: Alejandro) in seinem muschelförmigen Steinverhau auf dem sonnenheißen Flachdach jener Casa, die er als Manager betreute, und stieß, die Frage auf doppeldeutige Art beantwortend, folglich hinter der kleinen Theke sein Begrüßungs-Glas CubaLibre gegen deines: Willkommen in der Ambivalenz.

*

Das Wichtigste aber: Du bist verführt durch die Romane. Dies mehr noch als durch jene Bilder, deren routinierte Bestandteile Leben zu Motiven herabzuwürdigen schien, zu statischer Folklore: halbnackte Halbgötter und Göttinnen vor Meer- und Ruinenlandschaft, knallbunte Buicks vor dem hiesigen Capitol, Mulatten-Greisinnen mit Cohibas zwischen wulstigen Lippen, nicht zu vergessen all die kregelen Musiker in aufgehübschten Nostalgie-Clubs und dazu die omnipräsenten Che-Plakate. Nein, es waren die Bücher. Wortgebäude, ähnlich verwinkelt wie die verfallenen Paläste von Habana Centro, von deren Innenleben sie berichteten. Erzählungs-Stiegen, hoch auf die Dächer von Vedado. Oder jene verschwenderischen Endlos-Sätze, die den Raumfluchten der zur Straße hin fenstervergitterten Parterre-Wohnungen folgten, pantherhaft lautlos oder im Gegenteil rhythmus-becirct über zersprungene Bodenkacheln, immer weiter, immer tiefer hinein ins Labyrinth der Stadt, dieses Landes, der Zeit. Menschen in Räumen, Zeit-Räume im Gedächtnis der Menschen, denen man seit Jahrzehnten versucht hatte einzubläuen, alles habe begonnen mit dem Umsturzjahr 1959, davor ein Nichts. Renitenz der Literatur, also der Erinnerung: Geradezu physisches Mäandern der Sprache, Wort gewordene Schaukelstühle und Schweiß- und Tabakrauch-Schwaden, die allen rechtwinkelig asketischen, offiziellen Defilee-Befehlen eine Nase drehten.

Lezama Lima, Cabrera Infante, Virgilio Piñera, Lydia Cabrera, Abilio Estévez, Diego Alberto, Jesus Diaz, Antonio José Ponte. Und natürlich

Reinaldo Arenas, dessen sexuelle Abenteuer dich übrigens weniger angefixt hatten (du magst derlei eher erleben als erlesen) als der Mut des verfolgten und bespitzelten Ex-Sträflings, in den nächtlichen Baumkronen des Parque Lenin heimlich die Seiten eines Heftes vollzukritzeln, damit die Welt erfuhr, was wirklich geschah auf Cuba.

Jahrzehnte später wolltest du auch das: Durch diesen von Hitze- und Regenwellen heimgesuchten Park streifen, Blick auf das Luftwurzelwerk und die Kronen der Ceiba-Bäume, stumme Verbündete der Dichter. Nicht das Offensichtliche, sondern das Dahinter, Dazwischen, Darüber – die Nischen der wahren Geschichten jenseits der Großen Slogans auf den Aufmarschplätzen der Macht. Und selbstverständlich: Menschen, die dich dahin führten, aus Neugier auf deine Neugier, mit dem dir bekannten barocken Mutwillen Lateinamerikas (kein Stereotyp), vielleicht ja sogar aus unvorhergesehenem Altruismus. (Hattest also, trotz aller Vorablektüre naiv Hereinspazierter, tatsächlich geglaubt, das alles ließe sich so einfach und klar separieren – die Subversion der Winkel und das, was noch immer Repression war, allem Gerede von Öffnung, Dialog und *Cambio* zum Trotz?)

La Habana.

Begonnen hatte es mit Sturzregen, und im Trio weinten die militärisch bemützten Comandantes Fidel, Raúl und Hugo Chávez. Von der gigantischen Plakatwand an der Verkehrsinsel unweit des Flughafens troff Wasser ohne Unterlass, und auch die Scheiben des Nachtbusses wären blind geworden, hätte nicht von allen Seiten diffuses Licht gefunkelt.

»Sie sind sehr liebe Gäste, denn Sie haben Regen mitgebracht, ganz untypisch für diese Jahreszeit.« Die deutsche Mikrofonstimme der kubanischen Reiseführerin kraulte in freundlichem (oder auch rachsüchtigem) Spott, während im Inneren des maroden, in Richtung Zentrum Habanas knatternden Busses ein kollektives Stöhnen der Enttäuschung durch die Sitzreihen ging. Der tropische Regen hatte alle Taxifahrer entweder vertrieben oder mit zuviel Passagieren beschenkt, so dass du dich plötzlich – pudelnass, halb schlaftrunken vom langen Flug und der Zeitumstellung – neben einer Gruppe älterer deutscher Touristen wiedergefunden hattest, die dich kurz entschlossen in ihre Mitte genommen hatten, den Chauffeur auch dein Gepäck verstauen ließen und dich vorbei an der abzählenden Reiseführerin mit hinein in den Bus schleusten. Dass auch sie im *Hotel Sevilla* untergekommen waren, überraschte dich, gewöhnt an derlei Koinzidenzen, dabei weniger als ihre spontane Hilfsbereitschaft, das bei deinen Landsleuten doch unübliche Übergehen der *Regeln*.

Das Licht entschwand während der Fahrt durch die palmenbestandenen Vororte, die Stimme aber wurde trotz des Mikrofonrauschens lauter. »Wie Sie sehen, müssen wir schon an allem sparen, auch an Energie. Das US-Embargo sitzt uns trotz Barack Obamas längst vergangener schöner Worte weiterhin im Nacken, und seit dem Tod unseres Freundes Hugo Chávez lässt auch schon der Zufluss venezuelanischen Öls nach. Aber ich möchte Sie nicht mit sowas belasten – nur ein wenig Verständnis erbitten, *por favor,* wie man hier bei uns auf Cuba sagt. Und außerdem: Ihr schönes Hotel wird trotzdem schon erleuchtet sein, es ist eines der besten und ältesten Häuser Habanas, erbaut 1908 und damals der erste Wolkenkratzer der Stadt...«

Was im Gedächtnis blieb von dem Sermon, war vor allem die exzessive Verwendung des Wortes *schon;* sie schien deutschsprachigen Guides rund um die Welt zu eigen. Das *Sevilla* war ein amerikanischer Pracht-Kasten, verziert in maurischem Dekor. Das Holz der Lamellenfensterläden, die Kacheln in der immensen Lobby, Spinnwebmuster am Kapitell der Säulen, die den Eingangsbereich von Bar und Bühne trennten, auf welcher gerade (*schon*) ein paar schneeweiß gekleidete Musiker ihre Gitarren und Trommeln zusammenpackten: Vorerst das Richtige, dachtest du. Schließlich hattest du dich hier eingemietet als kleine Hommage an Graham Greenes *Unser Mann in Havanna* – unter dem damaligen Namen Sevilla-Biltmore war das Haus 1958 Schauplatz der Begegnung des britischen Staubsaugervertreters Wormold mit der Welt diverser Geheimdienste gewesen. (Lustiger, zynischer Mr. Greene, und manche Sätze konntest du, seit langem von der Stadt träumend und nun endlich hier, sogar noch auswendig. »*Ich bin jetzt schon zu spät dran.*« »*In dieser Stadt gibt's kein Zuspät, Mr. Wormold.*« Oder, so geschehen in Zimmer 501: »*Hände hoch. Arriba los manos.*« »Las Manos«, verbesserte Wormold.«)

Du warfst der Gruppe – scheinbar unbeachtet von der Reiseführerin – ein paar Dankesblicke zu, und warst schließlich der erste, der die Eincheck- und Geldwechsel-Prozedur hinter sich brachte und den Rollkoffer in Richtung der Fahrstühle zog. Linkerhand, im nachtdunklen Patio, regierte die Sintflut, du hörtest unsichtbare Wasserfälle gurgeln, aber deine Füße blieben trocken.

Vamos juntos para el 1° de Mayo, stand auf einem Zettel an der Aufzugstür zu lesen, darüber die digitale Anzeigetafel mit einem roten Flirren, wie Blutkörperchen unterm Mikroskop. »Wegen Regen kaputt«, sprach ein aus dem Dunkel aufgetauchter Gepäckträger, ehe er sich nach deiner Etage erkundigte, dir den Rollkoffer entwand und damit zu einem Lastenaufzug am hinteren Ende des Korridors stapfte. Seine rechte Hand ein Stoppschild, als du ihm folgen wolltest. »Nur für Koffer und Personal! Hinter der Tür durch's Treppenhaus...«

Die Eisentür fiel geräuschvoll hinter dir ins Schloss und du stiegst, Handgepäck über der Schulter, unter flackerndem Neonlicht die fünf Stockwerke hoch. Die schmalen Treppenstufen in Winkeln wie ein Escher-Gemälde, das schartige Geländer von Rost zerfressen, die lasierten Betonwände von Maestro Salpeter gezeichnet, umrandet von grünlichem Schlick. Hinter jeder Etagentür hörtest du ohrenbetäubenden Donner, und als du schließlich oben ankamst und die Metalltür mit der aufgemalten 5 öffnetest, wusstest du, warum.

Der Zimmertrakt war ein zum Himmel hin offenes Rechteck. An den überdachten Seiten die Unterkünfte, in der Mitte der Schacht zum begrünten Innenhof. Zum Sturzregen war Gewitter gekommen, Blitz und Donner, und in den offenen Türen standen Hotelgäste und beguckten den Wolkenbruch. Der Koffermann war verschwunden, aber vor Türnummer

511 (knapp vorbei am Roman-Zimmer) stand das Gepäck. Das schmale Zimmer hatte ein Fenster zum nahen Meer, auch dort sahst du die fahl zuckenden Pfeile. Wollten sie Signal geben, die erste Habana-Nacht ausgerechnet hier drin zu verbringen? *Stadt & Natur, à nous deux/trois maitenant...* Hybris des Jetlag, doch nachdem du geduscht, den nächtlichen Bartschatten abrasiert hattest und in neue Klamotten gestiegen warst, eilig aus dem Koffer hervorgezogen, musste kein ungleicher Kampf aufgenommen werden. Statt der Unwetterkaskade plötzlich nur noch leises Nachhutgetröpfel, wie eine kokette Erinnerung/Entschuldigung, dass dich die Stadt so unwirtlich empfangen hatte. (Wie, fragtest du dich ein wenig schuldbewusst, mochte es, so ganz ohne Aufzug, den freundlichen älteren Deutschen ergangen sein?)

Vor dem Hotel fand sich kein Taxi, jedoch ein ungefähr mittfünfzigjähriger Rikschafahrer, der dich zu jenem Ort zu bringen versprach, den du ein paar Tage zuvor im Netz ergoogelt hattest. (Die Malecón-Mauer westlich des *Hotel Nacional*, in den Stunden um Mitternacht. Dazu, vis-á-vis, ein Terrassen-Snack nahe der Avenida 23.) Es begann das blitzschnelle Verhandeln, wie du es aus anderen Ländern Lateinamerikas kanntest. *Solo quatro CUC, Amigo. – Dos, soy no Gringo. – Haha, Amigo Aleman, solo tres CUC.*

Das Kürzel aber bezeichnete den Touristen-Peso, eins zu eins zum Euro, die Währung für die Auswärtigen.

Kurz bevor der breite Prado, in seiner begrünten und von Löwenfiguren umrandeten Mitte um diese Zeit völlig menschenleer, auf den Malecón stieß, bog der Fahrer ab, radelte, wassergefüllten Schlaglöchern ausweichend, nach links. Häuserzeilen statt Uferpromenade: Dir war es recht. Du warst weder ausgehungert nach Meer noch nach Sonne. (Und auch nicht, deine Art des Snobismus, nach Körpern, die dann nur Körper blieben, *Ware.*) Aber dass er dich direkt in den Krieg hinein fahren würde? Coventry Rotterdam Dresden Sarajewo Grosny. Häuser ohne Fenster, ohne Dächer. Gebüsch, das aus leeren Höhlungen, abgebrochenen Simsen und halbzerstörten Portalen spross und letzte fette Tropfen auf euch herabregnen ließ. Trotz des schreckenerregenden Verfalls dachtest du jedoch genau dies: *Euch.* Du und der Mann mittleren Alters im weißen Unterhemd, schwitzend, doch pausenlos die Nachtlandschaft von Habana Centro kommentierend auf unschlagbar konzise Art.

»Wo es dunkel ist oder nur irgendeine Funzel sichtbar, sind die Staatswohnungen. Aber sieh mal linker Hand, Amigo. Die schöne Kachelfassade da und die Buntglasfenster, das restaurierte Hausstück! Tagsüber ein Res-

taurant, selbstverständlich privat, und wenn du ihnen sagst, dass dich Jorge geschickt hat, gibt's Discount. Ein bisschen teuer, aber mit den besten Langusten des Viertels. Wenn das Schicksal es gut meint, kommen noch weitere Orte dazu, dann fallen die Preise und du hast dann sogar die Auswahl.«
»Und du?«
»Und ich kauf mir eine zweite oder dritte Rikscha und stell' Leute ein, was hattest du gedacht?«

Und schon fuhrt ihr – quietschend, den Regen- und Schlammlöchern ausweichend – weiter in die Nacht, vorbei an Geisterhäusern, in deren Eingängen dennoch Menschen saßen, die, nur halb bekleidet in der regennass dampfenden Hitze, bei eurem Anblick die Hand mit der glimmenden Zigarette hoben zum Gruß. Strampeln/Strampeln, und wie du froh bist für ihn, den Älteren, dass es hier keine Steigung gibt, nur diesen maroden Parallelweg zum Meer.

»Die kommt erst da hinten, dort, wo das *Nacional* steht, auf dem kleinen Felshügel.« An einem anderen Tag würdest du dir den Ort anschauen, wo einst der französische Philosoph in Suite Nr. Sonstwie jenen Satz zu Papier gebracht hatte, den danach *tout Paris* mit Beifall bedachte. *Für einen Intellektuellen der zweiten Hälfte des zwanzigsten Jahrhunderts ist es unmöglich,* nicht *pro-kubanisch zu sein.*

Inzwischen wohl eher: Unmöglich, sich *nicht* auf der Seite eines solchen Rikscha-Fahrers zu schlagen.

Sobald der Fahrer gehalten und du ihm die abgesprochenen drei CUC-Münzen in die Hand gedrückt hattest, waren sie auf dich zugeeilt, hatten dich umrundet. *Hola Amigo que tal que lindo que rico donde tu eres donde tu vives aqui tienen un pareja qué buscas?* Sie jedenfalls glaubten sogleich zu wissen, wonach du suchtest, dort unter den Straßenlaternen und Ausschanklichtern jener Snack-Terrasse, die gefüllt war bis auf den letzten Sitzplatz und die überzähligen jungen Männer auf das Trottoir quellen ließ, wo sie zwischen den Regenpfützen umher sprangen, um ihre neu scheinenden Nikes und Jeans nicht zu beschmutzen. Und fragten und fragten dich, spöttisch-nachsichtig observiert von jenen anderen *blancos,* die im Unterschied zu dir wohl schon etwas länger in der Stadt waren und die Sitten kannten, sie vermutlich sogar *formten.*

Da gibt's 'ne kleine Privatunterkunft für uns beide, amor-amor und gleich hier in der Nähe – für nur 15 CUC. (Um dich zu überzeugen und die Summe kleinzureden, verwendeten sie schließlich sogar den Diminutiv, *Cucitos, solo vente-cinco Cucitos,* denn selbstverständlich war die Summe sogleich gestiegen, da sie deine Nachfrage für Hunger gehalten hatten und sich selbst – Mulatten, Schwarze, Weiße, Afrochinos, Chinoblancos, Latino-Herzbrecher, frühreife Früchtchen und erfahren wirkende Bodybuilder – für die geborenen Hungerstiller der Karibik, Prinzen und Könige der Nacht von La Habana.)

Hier, am unteren Ende der Avenida 23, gab es konventionell heruntergekommene Neubauten statt pittoresker Häuserruinen, doch ebenfalls kaum Autos. Mitunter fuhr in aufreizender Langsamkeit ein Polizeiwagen vorbei, knatterte ein Lada oder Moskwitsch in Richtung Uferpromenade. Und so, von nichts anderem abgelenkt, hattest du Zeit, in die Gesichter zu sehen. Wissende Mimik, kalkuliertes Lächeln (taxierend, sobald du bei einem der Miniatur-Gespräche scheinbar somnambul versonnen in Richtung Meer schautest und die Blicke sofort deinen Körper hinab zu wandern begannen in Richtung der Jeanstaschen, wo die CUC-Scheine vermutet wurden.) So viel Schönheit, dachtest du, und die Augen leer! Und die Auswärtigen, ebenfalls in deinem nächtlichen Blickfeld? Aus den mit Wohlstand und Demokratie gesegneten Ländern des Westens angereist – und welch verzweifelter Hunger nach physischer Lust, anscheinend nicht zu stillen in den Regionen ihrer Herkunft.

Du hattest dir eine Zigarette angezündet, warst aus dem größten Gewühl herausgetaucht und nahmst Aufstellung unweit der Taxifahrer, die dich mit keinen Fragen mehr bedrängten, sobald sie mitbekommen hatten, dass du nicht einmal nach einer Transportmöglichkeit suchtest. Und sahst von da aus weiterhin die Kugelbäuche, Rundschultern und Gesichtsfaltenlandschaften der Westler, manche in deinem Alter, die meisten *schon* in der Generation deines Vaters. Gelichtetes oder getöntes Haar. Sportliche, wiewohl über den ausladenden Hüften spannende Label-Shirts. Oder, Uniform der anderen Fraktion, die Button-Down-Hemden auf den Oberkörpern der alterslos Drahtigen, Gebräunten, die du dir als Galeristen/Kuratoren/Regisseure etc. vorstelltest. Ihre sehnigen, mitunter schon altersfleckigen Ästhetenhände (Goldkettchen oder schmale Lederarmbänder am Gelenk) auf den muskulösen Oberarmen, den faltenlosen Wangen, den straffen Hintern der Hiesigen, von denen kein einziger über dreißig Jahre alt schien.

Verwöhnter, sagtest du dir, wer bist du, um bereits jetzt zu urteilen? Offensichtlich wurde hier ja nicht um Lust gegen Brot/Reis gefeilscht. Es war nur so, dass dies nicht deine Welt sein konnte, die *Casa Particulares* genannten Privatunterkünfte mit den hoch und höher drippelnden *Cucito*-Preisen nicht die Räume, nach denen *du* suchtest. Mit untrüglichem Straßengespür mussten es bald auch die professionellen *Chicos* entdeckt haben – vielleicht sogar noch vor dir, zur ebenso offenkundigen Erleichterung der anderen Ausländer, die bereits um Aufmerksamkeitskonkurrenz besorgt gewesen waren, hattest du ihre Blicke und Gesten richtig gedeutet.

Keine weiteren Zurufe und Fragen im Rücken, entferntest du dich aus dem Lichtschatten-Gefunzel der Snack-Terrasse und gingst, vorbei an einer erhellten, doch verwaisten Petrol-Station (ein Hopper-Gemälde um Mitternacht in Habana), in Richtung Malecón. Hoch über dem Felsen zu deiner Linken leuchteten die Zimmer in Sartres einstiger Luxus-Absteige, so dass du murmeltest: *Im Kreml brennt noch Licht*, während du *nun schon* auf der Mitte der Fahrbahn warst, aber immer noch nicht sprinten musstet, ja nicht einmal deine Schritte beschleunigen in Richtung des schlierigen Trottoirs und der vollbesetzten Kaimauer: Die vierspurige Uferstraße blieb leer wie Kiews Kreschtschatik oder Leningrads Newski-Prospekt in den Stunden irgendeiner Ausgangssperre – und auch diese Gedankenassoziation war dem Gesehenen geschuldet, denn unter den wenigen Autos, die schließlich doch noch vorbeituckerten, waren vor allem Moskwitschs, Shigulis und Ladas aus sowjetischer Produktion. (Allein die Polizeiwagen stammten erkennbar aus dem Westen.)

Die Mauerbrüstung erwies sich als ebenso schlierig, aber mit einem Ruck saßest du oben, Beine schaukelnd, hinter dir der überraschend geruchlose Ozean (die Verheißung von Miami) und vis-á-vis das Ensemble von Gebäuden, die tatsächlich dastanden wie in den Dokumentarfilmen, auf den Postkarten und Katalogbildern.

Die Fragen, die du jetzt rechts und links hörtest, waren die gleichen wie unterhalb der Terrasse. Du antwortetest so höflich/gleichmütig wie möglich, ein nicht-verletzen-wollendes Abwimmeln und dann auch *schon* wieder behänd von jener mythischen Malecónmauer gesprungen, *schon* wieder über die verwaiste, weltweit bekannte Straße und – nun tatsächlich aus Zufall/Intuition anstatt zuvor ergoogelter Halb-Kenntnis – in eine schmale, kaum beleuchtete Seitenstraße eingebogen, einigen Gestalten hinterher, deren Silhouetten die von Clubgängern zu sein schienen.

So musste es sein, denn nicht *sie* waren es, die dich gleich darauf ansprachen und mit einer *habitación* in jenem rechtsseitigen, hohen Gebäude zu locken versuchten, an welchem du gerade vorbeigingst und wo der Pförtner vorgab zu schlafen, ausgestreckten Beines weggedämmert auf einem schartigen Plastikstuhl, während es in den Säulenkolonnaden davor wisperte und zurief, in den unterschiedlichsten Tonlagen von Bass bis Bariton.

Das Humboldt. *Humboldt52,* eine Sous-Sol-Bar in der gleichnamigen Straße, Ecke Calle Hospital. (Ausgerechnet!) Den Partygängern hinterher, hattest du sie entdeckt, im Halbschatten der Straßenlaternen und angeschalteten Scheinwerfer ankommender oder startender Taxis, erneut Ostblockprodukte von Lada bis Moskwitsch, Vorwende-Skoda und Shiguli. Nicht, dass viel Betrieb gewesen wäre. Eher herrschte in der Straßenschlucht eine wattierte Stille, vage unterbrochen von Gemurmel und Motorengeräusch – wie ein Bühnenbild zu *Querelle de Brest*, dachtest du, obwohl das hier zweifellos *live* war, deine allererste Nacht in Habana, und auch der Türsteher real, der dich mit schwerer Fünffingerhand auf dem Rücken die Stufen hinter der kurzzeitig geöffneten Metalltür hinabdrängte, hin zur Tränke der Bar. Stolpertest also so hinein. Junge lächelnde Tresenmänner in fein nuancierter Muskel- und Hautfarbenabstufung, die Dose *Cristal*-Bier nur ein CUC, doch wiederum die sofortigen Fragen der Umstehenden. (Es sind die gleichen – Fragen – wie am Snackstand und am Malecón, und du gibst die gleichen Antworten, um die jungen Käuflichen auf freundliche Weise zu entmutigen, obwohl in dir nun langsam doch Groll aufsteigt: Dutzende Bars zwischen Guadalajara und Lima besucht, herumgehangen zwischen San Salvador und Bahia, doch *nirgendwo* jener Tanz ums Pekuniäre wie hier in La Habana. Gab es womöglich einen Zusammenhang zwischen der Existenz von Ostblock-Autos und einer Raffgier, die im westlichen Fremden unterschiedslos und zuvörderst einen wandernden Bancomaten sah?)

Auf der neonbestrahlten Bühne, einer Art gemauertem Betonpodest, machte eine gefledderte Transenfee ihre Witzeleien, und die im Publikum versammelten Jüngelchen lachten auf, während ihre bejahrten westlichen Begleiter/Besitzer unruhig hin- und herschauten, ob jenes Lachen nicht etwa ankündige, dass ihnen die Ware abtrünnig zu werden begann, sich allzu wohlfühlte in den neu gekauften T-Shirts/Jeans/Turnschuhen. (War es also schon in dieser Nacht, dass du zu ahnen begannst, dass du – hier – allein mit den Begriffspaaren von Täter/Opfer und arm/reich nicht weiterkamst auf dem Weg möglicher Erkenntnis?) Das Dosen-*Cerveza* in der Hand, schlendertest du durch den überfüllten, nach Alkohol, Schweiß und Parfüm (und einem leichten Anhauch von Urin und Kotze) riechenden Raum, doch hinten im Raucherzimmer ringelten sich die Fragen nach deinen etwaigen Bedürfnissen/Zeitvorgaben/Unterkunftsmöglichkeiten noch hektischer.

Bald erschöpft vom Feuer- und Antwortgeben wurdest du dann sogar dankbar, als irgendwann die Attraktivsten unter ihnen – die Nicht-Pickligen, Nicht-Abgefuckt-Scheinenden – dich nach kurzer, freundlicher Observation ignorierten, um daraufhin die älteren Westler professionell zu umgarnen. Tratst am Ende also mit einem Lächeln aus *Humboldt52* heraus, gegen zwei Uhr morgens, nun endlich ausreichend müde für einen Schlaf im Rhythmus der hiesigen Tageszeiten. (Ach, hättest du gewusst...)

La Habana.

Die Hose zerplatzte mit theatralischem Ratsch in der ersten Stunde des zweiten Abends. Die kubanische Version des zerrissenen Tempelvorhangs zu Jerusalem, dachtest du, nackt und zitternd unter dem Polarstrom einer rachitischen Klimaanlage, denn so wie jener von unten nach oben zerrissen war, ging die Jeans *horizontal* über dem Hosenboden entzwei, genau dort, wo du die mehrfachen Fadennähte sahst, ihre mühsame Zickzackspur einigermaßen verfolgen konntest, trotz der zugeklappten Fensterläden und des diffusen Lichts aus der blauen Wandschale unterhalb des schwarzen Kruzifix. (War *dies* also der Ort, nach dem du gesucht hattest – sollte man dich schon am Abend des zweiten Tages da hin verbracht haben?)

Wie im Tempel nach Jesu' Tod, denn obwohl selbstverständlich nicht *du* gekreuzigt worden warst – ja noch nicht einmal über's Ohr gehauen, selbsternannter Menschenkenner – hatte man dich hier aufs Kreuz *gelegt* vor über einer halben Stunde. Außerdem regnete und donnerte es draußen erneut, das Weltraumzischen eines Blitzes war zu hören wie einst nach Bibelbericht in Jerusalem, vor allem aber: Zuvor, an ganz anderem Ort, hattest du einen Gerechten zittern sehen.

Bleich vor Angst, mit panischem Stirnschweiß – das war dein bewunderter Leonardo Padura gewesen, Señor Leonardo, Verfasser so vieler vortrefflicher Romane, hochgerühmt im Ausland und vor wenigen Jahren sogar mit dem hiesigen *Premio Nacional* geehrt, doch auf eine unbedachte Frage hin nun tatsächlich zitternd wie ein schutzloses Neugeborenes. *Bitte, Amigo, frage doch nicht* das.

Doch war dies in den frühen, vorgeblich schattenlosen Stunden des Nachmittags geschehen, in einem zentrumsnahen Vorort namens Mantilla. Nun aber herrschte draußen in Habana gewiss schon Dunkelheit, und im Inneren des Zimmers, in das er dich geführt hatte, sprach der junge Karatemeister: »Zu oft geflickt, deshalb.«

Mit komischer Verzweiflung besah er sich das Desaster, Fortführung und Erweiterung des ersten, von ihm, von euch beiden noch mit gedämpftem Gelächter quittierten Maleurs, denn kaum hatte er – halb Vorspiel, halb Präsentation seiner Kampftechnik – dich mit zwei, drei geübten Griffen auf das Bett mit den Messingverstrebungen und der (seltsam unangemessenen) Blümchendecke geworfen, da platzte der Reißverschluss seiner Jeans, kullerte ein Metallknopf über die penibel sauber gewischten Bodenfliesen. *Dios!*

Dennoch: Das waren die Geschehnisse der zweiten Tageshälfte, der Karatemeister duftete trotz fragiler Jeans nach der billigen Seife seines (staatlichen) Kampfstudios, und ohnehin wusstest du zu diesem Zeitpunkt noch nichts von Sartres verschmutzter Hose. Hattest zu dieser Uhrzeit aber *schon* längst den anderen Heroen-Poseur gesehen, war er auch dir, ebenso wie allen anderen hier in der Stadt, sogleich am Morgen und von da ab ohne Unterlass aufs Auge/ins Hirn gedrückt worden: CheCheCheChe-Che. CHE!

Bringen wir's hinter uns, hattest du also am ersten Morgen deines zweiten Habana-Tages gedacht. Über das für Bauarbeiten aufgerissene Pflaster der Calle Obispo balancierend, von rechts nach links staksend, Gullideckel/Erdhaufen/sonnengesprenkeltes Bohrgerät umrundend – zur Gaudi der Ladenbesitzer, die dich, so mit Schwung ans jeweilige andere Ufer gekommen, sofort hereinwinkten in ihre schattigen Souvenirläden und Galerien und Restaurants und Bars, wo schon lange vor Mittagszeit *Guantámera* gespielt wurde und *El Condor Paso,* malerische Alte in weißen (beim Nähertreten sichtbar: abgewetzten) Anzügen standen, Zigarre zwischen den Lippen, Plastikgardenie im Knopfloch, auf Gitarren klimperten oder ebenfalls winkten für ein Mittagessen Reis-mit-Huhn oder einen frühen Rum, wie ihn auch Papa Hemingway getrunken hatte, jedoch ganz da vorn, im *Café Floridita,* in welchem sich aus diesem Grund die Touristenmassen noch mehr stauten als hier. (Bringen wir's hinter uns.)

CHE! Che als Poster, Che als T-Shirt-Aufdruck, Zierde eines Basekaps, Che auf den großformatigen Bildern der Calle Obispo-Maler, deren pseudo-rebellische Pseudo-Jovialität du *sofort* genauso zum Kotzen fandest wie ihren Dreitagebart, die graugewellte Mähne, das ostentativ bis zu den behaarten Brustwarzen offene, kragenlose Hemd. (Weiße, denn niemals Mulatten oder Schwarze sahst du bei dieser Travestie.)

CHE! Che in den Buchhandlungen – und du auch dort hineingewunken von alten, freundlich guckenden Weiblein mit Rundbrillen und in dünnen, bunt gemusterten Schürzenröcken – Che als jugendlicher Motorradfahrer, entschlossener Sierra Maestra-Kämpfer, triumphaler Havanna-Einmarschierer, Volksfreund/Volkstribun/ sinnlicher Denker& Raucher&Tatmensch mit Füsse uffm Tisch, Demonstrierer, Revolutionsreisender in Afrika...Märtyrer in Bolivien.

Keine Grenzen also der pathetisch sabbernden Hagiographie, oder waren all diese Che-Bücher nur für die abgeschrägte Stellwand am Eingang bestimmt, da ihre gewellten Einbände doch längst staubig und sonnenfleckig sind? Du tratst in die dämmrigen Räume, Bücherregale bis zur Decke, an den freien Wandflächen Cuba-Flaggen und *Hasta Victoria-Siempre*-Tücher, erneut mit dem Aufdruck von Ches wuchtigem Bartgesicht. (Und noch ahntest du nicht, welch gänzlich andere *Siempre* dir ein paar Tage später jene vollbusige Stasi-Schönheit vorschlagen würde, in einem Hausflur der Vorstadt.)

Schließlich: CHE & FIDEL. Der Held und sein Bruder/sein Erbe/sein Getreuer, sein Weiß-der-Geier. Die gleichen Lobhudel-Cover an der gegenüberstehenden Stellwand, Bild gewordenes Perpetuieren, doch plötzlich dazwischen, wie eine Fußnote/Fußangel leisen Einspruchs – Virgilio Piñera, *Obras Completas*.

Just also an diesem Vormittag: Das schmale Vogelgesicht Virgilio Piñeras zwischen den Macho-Physiognomien Fidels und Ches, wo welchem die Fama berichtete, er, CHE, habe Anfang der sechziger Jahre mit dem Wutschrei »Verdammter Schwuchtelkram!« ein ihm zufällig in die Heldenhände geratenes Buch des avantgardistischen Dichters Piñera an die Wand geschmissen.

Mit einem *Con permiso?*, das freundlich gewährt wurde, hattest du das Exemplar aus seiner absurden Nachbarschaft herausgezogen und die Verlagsangabe erblättert: In der Tat, offiziell erschienen in Habana, 2002. (Sieh an, sieh an.) Schon ein Jahr später aber hatte Castro 75 Dissidenten massenverhaften und verurteilen lassen, ehe er sich nach einem Jahrzehnt erweichen ließ und sie nach Spanien herauskippte.

Du versuchtest, es im Gedächtnis zu behalten, auch dann auf der Plaza de Armas, als du auf den Tischen der Freiluft-Buchhändler nicht nur die Bestände einstiger Privatbibliotheken der dreißiger und vierziger Jahre entdecktest – die *Obras Completas* von Shakespeare und Dickens und Stefan Zweig – sondern auch jenes eingeschweißte Taschenbuch von Reinaldo Arenas. *Before Night falls*, feilgeboten auf einem öffentlichen Platz in Habana! *Sofort* hattest du dich mit dem Exemplar fotografieren lassen, blickloser Verkäufer im Hintergrund, du mit dem absoluten Giftschrankbuch in der Hand – vor einer spanischen Touristin, die ein wenig verwundert auf den Auslöser deiner Digitalkamera drückte, während ihre Reisegruppe schon weiterdrängte in Richtung des Rumgeschäfts am anderen Ende des Platzes.

Vielleicht war es ja genau das: Das Tohuwabohu als kollektive Amnesie, Rambazamba mit kleinen Freiheitseinsprengseln für zugereiste Schlaumeier wie dich, die erst *danach* kapieren, dass ein eingeschweißtes englisches Taschenbuch für zehn CUC (bei einem Monatsverdienst von 25) weder eine Bedrohung des Regimes war noch ein Anzeichen für *laisser faire* – mochtest du dir auch noch so sehr gratulieren, Arenas' letzte Worte seit Jahren auswendig parat zu haben. *Eines Tages wird Cuba frei sein. Ich bin es schon.* (Ha!) Zur Bewunderung durch Studiosus-Reisende *en detail* restaurierte frühkoloniale Palacios des 16. Jahrhunderts, malerische Palmen und kühle Brise vom nahen Meer, eine rechtwinklige Park-Idylle mit der Marmorstatue des antispanischen Unabhängigkeitshelden Céspedes (und noch wusstest du nicht, welche Begegnung dich in der Stadt Trinidad vis-á-vis des dortigen Parque Céspedes erwarten würde). Postkarten- und Rumba-CD-Verkäufer auf alt-neuem Kopfsteinpflaster, futuristische Plastikhauben-Moto-Taxis plus Pferdedroschken (*solo vente Cucitos* die halbe Fahrtstunde, ha!). Schnellmaler, die dir – wie die Gehörlosen in westlichen U-Bahnen ihre handgefertigten »Geschenke« – ein mit deinem Konterfei bekritzeltes Blatt Papier in die hintere Jeanstasche stecken und sich – *just three CUC* – danach standhaft weigern, es zurückzunehmen, bis du entweder zahlst oder dich, das Blatt rücksichtsvoll auf die Kopfsteine legend, als Barbar oder Neoimperialist desavouierst, so dass es schnell in jenes airklimatisierte Rum-Geschäft zu flüchten gilt, wo die europäischen Touristen zum Missfallen der staatlichen Verkäuferinnen jedoch kaum etwas kaufen aus den Dunkelholz-Regalen, gefüllt mit Flaschen, von denen sogar die edelsten/ältesten/teuersten höchstens ein Zehntel jener Jahre haben, seit denen die *revolución* dauert. Kurzbehoste, sonnenbrandige Massen, die sich stattdessen an Probierschlückchen aus winzigen Plastikbechern delektieren, leicht bedusselt dann zurückwanken hinaus ins harte Sonnenlicht, wo sich bereits eine schwarze Schönheit in schneeweißem Krinolinerock und rotem Turban dreht und windet und wendet, ein Foto nur ein CUC, während vor der offenen Tür des Nachbarladens ein Chico *Amigo, Cohibas, privada* flüstert und dich in einen Bogengang voller Che-Bilder dirigiert, an dessen Ende, vor einer aufs Dachgeschoss führenden Stiege, ein steinalter Mulatte wartet und

mit knorrigen Fingern ein Holzkästchen öffnet: *Cohiba, Amigo – privada. Solo trenta CUC.*
Inzwischen wird draußen auf dem Platz getrommelt und erneut *Guantánamera* aufgespielt, die ersten Touristinnen aus dem protestantischen Gegenden des Westens kommen ins Tanzen und heben/senken ihre Sandalenfüße, ihre Männer (*schon* ist ein Strohhut gekauft) schnüffeln genießerisch an der allerersten Cuba-Zigarre, während ihre Reiseleiter wissend die Augen verdrehen in Richtung der Verkäufer und all jener, vorgesehen für die Rolle der *zufällig Umstehenden.*
Und du, nicht weniger Narr? Hieltest zuerst einmal freudestrahlend das eingeschweißte Arenas-Buch in Brusthöhe, ließt dich fotografieren, hattest zuvor auch ein Bild der Piñera-Ausgabe inmitten der Che- und Fidel-Schinken gemacht und glaubtest wohl tatsächlich, dass...

Diese Frage am frühen Morgen: »Sie haben die Nummer?«
Du hattest keine Zeit gehabt, *Ja* zu sagen, denn schon war der Zettel in *ihren* Händen – Rezeptionistin und Concierge, plötzlich aus ihrer Lethargie erwacht. Telefonieren konnte man in deinem Zimmer im *Sevilla* nicht; entweder hatte der gestrige Regen auch hier in den Kabeln gewütet oder die Leitung war ohnehin tot. Erneut im Neonlichtgeflimmer des Betontreppenhauses nach unten in die Lobby gestiegen, hattest du im Frühstücksraum (ein Saal geradezu sowjetischen Ausmaßes mit vergleichbar mürrischem Personal) deinen Teller gleich mehrfach mit gebratenem Hühnerfleisch und Melonen- und Papayascheiben vollgeladen, mit Guaven und Mangos. (Reis und Brot verschmähtest du zu deinem Mahl, das ist *deine* Art der Diät. Nach dem zweiten schwarzen Kaffee, wahrscheinlich ebenfalls gebraut à *la sovietica*, konntest du hinter den halb hochgeklappten Lamellenfensterläden die Sensationen des Trottoirs sehen: Im morgendlichen Sonnenlicht glänzende Chromstangen und Spiegel der vor dem Hotel ankernden, urtümlichen Buick- und Chevrolet-Schiffe.)
Sie haben die Nummer? Du *hattest* sie, auf deinem herausgerissenen Notizbuchzettel idiotischerweise sogar mit Leonardo Paduras Namen versehen. *Auf dem Präsentierteller.*
Andererseits: Du hattest dich zu Hause in Berlin per E-Mail ja nicht etwa mit einem verfolgten Dissidenten verabredet, sondern mit einem international berühmten Romancier, Träger selbst der höchsten einheimischen Auszeichnungen. Also... Sollten sie ruhig erfahren, *wen* du hier triffst – es würde sie im Zweifelsfall beruhigen. (Dachtest du an jenem Morgen des zweiten Tages, an welchem der Aufzug noch immer defekt

war, aber vor der geschlossenen Pforte zum Pool nun auch *schon* ein zweiter Zettel die arbeitende *cooperativa* des *Sevilla* aufforderte, am nächsten Vormittag zahlreich zur 1.-Mai-Parade auf der Plaza de la Revolución zu erscheinen.) Das Tischchen mit dem altertümlichen Telefon aus grüngrauer Schmuddel-Plastik befand sich mitten in der Halle, zwischen zwei pseudo-maurischen Säulen, halb verborgen hinter einem Hügel nass und zach wirkenden Gepäcks, das vermutlich der gestrige Sturzregen hierher gespült hatte.

Die Rezeptionistin in Rüschenbluse und der Concierge in seiner schwarzweißen Livree wechselten sich ab, die Nummer zu wählen. (So lange, bis sie sie im Gedächtnis hatten, höchstwahrscheinlich Mitarbeiterinnen des CDR, da das Regime ja gar kein Geheimnis daraus machte, die Nachbarschafts-Stasi des *Komitees zur Verteidigung der Revolution* überall präsent zu halten?) Schließlich wurde dir mit der Auskunft »Hier ist Señor Leonardo« der Hörer gereicht, so dass du unter *ihren* vier Augen auf die Entschuldigung verzichtest, dass dein Anruf nun beinahe offiziell geworden war. Überraschenderweise sprach Señor Leonardo Padura auch ohne deine Erklärung sogleich ein »no problem« (Understatement, diplomatischer Tadel, ironische Chiffre?) und nannte dir Adresse und Zeit eurer nachmittäglichen Verabredung.

Bringen wir's hinter uns: Die *tatsächlich* überall herumkurvenden, knallfarbigen oder rostzerfressenen Oldtimer bestaunt, pflichtgemäß. Die ersten Fotos vom restaurierungsbedingt geschlossenen Capitol und seiner gigantischen Kuppel geschossen. Den schmucken Parqe Central durchquert. In der Calle Obispo die Che-Overdose verdaut, und dann an der Plaza de Armas bereits diese arg frühe Skepsis: Und wenn das hier *alles* nur ein einziges Spektakel wäre, Kopie-Kopie-Kopie jenes nostalgischen Wim-Wenders-Schinkens? Wenn es *so* wäre: Spieler und Zuschauer verquengelt und vermischt, in ihrer Masse an unsichtbaren Fäden auf und ab gezogen – womöglich selbst beim Kopulieren – und durch Rumba&Cohiba&Che&Sex&Rum ebenso *dizzy* und vergesslich gemacht wie diese Stadtlandschaft, die noch im Verfall in hellstem Sonnenlicht badete und prunkte und (mit Ausnahme des erinnerungssatten Aufzugs im *Sevilla*) schon gar nichts mehr zu wissen schien vom gestrigen Tropenunwetter?

Was also, wenn es die von dir halluzinierten Orte gar nicht gab? Was, wenn – auf deinem Zwei-Uhr-Morgens-Heimweg aus jener abstrusen *Humboldt*-Bar – in den Calles Lagunas und Ànimas nur Statisten vor den offenen Türen ihrer Escher- und Piranesi-Ungetüme gehockt hätten, dir

Einstudiertes zurufend, während aus den Dachbäumen und dem Büschelgras der leeren Fensterhöhlen lediglich letzte Theater-Regentropfen auf ihre kunstvoll rasierten oder blauschwarz wuscheligen Köpfe perlten? Was, wenn die in den Büchern beschriebenen Hinter-Hinter-Hinterzimmer, Hinter-Hinterhof-Stiegen und unschuldiger Promiskuität gewidmeten Flachdachkämenaten – mit wiederum eigenen Höfchen, für Ziegen und Hühner – gar nicht mehr existierten, da allen Legenden zum Trotz Improvisation doch nur bedingt geduldet war im Parteistaat fortdauernder Planwirtschaft?

All die verzierten Fassaden und Säulen und Erker und Simse und Portale und Fenstergitter und Balkone, vom Abgas der Gringo-Oldtimer und realsozialistischer Busse zurückgeschwärzt in kolonialspanischen Obskurantismus – womöglich tatsächlich nur Fassade? Und dahinter entweder das große Nichts oder – wie hier im zurechtgebosselten Habana Vieja, das dich an das aufgehübschte Ostberliner Nicolai-Viertel der späten Honnecker-Jahre erinnert – dieses *Fake* von Hinterräumen, in denen dir ein weißbartschattiger Mulatten-Darsteller garantiert echt gefälschte Zigarren andrehen will, ein Kästchen öffnen, dem kein Zauber innewohnt, sondern durchsichtiges Kalkül?

So dachtest du dir das zurecht, von der Hitze ermattet und in einem der Touristen vorbehaltenen Patio-Restaurants nahe der Plaza de la Catedral neben einem Stand-Ventilator frische, in Wirklichkeit nur beschleunigte Luft einsaugend. Du konntest das Hühnchen des Frühstücks durch Lunch-Shrimps ergänzen, dazu den ersten Cuba-Mojito kippen, doch beträgt die (moderate) Rechnungssumme dennoch die Hälfte eines hiesigen Monatslohns.

Dass der Überdruss derart rasant gekommen war und dich inzwischen sogar die Schönheiten (die busenwogenden ebenso wie muskulösen) kalt ließen, verband sich allerdings mit Hoffnung: Negation der Negation, immerhin warst du hier im beinahe letzten Land auf Erden, wo noch das Marxsche Gummiwort der *Dia-lek-tik* seine akrobatischen Hilfsdienste tat.

Zurück am Parque Central – die hiesigen Prostituierten beiderlei Geschlechts schienen im Palmenschatten der José-Marti-Statue ihre Nachmittagsschicht begonnen zu haben und wisperten dir Erwartbares zu – gingst du in Richtung Hotel Inglaterra. Nachdem du mit einem der umherstehenden Taxifahrer über den Fahrpreis hinaus nach Mantilla einig geworden warst und in seinen Shiguli stiegst, hörtest du plötzlich deinen Namen rufen. Die deutsche Reisegruppe von gestern, fähnchenschwingend angeführt von Señora *Schon*. Und ebenso wie du – vorgeblich freudig überrascht und aus dem offenen Beifahrerfenster winkend, alsdann im Autoverkehr des Prado verschwindend – schienen an diesem frühen Nachmittag auch sie Statisten zu sein, ahnungslos fröhlich und mit tropisch verschwitztem, dünnen Haar unter ihren leicht absurden Hütchen, dir einen letzten Gruß entbietend. (Dachtest du.)

Literatur-Literatur-Literatur, hohes Meta-Fest der Querverweise, aber das war jetzt *live* – ebenso wie das keineswegs metaphorische Zittern des überaus realen Dichters, zwei Stunden zuvor.

»Oh, Leonardo Padura...!« Der schwarze Riese staunte, und du stauntest mit. Ihr standet unter den Kolonnaden Ecke Prado und Calle Refugio (ausgerechnet!) und saht beide auf das Cover von *Labyrinth der Masken*, das auf Spanisch *Máscaras* hieß und in der deutschsprachigen Taschenbuchausgabe das Bild eines Zimmers mit abblätterndem Wandverputz zeigte (magentarot mit weißen Archipel-Flecken), dazu ein Tischchen mit allerlei Krimskrams und einem kleinen Ventilator. Nachlässig hing Kleidung über eine Stuhllehne, und die dünnen Laken auf den zwei zusammengeschobenen Einzelbetten hätten eine Vorahnung jenes Raums sein können, in den dich der Riese eine halbe Stunde später führte, doch besahst du jetzt weniger das Cover von Paduras Roman als das Gesicht deines Gegenübers, denn keine Taktikfalten lagen auf dem ebenmäßigen Gesicht (keine Masken), nur Wiedererkennungsfreude. »Ich kenn' ein paar seiner Bücher...«

»Und ich«, sagtest du, dort unter den grün und ebenfalls magentarot und mauve gestrichenen Kolonnaden, deren Anstrich abblätterte wie auf dem Cover-Foto, und sagtest es genauso ohne Absicht (schon gar nicht mit jener des Verblüffen-Wollens), »hab' ihn gerade besucht. Schau...«

»*Para el Amigo Marko?*« Das Strahlen des Riesen beim Lesen der Deckblatt-Widmung, dein Grinsen. Dann seine ausgestreckte Hand, ebenfalls riesig, die Haut trotz der Vorabendhitze glatt und trocken. »Gabriel... Karate-Trainer. Aber einer, der liest in den zu vielen freien Stunden ohne Schüler.«

Wie auf Verabredung wart ihr weiter gegangen, in Richtung Meer, ließt einander den Vortritt bei den Absätzen des Kolonnadengangs und beim Ausweichen der Passanten und der vor den Haustüren Sitzenden, umrundetet gemeinsam oder nacheinander geparkte Fahrräder und die vor den leeren Läden gestapelten Säcke unbekannten Inhalts. Fandet euch schließlich in einem Gartenrestaurant ein, und so wie *du* ihn vor ein paar

Minuten angesprochen hattest, dich für deine unabsichtliche Anrempelei entschuldigend (noch immer in Gedanken beim Zittern des Romanciers), so schlugst *du* jetzt vor, etwas zu trinken, zwei *Cristal,* die Dosen mit einem Zisch am Plastiktisch im Baumschatten geöffnet und nach dem Prosten bald auch der Zeigefinger des Riesen auf deinem Handrücken, Sekunde des Verstehens. War es deshalb dreist, ihm sogleich mit deinen Klagen über die Snackbar-Malecón-*Humboldt*-Leute zu kommen, ihren Fragen, ihren Angeboten?

»Bei Arbeitslosigkeit oder 25 CUC Monatslohn ist's 'ne Option«, sagte der Riese melancholisch und lächelte dich an, als begänne gerade der Theorieteil der Kampfsportausbildung. »Jedenfalls für viele. Nicht für mich, obwohl ich verheiratet bin, eine Tochter habe, und mit 35 Jahren immer noch dieses Wohnloch im Centro. Wer wird schon mit Karate reich? Höchstens die Meister, doch bevor sie's werden, sind sie schon drüben in Miami.«

»Und du?«

Wenn etwas *nicht* überraschend war an eurer Unterhaltung, dann die Rasanz des Vertrautwerdens. Rhythmus der Tropen, Kraft der Zufälle, Magnetismus der Körper *und* Topoi – du kanntest es vom Kontinent her, dachtest an Amazonas-Begegnungen in Iquitos und Manaus.

Aber dass ihr ausgerechnet in den Gängen des Prado aufeinander getroffen wart – heruntergekommener Prado ohne die einstigen Bars und Cinemas, und die Erinnerung an das Vorbild der Ramblas' Barcelonas nur noch bewahrt in den stockfleckigen Seiten der Bücher des längst verstorbenen Alejo Carpentier. Und dass es geschah, während du ein Buch in der Hand hieltest, dessen Protagonist, der melancholische Polizist Mario Conde, sich *just hier* (okay, noch ein bisschen weiter vorn, an der Kreuzung zum Malecón) mit einem verfemten Theaterregisseur – alias Klarname Virgilio Piñera – verabredet hatte. Doch selbst solche Verknüpfungen waren nichts Besonderes, deine älteren Autoren-Freunde hätten nur wissend gelächelt, und selbst für Leonardo Padura wäre es wohl eher Bestätigung als Überraschung gewesen. Weltdorf Habana: *You get what you look for.*

Aber der Romancier hatte an diesem Nachmittag *gezittert,* und der Riese mit dem viel zu engen, ältlichen T-Shirt unter der Muskellandschaft seines Brustkorbs, jetzt an diesem Vorabend-Tisch, unbelauscht von den anderen in diesem Gartenrestaurant und dennoch die Stimme senkend...

»Und deshalb wird mich morgen auch keiner bei der Mai-Parade sehen. All dieses Zeug, die Reden... Ich kann's nicht mehr ertragen. Kann einfach nicht mehr.« (*No puedo más,* und das war garantiert nicht jene

Zeile aus dem Enrique-Iglesias-Hit, auf Reggaeton getrimmt von der einheimischen Gruppe *Gente D'Zona* und dir zwei Wochen später ins Ohr geflüstert von jenem diskreten Armee-Rekruten, der dich/sich durcheinander bringen würde in jenem Haus im Vedado und die Bewohner jenes Hauses gleich mit.)

No puedo más, und war stattdessen die Klage eines gefesselten Riesen, dem die Gesetze seines Landes nicht einmal erlaubten, zusammen mit dir ins *Hotel Sevilla* zu spazieren.

»Casa Particular?« Wieder warst *du* es, der fragte. (Welch schöne Bezeichnung aber auch: *Casa Particular*, schon im Namen der Gegensatz zu den staatlichen Hotels und den *Edificios* der Macht. Tatsächlich?)

»Ja, aber für zwei Stunden wollen sie zwanzig CUC.« Bedauern war in Gabriels Stimme, kein Locken.

Du puhltest in deinen Jeans, fandest sogleich zwei 20er-Scheine, und erzähltest auf dem Weg in jenes dem Riesen offenbar bekannte Haus die Geschichte des gesparten Geldes. »Am Ende unseres Gesprächs ist Señor Leonardo einfach im Unterhemd nach unten gegangen – er wohnt mit seiner Frau in einem kleinen, einstöckigen Häuschen mit Garten in Mantilla, wo schon sein Vater lebte – und hat sich an die Bordsteinkante gestellt. Hat aber nicht etwa den Daumen gehoben, sondern das Handgelenk geschüttelt! Diese Geste, sagte er mir, für Centro Habana, ein ausgestreckter Arm dagegen für 'nen anderen Vorort. Nach einem Defilee wie bei 'ner Autoshow hat schließlich dieser Moskwitsch gehalten, und beide – der Fahrer *und* Señor Padura – haben gelacht und den Kopf geschüttelt, als ich die Rosttür viel zu heftig zugezogen hatte, da neben dem Vordersitz, wo mir Platz gemacht wurde, denn hinten war schon alles voll. *Suave, amigo, suave!*«

Was du *nicht* erzählst auf dem Weg den Kolonnadengang zurück, im letzten Licht des Tages, doch noch immer – so schien es dir – den gleichen Menschen und Dingen ausweichend – auf dem Weg um die Ecke, hinein in die Calle Refugio, was du nicht erwähnst, war der Charakter ihres Lachens. Peinlich berührt bei Leonardo Padura (welchen Fahrgast schlepp' ich da an), missbilligend beim Herrn des Sammeltaxis – welcher Ausländeridiot bringt hier beste Mechanikerarbeit in Gefahr. Denn falscher DDR-Impuls hatte dich geleitet: Trabant-Saporosh-Wartburg-Moskwitsch-Türen musste man *zuknallen*, anders fielen sie – im Unterschied zu den edleren Ladas – gar nicht ins Schloss, doch was ihnen an Feinheit fehlte, glich die robuste Karosserie aus. Kindheitserinnerung, seit fast drei Jahrzehnten nicht mehr abgerufen. Und waren doch, zugereister Narr, *hier* noch immer die gleichen Karren, ratterten weiterhin durch den gleichen Zeittunnel mit den gleichen Hindernissen, und so war nun selbst ihre Karosserie mürbe und müde geworden, potentielles Opfer deiner ignorant falschen Logik. Leonardo Paduras Kopfschütteln im ovalen, gesprungenen Außenspiegel, das ostentative Schweigen der Passagiere und des Fahrers, dem du überdies, ganz wie die Einheimischen, nur den einen nationalen PESO (25 Cents) zahlen musstest, den dir Señor Leonardo zugesteckt hatte. (Weil er auch beschämt war, dass du heute Nachmittag auf der Hinfahrt 15 CUC hattest zahlen müssen und den Tarif danach auch noch als moderat lobtest?)

Und so steckten noch genug Geldscheine in deiner Tasche, doch der Riese sprach: »Für die Zukunft. Sag' *nie,* es wäre kein Problem, in eine Casa zu gehen, da du zufällig noch etwas bei dir hättest. Andere würden dir den Zufall nicht abnehmen und dich – ganz friedlich, ganz sanft – ausnehmen wie einen dicken Fischfang drüben am Malecón, der auch selten genug ist.«

»Wie eine Weihnachtsgans?«

»Oder so. Obwohl wir hier eher von Fisch reden, denn bis 1998 durfte Weihnachten kein offizielles Fest sein und war nur eine Abfolge von Arbeitstagen.« Gabriel winkte ab, aber das galt nun gleichermaßen dir, um hier stehen zu bleiben, während er – behänder Karatemeister – über die jetzt beinahe dunkle, verwaiste Straße sprintete. Du sahst ihn an einer Tür mit grün gestrichenem Eisengitter läuten, dann etwas in die Sprechanlage murmeln. Als er kopfschüttelnd und mit bedauernd ausgebreiteten Muskelarmen auf deine Seite der Straße zurückkehrte, hatte er wiederum keinem einzigen Auto ausweichen müssen.

»Besetzt?«

»Die ganze Stadt am Vögeln, es ist die Stunde der Dämmerung.«

Gabriel lächelte, tippte dir mit der Riesenhand sanft – *suave, amigo, soave* – auf den Rücken und machte ein Zeichen, bis zur nächsten Kreuzung zu gehen. Also kein Refugium in der Calle Refugio, zumindest nicht für euch. Du spürtest eine Frage aufsteigen, stelltest sie jedoch nicht. Wenn solche *Casa*-Benutzung für die Bewohner der Stadt eine populäre Möglichkeit war, dem heimischen Mangel an Privatheit für eine kleine Weile zu entkommen – existierten dann nicht auch für sie spezielle Landestarife, wie für die Passagiere der Sammeltaxis? Und weshalb bedeutete dir Riese Gabriel nun erneut, in gewissem Abstand zu warten, während er in der Calle Industria auf ein ähnlich aussehendes Haus zusteuerte und dort die gleiche Prozedur begann?

Weißes Unterhemd, über der behaarten Brust eine dickgliedrige Goldkette, bärtig das wuchtige Mulattengesicht, die dunklen Äuglein aufmerksam und verschmitzt. Käpt'n Iglo auf kubanisch, was du ihm auch sogleich sagtest, denn bereits fünf Minuten nach deiner Ankunft in jenem Häuschen saßt ihr einander gegenüber am Wohnzimmertisch und rauchtet die gleichen *Populares*, die auch Mario Conde immer paffte, Roman-Geschöpf Leonardo Paduras.

»Dabei ist er weniger polizeilicher Mord-Ermittler als vielmehr Sondierer gesellschaftlicher Strömungen. Das Desparate, Verborgene, Desillusionierte, Marginalisierte und Verdrängte... da kämpft er sich durch. Siehst du das auch so, als Leser und Kollege?«

Ganz selbstverständliches Duzen, aber was du zusätzlich sahst, war dies: Das Wohnzimmer eines einstöckigen Häuschens mit winzigem Vorhof und Garage. Eine zum Garten hinausführende Küchennische und dazu dieses Zimmer mit Korbmöbeln und *art naif* an den Wänden. Auch Leonardos Gattin – eine weißhäutige Frau mittleren Alters in heller Bluse und Lesebrille – hattest du gesehen; sie hatte dir aus einem der Arbeitszimmer freundlich zugewinkt, weiter die Tasten vor ihrem Computerbildschirm bearbeitend.

»Das macht sie für mich, denn wir zeigen nächste Woche beim französischen Filmfestival einen Streifen, dem aber noch die Untertitel fehlen. Das Drehbuch stammt von mir. Solche Sachen eben.«

Ihr beide in nachmittäglicher Helligkeit am Wohnzimmertisch, sanftes Rotieren der Ventilatorblätter. Aus dem Garten hinter der Küche drang ein (für dich) undefinierbarer, jedoch angenehmer Duft in die Raumfluchten, und da dachtest du: Handwerker beim Pausieren. Bodenständiger Künstler, mit sich im Reinen. Erfolgsautor ohne Allüren, der Gesellschaftschronist gutgelaunt in seinem Umfeld.

»*Claro*, das sehe ich. Aber hat man dir nie vorgeworfen, dass du diesen Mario Conde nur im angeblich *Negativen* schnüffeln lässt, anstatt die *Errungenschaften* zu loben?«

»*Errungenschaften*!« Käpt'n Iglu wird zum Walross und schnaubt verächtlich. »Dafür sind andere zuständig, nicht ich.«

Ihr nehmt beide wieder tiefe Züge von den *Populares*, aber weder hattest du gefragt, *wer* denn jene *Errungenschaften* deklamiere (oder deklamieren lässt) noch hatte sich Señor Padura darauf eingelassen, zu personalisieren oder die Strukturen der Macht zu benennen. *Die anderen.*

Er erzählt von Verlagsusancen, von den Erstveröffentlichungen in Spanien, für die er längst keine Genehmigung des kubanischen Kulturministeriums mehr brauche, von der mehr oder minder konfliktfreien Publikation der Romane danach auf der Insel, wenn auch in kleiner Auflage.

»Auch *Mascaras*, die so deutlich das Rigide der sechziger und siebziger Jahre kritisieren, als Homosexuelle entweder ins Umerziehungslager kamen oder als *bürgerliche Ästheten* kaltgestellt wurden?«

»Ja, denn das sind Rückblicke. Der Roman spielt im Sommer 1989 und erschienen ist er 1997.«

Er sah dich an und schob die Zunge zwischen die vollen Lippen, machte die Augen zu kleinen Schlitzen. Wieviel brauchte es denn noch, damit auch du kapiertest? *Vergangene Verfehlungen*, die inzwischen selbst *die* Partei korrigiert hatte, durften relativ offen zum Sujet werden. Und hatte Padura in jenem Roman nicht einen (selbst ein wenig dubiosen) Schriftsteller-Freund Mario Contes die selbstkritische Klage führen lassen, dass ein schwuler Außenseiter wie dieser Virgilio Piñera bis zu seinem Tod völlig isoliert und aus dem kulturellen Gedächtnis des Landes getilgt war, seine Bücher verschwanden und dass keiner ihm beistand, nun aber nach der offiziellen Rehabilitierung plötzlich ein jeder Halbintellektuelle beim zweiten Glas Rum damit renommierte, *Amigo Virgilio* immer besucht und heimlich die Treue gehalten zu haben? Verschmiertes Literaten-Milieu, und ihr illusionsloser Chronist saß dir gerade gegenüber. (Ihr Mitwisser?)

Er war dir auf Anhieb sympathisch und du ihm womöglich auch, denn mitten im Gespräch fragte er dich nach deiner Jugend und dem Weggang aus der DDR eben in jenem Jahr '89, in dem er *Mascaras* spielen lässt. Du aber warst nicht hier, um *deine* Geschichte vorzutragen, sondern – begeisterter, verblüffter Leser – etwas über den Hintergrund seines *Habana-Quartetts* um den skrupulösen Polizisten Conde zu erfahren. Was du ihm jedoch erzähltest, Parallele zum romanesk erinnerten Theatertribunal gegen einen schwulen Regisseur (der in Wirklichkeit der Dramatiker Virgilio Piñera war): Diese Strafsitzung des Ostberliner Schriftstellerverbandes vom Sommer 1979 – Piñeras Todesjahr – in welchem unbotmäßige Autoren *en bloc* ausgeschlossen wurden, ein Schauprozess, von Honnecker/ Mielke angeordnet, ausgeführt aber vom willfährigen Schriftstellergenossen Hermann Kant alias IM »Martin« (ausgerechnet).

»Und wie hast *du* das erfahren, Amigo, mit deinen damals neun Jahren?« Señor Leonardo hielt dir eine neue Zigarette hin: Rauch' und berichte!

Und so erzähltest du, was du bis zu diesem Moment kaum je erinnert hattest – von einer Bahnfahrt im November 1991 nach Karlsbad, ein deutsch-tschechisches Schriftstellertreffen mit noch immer immenser Nachwende-Euphorie. (Zu einer Zeit, als *hier* auf Cuba – schien das Mienenspiel Leonardos anzuzeigen – die schlimme *periodo especial en tiempo de paz* stattfand, jenes Fast-Verhungern nach Ausfall der Ostblock-Subventionen.)

»Ich war der Jüngste dabei. Und im Zugabteil durch Zufall mit einem der Ältesten von damals, von den '79 Ausgeschlossenen. Joachim (du sagtest *Joaquin*) Seyppel, geboren 1919, mit seinem weißhaarigen Charakterkopf aussehend wie ein Mix aus Ernst Jünger und Alec Guinness. Erzählte mir, wie er damals hinzitiert wurde in einen Versammlungssaal des Roten Rathaus der DDR-Hauptstadt, aber da er zuvor an einem der Berliner Seen schwimmen gewesen war, kam er ausgeruht und mit dieser Segeltuchtasche über der Schulter anstatt mit Schweiß und Angst. Glückspilz und Dickschädel, den die Macht dann auch gleich darauf in den Westen ziehen ließ, nach Hamburg. Und erzählte mir davon auf dem Weg nach Karlsbad/tschechisch Karlovy Vary, und da das Abteil der staatlichen Eisenbahn hoffnungslos überheizt war, draußen an den Fenstern aber schon Rauhreif hing, machte er irgendwann die Abteiltür auf und griff dann an die Metallstreben der Gepäckablage. Begann, damals schon über siebzig, aber drahtig wie nur was, Klimmzüge zu machen! Hoch und runter, hoch und runter und dazu dieser ironische Alec Guiness-Blick. Der Klimmzug-Mann mit der Segeltuchtasche, der schließlich 93 Jahre alt werden würde...«

»Aber unser fragiler Virgilio hatte nicht das Glück wie dein vitaler deutscher *Joaquin*. Piñera blieb auf der Insel und starb zu früh, fertig gemacht von denen.«

Rauchen, Schweigen. *Von denen*. Und verstandest es nicht als Schlusspunkt, sondern als Einladung, dich noch weiter vorzuwagen, Unwissender.

»Heute Vormittag war ich in der Calle Obispo. Und was sehe ich da, ausgerechnet in einem Laden voller Che-Bücher? Diese Ausgabe von Piñeras gesammelten Werken.« Käpt'n Iglos mildes Lächeln, während er unaufhörlich weiterpaffte, und obwohl sein Bauch durchaus heftig durchs Unterhemd drückte, machte auch er mit knapp sechzig Jahren noch immer ziemlich gute Figur. (Und du, hereingeschneiter Narr?)

»Ich hab' ein bisschen darin geblättert, das Buch erschien 2002 in Habana. Ein Jahr, ehe die Verhaftungswelle gegen die Dissidenten begann. Ehe der Intellektuellen-Brief erschien, der das offiziell rechtfertigen sollte, unterzeichnet unter anderem von Miguel Barnet, ja sogar von Senel Paz, dem Drehbuchautor von *Erdbeer und Schokolade*. Aber nicht von dir, von dir nicht... Hattest du damals die Unterschrift verweigert?« Leonardo Padura schüttelte den Kopf. »Daran erinnere ich mich gar nicht mehr.« (Eine Reaktion, die sein Mario Conde sofort als offensichtliche Ausflucht-Lüge dechiffriert hätte, was in diesem Moment wahrscheinlich auch Señor Leonardo ahnt und weiß, dass auch du es weißt – und *du* dich am liebsten zu Boden schämen würdest, urplötzlich und ohne Vorwarnung Zeuge *von so etwas* zu sein.)

»Hör mal, das war damals alles sehr kompliziert, und von den Ausländern hatte dann sogar einer wie Jorge Saramago mit der Regierung gebrochen. Aber mich hat keiner gefragt und außerdem. Und außerdem...« Du gucktest im Zimmer umher, denn diese abrupte Verwandlung mochtest du jetzt nicht sehen: Der zuerst nervös wirkende, schließlich zitternde Mann. Als straften seine Hände, seine Stirn den Mund, dem soeben dieses *Daran erinnere ich mich gar nicht mehr* entfahren war. Leonardo Padura, beinahe im Alter deines Vaters (deines Vaters, den du zuletzt *so* zittern gesehen hattest vor Angst und unterdrückter Wut in den Befragungsräumen der Abteilung Inneres/Rat des Kreises Rochlitz, Frühjahr 1989, ehe euch nach Jahren des Wartens und der Drohungen schließlich doch noch die Ausreise aus der DDR genehmigt wurde).

Zittern des massigen Mannes/hochgerühmten Romanciers/Auflagen-Champions/Nationalpreisträgers. Schweiß auf der Stirn, die neue *Populares* zwischen den Fingern zerdrückt und ein Letztes zur Erklärung: »Hör mal, diese Art Fragen... Es gibt da einen unausgesprochenen Pakt. Sie lassen mich meine Bücher schreiben und im Ausland veröffentlichen, manche sogar hier, in erwähnter winziger Auflage. Während ich mich... mich... nun, nicht einmische in Politik.«

»Aber deine Popularität im Westen schützt?« Dein unbeholfener Versuch, Kapt'n Iglo wieder an Bord zu holen, den Mann aus der Generation deines Vaters zu *trösten*. (Lächerlicher Bengel.)

»*Niemand* ist geschützt auf Cuba.«

Sagte das, lächelte nun auch schon wieder, schien dir die Naivität zu verzeihen. Las er in deinem Gesicht, dass du womöglich etwas zu kapieren begannst? Denn weshalb sollte er, hier in diesem netten kleinen Häuschen mit überschaubarem, redlich erschriebenem Wohlstand für sich und seine Frau alles aufs Spiel setzen, wenn selbst Señor Nobelpreisträger Saramago – bis zu seinem Tod im sicheren, freien Portugal und auf Lanzarote lebend und schreibend ganz nach eigenem Gusto – bis ins Jahr 2003 gebraucht hatte, um mit einem Regime zu brechen, dessen *Comandantes en Jefes* Fidel und Raúl hier im Lande nicht einmal kritisch beim Namen genannt werden durften?

Wie es dich doppelt beschämte: Offensichtlich war er dir nicht einmal böse. Hatte seinen massiven Oberkörper bereits wieder unter Kontrolle, ließ den Stirnschweiß vom Ventilator trocknen, bot dir eine neue – eine letzte – Zigarette an. Holte Wasser aus dem Kühlschrank, machte euch in der Küchennische einen Espresso und plauderte dabei über jenes Zürcher Verlagshaus, seine Autorenheimat im deutschsprachigen Raum. Rief zu seiner Frau hinüber, ob auch sie Kaffee wolle.»Nicht nötig«, die gut gelaunte Antwort aus dem Nachbarzimmer, die Arbeit an den Untertiteln sei stimulierend genug und kenne keine Pause, haha und *desculpe* und plötzlich nicht einmal mehr der *Hauch* des soeben Geschehenen, nicht das Fitzelchen Ähnlichkeit mit der Angst und Depression in heruntergekommenen Moskauer Wohnküchen kurz vor Mitternacht, dem redseligen Selbsthass in DDR-maroden Leipziger und Prenzlberger Altbaubehausungen, *nichts* davon. (Aber etwas *anderes*, das du langsam zu deuten lernen solltest.)

Im Unterhemd begleitete er dich danach hinunter auf die Straße, hatte deine Frage, ob man telefonisch ein Taxi bestellen könne, verneint mit nachsichtigem Lächeln. (Wie gut, gäbe es nur *solche* Missverständnisse...) »Am besten, du nimmst ein Sammeltaxi bis zum Parque Central. Und zahlst mit diesem Peso, *in unserer* Währung.« Nein, und keine Widerrede, *ich* hab' zu danken, schick' mir den Text, falls er in einer Zeitung erscheint (die üblichen Abschiedsformeln und nicht einmal zwischen den Silben – *jetzt* endlich achtest du darauf – die Bitte, nichts von seinem Zittern zu erwähnen. Schließlich war es nicht *seine* Schande, *claro*? Verdammt tapferer, souveräner Señor Leonardo!)

Umarmung, als das Taxi hielt – und dann doch dieses Kopfschütteln, als du die Tür zu fest zuknalltest.

Hieß der Karatelehrer dich warten, um nicht das Misstrauen der Obrigkeit zu wecken? Oder erhandelte er – im wahrsten Wortsinn zwischen *Casa*-Tür und Metallgitter-Angel – einen Spezialtarif und die Differenz zwischen diesem und den dir mitgeteilten zwanzig CUC fiele dann an ihn?

Als er dich heranwinkte, sein schwarzer Arm in der nun vollständig hereingebrochenen Dunkelheit erkennbar dank des Lichtscheins aus der halboffenen Tür, sahst du ein zufriedenes Lächeln, das allein dem nun endlich gefundenen Ort zu gelten schien. *Finalmente!* Du tratest ein, Gabriel übernahm es, Gittertor und Tür hinter dir zu schließen, und schon standest du zum zweiten Mal an diesem Tag mitten in einem Wohnzimmer. Ein langgestreckter Raum mit niedriger Decke, der ebenfalls in eine Küchennische überging. Eine Stehlampe beleuchtete gerahmte Wandfotografien von Kindern in Pionierkleidung/Jugendlichen in Krawatten/jungen Erwachsenen bei der Trauung, und aus dem Schaukelstuhl neben dem laufenden Fernseher (ein Musikprogramm ohne Ton) erhob sich eine ältere Frau mit kreisrunder Brille und schneeweißem Haar, die den Buchladenfrauen heute Morgen in der Calle Obispo glich und sagte *Hola*.

Mit einer kleinen Verbeugung überreichtest du einen deiner zwei CUC-Scheine, den sie mit einer Geste des Einvernehmens in die Tasche ihrer Kittelschürze steckte, so dass du erneut Gelegenheit bekamst zum Staunen: Welch Grazie trotz des Alters und der Hausmuttchen-Kleidung! Neben den Familienbildern hing das Kruzifix, ein Porträt Johannes Paul II (Juan Pablo Secundo), dazu ein Farbdruck der Muttergottes, die mit Heiligenschein und sanftem Lächeln auf einem Felshügel stand.

»Vamos...« Gabriel sprach leise, denn das Muttchen war euch, vorbei an der mit durchsichtiger Plastik bedeckten Couch und dem Wohnzimmertisch, bereits vorangegangen auf den pieksauberen weißen Fliesen, die am Ende der Küche in schartige Kacheln übergingen (ihr befandet euch jetzt in einem schlauchartigen Gang, zugestellt mit Kisten und Kartons), auf dem winzigen Innenhof sodann in rissigen Beton. Roch es nach Minze oder verfaulten Früchten, nach Reinigungsmittel oder Sperma? Der Himmel über euch war ein schwarzsamtenes Miniaturviereck, doch aus dem Parterre fiel genug Licht, um einen vor Handtüchern überquellenden Wäschekorb zu sichten und dazu die schmale Eisentreppe, die längs der rechtsseitigen Hauswand nach oben führte. Die Stufen knarrten, obwohl sich gerade der Karatelehrer am lautlosesten bewegte. Am Ende der Treppe gab es eine ebenso schmale Galerie, die auf drei Türen ging. Gemurmel zwischen Gabriel und dem Muttchen, von dem du kein einziges Wort verstandest, doch warst du nicht beunruhigt: Schon bei der Ankunft auf dem Flughafen hattest du erfahren, wie sie hier das Spanische *aufaßen*, zusammenquirlten und walkten, und nur mit Rücksicht auf dich, Fremder, im Gespräch auf Slang verzichteten und die zusammengewachsenen Wörter (und damit wahrscheinlich auch die Wirklichkeiten) voneinander trennten zu deinem besserem Verständnis.

»Das dritte ist das beste, sagt sie«, sagte Gabriel. »Direkt unterm Wassertank des Dachs, und deshalb funktioniert die Dusche, ohne dass wir Eimer bräuchten.«

Worauf das Muttchen verschwand, Gabriel die Tür aufschloss und, sobald ihr allein wart in dem in bläuliches Funzellicht getauchten Raum mit seinem Kruzifix und den zwei aneinander geschobenen Einzelbetten, dir gar keine Gelegenheit mehr gab zu weiterer Observation.

An was du dich später erinnern würdest, war dies: Gabriel, vor dem Fensterchen mit dem zugezogenen Stoffvorhang dir gegenüberstehend, mit lächelnder Miene. Und plötzlich seine Unterarme, ausgestreckt/gebeugt als Zangen um deinen Oberkörper, so dass du auf ihn zu stolpertest, gehalten/gefangen wurdest und Sekunden später schon quer auf den zwei Einzelbetten mit der absurden Blümchendecke lagst, worauf du dich – spielerisches Machtspiel ebenso spielerisch mächtig zurückweisend, doch gleichfalls mit einem Lächeln – sofort wegrolltest, aus Gabriels Schaufelhänden heraus, wobei du jedoch mit dem Kopf zweifellos an das aufragende Messinggestell des Bettes geknallt wärest, hätten dich die gleichen Hände nicht wieder eingefangen/beschützt. (Ausgerechnet in diesem Moment – absurdes Synapsenspiel deines Hirns, vielleicht auch Resultat der Tropenhitze – musstest du erneut an die Klimmzüge jenes alterssportlichen Joachim Seyppel denken, an den nach Karlsbad ratternden Zug der damals noch tschechoslowakischen Staatsbahn.)

Dann hattet ihr es mit einem Mal sehr eilig und achtetet nicht einmal darauf, wie Gabriels Reißverschluss auf- und der Jeansknopf absprang, Ritschratsch- und Kullergeräusch auf den Bodenfliesen.

»Und was ist das da?« Der Karate-Riese, im doppelten Wortsinn stehend an der Längsseite des Bettes, dazu deine Beobachtungsfreude/Vorsicht gerade in Momenten der Lust. (*Déformation professionelle?*)

Du erfühltest nämlich einen Knuppel, beweglich unter der Haut des aufgerichteten Penis und dachtest augenblicklich ein Zu dumm, sich hier *schon* jetzt was zu holen.

»Fühl mal die Konturen!« Der Meister sprach, die Arme in die Seiten gestemmt, lächelnd auf dich herunter, Beobachter höchstens zweiter Güte. Von wegen *Knuppel*, denn was du da betastest, hat Quadratform, millimetergroßes Würfelchen unter dunkelviolett pulsierender Haut.

»*Que?*«

»*Piedra de la suerte*«, informierte der Riese. »Glücksstein, Kiesel der Lust, wie auch immer du willst, wir haben viele Namen dafür. Und andere haben sich sogar noch mehr *piedras* einsetzen lassen, Stimulationen der Exaltation.«

»Und das zerreißt kein Kondom?«

»Ist 'ne andere Geschichte«, sprach der Nicht-Engel Gabriel leichthin, und schon willst du Panik schieben, schnell raus aus dem Kruzifix-Blümchendecken-Außentreppen-Hinterhof-Universum an der Calle Industria, da siehst du seinen Zeigefinger das Würfelchen verschieben längs und quer des Schaftes, hörst seine Worte. »Sind doch nur Winzigkeiten. Selbst vor Jahren, als es nur diese schlechten, *kleinen* Kondome aus chinesischer Staatsproduktion hab, ging's nie schief. Das war, weil die anderen Chinesen gut gearbeitet hatten.«

»Die anderen Chinesen...?«

»Haben's eingesetzt und die Haut dann wieder zugenäht mit ihren kleinen Fingerchen, irgendein antiseptischer Balsam und dazu Nadel und Faden, und für die besten Kunden ein Narkotikum.«

»Opium?«

»Nicht doch. Wo es seit der Revolution nicht einmal mehr ein richtiges Chinesenviertel gibt. Nur diese Erinnerung im Barrio Chino, rund um die Calle Cuchillo. Die damaligen kleinen Wäschereien, Cafés, Stundenhotels, Garküchen, Spielsalons, Teehäuser... Selbst meine Eltern kennen's nur noch aus Erzählungen, denn als der Sozialismus kam, packten die Chinesen ihr Zeug und hauten ab, nach Hongkong oder in die Staaten. *Verdad!*«

»Dann hat die *Erinnerung* dein Steinchen eingesetzt?« Du setzt dich ein wenig auf, schiebst das Lust spendende Kuriosum nun ebenfalls hin und her, siehst nirgendwo auch nur die Spur einer Naht.

»Ja und nein. Da gab's nämlich die alten Geschichten, die von vor '59. Die *piedras* auf Männerschwänzen *und* auf den Schamlippen der Frauen. Stell dir vor: Nicht nur rein/raus, sondern gleichzeitig hoch/runter/, vertikal/horizontal. Was für eine Sensation! Brauchte dafür kubanische Körper, Fleisch und Masse, aber zuvor eben auch die kleinen Chinesen mit ihrem Miniatur-Geschick.«

»Wer hat's nun gemacht?« Deine Frage, die andere Frage übertönend: Wieviel Zeit haben wir noch, ehe das Zimmer geräumt werden muss, denn ihr seid schon länger hier als das Gespräch suggeriert, die Riesenhände auf deinem Körper, ein Sprechen zwischen Pausen.

»Einer von den ersten Zurückgekehrten oder Dagebliebenen, da sieht man nie durch. Enkel oder Urenkel derer von damals. Geh' mal in die Calle Cuchillo, ist nicht weit von hier und vom *Sevilla*. Da siehste die ersten Lädchen wiederauferstehenundaberjetzt...«

Gabriels Sprechen war urplötzlich wieder zu kubanischem Nuscheln geworden, leise und rauh. In die Hocke ging der Riese, rollte dich ein Stück zur Seite, ließ sich neben dich fallen und...

Und am Ende dann doch wieder himmliches Gelächter, von oben herab. Stand über dir, die Kämpferfüße längs deiner Schultern, und gluckste mit freundlichem Spott. »Mussdir nich dieAugen zuhaltn, ichkomm nichinsGesicht...« Und die Spuren/*Flüsse* von Feuchtigkeit auf deinem Körper, von der Stirn bis zu den Waden?
»Is nur weil wir schwitzenwiedeStiere un ich nochmehr alsdu.« Sprach's, lachte weiter, die linke Handfläche an die niedrige Decke gestemmt, schüttelte den Riesenleib, neue Diadem-Flut auf dir, draußen erneut das Geräusch abendlichen Gewitters.
»UnjetztAmigo...«

»Zu oft geflickt, deshalb.«
»Von keinem Chinesen?«
»War ich oder meine Frau. Die Hose von schlechter Qualität und sogar das Garn fürn Arsch, haha.« Gabriel bemühte sich -für dich/für euch – um die Heiterkeit eines Halb-so-schlimm-that's life/ist doch nur 'ne zerrissene Hose und ich bin eben zu kräftig, doch sahst du die Sorgenfalten, rötliche Linien auf glatter schwarzer Haut, das Neonlicht im Bad beleuchtete sein feines, nun beinahe ängstliches Riesengesicht.
Vorbei, vorbei – wie schnell das ging. Vorherige Aufschreie der Lust, Momente der Ermattung, Herumkumpelei unter der Dusche (die, dem Wasserspeicher über euch sei Dank, tatsächlich funktioniert). Vorbei auch dein Herbei-Halluzinieren des Mythos: Schlangengleich leise Rückkehr des magischen Asien in die lärmende Welt der Karibik, chinesische Emsigkeit und schwarze Erotik. Der Tempelvorhang zu Jerusalem, Donnergrollen über Stadt und Meer.
Kitschbold, gib acht: Als wäre die Hose, wenn schon ein Symbol, etwas anderes als das: Inkarnation des Maroden, das hierzulande *alles* umgab, unermüdlich an Schönheit, Witz und Hochherzigkeit fraß und leckte wie die Ozeanwellen am Malecón. Ganz konkret: Die zerrissene Hose des klugen Riesen, seine Scham, sich so präsentieren zu müssen.
»Dios, meine Frau«, sagte er, jetzt schon wieder ein Grinsen zumindest in den Pupillen, das ist die Ausflucht ins Burleske, zu der er sich gratulieren durfte, Gesichtsrettung an einem Abend in Habana, und der Fremde würde das Dilemma gewiss verstehen. (Ehe du, Gast in dieser Stadt und weiterhin *entsetzlich nichtsahnend über die hiesigen Verhältnisse*, die wirkliche Wahrheit zu begreifen beginnst: Nicht die unwahrscheinliche Eifersucht der als ebenso schön wie beherzt vorstellbaren Ehefrau, sondern die skandalöse Leere im Schrankregal: Einzige Jeans und Ausgehhose, die du

hattest, Mann. Schande über die Armut, ich kann nicht mehr, *no puedo más*, 35 Jahre alt, Familienvater, Leser und Karatekünstler, doch sieh nur jetzt das.... *No podemos más*, hatte das verreckte Arschloch Fidel – Pscht, Frau/Mann/, was reden wir da nur – auch noch so oft seinen infamsten Spruch an die Häuserwände pinseln lassen: *Siempre se puede más*/Man kann immer mehr. Scheißwelt um uns herum.)
Euer Augenspiel für Sekunden, das sogar das in Klammern Gedachte mitteilt. Und deshalb dein Hand-an-Stirn-Schlagen nicht unnötig theatralisch, eher robust/selbstverständlich: Scheiße auch, Kumpel, aber da sind hier doch noch die verdammten letzten 20 CUC (und *Du* lügst, denn umgetauscht liegen da noch mehr Scheine in deinem Fast-Graham-Greene-Zimmer Nr. 501 im *Sevilla*), nimm' die mal, isschließlichmeineVerantwortlichkeitdasmitderHose.
Du patschst den Schein auf das Tischchen neben der Tür und zogst dich geräuschvoll stöhnend an, kamst dann sogar noch auf die Idee des T-Shirt-Tauschs, zwei ChampionsnachmSpiel, was? Zwar spannte deines nun ebenfalls über Gabriels Brustmuskeln, war allerdings länger und verdeckte den Riss im Hosenboden.
»Hey...«
Euer Handschlag, tapfere Umarmung, weder Scham noch falsche Dankbarkeit, kein unnützes Gerede. In einvernehmlichem Schweigen aus der Tür, die Treppe hinunter – die Köpfe synchron eingezogen im nun wieder einsetzenden Regen, durch Hof/Gang/Küche/Wohnzimmer (der alten Dame ein *Buenas Noches*). Und dann, wiederum an der Ecke Calle Refugio/Industria, euch schüttelnd wie nasse Hunde – auch *das* ist kein Theater – die allerletzte Umarmung und danach ein jeder davonrennend zurück in seine Welt, auf dem Trottoir mit hochgezogenen Schultern den aufspritzenden Kaskaden ausweichend, die abrupt aufgetauchte Taxis und Straßenkreuzer-Fossile aus den Schlaglöchern schleudern, orkangleich, kosmische, graubraune Sudelsuppe.

In der Bar des *Sevilla* versuchte sich eine müde Alten-Combo an einer atmosphärischen Wim-Wenders-Travestie, Touristenfrauen wiegten ihr noch tropfenfeuchtes Haar dankbar im Takt, während die Köpfe der Männer nach rechts justiert schienen – nach draußen und jener Welt, wo sich unterm Hoteldach die Taxifahrer und jungen Hurenfrauen drängten, zwischen 1908 erbauter Steinwand und den Regentraufen dieser Gegenwartsnacht.
Und ein jeder denkt, dachtest du – vorbei an den weiterhin stillstehenden Aufzügen und dem *1° Mayo*-Forderungsschild, erneut auf

dem Weg durchs Treppenhaus – denkt, das Wahre sei *dort* und nicht *hier*.

Ist aber vielleicht nur da, wo zwei sich nicht (allzu sehr) belügen, sinniertest du, in diesem Zimmer mit Fernblick aufs Meer, das diese Nacht unsichtbar blieb in Regen und Donnergrollen. *Die Zimmer lagen wie Gefängniszellen an den vier Seiten einer Veranda in Rechteckform,* heißt es in Greenes Roman, und schon im Wegdämmern, die Bilder dieses Habana-Tages wie eine grelle Dia-Show, hörtest du es läuten und war doch nur das Geräusch des Regens, der vom Himmel ins Innere des Hotelrechtecks strömte, oder Nachklang eines vor sechs Jahrzehnten geschriebenen Satzes – unseres Havanna-Mannes tölpelhaft halb-klandestine Kontaktaufnahme. *Im Sevilla-Biltmore ging er zum Haustelephon und rief C. an.*

Trinidad.

Sie lagen vor den Türen auf dem Beton. Ausgestreckt, die Beine gespreizt. Waren keine Rimbaudschen Schläfer im Tal, hatten keine Einschusslöcher in der Seite. Lagen ja auch in keinem grünen Winkel, sondern in den ansteigenden Gassen hinter der Plaza Mayor. Grün waren hier nicht einmal die wuchernden Grasbüschel zwischen den Kopfsteinen, von der Sonne verbrannt, höchstens die Farbe an mancher Tür, auf den Karosserien vorrevolutionärer Walrosse. Schweigen, kein Windhauch, und selbst die Stimmen der Touristen und Zigarrenverkäufer inzwischen unhörbar, da sie sich bündelten in anderen Teilen der Stadt. (Und hattest, zumindest in der Altstadt, nichts gesehen von etwaigen Mai-Aufmärschen, sahst an den Häuserwänden nur die *Vamos*-Aufforderungsplakate.)

Sofort nach deiner mittäglichen Ankunft in der Stadt hattest du die kleine schattige Casa Particular, dein Domizil für die nächsten zwei Tage, wieder verlassen und warst losgezogen. Digitalkamera, Notizbuch, *Lonely Planet*, Mineralwasserflasche und Zigaretten – heute bist du vollständig *ein Besucher*. Kolonialstadt-Visiteur, erwartungsgemäß beeindruckt von all den kleinen Häuschen, bunt gestrichen, der ewigen Siesta-Atmosphäre des Städtchens, Eselskarren und Pferdefuhrwerke, und ab und an ein geparkter Austin als Fotomotiv. Du warst die Calle Bolivar hochgegangen, hattest die Kirche besichtigt, Fotos von Holzbalkonen und üppiger Blumenpracht gemacht, vorbei an den üblichen, selbst heute geöffneten Souvenirläden mit ihren CHE-Bildern und lasierten Holzmodellen der alten US-Schlitten. Folgtest den Gassen, die irgendwann nicht mehr schachbrettartig angeordnet waren in strenger spanischer Geometrie, sondern sich bergan schlängelten, Bühne für die *Herumliegenden*. Selbstverständlich wagtest du nicht zu fotografieren, gingst jedoch so nahe an ihnen vorbei, dass du ihre Pupillen sehen konntest hinter halb geöffneten Lidern. Keine toten Soldaten nach der Schlacht, sondern Männer in Trainingshosen (jedoch keine Adidas, wie Fidel sie getragen hatte auf den Zeitungsfotos in den letzten Jahren vor seinem Tod), die Hände im Schritt, nicht auf ihrer (nackten) Brust. Lagen auf den abgestuften Betonabsätzen, die hier zwischen Haus und Gasse das Trottoir ersetzten, lagen da, dösten in der Hitze, blinzelten krokodilhaft. Epheben/Fighter/Fette, alle männlichen Figuren vertreten, alle Körperformen und Farben, *Fleisch,* abwärts der Trainingshose verhüllt, die nackten Füße in ausgetretenen Sandalen oder Tennisschuhen. Im Hintergrund leise Radiomusik, Geräusch von Geschirr, vage Küchendüfte, Fliegengesumm. Vor allem aber: Sonne, Sonne und Schweigen. Warten und Beobachten in den aufsteigenden Gassen von Trinidad. (Ferner Hufschlag eines Esels oder Mulis.) Wenn sich eure Blicke verfingen, hobst du mitunter eine Hand zum Gruß, und aus dem Trainingshosen-Schritt tänzelten ein paar Finger, grüßten zurück, träge, und es war *keine* Einladung.

Kurz bevor du kehrt machtest, ermattet/verwundert/verschwitzt, fragte dich ein Grüppchen Halbwüchsiger nach deiner Präferenz: Real Madrid oder FC Barcelona, und als du *Trinidad* sagtest, lachten sie heiser auf in einer Art, die dir unverschämt wissend vorkam, und fragten nach einem CUC. Lehnten im Schatten an der weiß gekalkten Hauswand, ihre dunklen Körper denkbar sichtbarster Kontrast, schwarzes Haar und weiße Zähne, kurz geschnittene, ausgefranste Jeans, und als du auf deine Hosentaschen klopftest, ironisches Zeichen eines *No tengo más dinero,* schlug einer von ihnen vor, vielleicht ja der Älteste, bereits Volljährige (jener mit dem wuscheligen Irokesenschnitt und Unterarm-Tattoo), du solltet näher kommen und die Hose ausziehen, damit sie's alle überprüften. Auf dein *No* dann erneutes Lachen.

Noch während du, zurück im Zentrum, zurück unter den auswärtigen *blancos,* in einem kleinen Patio-Restaurant das dir lieb gewordene *Ropa vieja* bestelltest, eine Art zerfleddertes/zerrissenes Rindfleisch, klang deine Stimme belegt. Nein, die waren nicht tot, da in den hinteren ansteigenden Gassen der Stadt, durch die einst Hernán Cortes gezogen war, Söldner für neue Mordtouren rekrutierend. Waren weder tot noch auf Gewalt aus. Machten dich nur kirre mit ihren Blicken und Fragen.

Sein Name sei Walker, hatte er gesagt, aber gehen ließ er *dich*. In der Dunkelheit sahst du bald nur noch die festen Rundungen seines Hinterns, in kurzen weißen Hosen, ein paar Zentimeter oberhalb des Fahrradsattels. Tat er das für dich? Denn die Straße östlich des Parque Céspedes (Überschaubarkeit kubanischer Namensgebungen, dachtest du während des Eilschritts) war wieder flach, hispanisches Schachbrett.

Ein paar Minuten zuvor: Die Blicke derer in der neonhellen, nach zwei Seiten offenen Imbiss- und Trinkhalle vis-á-vis des Parque Céspedes, Ecke der Calles José Martin/ General Perez. Taxierende Malecón-Augen, hattest du gedacht, an einem der Resopaltische sitzend und ebenfalls eine Dose Buquanero mit einem *Zisch!* öffnend. Das waren die Trinidad-Cousins der Habana-Schelme, hattest du – Pokergesicht und herabgeschraubte Erwartungen – gedacht und ihre Fragen bereits antizipiert nach dem Ort deiner Ankunft und deines Urteils über ihre *Preisvorstellungen*. Dann doch lieber noch ein zweites Bier, perverse Freude der Observation und danach *heim* in deine Casa Particular, deren in den Innenhof hinausgehendes, einziges Zimmer-Fenster jeglichen Laut durch die Lamellen ließ, mochten sie auch nach unten zu klappen sein, damit du unsichtbar bliebst für die draußen vorbeitrabenden anderen Gäste. (Hattest heute Mittag bei deiner Ankunft sogar deutsche Laute gehört, aber vielleicht war es nur eine Täuschung gewesen.)

Aus Freude an diversen Motiven klicktest du die Bilder auf deiner Digitalkamera an, deren unterer Rand gezeichnet war von deinem verschwitzten Daumen, Signatur des Zufallskünstlers. (Wie hingestellt, dachtest du, obwohl du ja immer nur den Auslöser gedrückt hattest zwischen Pferdefuhrwerk und Austin, zwischen Kirchenpfeiler und quittegelbem Mulatta-Hintern, zwischen CHE-Flagge und einem lebenden Halbgott im vermutlich ebenso typischen Miami-T-Shirt.)

Und dann kam jener, *schritt* durch den Raum, um eine Flasche Mineralwasser zu kaufen. Stellte sich kurz darauf draußen als Walker vor, Händedruck im Türrechteck, dabei den Blicken der *profesionales* verborgen. Nach den üblichen, seit Jahrhunderten gleichen Präliminarien – Erfragen des Namens, der Nationalität, Dauer des Aufenthaltes in Stadt und Land – dann jenes Angebot, das dich verdutzte. »*Vamos a mi Casa ...*«

Du wusstest, das *Haus* auch *Wohnung* bedeuten konnte und fragtest nach, fragtest nach seiner *habitación*.

Walker, einen (rasierten) Kopf kleiner als du, die Augen listig und schnell in dem runden, aber schönen Gesicht, in seinem trainierten Körper gleichsam wachsend, antwortete: »Du hast schon richtig gehört, Amigo. *Haus*. Ist meines...« Und gebot, als seist du bereits Teil des Personals, mit beinahe militärisch herabgeklappten vier Fingern ein Warten, eher er, die Mineralwasserflasche unter den Gepäckträger geschoben, auf sein Fahrrad stieg und losfuhr. Danach eine Handtellerdrehung, gerade noch erleuchtet von den letzten Lichtausläufern der Imbisshalle: Folge mir nach mit Diskretion.

Schnellen Schritts durch die Nacht von Trinidad, und du hattest (zum Glück nur eine halbe Büchse Buquanero im Bauch anstatt der gestrigen Mengen CubaLibre) nicht das Gefühl, dass er künstlich das Tempo drosselte – sein ab und an vom Sattel gehobener Weißhosen-Signalhintern als einzige Konzession. Ein paar Blocks weiter östlich, dann rechts, dann rechts: An der Ecke wartete er, neben dem Fahrrad stehend, mit spöttischer Aufmerksamkeit. (Schwarzer Herr/weißer Dienstbote – dachtest du das tatsächlich, eine halbe Sekunde lang?)

Die schmalere Straße hier war nicht ansteigend, doch hartsandig und schründig, ihr musstet Löchern, ja sogar kleineren Gruben ausweichen, was dir im Licht der Laternen, die nur in großen Abständen aufflackerten, schwerer fiel als jenem, der sich als Walker vorgestellt hatte, ohne Halt sein Rad im Zickzack vorwärts schiebend.

»Welche Stille!«

»Ja«, sagte Walker. Im Licht einer der Laternen betrachtetest du ihn von der Seite, aber in diesem Moment blickte er nach rechts, sah dir in die Augen. Grinste, formte die vollen, dunklen Lippen zu einem Kuss aus der Distanz. »Gleich sind wir zu Hause, da vorn...«

»Wow...«

Du wolltest noch etwas hinzufügen, doch schon in der Garage – kaum war das Fahrrad abgestellt neben dem geparkten blitzblanken Lada – hatte Walker dir mit Küssen den Mund verschlossen. Zog dich durch eine Nebentür in den Korridor des Hauses, machte Licht, postierte sich hinter dir und schob dich auf diese Art vorwärts.

Eine Treppe ohne Geländer, an deren Ende du eine Sitzecke sahst, knallbunte, schalenartige Plastiksessel kontrastierend mit dem Schneeweiß der Wände. Die Küchenschränke und Geräte ebenfalls in Weiß; Walker verstaute die Mineralwasserflasche in einer Kühltruhe und fragte *nicht*, ob du eventuell noch Durst hättest. (Buchhalterischer Chef mit Samtlippen, dachtest du, skrupulöser Hotelier mit Ständer unter der kurzen Hose – du sahst hin und hattest zuvor zugehört.)

»*Dein* Haus?«

»Ja, eine *Casa Particular*. Bin der Besitzer. Morgen kommen neue Gäste, also können wir heute noch laut sein...«

Brachte Walker dich in ein Gästezimmer? Der Raum mit den zwei zusammengeschobenen Einzelbetten erinnerte dich an die mit dem Karatelehrer geteilte Unterkunft, doch war es hier heller, beinahe skandinavisch. Doch sahst du nirgendwo Kleiderschränke oder andere Spuren wohnlichen Aufenthalts. Neben der Tür zum Bad hing ein riesiger Flachbildschirm. Walker dimmte das Licht herunter, schob auf dem Bett den Laptop beiseite und drängte dich rückwärts.

Später, in der Stunde um Mitternacht, sprach die Stimme von Abschied, untermalt vom Schluchzen eines Orchesters. Sie raunte, jubilierte, flüsterte, deklamierte, murmelte von den Jahren der Freude und des Schmerzes, von der Poesie und der Erinnerung, von der Liebe zum Leben, der Endlichkeit irdischer Existenz und der Unvergänglichkeit der wahren Worte, der Kunst und der Freundschaft.

Walker lauschte und beobachtete gleichzeitig *dein* Lauschen, die Augen versonnen auf dem Laptop, welcher allein eure Nacktheit beleuchtete. Die Stimme, ein dunkler strömender Fluss, sonor und jede Silbe eine Modulation charismatischer Emphase und Empathie, fuhr fort, die Poesie und das Leben und die Liebe zu preisen, und auf dem Bildschirm sahst du das wuchtige Haupt von Gabriel Garcia Márquez, weißhaarig und mit riesiger Uhu-Brille.

»*Seine* Stimme?«

»Aber ja. Und er liest aus der *Carta de Despedida*, seinem Abschiedstext. Eines der letzten Zeugnisse, ehe der Krebs und die Demenz ihn von uns trugen.« (Poetischer, gerührter Walker! So dass du dich fast schämtest, die Hintergrundmusik, die nun einen *Dudelsack* hören ließ, seltsam unangemessen zu finden, einen Wellness-Kitsch, der die ohnehin pathetischen Worte noch zu toppen trachtete. Undankbarer Inselgast, wo doch in diesem Moment deine und Walkers Nacktheit beglaubigt wird durch die Daseinshymne des gerade noch präsenten, sich ganz langsam aus dem Leben entfernenden Romancier-Poeten!)

Walker nahm deine Hand und führte sie wiederum seinen Körper entlang, der fest und fleischig war, blauschwarz schimmernd im Licht des Laptops. Dann klappte er den Bildschirm herunter, das Licht wurde zu einem schmalen Streifen, doch die vertrauenserweckende Stimme sprach weiter von den ungezählten Wundern der Imagination.

Danach ging er – wie schon beim ersten Mal – sofort ins Bad, um das, was der Vorleser vermutlich *Spuren der Lust, Salzseen der kleinen Ewigkeit, Flüsse des Begehrens, Blütensaft des Universums* genannt hätte, abzuduschen, sich abzutrocknen und mit einem aus einem Behälter neben dem Waschbecken gezogenen Feuchtigkeitstuch die Schamgegend nochmals abzutupfen. »Bist du zufällig Muslim? Bei denen startet die Reinigungsaktion auch sofort danach. Um sich von der Sünde zu befreien...«

Dein ironisches, wohlbehaglich dahin genuscheltes Nach-Mitternachtssprechen, ausgestreckt auf dem Zweibettenlager in Walkers stillem Haus. (Inzwischen schwieg auch die Stimme, dafür hörtest du – überrascht – hinter dem Fenster Hähne krähen.)

Durch die offene Badtür sahst du ein flüchtiges Lächeln. »Nein. Ist eher eine Frage der Routine. Früher war ich Arzt, da mussten wir das dauernd machen. Besonders wichtig, wenn du Traumatologe bist...«

»Und jetzt nicht mehr?« Du hattest dich im Bett aufgesetzt, um ihn besser hören zu können, der unerwarteten Erklärung zu folgen.

»Bei dem erbärmlichen Lohn, den sie einem bieten in den staatlichen Polikliniken? Dann lieber mit 32 Jahren der eigene Chef, ein altes Haus neu herrichten und dann auf Gästesuche gehen. Oder Typen abtasten, auf andere Weise...« Walker sprach leichthin, aber er lachte nicht zu seinen Worten. »Und du, wo wohnst du hier überhaupt?«

»Calle Cienfuegos.« (Benannt nach dem Revolutionär Camillo Cienfuegos, der gleich nach der Revolution umkam – auf mysteriöse Weise, schrieben einige Historiker.)

»Etwa in der Casa *Flora*?«

»Hey, wie kommst du darauf?«

»Weil sie eine Freundin von mir ist.«

»Aber zur zeit ist sie in....«

»Ich weiß, in Schweden. Und ihre Mutter...«

»Kümmert sich um die auswärtigen Gäste.«

Spätestens damit (würdest du dir später sagen) hatte er dich. Freund der Poesie, Ex-Arzt und Geschäftsmann, überraschend verwoben mit deinem Aufenthalt in der Stadt, und sein Körper – nachgiebig und muskulös, fordernd und generös – auch ohne jene die Wunder des Lebens anpreisende, sanft dunkle Gabo-Stimme ein veritables Fest, zu dem *du* geladen bist.

»Warte mal...« Walker jetzt bereits wieder in seinen kurzen Hosen, und während auch du dich anziehst, das Duschen bis zur Rückkehr in jene Casa Flora verschiebend, öffnet er erneut den Laptop im Neunzig-Grad-Winkel, klick-klick. Und schon siehst du ihn vor *deiner* Zimmertür stehen, an den Ärmeln hochgekrempeltes marineblaues Hemd und Cocktailglas in der Hand, links eine jüngere Frau mit hoch im gewellten Haar steckender Sonnenbrille, rechts die ältere, grauhaarige *blanca*, die dir heute die Zimmerschlüssel überreicht hatte, nachdem du zwei Nächte im Voraus bezahlt und ihr den Pass zur Aufbewahrung gegeben hattest, denn derlei sei nun einmal notwendig, sprach die würdige Dame – Walkers Freundin.

»Und du findest den Weg zurück?«

»Aber ja. Zweimal links abgebogen, und nach fünfhundert Metern bin ich da. Übrigens...«

»Morgen Abend?«

»Ja, wie wär's mit einem Abendessen, *zuvor*?« (Und auch das würdest du später erinnern müssen: Der Vorschlag kam von *dir*.)

»Zwanzig Uhr hier vor der Tür?«

Als du, vorbei an dem vestibülartigen, zur Küche hin offenen Raum auf die Treppe zusteuertest, wärst du beinahe gefallen, ins Erdgeschoss gestürzt, hätte Walker nicht im letzten Moment zur *atención* geraten. (Mehr nicht.)

»Hier gibt's kein Geländer. Ist ästhetisch transparenter als all die typischen Mäuerchen und Holz-Säulchen.«

»Und keiner der Gäste ist bislang gestürzt?«

»Noch keiner...«

Während du die geländerlose Treppe im tropischen Escher-Haus hinuntergingst – wundertest du dich nicht über Walkers beinahe neutrale Stimme, die Erklärungen gab als seien es Diagnosen? (Nein, denn ehe er unten die Haustür öffnete, hatte er erneut seine fleischige Zunge unter deinen Gaumen geschoben, die trainierten Arme um deinen Hals, sein nackter Oberkörper mit den violetten Brustwarzen, sein Becken an deinem kreisend. Warst ja nicht einmal verwundert, dass dir all das bereits in deiner ersten Nacht in Trinidad geschah – und dich sogleich jemand in *sein* Haus mitnahm. Es war ja doch *seine Casa*, oder?)

Auf dem Weg zurück schautest du unter einer der Laternen auf das aufklappbare Kärtchen, das dir Walker zum Abschied in die Hosentasche gesteckt hatte, seine kräftigen Finger dabei erneut wandern lassend. Miniaturbilder seiner *Casa*, darunter auch *euer Zimmer* (wenngleich ohne Laptop und die Betten auseinander geschoben), die Küche und der beinahe an ein Design-Hotel erinnernde Sitzecken-Raum mit dem niedrigen Coffee-Table und dem Körbchen für Zeitschriften (das du freilich leer vorgefunden hattest). Darunter Walkers Name, die Mobilnummer und eine E-Mail-Adresse. Eine Website fandest du nicht.

Trinidad.

»Ich kann Dir auch *schon* den Kontakt mit Miguel Barnet herstellen. Obwohl er alt ist und als Verbandspräsident viel beschäftigt, dazu ein Freund all unserer Führer und leitenden Genossen.«
Die Stimme der Señora war euphorisch; im Gegenlicht sahst du ihr seliges Lächeln. (Weil sie gerade eine kluge Falle aufgestellt hatte, in die du hinein tappen würdest, unter Garantie?) Durch die halb geöffneten Jalousien drang das Mittagslicht nur in zitternden Staublinien in den Museumssaal. Draußen auf der Calle Bolivar erklang wieder Hufschlag, Einheimische riefen einander etwas zu, doch hier, im früheren Stadtpalacio eines deutschen Plantagen- und Sklavenbesitzers namens Kanter, herrschte die Stille angehaltener Zeit. Du warst, von deiner *Casa Flora* kommend, durch das breite Portal hereinspaziert, hattest den CUC-Eintritt bezahlt und danach heimlich Fotos der schattenhaften Angestellten gemacht: In jedem Ausstellungsraum, selbst draußen im lichtüberfluteten Patio, waren sie auf dich zugeschwebt und hatten lautlos einen nationalen Peso-Schein mit dem Abbild des CHE in der Hand gehalten – mit dem Vorschlag, ihn gegen fünf Devisen-Peso zu tauschen. Der paranoide Asket letztlich doch als *Ware*, geschieht ihm recht, dachtest du erneut, hattest jedoch ebenso schweigend den Kopf geschüttelt und warst weitergegangen durch die Raumfluchten voll tropischer Feudal-Interieurs, vorbei an Mahagonitischen mit mottenzerfressenen Damasttüchern und haarnadelfein gesprungenem Porzellan, entlang eines Ehebetts (wo Anfang des 19. Jahrhunderts jener Dr. Kanter, so die Fama, seine Gattin vergiftet hatte, nachdem er *schon* deren ersten Mann, ursprünglicher Besitzer all der Zuckerrohrfelder, diskret in die Hölle befördert hatte). Hinaus zur Blumenpracht des Patios und auf der anderen Seite – die staatlich angestellten Geldscheingeister weiterhin ignorierend – wieder in die Prachträume hinein, wo nun staubige Vitrinen voller Schreibmaschinen, Manuskriptseiten und Waffen von der beginnenden *revolución* erzählten, von den ersten, aus Trinidad stammenden Kommunisten etc.
Dann aber warst du, bereits auf dem Rückweg, vor einer Schautafel stehen geblieben, welche den kubanischen Sklavenkauf und die Ausbeutung auf den Plantagen anhand von Zahlen zu verdeutlichen suchte – Zahlen, so die Information, die zum ersten Mal ein deutscher Gelehrter namens Alexander Humboldt gesammelt hatte und niedergeschrieben in seinem *Cuba-Werk*.
»Sie sehen *schon*!«, sagte eine Stimme in deinem Rücken, und als du dich umdrehtest, stand da die Señora, ein kubanisches Rotkäppchen

(dachtest du), allerdings ohne Kappe, sondern – wie schon in jenem Bus auf dem Weg vom Flughafen nach Habana – in einer blutroten Bluse mit dem Logo des staatlichen Touristikunternehmens.

»Nein!«

»Ja!« Die Señora tänzelte mit den leicht o-förmigen Beinen und fasste dich begeistert am Arm. »Es scheint, wir haben die gleiche Route.«

»Und wo sind Ihre Leute?«

»Oben auf dem Turm, den Panoramablick über Trinidad genießen. Nur unsere beiden Alten, der Günter und seine Waltraud, sind nicht dabei, haben sich ein wenig hingelegt. Willst du nicht mit hoch? Und was hast du denn da am Hals? Jetzt auch noch auf der anderen Seite, denn vorgestern Abend in Habana, da hattest du nur...«

Automatisch tratst du ein paar Schritte zurück, und weil sich dort die zwei Holzbohlen mit den eingeschnittenen Löchern befanden – für Kopf und Hände des zu bestrafenden, renitenten Sklaven – konntest du das Thema wechseln. Verzichtetest darauf, Genossin Schon darauf anzusprechen, dass die ganze Ausstellung ein wenig, nun ja, *verkürzt* war: Als sei auf die Sklaverei unvermittelt Fidels Revolution gefolgt und als wäre jene hauptsächlich von der Kommunistischen Partei ins Werk gesetzt worden – als hätte Kuba nicht zuvor Jahrzehnte moderner Entwicklung kennengelernt, inklusive sozialer Reformen, ins Werk gesetzt von einem Präsidenten namens Batista in den guten Jahren seiner ersten Amtszeit. (Keine Lust auf Counter-Propaganda in den Stunden des Mittags, die ja ohnehin vor allem von den Geschehnissen der Nacht erzählen, die Spuren am Hals selbst im Gegenlicht verraten.) Stattdessen sprachst du von der Lektüre von Miguel Barnets *El Cimarrón*, romanesk-biographische Vergegenwärtigung afrokubanischer Sklavenvergangenheit, 1971 von Hans Werner Henze vertont, und nicht etwa auf der Regimetreue des Autors rittst du herum, sondern erinnertest dich an das packende Erlebnis, ein solches Buch gelesen zu haben.

»Weißt du was? Ich hab' *schon* jahrelang mit der Schwester seines Bruders, wie sagt man...« Die Señora schnitt eine Schnute und schnippte mit den Fingern.

»Schwägerin...«

»Genau! Mit ihr habe ich lange zusammengearbeitet, und wenn du willst... Ich kann sie gleich mal anrufen, und vielleicht kannst du Miguel ja treffen. Wann bist du wieder in Habana?«

»Nächste Woche, für weitere sieben Tage.«

»Und wo wohnst du?«

Du sagtest es ihr, schriebst – aus deinem Notizbuch sogar eine halbe Seite herausreißend, während sie hilfsbereit deine Digitalkamera und den *Lonely Planet* hielt – die Telefonnummern der jeweils zwei *Casas* auf, in denen du reserviert hattest, und *schon* war sie informiert.

Da du auf der Stiege, die zum Turm führte, die Laute der zurückkehrenden Gruppe hörtest und keine Lust hattest auf mögliches *Hallihallo*, verabschiedetest du dich und fragtest lediglich. »Und wo haben Sie Ihr perfektes Deutsch gelernt?«

»Damals, in der schönen DDR. Als ich nach Freiberg delegiert worden war, um dort Bergbau zu studieren. Immerhin steht nämlich eine *zertifizierte* Bergbau-Ingenieurin vor dir, mein lieber Junge!« Die Señora glruckste, und der liebe Junge schluckte, denn selbstverständlich fragte sie noch, ob du jemals gehört hättest von jenem sächsischen Freiberg.

Da hat mein Vater das erste Jahr seiner Haft als Kriegsdienstverweigerer verbracht, und als sie einmal draußen arbeiten mussten, unter Bewachung irgendwelche Straßengräben ausheben, hat's meine Mutter fertiggebracht, ihm ein Foto hinzuschmuggeln. Das liebe Jungen-Baby mit Mamá, Frühling 1971.

Du aber hattest irgendetwas anderes gemurmelt und dich mit Abschiedsgruß abgewandt, während sie das Zettelchen mit den Telefonnummern faltete und in ihr Handtäschchen steckte, das sie an einem, ihre Brüste diagonal quetschenden Lederriemen über dem Bauch trug – wie die Soldatinnen in den sowjetischen Kriegsfilmen, dachtest du. Danach, in deinem Rücken (ja eigentlich *schon* im Echoraum des Ausstellungssaals, den du soeben verlassen hattest) ihr glockenhell freudiges »Da seid ihr ja auch *schon* wieder und, liebe Leute, wisst ihr, wen ich gerade...«

War es also das, wonach du gesucht hattest? Räume, Orte, Wege, Querverbindungen – ein anderes Beziehungsnetz als jenes der Macht? Auf dem Weg zum Internet-Laden am Parque Céspedes begann es erneut zu regnen, doch die Mutter der Chefin deiner Casa Particular hatte vorgesorgt: »Geh' nicht ohne Regenschirm aus dem Haus«, hatte sie heute Vormittag geraten, dir ein spätes Frühstück mit Mangos und Toast und Kaffee zubereitet, und ihre gütigen Worte hallten ebenso durch den schmalen, hohen Innenhof wie das Klappern des Bestecks und deine Entgegnungen, die Grüße, die du ihr ausrichtest von Walker. »*Aj, un buen chico!*«, murmelte das Muttchen und lachte und erinnerte sich, wie man hier im Haus sogar Fotos mit ihm gemacht habe, Kollege und Freund ihrer Tochter, obwohl: *Amigo ...*

Das alte Weiblein mit dem weißgrauen, zurückgekämmten und durch einen Schildpattkamm zusammengehaltenen Haar hatte die Brille auf die

Nasenspitze geschoben und war zu deinem Tischchen getreten, ein Tellerchen mit geschnittenen Tomaten in der Hand. Man müsse wohl eher von *Seelenfreundschaft* zwischen dem schönen Walker und ihrer Tochter Flora sprechen, die im Übrigen gerade einen anderen *Amigo* in Stockholm besuche, so froh, endlich das Ausreisevisum erhalten zu haben, und wie teuer seien Papiere und Flugtickets, aber der Mann aus Schweden würde sie eventuell sogar heiraten und dann hier ins Geschäft mit einsteigen, dringend nötiges Kapital zuliefern, während Walker... Das Muttchen hatte dir in die Augen gesehen, dann auf deinen Hals geschaut und, als du rot wurdest, begeistert aufgelacht: »Aber natürlich, *claro*!«

Also gingst du im Regen durch Trinidad, die Jeans hochgekrempelt bis zu den Waden, Wasser floss zwischen den Pflastersteinen dahin, unter den Sohlen der Sandalen. Pferde hatten plötzlich Planen über ihren Körpern, Mulis standen unter Dachvorsprüngen, und Touristen – ohne Regenschirm, ohne wissende Alte in *ihren* Unterkünften – drängten sich längs der blau-gelb-grün-weißen Wände der Kolonialhäuser, von deren hölzernen Dachtraufen Kaskaden rannen, mitunter eine rote Dachschindel mit sich reißend. Vergnügter Gast! Mittendrin, sagtest du dir, und dank Señora Schon würdest du eventuell sogar einen Ausflug in die Gefilde der Macht unternehmen können, in die Dunkelräume intellektueller Spitzenkollaboration, die du, so weit es möglich war, ebenfalls auszuforschen trachtest – Pfadfinder und Spion.

Könnte klappen, sagtest du dir, beinahe *schon* singend im Regen, und auch bereits in Vorfreude aufs Internet, das nun endlich zugänglich sein würde nach erfolglosen Versuchen in Habana.

In der Schlange vor dem Geschäft ließ man dich unerwarteterweise vor – hier warte man nur wegen Mobiltelefon-Angelegenheiten, der Anmeldetisch fürs Internet sei im Raum links. Und gingst an den anderen vorbei, etwas verwundert, dann auch irritiert vom herrischen Ton des jungen Pärchens, das vor dir stand und *eine Stunde* forderte und einen Zehn-CUC-Schein auf die Theke knallte und eiliges Geschäft anführte und in Wut geriet angesichts der Frau hinter dem Tisch und der Langsamkeit ihres Computers und der Langsamkeit auch ihrer Finger, welche die Ausweisdaten des Pärchens nicht schnell genug einspeisten ins System. Funktionärssprösslinge, dachtest du, genervte Aufsteiger aus den mittelunteren Rängen, denen der Papá noch keinen Computer zu Haus hatte ergattern können, so dass sie hier unter den Augen des Volkes sogar ihre Identität preisgeben und ihren Reichtum zeigen mussten – zehn CUC für eine Internetstunde, bei einem Durchschnittsmonatslohn von 25 CUC.

Der Riese Gabriel hatte es dir in Habana erzählt, doch gestern... Walkers Laptop. Der Privatherr einer *Casa* als Besitzer eines zusätzlichen Schatzes, den die Brut der Herrschenden, wie sie jetzt vor dir stand und kurz vom Toben war, noch nicht in den Fingern hatte – wie es dich freute! Deine Stimmung stieg. Hielt an, als du erfuhrst, dass *deine* Passdaten für einen Computer-Zugang nicht nötig seien, hielt an, als sich die 5-CUC-Karte mit der freizurubbelnden Login-Endlosnummer zum schnellen Türöffner für deine E-Mail und Facebook-Accounts erwies, als Fenster zu allerlei Nachrichten, von denen keine einzige eine ungute war.

Schade nur, dass du erst gegen Ende der dreißig Minuten Zeit fandest, Gabriel Garcia Marquez' Abschiedskarte zu googeln. Als du das Stichwort eingabst, erschien sogleich die Vokabel *falsa,* doch als du der Sache nachgehen wolltest, wurde der Bildschirm schwarz. Als du dich umsahst, warst du plötzlich der einzige in jenem Hinterraum mit den fünf Computern – außer jenem jungen Pärchen in den vom Regen schlammig gewordenen Nikes, das sich hektisch über Websites klickte, die kleine Stadthäuser zeigten, vermutlich hier in Trinidad. (Mehr Zeit zum Lugen und Spitzeln aber blieb dir nicht; auch dich traf bald ihr strafender Blick.)

Das ist jetzt ein anderer Roman, sagtest du dir und sagtest es dann auch Walker, nachdem dieser die zweite Flasche Chardonnay geordert hatte, einen guten Weißen aus Chile (sagte er beim ersten Probier-Kauen, sagte es dir und dem Kellner, euch beiden zublinzelnd). Denn vielleicht warst ja auch du den Mythen auf den Leim gegangen – auf die Mangoschleimspur, auf die Mambo-Bolero-Tonspur: Subversion hinter leprösem Mauerwerk, rostigen Ziergittern, barocken Piranesi-Treppen, die doch nur in den leeren Himmel deiner unklaren Sehnsüchte führten und nicht in Dachkammern á la Danilo Kiš, zugestopft mit Poesie und Renitenz. Sagtest das dem, der jetzt für dich der erste war, dem eine nicht-staatliche Existenz geglückt, sagtest das zwischen Kaubewegungen, gestärkte Stoffserviette ab und an zum Mundwinkel geführt, denn Walker hatte wohl eines der edelsten Restaurants der Stadt gewählt.

Nur kurz hatte ihr draußen in der Schlange stehen müssen, wart herein gewinkt worden und platziert neben der weißgekalkten Wand mit den inselförmigen Überbleibseln unbehauenen Natursteins (von der Kaiman-Form Cubas), unter einer Kassettendecke mit gusseisernen Kandelabern, die den Raum beleuchteten, die gerahmten Bilder mit den Oldtimern und Kolonialhäusern, die beschwingten Mienen der Ausländer und Einheimischen. (Das erste Mal, dass du in einem Restaurant dieser Art auch Einheimische siehst, die weder Köche noch Kellner sind, und auch das erzählst du Walker mit Freude und Zustimmung, die kleine Ironie freilich nicht verschweigend, an einem Tisch am anderen Ende just die Unmöglichen von heute Mittag wiederzusehen, die herrische Funktionärsbrut – in deinen Worten – am Internetstand.)

»Wie lange hat's eigentlich gedauert, mit der Einrichtung der *Casa*?«

»Über fünf Jahre. Genehmigungen, Bauarbeiten, Unterbrechungen. Neue Genehmigungen, neue Bauarbeiten, Hindernisse und neue Unterbrechungen. Jedes Detail ein Drama, jede Kleinigkeit ein Problem. Sogar als schließlich noch die Bettwäsche fehlte und anfangs nirgendwo aufzutreiben war...«

»Zum Glück haben wir sie gestern nicht allzu sehr in Mitleidenschaft gezogen.«

»Sagst du!« Walkers Blinzeln, Griff zum Glas, ein neues *Salud*. »Immerhin bist du meinem Rat gefolgt...«

»Möchte ja nicht deine Reputation in der Stadt gefährden...« Deine Antwort und der Griff zum Kragen deines Hemdes, das die Knutschflecke verbirgt, die *er* dir gemacht hatte.

»Aber deine Familie und die Freunde und Nachbarn wissen es?«

»Und ob. Aber ich bin keiner, der mit Details umherziehen würde...«

Details: Mit Blick auf die gesalzenen Preise auf der Karte hattest du es bei deinem geliebten Pulpo mit Limone bewenden lassen, während Walker – ein hauchdünner olivfarbener Pullover über seinem Leib, dessen Farbe mit dem dunkelbraun der Haut kontrastierte – die Langusten gewählt hatte. Details: Wer war eigentlich für die Anfangskosten der *Casa* aufgekommen?

»Mein Vater – mit *all* seinem bislang Ersparten. Mit meinem Traumatologen-Gehalt hätte es wahrscheinlich nicht mal für die Wasserhähne in der Küche und in den Zimmern gereicht. Freunde von ihm werkelten herum, Freunde von mir sahen auf die Innendekoration...«

»Die berühmten Innendekorateure?«

Walker schüttelte fragend den Kopf, und du erklärtest den Hintersinn.

»Ja, aber mein Typ sind sie nicht. Steh' eher auf *Blancos*...«

Was dich am Ende des Essens – Walker bestellt noch Schokoladentorte, du belässt es bei einem Espresso – auf eine Idee bringt. (Ein neuer Roman, konkrete Möglichkeiten, handfeste Ökonomie statt spätbürgerlicher Imagination, global flache Hierarchien statt archaisch steiler Altstadttreppen, Transparenz statt Munkeln im Winkel, *social media* statt des ranzigen Papiergeruchs – Haha & Click!)

»Hör mal... Die letzte Woche in Habana wohn' ich in einem *Gay-Guesthouse*. Eher durch Zufall gefunden und gar nicht richtig gesucht. Könnte mir aber vorstellen, dass in Zukunft Massen in solchen Unterkünften absteigen möchten. Wenn hier erst mal der richtige *run* einsetzt und die Weißen einrauschen mit all ihren *needs*. Was sie dann bräuchten: Ein Gefühl von Sicherheit und gewisse Möglichkeiten, *you know*...«
»Aber ich sprech' kein Englisch.« Walkers blendend weiße Zähne im nachgiebigen *Mousse au Cocolat*.
»Das wäre kein Problem, vorerst. Obwohl ich für die Zukunft dazu raten würde.«
»Und was ist mit den Gay-Touristen?«
»Die würden mit Sicherheit auch Trinidad besuchen. Und dort...«
»Ja?« Walkers Blick sucht den Kellner, eine halbe Frageste zu dir hin, dann ist der Digestif bestellt.
»Na, und dort nach einer entsprechenden *Casa* suchen. Eine Top-Möglichkeit, dein Angebot zu erweitern. Wahrscheinlich hättest du dann sogar für eine Weile das Monopol und nie wieder leere Zimmer.«
»Und wie erreich' ich diese Leute?« Walker fragte und du kamst in Fahrt, *du* (merk' es dir für später) machtest die zwei Angebote. »Über die deutsche Agentur, bei der ich die Unterkunft in Habana gebucht habe. Ich könnte den Kontakt herstellen, und vielleicht nehmen sie dich ja in ihren Katalog auf. Ich meine: *deine Casa*.«
Dein Grinsen und Walkers vorsichtiges Lächeln. »Und das Haus in Habana?«
»Im Vedado. Aber sag' mal. Weshalb kommst du mich dort nicht besuchen, für zwei oder drei Tage? Dort könntest du schon mal mit deinen Kollegen sprechen...«
»Kollegen?«
»Na mit denen, die in Habana das gleiche gemacht haben wie du hier in Trinidad, die *Casa*-Besitzer! Ich will dich nicht drängen, denn falls du hier Verpflichtungen...«
»Nein. Das Haus ist ja im Moment leer. Wenn du mir in den nächsten Tagen mailst, ob es klappt...«
»Klar doch... Aber hast du Zugriff aufs Internet?«
»Der Laptop...« Walker antwortete mit lässiger Geste, nahm die Rechnung entgegen und gab sie weiter. Die sechzig CUC erstaunten dich (kein Grund, das Erstaunen zu überspielen), aber schließlich war die Einladung deine Idee gewesen – kein Anlass zur Irritation.

Ein neuer Roman, dachtest du erneut, um- und weggeblättert die Seiten mit den samtdunklen, verschatteten Metaphern karibischer Fleischlichkeit. Denn wie hell war es im Zimmer! Von draußen das Plattergeräusch erneut einsetzenden Regens – Walkers und dein Regenschirm als Wachposten in der Türecke – doch keine Kerzen im tropischen Windhauch, noch nicht einmal zerwühlte Laken.

Walker, ausgestreckt auf dem Bett, signalisiert dir per Handbewegung eine andere Position, rückt dich dann ein wenig zurecht. Für einen Moment leicht zur Seite geneigt, gibt er einen Laptop-Befehl ein, schiebt danach den Computer befriedigt an den Rand.

»Ich will dich ganz sehen – und die anderen dazu«, hatte er gesagt. Das Licht war nicht herabgedimmt, der Plasmabildschirm leuchtete. Walker sah dich an, sah dir in die Augen, strich dir über Nacken und Schultern und hieß dich bewegen. »Sanft, nah bei mir, *auf* mir, damit ich sie weiter sehen kann.« Die Weißen auf dem Wandbildschirm hinter/ über dir, ihr Treiben hinter deinem Rücken – wortwörtlich. Nur kurz hattest du dich umgesehen, das Kinn gehoben, weg von Walkers Brust. Ein amerikanischer Porno und entsprechend aseptisch: Drei blicklose Muskel-Epheben bei wortlosem Tun auf einer Fitnessliege, ihre Bewegungen mathematisch abgezirkelt. (Adieu, organisch-orgastische Verschlingungen des Südens?)

»Eher Yoga als Kamasutra«, murmeltest du, doch Walker verschloss dir die Lippen auf verschiedene Art – starrte auf deinen Rücken, hinter dem sich die anderen Weißen tummelten, nein: in Zeitlupe bewegten, körperökonomisch, eine Travestie der Lust. (War es in diesem Moment, dass dich Nostalgie ergriff, die Erinnerung an das Stübchen über dem Hinterhof in der Calle Industria, in das dich der Karate-Riese geführt hatte?)

Die drei Porno-Angestellten waren schneller zu Ende gekommen als gedacht, doch ehe das Video grieselig wurde, hatte Walkers Zeigefinger ein zweites Mal die Tastatur gedrückt, bewegten sich neue Weiße über die Wand, nackt und Handtuch über der Schulter. Du sahst das Begehren in seinen Augen, spürtest den Druck seiner Handballen auf deinem Nacken, dachtest: *Weiße Masken, schwarze Haut,* der Frantz-Fanon-Essay und die späte Rache eines Nicht-Baldwin-Lesers, stattdessen Hörer einer dudelsack-untermalten Garcia Márquez-Epistel – wäre dies also jene *mondalisación,* Neujustierung der Machtverhältnisse und Projektionsmuster, Peripherie und Zentrum, Subjekt und Objekt, Stereotyp und Wirklichkeit, Virtuell-Reales, Instrumentalisierung und Befreiung? Walker musste dein Lächeln gesehen haben, entlang seines Körpers streifend, denn als er sich entlud, riss er deinen Kopf nach oben, riss die Augen auf, seine Zunge in deinem Mund.

Dann krähten erneut die Hähne.
»Zwei Uhr morgens?«, riefst du ihm ins Bad hinüber. »Haben die irgendwas genommen?«
»In Habana ist's noch schlimmer. Oben auf den Balkonen, der Sonne und den Abgasen der uralten Busse ausgesetzt. Hier in Santiago sind sie nur in Maßen verwirrt: Nicht ganz Stadt, aber auch nicht mehr Land – in den kleinen Höfen der Nachbarn scharren und krähen sie.«
»Weshalb das?«
Walker, seine Säuberungen mit dem Feuchtigkeitstuch kurz unterbrechend, ungläubiger Blick. »Weshalb die Leute sich Hähne halten und sie sogar vermieten? Na, um Hühner zu machen! Eier für den Eigenbedarf, außerhalb der Lebensmittelkarten. Oder Hühnchen zum Verkauf für die Privatrestaurants. Hähne für die Produktionskette. Vielleicht überfordert sie das ja.«
Walker schloss die Badtür, klappte den Laptop zu, löschte das Licht, legte sich neben dich, wünschte eine gute Nacht. Du lauschtest auf den rinnenden Regen und das Geräusch der verwirrten Hähne.

Würde man dich filmen, dachtest du, sähe man dies: Einen Typ mit zugeklapptem Regenschirm (knapp zu kurz, um als Spazierstock zu dienen beim Lavieren zwischen den Überbleibseln schlammiger Wasserlachen, Kopfsteininseln und wie frischgewaschen glänzender Austin/Ford-Ungetüme), bereits am frühen Morgen schwitzend in seinem Hemd – die bis zum Ellenbogen hochgekrempelten Ärmel triefend nass, der Kragen den dunkelviolett geschmückten Hals mit immer neuen Schweißperlen beschenkend. *Behende* wäre eventuell das Wort, den seltsamen Reisenden zu beschreiben, der überdies mit einer kryptischen Frage beschäftigt war auf seinem Rückweg in die Calle Cienfuegos (wo es dann immerhin ein schmales Beton-Trottoir und Asphalt gab, auf dem gerade geworfene Pferdeäpfel unter den Sonnenstrahlen zergingen, bräunlichgrün.) *Wer war der Andere?*
Wer – wenn nicht der verkniffen/heimlich/verängstigt/schuldbewusst oder was auch immer, jedenfalls schwule Regimegünstling Miguel Barnet – könnte jener *Andere* in Leonardo Paduras Roman *Mascaras* gewesen sein? Zutiefst bestürzt vom plötzlichen Zittern des dir derart Sympathischen hattest du nämlich ganz vergessen, auch diese Frage zu stellen. Der von den Ideologen des Sozialistischen Realismus kaltgestellte Theaterregisseur

Alberto Marqués alias Virgilio Piñera und dessen – ein Roman im Roman – Aufzeichnungen einer anscheinend unbeschwerten Auslandsreise: Drei Kubaner in Paris. Frühling '68, Sonne, Seine, Trunk, Freundschaft und Heiterkeit, Besuche bei Sartre und in den Cabarets am Montmartre, lustige Transvestiten-Begegnungen: Der namenlose Ich-Erzähler, sodann der als Severo Sarduy (1987 an Aids gestorben im französischen Exil) wiedererkennbare »Ernste« – und jener Dritte, der, seine verbotenen Wünsche nun ausgerechnet im *dekadenten Spätkapitalismus* auslebend, unbeabsichtigt einen Skandal hervorruft und von der kubanischen Botschaft zur sofortigen Rückreise nach Habana befohlen wird, wo er Abbitte tut, um die Karriere zu retten und zum Verräter seiner zwei ehemaligen Freunde wird. War *er* es gewesen – der Genosse Miguel Barnet? Ob man ihn, falls er denn tatsächlich der später hochdekorierte Verräter war, tatsächlich in Habana treffen könnte, wie von jener *sehr* präsenten Señora Schon suggeriert als realistische Möglichkeit?

Zwei Dinge sollte er also demnächst tun: Leonardo Padura eine Mail schreiben, dem Glücklichen, mit einem Heim-Computer Privilegierten die Frage so beiläufig wie möglich stellen. Und herausfinden, was es mit Garcia Márquez' *Carta de Despedida* auf sich hatte, den mit sanftem Charisma vorgelesenen Abschiedsworten. *Falsa?*

Kurz bevor man ihn aus seiner Jeans die Schlüssel herausziehen und die massive, mit einem Messingklopfer geschmückte Holztür seiner *Casa Flora* öffnen gesehen hätte, wäre eventuell noch sein spöttischer Blick bemerkt worden: Auf die zur Straße hin gelegene Theke eines Bäckerladens, die trotz der zur frühen Morgenstunde hier Anstehenden ebenso leer war wie die Bleche in den Regalen dahinter, an der Wand jedoch ein in blauweißroter Schrift gemaltes Schild (und höchstwahrscheinlicher Grund der traurig-hämischen Heiterkeit jenes dubiosen Fremdlings in der Stadt Trinidad): *Saludamos El 1° Mayo Con Eficiencia y Calidad.*

Santiago de Cuba.

Zeitungslektüre um halb zehn, abendliche Hitze und Bar-Gesumm unter Kristalllüstern. Essgeräusche, Stimmen von den Nebentischen/von der Straße her, Motor- und Auspuffgeräusche, vielstimmiges Lachen. Und ab und an ein Mosquito, dem du mit flacher Hand auf deinem nackten Unterarm ein Grab bereitest, deine Aggressionslust umleitend auf das Blutsauger-Tierchen.

Im ganzen Land wurde der Internationale Tag der Arbeiter gefeiert. Fröhlichkeit herrschte auf den Straßen und Plätzen, mit der die Bevölkerung ihre Verbundenheit mit der Revolution zum Ausdruck brachte: Einheit, Treue, Sozialismus. Denn den meterologischen Herausforderungen trotzend hat das kubanische Volk auch an diesem 1.Mai mit einem klaren Ja deutlich gemacht, dass es bereit ist, den Sozialismus weiter zu vervollkommnen.

Das *ganze* Land das *klare* Ja und Fröhlichkeit, die *herrscht*: Verdamp lang her, dass du solchen Dreck hast lesen müssen. Doch nun erneut auf Deutsch, das ist das CUC-Souvenir vom Busbahnhof in Santiago, gleich nach deiner Ankunft hier in der Stadt erstanden. Sieh an. *Dafür* ist noch immer Übersetzer-Geld da und Druck- und Papierkapazität und Logistik und weiß MarxEngelsRaúlCastro, was noch alles vonnöten, um zu Ehren des 1.Mai das Parteiorgan nicht nur auf Deutsch, sondern, wie die Kopfzeile stolz verkündet, auch auf Französisch/Englisch/Portugiesisch/Italienisch und sogar Türkisch (???) erscheinen zu lassen. Nur aus der *Granma* hat man keine Großmutter gemacht, dafür aber grüßen wie und je (wie einst im *Neuen Deutschland*) auf grobkörnigen Fotos die Führer von Tribünen, jubelt heranmarschierendes Volk, wehen Transparenten mit herrischen Losungen, suppt der Dreck nicht nur ins Hirn, sondern beschmutzt auch die Finger – deine Augen suchen nach einer Kellnerin, die eine Extraserviette herbeibringen könnte gegen die Druckerschwärze, Miniaturspuren jener Anmaßung und Lüge. Und versteckter Wahrheit *tambien,* denn im Begleittext zu all den Marschierer-Fotos, ihre Fidel-Raúl-CHE-Chávez-Maduro-Bilder Hochstreckenden liest du auch dies: *Manche Arbeitskollektive hatten sich schon nachts getroffen, um gemeinsam zum Platz der Revolution aufzubrechen.* Wahrscheinlich waren darunter auch die Handwerker des *Hotel Sevilla* gewesen, welche dann eben demonstrieren und Plakate stemmen mussten anstatt die regennassen Lifts wieder fit zu bekommen.

Und du – amüsiert oder empört? Ist es die Abendstunde, die (leichten, unmaßgeblichen) Strapazen der im Halbschlaf verbrachten halbtägigen Überlandbusfahrt, ist es der Spaghetti-Pamps-Plumps auf dem Teller, serviert mit einer Dose lauwarmem *Cristal,* dass dich nun keineswegs frische Empörung streift, eher diese Müdigkeit der Verachtung und Trauer? Lebst seit jenem 19. Mai '89 im Westen – mit Ungeduld und Rucksack endlich rausgekommen aus Señora Schons schöner DDR – doch *hier* geht die Verarsche weiter, pathetisch-brutales Schwadronieren über die Köpfe *unserer Menschen* hinweg. (Nein, da hilft auch die Erinnerung an die Zeitungslektüre beim Abflug in Frankfurt nicht – Gott, wie lang lag das schon zurück? – in der einer jener Zeitgeistwichser, die sonst nicht müde wurden, den Effizienzwahn und die Verökonomisierung aller Lebensbereiche als *die* Religion der globalen Moderne zu bejubeln, jenen Satz verbrochen hatte: »Machen wir uns nichts vor: Die meisten afrikanischen Bootsflüchtlinge treiben nur wirtschaftliche Gründe nach Europa.« *Nur!* Eins in die Fresse, hattest du gedacht und den Wisch in den Müllkorb am Gate gesteckt. Aber: Nicht nur denken hättest du das können, sondern auch sagen und sogar *publizieren* – und diejenigen, die darauf ein *Was nützt es* höhnen würden, vermutlich zwar von der spiegelbildlich gleichen Arschloch&Ignoranten-Fraktion wie der Affirmative, doch weder er noch sie waren die alleinigen, gar Angst machenden Herren des Diskurses, der Meinungsbildung, waren *nicht* die Garanten des Unabänderlichen. Während *hier*...)

Hattest du denn anderes erwartet? Was überhaupt erwartest du – außer deiner semi-spionagesken Suche nach verborgenen *Räumen* und darin schönen-klugen Riesen, die dem Ersten Mai den Mittelfinger eines *No puedo más* entgegenstrecken, aber gleichzeitig *anderes* können, und *wie* sie es können und mit *dir*?

Vielleicht war es das: Absehen von dir selbst, was umso leichter fiel, da du ja nie an diese *revolución* geglaubt hattest und jetzt auch keiner Ego-Spur aus Träumen und Enttäuschungen folgen musstest. All das diktatorisch Anachronistische/Anmaßende ging dir ganz einfach auf den Sack und was deine – völlig irrelevanten, *muchacho* – Hoffnungen auf die Insel-Zukunft betraf: Hatte nicht schon in der ersten Habana-Nacht der smarte Rikschafahrer klar gemacht, in welche Richtung es im besten Fall gehen könnte – Costa Rica, Chile, Uruguay, in die verteidigungswürdige Balance einer sozialen Marktwirtschaft?

Aber du warst – heute Abend auf der Terrasse im ersten Stock der spätkolonialen *Casa Granda*, unter trägem Ventilator-Flappen, den Nicht-Blicken der staatlich angestellten Kellnerinnen und dem Dauer-Gucken aus vielen anderen Augen hier oben und da drunten, vom Parque Céspedes her – warst garantiert nicht hier, um dein Hirn mit halbgegorener Spekulation zu füllen.

Noch etwas, was du *nicht* willst: Zoobesucher sein, Beobachtungsprofiteur der Agonie und offensichtlichen Schlussphase des sklerotischen Systems. Also hattest du, kaum im Hotel angekommen, die staubigen und vielleicht seit Graham Greenes Ankunft nicht mehr gereinigten Vorhänge zugezogen, da es undenkbar war, hinter schlierigem Fensterglas zu stehen und vom zweiten Stock hinunter auf den Parque Céspedes zu schauen, zu den auf den Bänken Sitzenden, den Flaneuren/Spazier- und Müßiggängern/Prostituierten/Musikern. (Später, dann auch Santiago im doppelten Wortsinn hinter dir, würdest du dir sagen: Hohle Illusion dieses Abends, da du ja hier trotzdem der Wohlhabende von Außerhalb bleiben würdest, ob hinter einem Hotelfenster stehend oder ausgestreckt auf einem Dachkammerbett.)

Denn selbstverständlich *gucktest* du herum – hattest es ja bereits in Habana und Trinidad getan, ohne jedes schlechte Gewissen.

Im Restaurant, das schon zu Zeiten von Graham Greenes Recherchebesuch nicht das das Avancierteste gewesen war (*Wormold aß ein flaches trockenes Omelett – es hatte Flecken und Eselsohren wie ein altes Manuskript*), hockten an diesem Abend vor allem Spanier und Franzosen, auf ihren Knien kubanische *Freundinnen*. Hatten sie den Portier bestochen, um sie danach mit auf ihre Zimmer nehmen zu können? Es summte und dampfte, fade Essensgerüche und Zigarrenrauch, lärmende Rufe nach den stets abwesenden Kellnern. Auf den fettigen Papiertischdecken zwischen den halb leer geputzten Tellern (Hühnchenteile/Spaghettihügel/Reishäufchen) kleine Inseln verschütteten, in der Hitze schnell verdampfenden Biers. Auch ein paar Traveller-Pärchen hatten sich versammelt – Vermutung: gleich dir per Lastminute hier einen Niedrigpreis ergoogelt. Ihre von der Sonne gebräunten oder rötlichweiß verbrannten, vor Anstrengung gefurchten Stirnen hatten etwas Rührendes: Mit Smartphone im Schoß im Korbstuhl-Schneidersitz hockend und der *Lonely Planet* auch ihnen ein treues Hündchen, doch keine Internetverbindung weit und breit. (Ungläubiges Schütteln ihrer Rastazöpfe, die man ihnen – darin bunte Bändchen – geflochten hatte, hier in der Stadt oder vielleicht am Strand von Varadero.)

Ein paar von ihnen lächelten dir zu, vermuteten womöglich gleiche Sorgen. Vor allem aber schienen sie, die jungen Frauen wie die Männer, darauf bedacht, ihre Blicke nicht allzu oft zwischen die schmuddelig weißen, pseudobarocken Balustradensäulen schweifen zu lassen, hinunter auf die Straße, wo dunkel- und hellhäutige Frauen in engen und kurzen Jeans flanierten und ihre makellose Gestalt präsentierten, während die Chicos, in ebenso allen Hautnuancen, in körperanliegenden, über die Jeansgürtel hängenden Unterhemden an den Karosserien der Oldtimer lehnten und ihr Lächeln aussandten, ihre Jugend, ihre Vitalität. MarlonBrando-JungerHelmutBergerJungerMichaelJacksonAltersloserLennyKravitzHei-ßerIceCube. (Und dazu ihren Hunger nach CUC-Scheinen, ihr Warten, ihre Langeweile. Auch ihre Empörung über eben diese Art Wartezustand als Existenzform, amtlich verfügter Diebstahl ihrer besten Jahre? *Deine*

Spekulation.) Die Hornbrillen-Traveller – Studenten oder bereits kreative Großraumbüro-SklavInnen auf Tropen-Ausgang – bemühten sich also redlich, da *nicht* hinunter zu schauen, ab und an ein besorgt wachsamer Blick zur Freundin/zum Freund. Genau das hob schließlich deine Ausgehstimmung, gab ihr (was du seit je als Stimulans brauchtest, von der Stumpfheit routinierten *Heute-Abend-Weggehens* angeödet) eine Art Grundierung, ein Motiv, ja beinahe einen Schutzfirnis. Denn nein, du würdest diese Terrasse jetzt nicht im törichten Glauben verlassen, das *wirkliche* Leben sei draußen, wo du doch selbst von hier aus in den Augen mancher Straßen-Chicos/Chicas die Illusion zu lesen vermeintest, es sei stattdessen die Existenz jener westlichen, unbesorgt schlechtes Essen und gute Cocktails ordernden Dickbauch-Augenringe-Hotelgäste da oben, welche die wahrhaft erstrebenswerte. Aber selbst da, bei diesem ihrem Abchecken von unten her: Dieses Fünkchen Mehr-Wissen über die Unförmigen dort auf der erhellten Terrasse, ein Quäntchen Verachtung für deren uneingestandene Angst und verschwitzte Notgeilheit, intuitive Ahnung all der Verbote und Zwänge und Begrenzungen, denen *die* unterlagen. (Und ja, gib's zu: Eben solche Straßen-Wissenden wolltest du treffen, dir Momente einer Komplizenschaft erschleichen. *Um später darüber zu schreiben?* Was also, wenn du keineswegs besser – nur verschmockter – wärst als jene, denen du, nachdem die Rechnung beglichen war und die deutsche *Granma*-Version mehrfach gefaltet in deiner Hosentasche steckte, den Rücken zukehrtest, unter dem Ventilatoren-Flappen dich zwischen ihren vollbesetzten Tischen durchschlängeltest, zwischen Stühlen und heruntergefluteten Pastaresten, dich solcherart spiralförmig herauswindend, leichtfüßig in deinen Turnschuhen unter den umgeschlagenen Jeans?)

»Was für schöne Schuhe!«

»Danke, und gar nicht teuer...« (*Dein* Suggerieren, dass du nicht...)

»Umso besser, dann konntest du das Geld für Anderes sparen.« (*Seine* Cleverness, der du bereits bei der ersten Begegnung kaum gewachsen warst, da sie sofort gegen-suggerierte, dass du ja *doch*...)

In dieser Nachtstunde war sein Name Jorge, und die Nennung seines Berufs – Friseur – ging einher mit einem Griff nach deiner Hand, Blick in deine Augen: Fühl' den tollen Haarschnitt, das gegelte Kräuselhaar und das Kurzrasierte, den nackten, haarlosen Nacken. Ihr lehntet an einer porösen Hauswand in einer der stillen, abschüssigen Gassen, die von der Calle Heredia abzweigten, und im Laternenlicht erinnerte dich sein Gesicht

– die markanten Züge und wie im Widerspruch dazu die feingeschwungenen Wimpern und Brauen, der Dreitagebart und die sanften Lippen, vor allem aber jenes selbstbewusste Zögern-und-plötzlich-Handeln – an israelische Araber und so fragtest du nach den *origenes*.

»*Turcos, blancos, un poco negros* – alles vermischt. Nur die *Chinos* fehlen.«

Der Friseur, der sich in dieser Stunde Jorge nannte, war einen Kopf kleiner als du; mit seinen breiten Schultern glich er eher einem Gewichtheber.

Vom oberen Ende der Gasse drangen Musikfetzen herab, Rhythmusfragmente, das heisere, tropische Täterätä des Salsa.

»Warum lachst du?«

»Weil mir die Musik da hinten ein bisschen auf die Nerven geht, *desculpe*.«

»*Ay*...« Jorge ließ nicht erkennen, ob er dein Geständnis missbilligte oder ob es ihn lediglich überraschte.

»Wo gehen wir hin?« Du fragtest.

»Ich kenn' eine Casa, nicht teuer...Fünfundzwanzig.« Er wusste es. (Wie es auch Karate-Gabriel in Habana gewusst hatte, in den Straßen hinter dem Prado.) Wusste selbstverständlich auch, dass in den Hotels keine Gäste erlaubt waren, die der Portier nicht kannte, Teil gewisser Abmachungen. Wusste außerdem, dass Flüge nach Cuba teuer waren, so dass du ihm auf dem Weg in jene Casa von deiner Arbeit erzähltest.

»Korrespondent?«

»Schriftsteller.«

»Besser so. Dafür brauchst du keine offizielle Erlaubnis.«

»Genau, aber woher weißt *du* das?«

»Weil beim Friseur alle Leute reden, und man schnappt so Sachen auf.« (Schnipp-schnapp!)

»Seit wann arbeitest du da?«

»Seit Abschluss der Lehre, vor zehn Jahren.«

Mehr gab es offensichtlich nicht zu sagen, und er legte seine Hand auf deinen Rücken und ließ sie abwärts gleiten, aber kein Lächeln erhellte sein Gesicht. So versuchtest du (um Vertrauen zu suggerieren, ihn damit zu binden) das Gespräch weiterzuführen, doch kam er dir zuvor mit seiner Art des Fragens.

»Wann wirst du nach Habana zurückkehren?«

»Übermorgen.«

»Wirst du dort auch *arbeiten*, dich umsehen?«

»Ein bisschen, eigentlich für eine Reise-Reportage. Eine Agentur übernimmt die Kosten.« (Kaum hattest du es gesagt, sahst du in seinem Blick: *Also sparst du erneut Geld, Amigo.* Wie er dich dazu brachte, deinen Worten hinterher zu lauschen, während du ihn gleichzeitig anstarrtest, mysteriöse Schönheit.)

»Und seit wann bist du hier in der Stadt?«

»Schon seit zwei Tagen. Genug Zeit, mich hier umzusehen und nicht verloren zu gehen im Auf und Ab der Gassen.« (Wie er – oder *die Situation* oder deine Vorsicht – dich zum Lügen zu brachten, diffuse Strategie eines Durchkreuzens von Absichten, die du nicht kanntest. Dabei zwang dich keiner, jetzt nach Mitternacht neben einem dir unbekannten Breitschultern-Frisör durch Straßen zu gehen, die nun immer dunkler und schmaler wurden, hügelabwärts führend, weg vom Zentrum, die Häuser geduckter/ quadratischer/verfallener, ähnlich den Betonhütten an den Hügeln von Trinidad. Nichts zwang dich – außer Jorges Aussehen eines israelischen Arabers, der spanisch sprach und mitunter deine Hand nahm, um sie an seinen Schritt zu führen.)

»Wollen wir ein bisschen Bier kaufen? Der Imbiss da vorn hat noch offen...«

Als du auf der Holztheke die *Cristal*-Dosen in der Plastiktüte verstaust (und dir dabei zusiehst, wie ostentativ gelassen-robust du das tust, Nachteinkäufe für die *Casa*, na klar doch, nicht mal das Gähnen fehlt), hörst du dich sagen:»Zu schade, dass die Restaurants schon geschlossen sind. Wenn du Zeit hast, können wir morgen Abend ja mal essen gehen...« (Dein Kalkül: Eventuelles Ungemach prophylaktisch paralysieren durch ein Versprechen auf weitere Möglichkeiten.)

Jorges Zustimmung kommt, jedoch weniger prompt als du erwartet oder gefürchtet hattest. (Ein besonders vorsichtiger Profiteur oder nicht doch ein Edler vom Range des Karate-Riesen? Seltsame Dinge beschäftigen dich auf dieser Insel, Reisender.)

So: *Jetzt* also warst du drin, da oben. Ein Flachdach, ein mit Wellblech überdachter Unterstand für die Wasserpumpe, Eimer, kaputte Plastikstühle und anderer Krimskrams. Hinter der südlichen Längsseite der Abgrund der schmalen Gasse, hinter den drei anderen die Nachbardächer, tiefer gelegen. Eine niedrige Mauer, darauf an kleinen Pfosten rostiger Draht. Darüber nur der Himmel von Santiago, sternenlos in dieser ersten Stunde des neuen Tages, doch gesprenkelt von den Lichtern der Stadt, weißliches orange im hoffnungslosen Kampf gegen kosmisches schwarzblau. Und dann das Haus auf dem Dach, das Häuschen, Steingeviert in der rechten hinteren Ecke. Eine Tür, dahinter der Raum mit Doppelbett und abermals Blümchendecke, doch hing darüber kein Kruzifix. »Das Fenster da ist eine Attrappe?«

»Nein, ein echtes. Es darf nur nicht geöffnet werden. Wegen der Nachbarn.«

»Aber die bekämen doch sowieso mit, wenn hier jemand auf dem Dach ist.«

»Ja, aber sehen könnten sie's nicht.«

Jorge streckte und dehnte, so gut es zwischen den Wänden ging, die Arme, und drückte das Kreuz durch. Das Zimmerchen war nur beleuchtet vom Flimmern des TV-Geräts an der Decke, bis er hinter sich griff und das Minutenlicht im Bad einschaltete.

»Sie hat gesagt, dass die Pumpe defekt ist. Also müssen wir danach aus dem Behälter schöpfen, zum Glück ist frisches Wasser da.«

»Also hat sie mit Gästen gerechnet?«

»Weiß nicht.«

Der Ventilator tat sein Bestes gegen die Hitze, die Blümchendecke lag längst am Boden und ihr beide wart nackt, badend in eurem Schweiß, im Hitzewasser der längst geleerten, wie bei Wellengang hin und her rollenden Bierdosen, als gäbe es kein *danach*. Bei jedem Positionswechsel aber erhob sich Jorge und lächelte nun doch – deine Bewunderung wurde zu seiner Freude. Je nach Konstellation bewegte sich der eine im Rhythmus der jeweiligen Lieder, die der Musikkanal sendete, und der andere sah hinter dem aufgerichteten Oberkörper die Clips. Bis ihr übereinander zusammenbrecht, rauh und schwer atmend, doch selbst in solchem Moment – wieder und wieder in jenen Stunden – dachtest du: Wie gut, dass sie keine Boleros spielen, keine Wim-Wenders-Alten auf Holzbühnen zerrten. Wie gut, dass es *passte* – Gloria Trevi, *Fuego con fuego*, Shakiras beste, spanischsprachige Songs, Chayannes *Torero*.

»Wir machen's im Rhythmus der Songs...«

»Aber ja...« Jorges wie abwesendes Sprechen, während er dir in die Augen sieht, dich umklammert hält, ihr ineinander drängt.

Zuvor, unten an der durch ein Gitter zusätzlich gesicherten Haustür, hatte es eine kleine Ewigkeit gedauert, ehe auf Jorges Klingeln eine Reaktion erfolgte, und selbst dann noch hatte er, leise fordernd, in die Gegensprechanlage flüstern müssen.

»Sie schlief schon, sagt sie.«

Sie, eine Mädchenfrau von höchstens Anfang zwanzig, die dann doch – verschlafene Augen, zerwuseltes schwarzes Haar und ein *sehr* durchsichtiges T-Shirt über kleinen spitzen Brüsten, über *sehr* kurzen, abgeschnittenen Jeans – die Tür geöffnet hatte und euch in das Fliesen-Neonlichtzimmer-Vestibül eingelassen hatte, das dich ein wenig an Walkers *Casa* in Trinidad erinnerte, auch wenn du hier hinter dem Schaukelstuhl kein Santeria-Tempelchen sahst, sondern eine Batterie leerer Rumflaschen.

»Fünfundzwanzig.«

Du gabst ihr drei Zehner-Scheine und sie versprach, das Wechselgeld *danach* bereit zu halten. In ihrer feinen, kleinen Hand der Bund mit den vielen Schlüsseln – einer davon für die Eisengittertür am Fuß der Treppe im Hintergrund.

»*Casa particular* oder Gefängnis?«, fragtest du, und zumindest bei ihr wirkte dein bemühter Humor, denn sie lachte, stupste dich an und schüttelte das Köpfchen. »Keine Angst, das ist nur, damit niemand übers Dach kommt.«

Sie ging euch voraus, du zeigtest bewundernd auf ihren Hintern, und Jorge beugte sich beim Treppensteigen vor und biss dir in den Nacken, das erste Mal in dieser Nacht.

Oben auf dem Dach schloss sie die Holztür des Häuschens auf, schaltete per Fernbedienung das TV ein und zog an eine weiße Schnur, um den Ventilator in Gang zu bringen. »Wenn ihr rauchen wollt, *danach* oder zwischendurch, tut's draußen auf dem Dach, *okay?*« Das letzte Wort auf Englisch und dir ein Lächeln von jener verschwörerischen Art, das du gern auf Jorges Gesicht gesehen hättest. (Doch begann dann auch er nach dem zweiten oder dritten Mal zu lächeln – und sei es nur, weil er einen deiner anderen Blicke aufgefangen hatte: Hin zu deinen auf dem Fliesenboden liegenden Jeans, gleich neben den *schönen Schuhen*, in deren rechte Vordertasche du dein T-Shirt gesteckt hattest, ebenfalls *sehr* durchsichtig auf symbolische Weise.

»Musst keine Angst um deine CUC's haben, hier oben klaut keiner.« »Habsauchnich«, deine Travestie kubanisch somnambulen Vor-und-nach-dem-Sex-Nuschelns, »issowiesoleer, undinsRestaurant gehnwir jaerstmorgen, *okay?*« Deine abstrusen Vorsichtsmaßnahmen, temporärer Dachstubenbewohner.)

Santiago de Cuba.

Tomaten-Schinken-Omelett, Papaya und Melone, Zwiebel-Hühnerfleisch, Guavensaft und schwarzer Kaffee – halb zehn Uhr morgens. Frühstück im Hotel und dazu einer jener Sätze, die in den langen Wochen vor deiner Reise in dein Hirn gewandert und dort geblieben waren, ähnlich den Passagen aus Graham Greenes Roman. *Nie wieder*, hieß es euphorisch/ wütend/erwartungsvoll in Matthias Polityckis Santiago-Wälzer, *Nie wieder Franzbrötchen zum Frühstück, nie wieder Feuilletonüberschriften anlesen und heimlich Kalorien zählen, nie wieder!*
Ha, vitales Cuba! Dafür (du konntest nun einmal nicht allein essen, ohne gleichzeitig zu lesen), lag neben dir auf dem Tisch die böse, nun noch faltenreichere/zerknitterte *Granma* und sabberte in deutscher Übersetzung Anachronistisches. *Raúl an der Seite des Volkes: Eine Stimme für die Jugend.* Ha! Hätte der papierne Lügenwisch Ohren (hatte er?), wären sie gestern Nacht wahrscheinlich *rot* geworden, dort in deiner hinteren Jeanstasche auf dem Boden unterhalb des Messingbetts, das wie ein Boot schaukelte und knarrte und quietschte, während im TV-Musikkanal die Stars aus Mexico und Bogotá und Puerto Rico von Leidenschaft und Amor sangen/gröhlten und Jorge und du gegenseitig eure Körper erkundet hattet und in sie eindrangt, wenn auch nicht im Sinne des CHE und seiner faschistoiden Vorliebe für *gut geölte Zahnräder* im Dienste des Volkes. Ha!

Und hattet danach trotzdem vor einem Gittergatter gehockt; während eurer *session* hatte sich das schönbusige Mädchen wieder schlafen gelegt, doch zuvor die Tür zum Dach abgeschlossen. Auf den Treppenstufen sitzen und rütteln und halblaut rufen, zwei physisch befriedigte Tiere, die jetzt nur noch sanft aneinander reiben und kratzen und schnurren, doch hinter Gitter! (Und ab und an, ganz schnell in den Sekunden des Wartens, Jorges Blick auf *die schönen Schuhe*, die du also ab jetzt nicht mehr als *völlig normal* wirst bezeichnen können, denn wenn sie *normal* waren in deinem Land, welche immensen Reichtümer häuften sich dort noch – ja womöglich sogar *schon* in deinen Taschen?)
Eure gedämpften Rufe weckten schließlich die Kindfrau. Unterhalb der Treppe öffnete sich eine Tür – im Lichtschein sahst du ein Bett ohne Überdecke und darauf eine zweite Frau, schlafend, in anmutiger Kurven-Form, sie schlürfte herbei, den Schlüsselbund in der Hand.
Draußen dann auf der Gasse war das Murmeln Unsichtbarer zu hören – Jorge bezeichnete es als Echo, ganz normal in diesem verwinkelten

Teil der Stadt, in den der Wind und die Worte fuhren, du aber dachtest an *Gestalten*, denen du nicht zu begegnen wünschtest. Und gingst danach trotzdem, Jorge eine zweite Zigarette reichend, die du dir zuvor zwischen den Lippen angezündet hattest, so gelassen wie möglich bergan, hinter jeder Wegbiegung etwas mehr Licht. Bis ihr, nun beinahe geblendet unter den Prismen der Laternen, wieder vor dem Parque Céspedes standet, dort die Kathedrale, da dein leidlich in Schuss gehaltener Kolonialbau von Hotel, und die Jäger und -Innen verschwunden bis auf ein paar müde Taxifahrer, die euch mit resignierter Routine zu ihren parkenden Ladas zu winken versuchen.

»Noch einen Kaffee?« *Er* fragte, und das gab *dir* ein gutes Gefühl: Kein hektischer Abschied da hinten und unten im Inneren des Gassenlabyrinths, kein tierisches Auseinander-Rudeln nach dem Akt des Samen-Ablassens. Stattdessen nun einander gegenübersitzend an einem der am wenigsten schmuddeligen Tische, Beine ausgestreckt und ein Lächeln – nein, *zwei*. (Nun also auch du, Jorge.)
»War das ernst gemeint mit dem Restaurant?«
»Aber ja! Deutsche meinen immer alles ernst.«
Dein Griff zur kleinen Espresso-Tasse, ein Kühl-Blasen und Trinken und Husten und Über-die-Lippen-Lecken, ein Blinzeln – das ganze Programm zur gestischen Darstellung unbedingter, robuster Verlässlichkeit. (Dabei vielleicht nicht einmal auf Stadttheater-Niveau, hier auf der inzwischen menschenleeren Terrasse des Hotel *Casa Granda*, wo einst Greenes pseudospionierender Mr. Wormold gesessen hatte, den Schmerz von der Ohrfeige noch spürbar, die ihm ein hiesiger Sergeant verpasst hatte, dem britischen Santiago-Besucher solcherart sein Misstrauen aussprechend. Schmierentheater.) »Aber ja, *serio*! Einfach nur *Sexo* und *Adios* wäre doch trist.«
Dein Gerede, von Jorge aufmerksam aufgenommen – Lächeln im Schatten seines Dreitagebartes. Während ihr beide beobachtet, wie euch die müde Barfrau von der Theke aus observiert. Weil das Entspannte eurer Körperhaltung nicht das Typische ist auf diesem Bühnenort der nicht-mal-falschen-Schwüre, da es hier ansonsten doch gleich zur Sache geht, zur Transaktion der Bedürfnisse?
»Am liebsten würde ich dich auch in Habana besuchen...«
»Wow! Aber da kommt schon ein Kumpel aus Trinidad, der Chef einer *Casa* dort...«
»Ein Alter?« Jorges plötzliche Stirnfalten, die dich erneut an die jähen Ausdruckswechsel der Araber von Jaffa und Haifa erinnern.

»Hey, bitte! Walker ist Anfang dreißig, wie du...« Und der Alte bin *ich*, hättest du hinzufügen können, mit deinem Jahrzehnt plus, doch weshalb, da ihr einander ja nackt gesehen hattet und jetzt schon redet, Dinge *beredet*, als würdet ihr euch seit Jahren kennen, womöglich aus Schule oder Armee. (Ha!)
»Hätte nichts gegen einen Dreier, aber die Busfahrt ist endlos lang...« (Ha!)
»Wollen wir das morgen besprechen?« Ganz sicher: Du möchtest ihn wiedersehen, das Geschehen in jenem Flachdach-Geviert wiederholen und wiederholen, doch ebenso sicher: Du traust ihm nicht wirklich. (Sollte er etwa *dir* trauen?)

Irgendetwas, sagtest du dir, während du – kalorienfrei, *ha* – das frühmorgendliche Hühnerfleisch mampfst, irgendetwas war/ist da. Doch *was* war da, in Jorges Worten und dem Ungesagten? Doch nicht etwa die fünf CUC Wechselgeld, welche die Kindfrau *vergessen* hatte, dir zurückzugeben, während sie – nach dem Dachgatter nun auch die Haustür aufschließend – Jorge irgendetwas zusteckte, huschhusch-haste-nich-gesehen. Gleichzeitig: Wer gab dir das Recht zu solcher Observation – und der Erinnerung an Jorges Abschiedsbitte um ebenfalls fünf CUC für die Taxifahrt zurück in die Außenbezirke Santiagos, wo er nach eigener Auskunft wohnte? Wer berechtigte dich zu solchem Blick, wo deine Augen doch jetzt schon wieder zu einem einfallslosen, aber prallen Frühstücksbüffet wandern, das für den Frisör wahrscheinlich der Inbegriff des Luxus wäre, Sohn von Eltern, die ebenfalls nichts anderes kannten als reduzierten Einkauf, Lebensmittelkarte in der Hand?

Also riefst du dich zur Ordnung/zur Lockerheit im Frühstückssaal, beinahe letzter Gast. Bis eben durchgepennt wie ein Stein, der zugezogene Vorgang zum Fenster mit Parkblick dein *Privileg*, denn die inneren Bilder deiner ersten Santiago-Nacht überlappten sich – nicht zuletzt eure würdige, entspannte Schulterklopf-Umarm-Verabschiedung auf der Terrasse, der Portierstirn ein Furchenrätsel, während Jorges markante Züge wieder falten-, ja emotionsfrei wurden: *Bis heute Abend gegen neun.*

Natürlich wäre auch das möglich: Auf einer der oberen oder unteren Terracotta-Stufen der Padre-Pico-Treppe sitzen und ein wenig in den Vormittag hinein theoretisieren. Den geringen Stufenabstand des pittoresken Getüms loben, das da zwischen den Häusern eingeklemmt scheint und doch so menschenfreundlich ist: Leicht zu erklimmen und oben das Panorama der

Stadt. So gucktest auch du und hieltest Ausschau in jene westliche Richtung, wo sich irgendwo die Casa der Kindfrau befinden musste, das Dach mit dem steinernen Aufsatz. Zu deinen Füßen die lädierte Herrlichkeit Santiagos, vielfarbig abblätternde Farben an Häusern und Veranden, bröckelige Säulen und dazwischen rauchende und dösende Alte, die üblichen Halbgötter mit dem dir schläfrig folgenden Blick (obwohl nicht halbnackt wie in der Hitze Trinidads). Du dachtest an die Auf-und-Ab-Gassen von Salvador da Bahia, denn auch hier dominieren Schwarze das Straßenbild; du sahst ihren wiegenden Gang und die schlenkernden/rudernden Arme, die dich wiederum an die souveränen Hügel-Erklimmer von Kampala und Kigali erinnern.

Wobei, natürlich, auch das möglich wäre: Ein Gedanken-Link zu Paul Lafargue, Mitte des 19. Jahrhunderts hier in Santiago de Cuba geboren, in schwarz-weiß vermischter Familie, so dass er zeitlebens – in London ebenso wie in Paris – als Ehrentitel nehmen würde, was sein späterer Schwiegervater Karl Marx abfällig, als Schimpfwort verwandte. *Mulatte, Negrillo.* Mulatte Paul Lafargue, dessen schönes Büchlein *Das Recht auf Faulheit* ein bisschen Toskana-Fraktion *avant le lettre* war, vor allem aber schöner, libertärer Einspruch gegen den MarxEngelschen Produktionsfetischmus. Du hattest es vor Zeiten gelesen, diesmal kein Zitat parat, aber der frech-freundliche Ton war dir noch im Gedächtnis, human und kometenweit entfernt von Fidels einstigen Zuckerrohrernte-Schlachtgesängen oder CHE's Zurichtungs-Phantasmen über *menschliche Kanäle, Stufenleitern und gut geölte Zahnräder.* (Vielleicht ja auch deshalb, als Suche nach dem Anderen, *deine* Obsession für Hinterhofstiegen und Refugien jenseits der Ideologie?)

Also: Was hätte aus Cuba werden können, wenn... Wenn Castro 1959 den sozialliberalen Mit-Comandante Huber Matos nicht für zwei Jahrzehnte in den Kerker geworfen hätte. Wenn der arrogante Argentinier-Bourgeois CHE sofort weiter in den Kongo oder nach Bolivien gezogen wäre und die seit Jahrzehnten heterogenen Kubaner mit seinem Reinheitswahn verschont hätte. Wenn die USA klüger reagiert hätten als mit beleidigter Blockade. Wenn-Wenn-Wenn, aber pass' auf: Du hast nur diesen Tag in Santiago, als spar' dir spekulative Diskurse und schlendere lieber entlang der Häuschen des Tivoli-Viertels, einst bewohnt von Haiti-flüchtigen französischen Sklavenhaltern, erbaut von deren mitgebrachten Sklaven, die sich inzwischen längst mit den Kubanern vermischt hatten – und im Übrigen ja keineswegs faul waren/sind, nur einem anderen Rhythmus folgen. Und während du dort entlang streiftest, Hand an den porösen

Mauern, ein beantwortetes Augenblinzeln da und dort, fiel dir die schreiende Ironie fast wortwörtlich ins Aug: Nicht tropischer Leichtsinn hatte den Verfall provoziert (oder Bandenkriminalität wie in Jamaika oder mörderische Regimes und Revolten wie in Haiti), sondern realsozialistischer Planungsfuror, dem es wichtiger war – selbst hier, in der Calle Bartolomé Masó – irgendein widersinniges Plakat über die Notwendigkeit der Effizienz aufzustellen anstatt die Leut' einfach machen zu lassen mit den Geschäften ihres Lebens. Verstaatlichte Existenz, dachtest du, und unter dem Radar (blicklos vorbei an den Plakaten) die Schönheit dieser Menschen, aber auch: ihre Müdigkeit, ihre Check-Augen, was eventuell von *dir* zu holen sein könnte, wenn schon nichts mehr zu erwarten war von Staat und Partei. Und warst darüber *nicht* schockiert. Bist ja gerade deshalb hier, um dich all dem auszusetzen mit Geist und Körper. (Ha!)

Und so bist du durch die Stadt gestreunt, den ganzen Tag. Das *Museo de la Lucha Clandestino* besichtigt, Zeugnis des Untergrundkampfes gegen Batista. Vor dem wuchtigen Gebäude des UNEAC, der *Nationalen Union der Schriftsteller und Künstler Cubas*, dachtest du an Señora Schons Angebot, dich in Habana mit dessen allmächtigen Präsidenten Miguel Barnet zusammenzubringen und tipptest ein fifty-fifty auf Realisierbarkeit. Bereits das aber gefiel dir: Liefst – in Sandalen, die Jeans bis zu den Waden hochgekrempelt, T-Shirt, und ab und ein Unterarm-Wischen über die verschwitzte Stirn – durch das sonnenhelle Santiago mit seinen hügeligen Schatten-Inseln. Hinein in Patios und unter Säulengänge, Mineralwasserflasche und Digitalkamera in der Hand, Notizbuch und ein paar kleinere CUC-Scheine in der Tasche. Trottest also da herum, in Gedanken schon halb wieder bei/auf/unter/in dem mysteriösen Friseur – und hattest womöglich die reale Chance, nächste Woche in Habana den furchteinflößenden Karrieren-Macher (und Zerstörer) zu treffen, der im Westen nur als Autor des *Cimarron* bekannt war. Verknüpfungen, die dich anfixten, gib's zu. Auch wenn du wohl erst morgen in Habana wieder ein funktionierendes Internet vorfinden würdest, um bei Señor Padura anzufragen, *wer* also der opportunistische, klandestin-schwule »Andere« in seinem *Mascaras*-Roman gewesen war. Und dazu, Versprechen mussten gehalten werden, eine Mail an jene deutsche Reiseagentur, um Walkers Casa in Trinidad für die touristisch lukrative Liste von *gay-friendly*-Unterkünften vorzuschlagen. Wie beschäftigt du auf einmal bist, Sportsfreund.)

Wo aber mochte eigentlich Señora Schon sein, durch welche Stadt scheuchte sie ihre Gruppe, um die Großtaten »von unserem Fidel und unserem Raúl« *schon mal* zu würdigen? Und wo waren die Nachtvögel vom Parque Céspedes, da du jetzt nur *normale Leute* siehst, Frauen mit umhertollenden Kindern, Touristen, schläfrige Strohhut-Greise mit dunkler, knotiger Hand überm Spazierstock? Schliefen die Champions des Fleischlichen noch, oder gingen sie Berufen nach – und waren diese Berufe dann auch jene, die sie angaben in den Stunden nach Anbruch der Dunkelheit? (*Schnipp-Schnapp.*)

Vor der gelb getünchten Moncada warst du überrascht über die Zentrumsnähe des legendären Gebäudes, das du dir zuvor immer mythisch entrückt auf einem Hügel vorgestellt hattest. So aber überquertest du einfach die Straße und tratst durch die offene Museumstür, unterhalb der mit den Jahren immer wieder erneuerten Einschusslöcher vom Tag des gescheiterten Sturms auf die Batista-Kaserne. Die Ausstellungsstücke: das Bekannte. Ineffizienz und Mordlust und Schlendrian und Inkonsequenz einer typisch autoritären Tropendiktatur. Zeitungsausschnitte aus der damals noch nicht vollständig zensierten Presse, enthüllte Beweise regierungsamtlicher Lügen. Fotografien des von der Soldateska zu Tode gefolterten Abel Santamaria. (Seine überlebende Schwester würde später zu einer Art Schutzpatronin der kubanischen Schriftsteller werden, ehe sie sich 1980 umbrachte – aus Schmerz über den 1953 massakrierten Bruder oder aus Verzweiflung über die Unmöglichkeit, zwischen Regime und Künstlern zu vermitteln?) Auszüge aus Fidels bombastischer »Die Geschichte wird mich freisprechen«-Rede, die er damals bei seinem Prozess frei halten durfte. Verurteilt zu 15 Jahren Haft, konnte er aus dem Gefängnis heraus weiterhin Interviews geben und Artikel veröffentlichen, ehe er nach knapp zwei Jahren amnestiert wurde und freiwillig ins mexikanische Exil ging. Nicht schlecht für einen militanten Kasernenstürmer, dachtest du, nun selbst ein bisschen zynisch angesichts des Nachfolgenden, des jahrzehntelangen Verschwindens Tausender, zum Teil ja ebenfalls ehemaliger Anti-Batista-Kämpfer, nur weil sie es gewagt hatten, den neuen, nun ungleich mächtigeren Herrscher Fidel an das frührevolutionäre Versprechen baldiger freier Wahlen zu erinnern, *verbal und gewaltlos.*

Frage: Hatte das Regime eigentliche keine Sorge, dass anderen Ausstellungsbesuchern die gleichen Gedanken wie dir *durch den Kopf schossen* und sie den Vergleich wagen würden zwischen autoritärer, also mit etwas Glück auch zu unterlaufender Batista-Tyrannei und dem viel umfassenderen, totalitären Gehirnwasch-Regime der Castros?

Immerhin lerntest du auch dies: Moncada (mit hartem c) anstatt Moncada (mit weichem c wie in *Centro*). Erinnertest dich daran, wie man in Deutschland den Namen des Herrschenden aussprach, so dass er tatsächlich nach gemütlichem Musikanten-Fiedel klang anstatt nach dem paranoid Nibelungentreue fordernden Fidel mit betontem e. (Läppischkeiten, oder?)

Deine Frage (stumm) und die ihre, quer über den schattenlosen, an Cottbus oder Murmansk oder Tirana oder Taschkent erinnernden Platz gerufen: »Ach, guckt mal, liebe Leute: Auch der Marko ist schon in Santiago, was macht er denn da?«

Ja, was macht er denn da, unterhalb dieses Beton-Stein-Klotzes an einer Ausfallstraße des Stadtzentrums, gegenüber der Aufmarschfläche, die Señora Schon jetzt gerade als »Wiese für unsere Revolutionsfeiern und Demonstrationen« bezeichnet? Wollte eben, da er wahrscheinlich zu müde für die Festung am Meer ist, zumindest noch das Maceo-Denkmal abhaken. Vielleicht ja aus Sympathie für jene Unabhängigkeitskämpfer, die sich ein Cuba ohne Sklaverei und Madrider Dominanz vorstellen konnten, jedoch keines unter der Knute einer Moskauer oder Ostberliner Einheitspartei? Denn von dort musste der Skulpteur gekommen oder zumindest geprägt gewesen sein, um dieses bronzene Ungetüm über deinen Kopf da zurechtgehauen zu haben samt den wie aus Schützengräben aufragenden rostroten Metallgestängen, die das Denkmal säumen. Halb Lenin, halb Timur, thronte da Antonio Maceo (das schöne, sanfte Mulattengesicht zur Fratze entstellt) hoch zu vorderhufig sich aufbäumendem Bronzepferde, düster-heroisch in blutrote Zukunft blickend wie auf Filmplakaten über den sowjetischen Bürgerkrieg. Grusel und Rückenschauer bei gefühlten vierzig Grad Hitze.

»In den neunziger Jahren zu Ehren des Parteitages der Kommunistischen Partei errichtet«, sagte Señora Schon und sagte es dann noch einmal und ein bisschen lauter, denn statt um sie hatte sich die Gruppe der Deutschen nun um dich geschart, gleich versonnen scharrenden Hühnern ihr ewiges Woher/Wohin/Und was erlebt bis dato? gackernd, die Öffnung einer Mineralwasserflasche zwischen den trockenen Lippen. Westdeutsche, dachtest du, und wurdest bestätigt, denn der 1896 vor den Toren Habanas gefallene Antonio Maceo erinnerte sie an Bismarck-Denkmäler und Kaiser-Wilhelm-Statuen, bei den Großeltern auf schwarzweiß gezackten Postkarten entdeckt an ereignislosen Kindheitssonntagen (mutmaßtest du).

Señora Schon aber gab nicht auf. Lächelnd das verschwitzte, strähnig dunkelbraune Haar aus dem sympathisierenden Uhu-Gesicht geschoben, fragte sie nach deinem nächsten Reiseziel und klatschte in die Hände, als du *Zurück nach Habana* sagtest und rief über den Platz (obwohl doch der Haufen jetzt um euch beide versammelt war und die am weitesten außen Stehenden am energischsten die um Seife und einen halben CUC bettelnden Alten gestisch zurückwiesen), rief also, in die kleinen festen Händchen mit den quadratisch geschnittenen Fingernägeln klatschend, *Wie schön, das ist ja bis Camagüey auch unsere Tour*, doch als einer aus der Gruppe als Ergänzung rief *Dann nehmen wir ihn doch mit*, wurde der Uhu sogleich wieder zum besorgten Waldhüter, Falten auf der Stirn, und sprach *Er hat doch individuell gebucht und muss nun auch sehen, wie er zurechtkommt*, was dich wiederum sogleich an die DDR erinnerte und für einen Moment sahst du Señora Schon nicht als emsig büffelnde Ingenieurs-Studentin auf der Freiberger Bergakademie, sondern als Uniformierte im Sprecher-Zimmer des dortigen Gefängnis, deinen blutjungen Eltern den Austausch von Fingerkuppenzärtlichkeiten und den Schmuggel deines Kleinkindfotos untersagend in eben jenem Ton und selbstgefällig kollektiven Selber-Schuld-Modus. Aber da dies wohl nur die Hitze war und dein Mangel an zugeführtem Mineralwasser, brachst du zusammen mit den Westdeutschen (die ohnehin immer alles für einen Scherz hielten) in wohlwollendes, dich quasi selbst auf die Schippe nehmendes Gelächter aus, dem dennoch ein wenig Bosheit beigemischt war: No way, per Gruppenbus halb Cuba zu durchqueren, unter Señora Schons Beobachtung.

Mit Schweiß in den Augen sahst du hoch zur Gestalt des wackeren Generals Maceo, der jedoch noch immer stur gen Zukunft blickte, mit keiner Bronzewimper zuckend.

Du versuchtest den Abschied so wenig komplizenhaft wie möglich zu gestalten, die Frage nach deinen Abendplänen in der Stadt mit gestischer Mal-sehen-Vagheit beantwortend und dann zu Füßen der Monstrum-Anlage auf ein Taxi zustolpernd (diesmal war es ein Skoda aus Vorwende-Zeiten), während in deinem Rücken Señora Schons Prophezeiung wie ein Menetekel erklang: »Keine Sorge, wir sehen ihn schon bestimmt wieder.«

»Die Kleene habsch schon das letzde Mal gehabt. Sauber un still aber beim Bumsn voll auf Karacho, guggse nur ma an.« »Aber die Sau mit dor Briefdasche. Einfach weg, über de verdammde Drebbe hoch.« »Wasdn für ne Drebbe?« »Na die steile Wand von Merane diese hier ham, da drüm bei den bundn Häusern.« »Na un? Habsch ni immer gesacht nur in Hotelnähe und nisch zu den Einheimischn hin?« »Ha, haste gesacht, und jetzt haldsch mich och dran und die Neue schlebbt mich nirschndwo sonst hin, kannsde Gift droff nehm.« »Ganz ruihsch, Norbort. Die is ne Freundin von meiner Kleen, und wo Kontrolle is...« »Ha, haste och schon gesacht, un im Bett machdse ja och alles mid, aber guck ma wiese den Broiler frisst als kämse ausdor Sahelzone.«

»Imposible!«

»Qué pasá?« Jorge, das porzellanfarbene Garnelenstück auf der Gabel zwischen Teller und Mund, sah dich an, in Maßen erstaunt. (Passierte es in diesem Moment, womöglich unterbewusst, dass du deine Empörung übertriebst, dir sogar ein Tränchen der Wut in die Augenwinkel pflanztest, um *ihn* zu verpflichten durch *deine* so offensichtliche Integrität?)

Am Nachbartisch des Gartenrestaurants – Jorge hatte es ausgesucht und trotz deiner vagen Budget-Furcht war es kein air-klimatisierter Abzockschuppen mit pseudofranzösischer Küche, sondern eben jenes Gartenrestaurant in einer ruhigen Straße mit einstöckigen Häusern und viel Grün – hockten die Gründe deines Abscheus: Zwei Sachsen Mitte fünfzig, schwammige Gesichter, rötlichblonde Armhärchen, Metallband-Uhr und T-Shirts, die trotz Bauchansatz *in* den weißlich verwaschenen kurzen Jeans mit den ebenso weißlichen Fransen steckten, *Schtonwaschddschienshosen* – vermutest du beim hassenden Betrachten – wahrscheinlich noch in den Jahren vor '89 vom Balaton alias Plattensee mitgebracht oder errafft von einem der nähkundigen vietnamesischen Vertragsarbeiter in ihren sächsischen Kleinstadthöllen. In deiner Wahrnehmung – aber das könnte auch das von Jorge sogleich bei eurem Eintreffen in sechs Büchsen georderte *Crystal* zu verantworten haben – sahen sie nicht zuletzt wegen ihres hochgekämmten dünnen Büschelhaars beinahe identisch aus, und mit Abscheu stelltest du dir ihre ampelroten Eicheln unter ebenso dünnen Schamhärchen beim Eindringen in die vermutlich penibel rasierten Vulvas der beiden Schönheiten vor, die jetzt selbstverständlich *Pollo con Aroz* aßen und keine *Broiler frasen* und lediglich mit Blick auf ihre zwei Begleiter vis-á-vis schüchtern die Augen senkten, während sie – *ahora, jetzt!, aqui*, hier! – etwas ganz Großartiges taten: Nämlich *dich* mit einem wissenden Lächeln beschenken, ihre Rache an den zwei Widerling-Ossis für die Dauer einer freiwilligen, ja fröhlichen Pupillen-Kopulation.

Was du nun ebenfalls sogleich in geflüstertem Spanisch mitteilen musstest (nun auch deine Euphorie etwas übertreibend, um den Rang des cool

Beliebten herauszustellen – und dies Theater erneut aus *Sicherheitsüberlegungen,* die infamerweise sich gar nicht so sehr unterschieden vom *Briefdascheweg*-Geraune eines der beiden mit den Tennissocken in den Sandalen.)

»*Mira...* Schau mal zum Nebentisch, aber diskret. Die zwei Deutschen da...«

»*Si...*« Jorge hatte den Bissen vertilgt, schob den Rest Reis zu einem Häufchen zusammen, fuhr mit der Gabel hinein, führte sie vollbeladen zum Mund. Und musste überhaupt nicht hinsehen, denn natürlich hatte er das schon beim Eintreten durch die Gartentür gecheckt, vorbei an dem Steinofen von der Form eines Miniatur-Atommeilers, hin zu den Tischen, vom Nachbargrundstück getrennt durch einen schiefen niedrigen Lattenzaun und wuchernde Büsche.

»Was ist mit denen?« (Hätte dir seine fehlende Neugier etwas signalisieren können?)

»Sprechen *über* die beiden Mädchen. Als wären sie gar nicht da, als wären's nur Objekte, *entiendes?*«

»*Si...*« Jorge aß und hörte zu und du suchest nach einem Ausdruck in seinem Gesicht, makellos rasiert wie schon gestern Nacht, die Augenbrauen gezupft und die linke durch einen Rasiermesserschnitt diagonal geteilt. (Finessen des Friseurs!)

»Wie ich diese Typen kenne!«

»Du kennst sie, sind das *Amigos?*«

»*Dios*! Ich mein' diese Art Leute. Ihre Raffsucht, ihre Bräsigkeit, ihr Entwürdigen von allem, was sie betatschen und bequatschen, wie sie früher fähnchenschwenkend zum Ersten Mai mitlatschten und nie *No puedo más* sagten, *jamás,* verstehst du, die heute – dank westdeutschen Geld-Transfers – die ganze Welt heimsuchen in ihrer Niedrigkeit, dumpfes dreistes Ossipack, verdammtes...«

Der Frisör hob ein wenig die Augenbraue mit dem Diagonalschnitt, goss dir erneut das Glas voll und sah nun doch nach links, und was du da sahst, gab dir einen Stich: Die Mädchen lächelten auch ihn an, aber erst *jetzt* war wirkliche Komplizenschaft in ihren Augen – nicht mehr das Nur-Kokette, mit dem sie dich bedacht hatten. (Hättest du noch zwei drei Bier zusätzlich intus, sagtest du dir, halb wieder nüchtern geworden nach deiner Suada in fehlerhaftem spanisch, du würdest larmoyant das Erwartbare denken und fühlen: Und bleibst ja doch und ebenso ein Fremder hier, wie heftig dein Distinktionsbemühen auch ausfallen mag gegenüber deinen verhassten Landsleuten, *bist ja selbor n Fremdor, verdammische Scheiße.*)

»*Bueno*...« Jorges Mimik ließ nicht auf seine Gedanken schließen. Sein Garnelenteller war fast leer, dein *Pollo con Aroz* aufgrund der Empörungs-Observation- und Rede kaum angerührt. (Am Nachbartisch setzte sich das Moll-Grunzen deiner Landsleute fort.)

Seine Schnelligkeit/Pünktlichkeit: Als du kurz nach neun Uhr hinunter in die Hotel-Lobby gekommen warst, saß er schon da, in majestätischer Korbsessel-Distanz zu den Chicos/Chicas, die am Eingang herumlungerten für die erste Berührungs-Schicht des Abends. Betont kumpelhaft gingst du also auf ihn zu, was – aus den Augenwinkeln sahst du's mit gewissem Stolz – gleichermaßen von europäisch-kanadischer Kundschaft wie von den einheimischen Dienstleistern bemerkt wurde: Zwei, die sich *auch* aus anderen Konstellationen kennen, männliche Schulterklopf-Umarmung austauschen und nun über die weiße Freitreppe hinunter zur Straße gehen, und, sich zwischendurch Zigaretten anzündend, auf eines der an der nordöstlichen Ecke des Parque Céspedes wartenden Taxis zuhalten. Keine Zweideutigkeiten zu kaschieren! (Ha, hörten nämlich nicht, was Jorge sagte, was er *wiederholte*, sobald er vom Hintersitz aus dem Taxifahrer die Adresse des Gartenrestaurants genannt hatte:)

»Am liebsten würde ich dich auch in Habana besuchen, Anfang nächster Woche.«

Nach einer erneuten kurzen Schrecksekunde wandelte sich deine Gestimmtheit wiederum in Voraus-Lust, da du ihm nun ein weiteres Mal von Walkers Plänen erzähltest, aus Richtung Trinidad ebenfalls nach Habana vorzustoßen.

»Kannst du ihn mir beschreiben?« (Der Wagen kurvte durch das Auf und Ab der abendlichen Straßen.)

»Hab' sogar Bilder gemacht...« Du fischtest, dabei darauf achtend, keine CUC-Scheine zutage zu befördern, aus deiner Jeanstasche die Digitalkamera (ach, hättest du nur geahnt, dass...) und zeigtest dem Hellhäutigeren Walkers Mulattengesicht – im Hintergrund seine gästeleere *Casa Particular*, dann die rustikale Restaurantwand, davor ihr beiden beim Essen (Walker beim teuersten Gericht, aber das war dir keine Erwähnung wert).

»*Bueno*. Also wir zwei und er?« Jorges Hand wie ein Fächer über deinem Schritt, ein Lächeln angesichts der Wölbung. (Sagte nicht: »Wir zwei und *du*.«)

»*Porqué no?*«

»Aber hier von Santiago ist's weiter als von Trinidad. Also müsste ich fliegen...«

»Du müsstest *fliegen*?« (Das Auto jetzt auf ebeneren Wegen und desgleichen deine Gedankenwindungen.)
»Ja, aber für mich als Einheimischen wären's nur fünfzig CUC.«
Deine Sorgen-Nicht-Sorgenfalten, die ein Nachdenken signalisieren, dann – *gaanz* langsam, nicht zu schnell, Amigo – ein wohlüberlegtes Einverständnis. »Ich glaub', das wär' gerade noch möglich, mit meinem kleinen Budget. Lass es uns morgen Vormittag organisieren, ja?« (Da du ja morgen früh schon im Flieger nach La Habana sitzt, verräterischer Schelm.) »Hab' nur Sorge, dass es am Vormittag zu spät sein könnte. Oder zu teuer.« (Handwerks-Ethos des Friseurs, ha!) »Hast du jetzt nichts dabei?«
»Natürlich nicht. Nur fürs Restaurant und die Casa. Bin schließlich kein Gringo.« (Die Entgegnung, die Natürlichkeit suggerieren soll, könnte freilich auch als Armut oder schlimmer: als Geiz ausgelegt werden, so dass du dich zu jovialem Gähnen entschließt, Arm um Jorges Schulter und ein paar Detailfragen, wie und wann *du ihn* denn am Habanaer Flughafen abholen könntest am Mittwoch oder Donnerstag. (Dein Pokern gegen seines. Würde er jetzt, denkst du, unter einem Vorwand auf Restaurant und Dachverließ verzichten, um die vorgeblich dem Einheimischen-Ticket entsprechenden CUC-Scheine zu erbitten, wäre das Spiel aus – für beide. Jorge aber reizt das Blatt weiter, und du auch.)

Während ihr Bruder bumste, wippte sie. »Mein Bruder bumst da oben gerade mit seiner Frau, also müsst ihr warten.«
Sie saß, nein: thronte in dem Schaukelstuhl, den du bereits gestern im Neonlicht des fliesenbelegten Wohn- oder Empfangs- oder Was-auch-immer-Zimmers gesehen hattest, und da sie dort im Schneidersitz hockte, die beiden großen, rot lackierten Zehennägel wie Däumlinge in der Höhlung neben ihren richtigen Daumen, wippte sie also nicht mit den Füßen, sondern Dank der Schwerkraft ihres Arschs, hintere Voll-Füllung ihrer schmuddelgelben, bis an die Waden reichenden Stretch Leggins. Und war nicht diejenige, die euch gestern die Tür geöffnet hatte. Du schätztest sie auf Ende dreißig, und da die Ansage, die dich und Jorge also warten und erst einmal auf der Couch Platz nehmen ließ, derart unverblümt kam und du gewiss als letztes wolltest, den naiv hereingeschneiten Touristen zu geben, pflanztest du dich an Jorges Seite auf die Couch, fläztest dich geräuschvoll (breitbeinig und als hättest auch du Jogging-Textil über Arsch & Schritt) ein bisschen tiefer, bis deine rechte Schläfe an Jorges trainiertem Oberarm lag und fragtest zurück, mit einem Lachen, das du so wissend-rauchig moduliertest wie nur irgend möglich: »Hey... Really with his *wife*?«

Die Frau nämlich hatte englisch gesprochen (nach einem kurzen, schnellen Blick zu Jorge, der etwas zu signalisieren schien, was du selbstverständlich nicht kapiertest) und lachte kurz auf, wobei du auf irgendeine Schwingung der Komplizenschaft in ihrem Gelächter horchtest – vergeblich. »Natürlich nicht, Darling. Is sein *girlfriend*.«
»Cool! Und dir gehört die Casa?«
»Ja, aber die haben mir nur das Zimmer auf dem Dach genehmigt, den Steinknuppel wie'n Stück Hundescheiße. Als wär' hier nicht genauso und noch mehr Raum genug für Gäste.« Sie wippte weiter und ihr rechter Zeigefinger machte eine Kreis-, dann eine Kreiselbewegung, die den Neonlicht-Vorraum einschloss und den nach hinten führenden Gang, aber auch die Treppe, deren Gittertür diesmal halb offen stand.
»Wenn sie dir die Lizenz verweigern wegen *gesellschaftlicher Unzuverlässigkeit*, biste am Arsch und dann kannste sehen, wo das Geld herkommt. Hat er's dir nicht erzählt?«
Abrupt setzt du dich auf, schaust aber nicht fragend *ihn* an, sondern *sie*, die weiter unentwegt Wippende, da *Schaukeln* ja doch nicht das richtige Wort dafür wäre. Ein Gassen-Häuschen in Santiago de Cuba (*Cu'a*) kurz vor Mitternacht, und schon bist du angefixt – von *Wörtern* – , denn sie hatte ja tatsächlich dies gesagt: *Social unreliability.* Wie ein Stromstoß oder eine Drogeninhalation fährt es dir unter die Haut, in die Ohrgänge hinein, jagt in Hirnwindungen und Herzkammern und sogar in deine Augen: Erst jetzt nämlich kannst du die Hausherrin wirklich *sehen* und dein Mund formt sich zu einem nicht-kalkulierten Bewunderungslächeln. Dabei sind ihre Gesichtszüge hart, die Haut – ein Gran weißer als bei Jorge – fast fahl unter dem Licht der Deckenstrahler, die schwarzen, im Nackenansatz gewellten Haare verschwitzt, die Pupillen ohne jede *mercy*. Dabei, als wäre es nicht nötig, sich bei solch elaborierter Zustandsbeschreibung aufzuhalten, wippt sie weiter, in kurzen (harten) Intervallen, fast lautlos die (Hart-) Holzkufen auf den grauweißen Fliesen. Dabei hatte sie sogleich auch *money* gesagt. (Dabei hatte sie – rhetorische Floskel, nicht ohne Überdruss – auch keinesfalls gefragt *Hat er's dir nicht erzählt?*, sondern hatte – *hart* wippend, hin und her, unterm Neonlicht – durch den Raum hinüber zur Couch geworfen: »Hat's Alfredo dir nicht erzählt?« *Alfredo?*)
»Alfredo?«
»Alfredo, Alfredito, mein Friseur-Freund und *dein* Habana-Besucher. Mit dem Flugzeug!«
Mit gespielt gelassener Laaaangsamkeit drehst du den Kopf von Nicht-mehr-Jorges friseur-untypisch muskulöser Schulter und der Hart-

fleischfläche seiner Oberarme und machtest in Richtung Zimmer eine freundliche Grimasse verzeihend-überlegener Überraschung. »Oha, ein Mann mit vielen Namen, ja?«

Und sofort, dein Sekundengespür war offensichtlich das richtige gewesen, hattest du ihn, da das Spiel (aber nur welches?) anscheinend tatsächlich den guten, wenn auch bissbereiten Jungen brauchte, die Unschuld von den Gassen Santiagos. »Ist mein zweiter Vorname, nur nenn' ich ihn nicht immer gleich«, sprach Jorge-Alfredo-Alfredito beinahe kleinlaut, und das war die offene Flanke, in die du sogleich...hineingucktest. Deine Mimik ließ offen, ob du ihm glauben oder verzeihen oder ihn hopps nehmen wolltest, und so war auch dein Lachen Friedensangebot, Kampfansage und vor allem Vorspiegelung jener Komplizenschaft (von dir entschieden behauptet und damit real gemacht), in deren temporären Schutz du jetzt wieder mit der Schläfe an seine Muskellandschaft andocken konntest. (Sollten sie nur nicht glauben, du wärst so einfach einzuschüchtern.)

»Er will dich besuchen!«, sagte die politisch Unzuverlässige und fuhr fort zu wippen und an ihren Zehennägeln herumzumachen.

»Klar doch! Hab's ihm ja selbst vorgeschlagen. Hauptsache nur, wir kriegen das mit dem Ticket hin, denn ich bin nun mal kein reicher Gringo.«

Alfredito-nicht-Jorge machte neben dir ein Schnalzgeräusch, und die Wippende sah zu ihm, und wiederum gabst du vor, dass es dich nicht beunruhigte, denn sobald du, (dachtest du unter diesem mitternächtlichen Neonlicht und dem Hartholzkufenscharren des unentwegt wippenden Schaukelstuhls) nur einen *Momentito* den Gestus des erfahren jovialen Wird-schon-alles-werden-Schlitzohres aufgeben würdest, bräche die Decke über dir zusammen.

Von dort aber dröhnte und trampelte es, sogar ein gigantisches Rülpsen hörtest du jetzt, ausgestoßen auf halber Dachtreppenhöhe und nun *schon* als Echo widerhallend im gefließten Vorzimmerraum. Lautstarker Auftritt des Bruders mitsamt Freundin-aber-ja-doch-nicht-Ehefrau. Es ist die Kleine von gestern Nacht, und mit nur halb geheuchelter Freude reagiertest du auf ihr Lächeln, sprangst auf, durchquertest unter den Blicken der Unzuverlässigen und des Muskel-Frisörs so prolomäßig wie möglich den Raum und gabst der höchstens Achtzehnjährigen ein/zwei Küsschen auf die Wange, danach mannhafter Handschlag mit dem Ficker-Bruder. *Hola hombre...*

Hombre, nackter Oberkörper, breites Brust-Tattoo und trotz seiner vielleicht gerade mal dreißig Jahre bereits mit einem Hüftschwimmring

beschenkt, rülpste ein zweites Mal, nickte dir mit dreitagebärtigem Ficker-Face freundlichst zu und nahm neben dem Mädchen auf der zweiten Couch Platz, breitbeinig-ausgeruht und in den Taschen seiner straff sitzenden Jeans nach der Zigarettenschachtel fischend.
»Nicht hier unten«, widersprach die Schwester, wippend.
»Soll ich etwa vor die Tür, so halbnackt?«
»Dann zieh' dir was über!«
»Bei der Hitze?«
Alle lachten (das Mädchen kicherte in überraschend rauher Tonlage), doch war dein Gelächter am ausgelassensten, kristallin wie all die *Crystals,* die du bereits im Gartenrestaurant gekippt hattest. Dammich, war heute nicht Donnerstag? *Allerdings sackte der einstmals gesellschaftskritische Autor, Verfasser der hier vorliegenden* Früchte des Zorns, *späterhin, und dies vermutlich unter dem kommerziellen Druck der kapitalistischen Verlagsindustrie, in die Tiefen kleinbürgerlicher Amoral, sozial-darwinistischer Weltsicht, ideologischer Konfusion und politischer Naivität, weshalb der Roman* Wonniger Donnerstag *einen weiteren Tiefpunkt markiert im Werk John Steinbecks.*

Oh Nachwort-Sprech ostzonaler Lizenzausgaben, wie lange hatte er in deinem Gedächtnis geruht! Irgendein nach 1990 hoffentlich abgewickelter SED-Anglist hatte die Passage im einordnenden Kommentar verbrochen, ausgerechnet im Orwell-Jahr '84, und der vierzehnjährige Jugendliche aus sächsischer Provinz war sofort angefixt auf immerdar. Kein Problem, dass die spätere Lektüre von *Sweet Thursday* die hohe Sudel-Erwartung ein wenig enttäuscht hatte, da doch nun hier in diesem Hause, acht Stunden vor deiner klandestinen Abreise nach Habana...

So langsam begann dir die Sache nun doch wieder Spaß zu machen, und mit einer seltsamen Euphorie, die wohl auch Vertrauen schaffen sollte, erkundigtest du dich bei der Wippenden nach dem Grund ihres amtlich verfügten Unzuverlässigkeits-Status.

»Was soll ich sagen, Schatz? Hab' versucht abzuhauen. Ich mein' hab's auch geschafft aber nur in die Dominikanische Republik und von da weiter nach Panamá aber keine Chance für 'n US-Visum also wieder zurück und ins Gefängnis ich mein' ins Gefängnis wär' ich gekommen hätt's nicht den Lungenkrebs gegeben.«

Reden, Wippen, die Kufen scharren/kratzen/schaben, die Knopfaugen sind nicht auf dich, sondern hoch an die Zimmerdecke gerichtet, und der einzige, der erschüttert ist/scheint, bist...*du*. Jorge-nicht-Alfredos Gesicht neben dir ohne jegliche Regung, was du umso besser erkennst, da du dich jetzt doch aufgesetzt hast, plötzlich besorgt-wachsamer Doc M., ein bisschen weniger breitbeinig und über den Oberschenkeln die Unterarme, über dem klaffenden Loch im Boden (*deine* Horrorphantasie) zehn Fingerspitzen konzentriert aneinander gedrückt, das ist deine maskuline Form der Merkelschen Raute, aber deine Empathie ist bereits wieder auf der Flucht. (Hatte es vorhin tatsächlich *schon* ausgereicht, dass die Wippende von ihrer *politischen Unzuverlässigkeit* sprach, und du sogleich eine Verbündete in deinem Sinne/ ja im Sinne deiner gesamten Familiensippe halluziniertest? Kleiner Narr.)

»Klar doch, Chicito. Deshalb rauch' ich ja auch nicht mehr und erlaub's auch nicht hier unten selbst wenn's der eigne Bruder wär'. Ist.«

Sie schaute in deine Richtung und schien mit einem schnellen Seitenblick Jorge-Alfredo zu streifen, der wiederum eine Art Stöhnen oder auch unterdrücktes Lachen von sich zu geben schien, während dir wiederum *schien,* du solltest mit ihm jetzt sofort hinauf aufs Dach/ins Betongeviert/ aufs Bett, um ihn zu benutzen/zu züchtigen für all die Halbwahrheiten und/oder Lügen, die hier herumzuflattern *schienen,* das intime Einvernehmen dieser vier Leute, wo nun der Eine-Art-Bruder im Rahmen der halb geöffneten Haustür stand und mit nacktem Oberkörper ins Dunkel hinaus paffte und zumindest die Kleine mit ihren (gefühlt) über dem Schambein schon wieder endenden Mini-Jeans dir ein offenes Lächeln schenkte (das freilich aber auch der Befriedigung vor ein paar Minuten hätte gelten können, des Gerammels mit dem Vielleicht-Bruder da oben auf dem gleichen Bett, in das nun der Friseur und...)

Und – zufrieden? Während du mit gefurchter Stirn zuhörtest, dachtest du, dennoch halb bewundernd: Travestie der Dissidentin, Fake des Flüchtlingsschicksals, und von wegen Wir-gegen-die-da-oben, da dir doch *schien,* sie hier im neonhellen Zimmer hätten vor allem etwas vor...*mit dir.* (Und noch immer keine Angst, Chicito, da dir Alfredo-Alfredito jetzt so rhythmisch aufgeilend – *donnerstäglich wonnig* – den Nacken krault, Delilakundig, obwohl dieser ja ausrasiert ist und du ganz gewiss kein Samson?)

Du dachtest: Das Zimmer/ die Insel des E*s schien.* Es schien, dass ein Karate-Riese nicht zur 1.Mai-Parade wollte. Es schien, dass Señora Schon nur naive Fragen stellte. Es schien, dass Señor Leonardo Padura ein vielbeschäftigter/gefragter Romancier war. Es schien, dass Walkers Haus in Trinidad ihm gehörte, obwohl es keinen einzigen Gast beherbergte. Es schien, dass die Laptop-Stimme der *Carta de Despedida* tatsächlich Garcia Marquez gehörte. Doch schien nicht nur, dass Señor Padura...höllische Angst hatte.

Du dachtest: Vermaledeite Ambivalenz, Resultat jahrzehntelanger Lügen-Herrschaft. (Aber hattest du bei anderen Reisen und Aufenthalten nicht ähnliche Geschichten gehört? Nicht zu knapp, doch wirkten sie nun in der Rückschau unschuldiger, zumindest eindeutiger, während *hier*...) Und hattest, permanenter Narr, also weiterhin geglaubt, die Bewohner dieser Casa/Stadt/Insel verstehen/dechiffrieren zu können, einen Blick in ihre Köpfe und Herzen zu erhaschen? Als wäre alles wie diese knarrende, aber unverzüglich sich erneut öffnende Holztür jetzt hier oben auf dem Dach – über euch der sternlose, von den Lichtern Santiagos gefleckte Tropenhimmel – da sie nun Jorge, Bierdose in der Linken, die Rechte um deine Hüfte, mit seinem Turnschuh-Fuß aufstößt und...?

Der schmutzigste, da schamvollste Sex, den du je hattest. (Dachtest *du,* da du ja zu diesem Zeitpunkt noch nichts von dem Zimmer in jenem Haus in La Habana wusstest, nichts von alldem, was Walkers Wiedererscheinen auslösen würde. Also: *Nichts* wusstest du davon, aber schon war da diese FRAGE, auf dem Weg von Trinidad hierher nach Santiago zu MAJUSKELN angeschwollen: Dammich & Dios & Hombre, was macht diese Insel mit dir?)

Vögeln und Lügen. Die Körper ineinander, bei fast jeder Konstellation Aug' in Aug, und wenn sich eure Zungen ineinander verhakten, taten's die Wimpern ebenso. Nicht einmal die wohl kaum je gereinigte Blümchendecke hattet ihr von den frischen Laken gezogen, als ihr übereinander hergefallen wart und euch gegenseitig die Kleidung von den Leibern gestreift hattet, hastig. (Wenigstens diese Lust war also echt, zumindest Anatomie konnte nicht lügen. Oder?) In Alfredos Hand ebenso wie in deiner ein Kondom, rauhes Gelächter ob der stummen Frage, wer seines zuerst aufzureißen hätte mit gefletschten Zähnen. Waren das eure Fehdehandschuhe? Wo du dich doch bis in die letzten Windungen hinein bemühtest, freundlich, ja *hoffnungsvoll* zu blicken, eine Art *Morgen und in La Habana machen wir genauso weiter* in deine Mimik zu bringen und den – vielleicht ja lesbaren – Gedanken zu verscheuchen, dass du stattdessen morgen früh schon gegen acht im Flugzeug sitzen würdest, dich also *nicht* ausnehmen ließest. Und Alfredo? Seine schweißnasse Stirn über und dann unter dir, seine wie Betonpfeiler ins Laken gedrückten Arme, die dich einzwängten und vor Begehren aufschreien ließen, um dann beim nächsten Stellungswechsel zu ausgebreiteten, im Licht des Zimmers metallisch schimmernden Flügeln zu werden, deine nun ebenfalls ins Laken gestreckten Arme, deine Hände, welche seine muskulösen Oberarme umfassten – was tat Jorge-Alfredito? Forschte in deinem Gesicht, ob ihm die fünfzig CUC sicher blieben. Wusste er, was du zu wissen glaubtest – dass ein Habana-Flugticket wahrscheinlich auch für Einheimische teurer war und das demnach dieses Geld für sein Hiersein in Santiago bestimmt war und für nichts sonst? Stoßen Keuchen Stöhnen Lecken Küssen Wippen Schwitzen, doch kein sanftes Berühren. Ihr standet ineinander, und das einzige, was halbwegs sicher schien, dass ihr *genau das* in eben diesem Moment wolltet, voneinander profitierend in dieser brutalen Balance – doch sonst?

Erneut dröhnte Latino-Pop aus dem eingeschalteten Fernseher an der Decke – über der offenen Tür zum Waschraum, wo der Wasserhahn noch nicht einmal tröpfelte, die Casa-Herrin aber wiederum für ein gefülltes Plastikfass neben der Wanne gesorgt hatte, darin schwimmend eine Kelle, ebenfalls als Plastik, an den Rändern von rissigem Weiß. Als wären es die Spuren einer in diesem Dachverließ bereits tausendfach vergossenen Lust.

»Bist du morgen pünktlich?«, fragtest du in einer der Stellungswechsel-Pausen, hattest die (schweißnasse) Stirn dazu. »Was?« »Wegen des Ticketgeldes. Je eher du es hast, umso schneller kannst du dich um das Habana-Ticket kümmern.« »Du kommst morgen nicht mit ins Reisebüro?« »Besser, ich warte dort vor der Tür, damit es nicht so aussieht als...«

Alfredos Lächeln – gilt es, wie von dir erwartet und nun sogar erwünscht – deiner vermeintlichen Naivität, ist es die atmosphärische Ankündigung, dass du noch einmal gut herauskommst aus dieser Nacht, da du ja auch morgen noch zu melken sein würdest? Oder bist du jetzt *zu* clever gewesen, *zu* detailliert, um glaubwürdig zu sein, also definitiv einen Schritt zu weit gegangen mit deinem brückenbauenden Gerede, während ihr euch nun wieder auf dem Bett wälztet? Verworfenes, gemein gemeinsames Tun in diesem Flachdach-Kabuff in Santiago de Cuba, wo euer 69 wohl nur deshalb so kurz währte, damit ihr euch sogleich wieder in die Augen, in die lügnerisch kalkulierenden Pupillen sehen konntet, forsch und forschend, schwer atmende Observierer? (Doch welches verdammte Spiel galt es hier *zu gewinnen*?)

Santiago de Cuba.

Ruhig, ganz ruhig – spul' den Erinnerungsfilm zurück. Und lass dir Zeit. Lass die übermüdeten Augen wandern, denn das sind jetzt die letzten Momente in der Stadt. *Anblick der Tropen im Morgengrauen.* Das Moskwitsch-Taxi fährt dich hinaus aus Santiago, über flaches Land zum Flughafen. Ein paar erste Hühner auf der Straße, zwei/drei Radfahrer, ein Pferdegespann. (*Der Schatten des Körpers des Kutschers*.... Warf ja zu dieser frühen Stunde noch gar keine Schatten auf dem löchrigen Asphalt.) Die Aufschriften/ Plakate/Banderolen/Wandbemalungen, mit denen dich die Stadt verabschiedet. *Nunca siempre todos luchar,* all die Ausschließlichkeitsvokabeln verwischt im Rhythmus des Moskwitsch-Vorbeituckerns. Schafften nicht den Weg in dein Gehirn, wurden zerhackt vom frühmorgendlichen Hühnergackern, das durchs offene Beifahrerfenster dringt. (Diese langsam aufsteigenden Himmelslinien in orange, von heller werdendem blau schraffiert, während die Stämme der Bäume längs der Straße noch in ununterscheidbarem schwarz verharren. Der *Geruch* dieses Morgens, Illusion stets möglichen Neubeginns.)

Am Flughafen, erwartbar klein und um diese Uhrzeit ebenso verschlafen, ging es dann ganz schnell – oder schien es dir nur so, in der Warteschlange vor dem Check in-Schalter und danach vor dem Piep-Rahmen der Sicherheitsschleuse immer wegsackend, im Hirn, nicht in den Beinen? Spul den Erinnerungsfilm zurück...

»Hey Amigo Chico, kannst gleich weiterpennen.« Amigo-Chico lächelte, reichte schlaftrunken den Pass, und da sagte der junge kraushaarige Grün-Uniformierte leise: »You have a beautiful country.« »You too«, nuscheltest du, um die Freundlichkeit auszubalancieren, beim Hinausgehen aufs Rollfeld, als letzter in der Reihe. (Ha, Alfredito, ha!) Etwas musste sich in deiner Wahrnehmung verschoben haben, fragmentarisch geworden sein, denn noch während du den morgendlichen Geruch in der Nase hattest, kerosingeschwängertes taubesetztes Gras in den Betonrillen, warst du auch schon in deinen Fenstersitz im Inneren des Fliegers gesackt, erneut von Müdigkeit übermannt. Aber hörtest noch immer die spöttische Reaktion des Uniformierten, vermischt mit leiser Trauer – oder Verachtung für den derart unwissenden Touristen: » *You too?* Funny chico.«

Das Rollbahn-Gerüttel und der Lärm des Steigfluges machten dich zuerst panisch, dann wieder einigermaßen wach, die Augen nun halb offen. Blinzeltest hinunter auf die zwischen Wolkenfetzen nur noch ahnbaren Straßenzüge, sahst deine Kamera – und dich – in Alfreditos Händen.

»Ha! Schau mal...das Pferd, *el Caballo*. Aber diesmal nicht in Uniform, auch nicht auf einer Tribüne, sondern in...«
»Trinidad«, hatte der Friseur ungerührt ergänzt und das Digitalfoto vor- und zurückgeklickt, »auf der Straße unterhalb der Kathedrale.« Mit keiner Miene gab er zu erkennen, ob er deinen gewagten Scherz verstanden hatte oder gar billigte. Verflossener Genosse Fidel, ob seiner sturen Willensstärke auch genannt *Das Pferd*. (Aber galt das denn noch immer, waren das nicht eher dahingetuschelte Worte aus der Generation von Alfreditos Eltern und Großeltern, wer und wo immer diese jetzt sein mochten? *In meinem Garten grasen die Helden*: schon im Titel seines vor vielen Jahrzehnten erschienenen Romans hatte sich der Dichter Heberto Padilla über den tierhaften Maximo Lider lustig gebracht, da er selbst – nach Verhaftung, erzwungenem Meinungs-Widerruf und danach hinausgekippt auf Habanas schadhaftes Straßenpflaster – nichts mehr zu befürchten hatte, ihm jedoch auch all die zuvor eingegangenen Solidaritätserklärungen von Enzensberger, Vargas Llosa, der Beauvoir, Sartre i tutti quanti nun nichts mehr nützten. Ein misslungener Roman, hattest du beim Lesen gedacht, traurig, dachtest du nun im Türrahmen auf diesem Dach in Santiago, da er sich hoffnungslos in den Perspektiven verhedderte, ein weiterer, abscheulicher Sieg der Diktatur über Phantasie *und* Wirklichkeit, da sie die Renitenten unter ihren Untertanen in flatternde Angst und verkapselte Schizophrenie trieb. Aber einen, *einen* Satz behieltest du dann doch im Gedächtnis, und vielleicht war das ja ein kleiner Triumph des kaputt gemachten Dichters, der im September 2000 vereinsamt und nahezu unbemerkt im amerikanischen Exil gestorben war – Literatur-Studenten der Universität von Alabama hatten schließlich die Tür seines Apartments aufgebrochen, da sie schon seit Tagen ihren Professor vermissten. Jener Satz aber: *Im Sozialismus geschriebene Bücher sind allgemein unvollkommen: die herrschende und sogar die subversive Ästhetik dieser Länder sorgen immer dafür, dass die Bücher in Verzweiflung und Neurose umschlagen.)*

Alfredito lehnte in der Hocke, nackt bis auf den weißen Slip, an der auf die Dachterrasse hinaus geöffneten Tür und klickte die Bilder deiner Kamera durch. Er hatte sie nicht aus deiner Hosentasche entwendet, denn du selbst warst es ja gewesen, der sie am Ende eurer Session herausgeholt hatte, um den Schönen mit den gnadenlosen Augen zu fotografieren, was dieser auch – aufmerksam und ohne Lächeln – akzeptiert hatte, für das Bild den Bizeps der Oberarmmuskeln spannend und die angewinkelten Arme in Brusthöhe gehoben, als sei er Muslim und wolle sogleich beten.

Oder zuschlagen. (Hattest du das wirklich gedacht?)»In Habana machen wir dann mehr...«
»Mit dem Negro aus Trinidad?«
»Falls du möchtest...« Solcherart war das kurze Geplänkel gewesen, und schon lag die Kamera in Alfreditos starken Händen, die du nie und nimmer mit Schere und Rasierpinsel assoziiert hättest. Klick-Klick-Klick. *Klack*! Von Santiago und der Padre-Pico-Treppe und der Moncada rückwärts nach Trinidad mit seinem das Auge (*deine* Augen!), erfreuenden Bunt der Häuschen und jener auf dem sonnenhellen Beton dahingestreckten Götter. Trinidad, wo du am darauffolgenden Regentag vor einer geweißten Hauswand schließlich auch dieses angeschirrte Pferd fotografiert hattest, das damit geducktem Kopf Schutz suchte vor den dicken Regenfäden, die aus der hölzernen Dachtraufe troffen. Nein, dies liebe Tier war bestimmt nicht Genosse Fidel.
»Und der hier... der Negro?«
»Ja, der Amigo aus der Casa. *El jefe*, haha...«
Weshalb eigentlich deine fortgesetzte Heiterkeit? Weil du ja bis auf den Slip ebenfalls unbekleidet warst, Alfredito im Türrahmen gegenüber hocktest, und dein Blick auf ihn und den Beton der Dachterrase ging, dann wieder nach links auf das verwühlte Bett und nach rechts zu den Lichtern, die jenseits der Casa funkelten, in dieser ersten oder zweiten Stunde nach Mitternacht? Klick-Klick-klick. *Klack*! (Wusstest-ahntest du, was er gerade tat?)
»Kommst ganz schön herum. Und das da, nach den Fotos von Habana?«
»Ein Armee-Kumpel in Tel Aviv. Das ist in Israel und...«
»Er hält einen schwarzen Flakon in der Hand.« Afredito kippte die Kamera, die noch immer wie ein Neugeborenes in seiner wuchtigen Rechten lag, ein wenig an, als könnte er das Bild so besser sehen oder den Flakon dazu bringen, auszulaufen und ihn das Parfum erschnuppern zu lassen. »Kenzo, oder?«
»Wow, genau!«
Du hattest dich wieder zurückgelehnt, verschmähtest die Pose des allzu penibel Beobachtenden, warst vermeintlich entspannt, doch die Frage erreichte dein Hirn sofort: »Du hast ihm dieses Geschenk gemacht?«
Alfreditos Stirnrunzeln, während es schon weiter *klack* macht, und du denkst an das Pferd in Trinidad, an die Schönheit der dortigen Häuser, an die seltsame leere Casa und das Foto eines mysteriös lächelnden Walker. Hinüber, vor/zurück nach Habana (mit den Bildern des tropenregnassen *Hotel Sevilla,* dem von Leonardo Paduras Frau geschossenen

Doppelporträt des Romanciers mit dir, dem allzu sträflich naiv nachfragenden Besucher, und sodann der malerisch lädierten Häuserflucht des Prado, ehe unter den dortigen Kolonnaden Karate-Gabriel auftauchen würde). All das von Alfredito angeklickt und nanosekundenschnell begutachtet. Bis zu jenem letzten Foto, auf der vorherigen Reise gemacht und aus Freundschaftsgründen bewahrt – ein lachender Ofir in Tel Aviv, das Geschenk, das er *dir* entgegenstreckt, um *seinen* Armee-Abschied zu feiern.

»Nein, er hat *mich* beschenkt. Anyway, wir sind Kumpels und....« Und denkst noch immer nicht daran, die Kamera zurückzufordern, da es dir scheint, Alfredito könne es als eine Geste des Misstrauens auffassen, als ein Ausgeschlossensein aus der Welt der Reisenden und Einander-Beschenkenden, die all dies tun ohne Hintergedanken. (*Dein* Hintergedanke, keine Hintergedanken zu zeigen. Also auch schon ein Gefangener in Heberto Padillas Garten, in dem die hohen Tiere nicht grasen, sondern *patrouillieren,* und die kleineren Geschöpfe sich irgendwie durchmurkeln in wachsender Erschöpfung?)

»Bueno...« *Er* gibt sie dir zurück, und als du dann auf einen der winzigen Chromknuppel drückst, ist da nur noch Alfredito von vor fünf Minuten – Oberkörper eines Bodybuilders, Physiognomie des unnahbar Schönen.

Das Flugzeug begann den Landeanflug, deine Augen sind wieder geschlossen. »Kommst ganz schön herum«, hatte Alfredito gemurmelt, und der plötzlich neidvolle Hass in seiner Stimme, unter und in den Worten wie aufspritzendes Gift, saß dir immer noch als Angst in den Gliedern, auch wenn du gestern Nacht vorgegeben hattest – dir selbst, dich belügend in der Hoffnung auf ein *gutes Ende* – dies nicht wahr- und wichtig zu nehmen.

»Bueno...«

Und gab dir die Kamera zurück, auf dass du schwarz sähest. Bis auf dein Bild des halbnackten Friseurs mit den Oberarmbizeps das ganze Zuvor ausgelöscht. Aber sahst selbst *nicht* rot, keine Sekunde lang. (Aus Stolz, aus Furcht?) Gabst selbst im Moment der Entdeckung/der Erniedrigung dir und dem anderen noch die Chance, da wieder heraus zu kommen. (Womöglich ja vor allem *dir,* um dieses Dachgeschoss, diese Casa ohne Ärger verlassen zu können?) Keine Zeit für Verlustrauer über den immateriellen Diebstahl, der umso schwerer wog, als der gnadenlos schöne Schuft ja nicht um die Existenz deines Notizbuchs und die Treue deines Gedächtnisses wissen konnte, dem ein erinnertes Wort ausreichte, um die Bilder und Szenen und Städte und Menschen wieder zurückkehren zu lassen: HabanaTrinidadSantiago. (Ein weiteres deiner Privilegien, das dich jetzt milder stimmte als zu erwarten war.)

»Verdammt, *hombre*, was hast du da gemacht? Alle Bilder gelöscht!«

»Aber nein!«

»Aber ja doch!«

»Nein, zeig' her... Ich hab' doch nur durchgeklickt...«

Zum zweiten Mal in dieser Nacht entwand dir Alfredito die Digitalkamera, betrachtete das von ihm angerichtete Zerstörungswerk. Kurzes Stirnrunzeln und dann, ganz langsam, aber entschieden sich wieder aufrichtend aus der Hocke, bis sein Kopf erneut in Höhe deines Halses war, die Augen auf dich gerichtet, völlig ruhig und keineswegs niedergeschlagen: »Ist vielleicht nicht mehr auf dem Display, aber doch noch immer auf der Speicherkarte. Soll ich's mal schnell nach unten bringen, damit der Bruder der Besitzerin...? Deris'n Experteunkannvielleicht...«

Alfredito, jetzt doch noch ins heimische Nuscheln verfallen: Ertappter Sünder, stotternde Unschuld oder Krönung des Hohns? (Geiziger Vielgereister, der gar nicht dran denkt, mich einzuladen nach La Habana, verdienst es ja nicht anders...)

»Damit er auch noch die Speicherkarte schwärzt? Nö, keineExpertenmehr*nomás*..«

Zeterst nicht, sondern nuschelst nun auch. Und nicht die Stimme bricht dir (und auch nicht das Herz, trotz des aufsteigenden Zorns ob der so töricht oder auch gezielt vernichteten Zeugnisse deines bisherigen Hierseins), da du doch den Steifen unter seinem Slip siehst und auch den deinigen spürst. Also ein halb ärgerliches, halb verzeihendes Wuscheln seines Haars, sogar ein grinsend angedeutetes Halswürgen, auf das er mit der Pantomime einer japsenden Zunge antwortet (ebenfalls grinsend), und: »Aber in Habana passt du besser auf mit dem Klicken, okay? Morgen Vormittag weiß ich dann wenigstens, ob die's im HotelhingekriegthabenmitderSpeicherkarte.«

Dann seid ihr bereits wieder nackt, erneut im Inneren des Dachzimmers, auf dem Bett. Diesmal aber ist es von einer Gewaltsamkeit, die ihr euch beide nicht eingesteht in eurem einander beißenden und reißenden Schmatzen und Zerren und Drücken, in euren Küssen und quetschenden Umarmungen, umhergedrehten Körpern, sofort schweißnass. Die Klimaanlage keucht, doch habt ihr vergessen, die Tür zum Verließ zu schließen, weshalb ihr euch die Handballen auf die zum Schreien geöffneten Münder mit den feuchten Lippen drückt, während über euch im Fernseher die Glamour-Stars des

Kontinents weiterhin von ganz ähnlichem Tun singen und rhythmisches Klatschen provozieren des unsichtbar bleibenden Publikums: *Ay-ay-ay dolor.* (Oder *amor* oder was auch immer.) Bei jedem Stellungswechsel die Kondome übergezogen oder weggeswitcht wie ausgereizte Spiel- oder Falschkarten, badend in Schweiß und Verlangen und kaum gezügelter Wut. (Vielgereister Lügner mit deiner Scheiß-Kamera – ebenso lügnerischer Schnippschnapp-Mann, der *nicht* nach Habana kommen wird.)

Und dennoch. Gingt danach einträchtig ins Bad, um im Nebeneinander-Stehen in die Wanne zu pinkeln (*Wonniger Donnerstag*, und auch im WC lief kein Wasser, Alfreditos fast schon vertraulich-entschuldigende Handbewegung in Richtung Klosett). Tauchtet dann mit der blauen Plastikkelle in das Wasserfass, um eure klischtnassen, im Neonlicht glänzenden Körper zu säubern und zu sprenkeln als wär's eine Art Taufe. (Ha!)

»Und wie kommst du heim?«

»Zu Fuß. Kenn' ja den Weg.« (Noch eine Lüge, während du, wieder im Türrahmen, in deine Jeans stiegst und Alfredito zu den Bermudas griff, die draußen auf dem aufgespannten Wäscheseil hingen. Das Auf-den-Zehen-Stehen seines muskulösen Körpers, der angespannte Nacken, die Rückgratlinie, der nackte Hintern und die Waden einer antiken Skulptur.)

»Ach was«, er drehte sich um, streifte wie absichtslos das jetzt nur noch halbsteife Geschlecht, stieg in die Bermudas, schüttelte den Kopf und fischte nach seinem T-Shirt, das über dem Plastikstuhl hing, während er dir das deinige reichte. »Kommt gar nicht in Frage. *Er fährt dich und danach trinken wir noch einen Kaffee auf der Hotelterrasse.*«

Als ihr die Treppe vom Dach herabstiegt, war die Gittertür offen. (Hatte euch jemand beobachtet und belauscht, beim Kamera-Klicken im Türrahmen, dann nackt auf dem Bett?) Das erste, was du zwischen Decke und den Bodenfliesen des Parterre-Raums sahst, waren die Kufen des Schaukelstuhls, die Füße und Beine der *politisch Unzuverlässigen*. Mit jeder Stufe abwärts weitete sich die Szene, aber was gab es da eigentlich zu sehen: die Wippende, auf dem Sofa daneben ihr Bruder (noch immer mit nacktem Tattoo-Oberkörper und noch immer nicht zu seiner Frau zurückgekehrt) und dessen Freundin, das nun wie ein Kätzchen zusammengerollt schlafende Mädchen. Neonlicht und Stille. Kufenkratzen. Ein paar von Afredito im Näherkommen dahin gemurmelte Worte und die daraufhin geöffnete Hand der Wippenden: 25 CUC fürs Zimmer. Du hattest wiederum nur dreißig, aber das war kein Problem – sie stand unerwartet behänd auf, der Bruder zog hinter seinem Rücken das T-Shirt hervor und erhob sich ebenfalls von der Couch – verrechne man es eben mit der Heimfahrt ins Hotel, *vamos!*

Das letzte Bild jener *Casa Particular*: Die Frau, die zuerst die Gittertür zum Dach abschloss, danach mit dem Schlüsselbund wie ein Glockenspiel vor dem schlafenden Mädchen rasselte, worauf dieses aufschreckte, sich mit den Fingerknöcheln die Augenwinkel rieb, dir zunickte und auf nackten Sohlen über die Fließen schlürfte, um hinter euch vier die Haustür abzuschließen: Eine Minute später saßt ihr bereits im Wagen.

»Fahren wir?«, hatte Rita Montaners Neffe gefragt, und solches fandest du natürlich toll: mit Cubas Staatsfeind Nummer Irgendwas-Einstellig durch Miami brausen, Geruch von Leder und Zigarren in seinem Wagen mit cockpit-artigen, rot und grün aufleuchtenden Digitalanzeigen, jedoch nicht etwa mit irgendeinem großkotzig-kleinhirnigen Kommunistenfresser unterwegs, sondern dem liberalen Señor Montaner, dessen leise, eindringliche Stimme gefragt hatte: »Fahren wir?«

Er von seinem Büro in Downtown heim zur Familie, du von seinem Büro in den Sauna-Club am Coral Way. Was du ihm natürlich nicht sagtest, sondern irgendein *Dinner with friends* vorschütztest. Und der singenden dunkelhäutigen, einst auf ganz Cuba hymnisch gefeierten Rita hellhäutigerer, stiller, mutiger und unentwegt publizierender Neffe Carlos Alberto hatte freundlich genickt, dich auf dem Nebensitz einsteigen lassen, den Wagen über die frühabendliche Third Avenue steuernd. Hattest du da – *Miami Vice*! – an Sonny Crocket im weißen Leinenanzug gedacht, des Exil-Tschechen Jan Hammers hammerartig-geniale Tacktack-Filmmusik gehört, hattest du roséfarbene Flamingos erblickt, fügelschlagend unter orangefarbenem Himmel? Von wegen, denn über Mario Vargas Llosa hattet ihr euch unterhalten, den gemeinsamen *Amigo (*obwohl es von deiner Seite, sei ehrlich, ja eher eine *Bekanntschaft* war, in den Tagen von Super-Marios Berlin-Aufenthalt geschlossen). Danach hatte Señor Carlos Alberto von jenem Mordversuch in den siebziger Jahren erzählt, dessen Auftraggeber er in Habana vermutete, doch fast wie nebenbei war das geschehen, und sogar den in Miami ansässigen, venezuelanischen *Chávista*-Sender hatte er im Autoradio bald wieder abgestellt. »Nur damit du mal gehört hast, wie sie die Sprache der Castros noch heute durch den Äther bellen. Verräter, Volksfeinde, Würmer, *gusanos*... Beinahe schon anachronistisch charmant. Zumindest hier, auf der westlichen Seite des großen Wassers. Zumindest für die, die *denen* entkommen sind.«

»Fahren wir?«, fragte der Ficker-Bruder der *politisch Unzuverlässigen* und trug jetzt T-Shirt, den vor der Casa geparkten Wagen stotternd anlassend, du neben Jorge-Alfredo auf dem Rücksitz. Obwohl dir eine Stimme sagte, dass es nun zum letzten *Melken* ging – der CUC-Inhalt in deiner Jeans als Euter – leugnete deine Körperhaltung auch weiterhin das Offensichtliche: Die Beine, soweit es die Enge des Kleinwagens zuließ, erneut eine offene Schere (wenn nun auch von der Größe einer Nagelschere), den rechten Arm um des Frisörs Muskel-Schultern gelegt, den Rücken entspannt an den rissigen Rücksitz gelehnt. Und dennoch *alles* in dir darauf bedacht, jeden Spendier-Habitus zu vermeiden. Was wichtig war: Deine entspannte Mimik *unbedingt* beibehalten. Du fühltest dich doch nicht etwa bedroht, oder? Ausgeliefert der geölten Mechanik ganz anderer Scherenglieder, schnapp-schnapp? Fragtest du dich, weshalb eine *politisch Unzuverlässige*, einst angeblich bereits mit einem Fuß im Gefängnis, eine Casa besaß? Einen Bruder mit Privat-Auto? Über den Tisch oder unter die Kufen ihres Schaukelstuhls gezogen von einer *Lungenkrebs-Überlebenden,* die nun auch mitfuhr und neben dem Fahrer saß? Fragtest du dich, weshalb Jorge eigentlich Alfredo hieß und wie du ihm deinen frühmorgendlichen Abflug (deine Flucht) nach Habana verheimlichen könntest? Überkam dich erneut nostalgische Wehmut bei der guten Erinnerung an Señor Montaner, der tatsächlich geflüchtet war, entkommen den Fallstricken unguter Ambivalenz?

Ein wenig von alldem, doch fürchtetest du, die Gedanken als Striche/Furchen/Kerbungen auf deiner Stirn wiederzufinden – erspäht vom Doppelnamen-Friseur im Inneren des Wagens, den die Laternenfunzeln der Gasse metronomartig beleuchteten. Auch deine Körperhaltung, die Schultern, die Spannkraft des rechten ausgebreiteten Arms und die leicht gespreizten Beine, durften nicht in Mitleidenschaft gezogen werden, nicht schlaff werden, nicht nachlassen – und das war nun tatsächlich ein wenig *la lucha*. Auch schien es, als fahre der Wagen – weder alt noch neu, nach Ausstattung/Größe/Geräuschen zu urteilen; doch bist du kein Autoexperte – *clandestino* im Zickzack. (Um den Preis von 5 CUC zu rechtfertigen, der dir schon beim Einsteigen abgefordert worden war, als angeblich *vielweniger-als-die-übliche Taxigebühr?*) Die Gasse hoch, die ihr zuvor zu Fuß herunter gekommen wart, dann abbiegend nach links, später nach rechts, aber noch immer hattest du weder wirkliche Angst noch sagtest du dir, dies sei eben der Preis der vorherigen Lust.

Aber: Wie müde du auf einmal warst! *Ermüdet*. Und dennoch nicht stumm auf dem Rücksitz neben dem Friseur hocktest, sondern mit der Casa-Herrin auf dem Beifahrersitz Konversation machtest: Touristische Möglichkeiten, Werbung für ihr Haus, mehr auswärtige Gäste... (Und wieder kamen die Vorschläge und Ideen von *dir*, doch das einzige, was sie notierte, war deine E-Mail-Adresse.«»Und die Adresse in Habana?«»Hab' ich jetzt nicht bei mir. Aber wenn mich Alfredo morgen Vormittag im Hotel abholt, damit wir gemeinsam das Ticket...« Wer glaubte wohl wem in diesem Auto, auf der Fahrt durch die nächtlichen Einbahngassen unterhalb des Parque Céspedes?)

Als der Wagen vor der *Casa Granda* angekommen war, langte die offene Hand der Wippenden nach hinten, aber du erinnertest sie daran, dass der Fahrtpreis ja bereits beglichen worden war, worauf sie im Halbdunkel auflachte, und nun mit der Hand wippte, damit du einschlugst. (Zu einem *low five?*) »Kein Problem, Amigo. Dann bis morgen!«

Du standest schon auf der Straße, Alfreditos Antiken-Körper steckte noch zur Hälfte im Wagen, aber du hörtest, was gesprochen wurde. *Pass auf, da drinnen sind Kameras. – Na und, wir trinken Kaffee.*

»Na und, wir trinken Kaffee, haha!«, wiederholtest du lachend, sobald der Wagen gestartet war, und für einen Moment sahst du in den Augen des Friseurs Irritation aufblitzen. Die Terrasse – hochgezogene rote Markisen, um das Laternenlicht vom Parque mit den hoteleigenen Lampen flirten zu lassen – war um diese Uhrzeit beinahe leer. Nur ein paar unverdrossene Traveller zupften schlaftrunken an ihren Rastalocken oder blätterten im Rhythmus des CubaLibre-Schlürfens in ihren *Travel-books*. Du batest Alfredito – den Jorge von gestern Nacht, ha! – auf einem der Korbsessel im Schatten der Balustradensäulen Platz zu nehmen, und gingst vor zur Theke, um zwei Kaffee zu bestellen. Zahltest auch sogleich, stecktest das Wechselgeld in die rechte hintere Jeanstasche.

Die Espressomaschine war unerwartet schnell, und dein Angebot, die zerschrammten weißen Tässchen mit den ebenso lädierten Untertassen selbst an den Tisch zu bringen, provozierte nur ein Schulterzucken des Nachtkellners.

»Nachschub ist da!«

»Kein Bier?«

»Kein Geld, amigo. Reicht nur noch für deine Taxifahrt nach Hause.«

Taxifahrt. Wo doch der Wagen des Bruders der Wippenden mit Sicherheit in einer der nahen Straßen wartete, vielleicht ja hinter dem Kolonialhaus mit der blauweißen Fassade, dort in der Calle Heredia, benannt nach dem großen Exildichter des 19. Jahrhunderts, in der dir vor über vierundzwanzig Stunden jener Jorge begegnet war. Du warst bemüht, den aufgeräumten Tonfall beizubehalten, in die Modulation keine beißende Ironie zu legen und die Kunst des *jovialen Gähnens* zu pflegen. *Morgen ist auch noch ein Tag, Guapo.*

»Und morgen machen wir das mit meinem Ticket für Habana aus?«
»Na hoffentlich! Aber das im Reisebüro musst du selbst organisieren, ja?«

Weiß er, dass du zu wissen glaubst, dass jene fünfzig CUC nie und nimmer für einen Inlandsflug nach Habana reichen würden und dafür auch nicht vorgesehen sind? Ahnt er, dass *du* morgen früh bereits im Flieger nach Habana sitzen wirst – allein? Das Ausbalancierte des Schwindels mindert dein diffuses Schuldgefühl wie auch den Ärger über das Abgezockt-worden-sein in jener Casa, den Zorn über die gelöschten Bilder. (Schließlich hatte dich keiner gezwungen, dich dort gleich zweimal in den Stunden um Mitternacht der Ausschweifung hinzugeben und statt den Ängstlichen den *sehr* coolen Reisenden zu spielen, paralysierter Zeuge, wie deine bisherigen Cuba-Bilder erloschen. Dennoch: Je länger du darüber nachdachtest...)

»Hey, hier kippt gerade einer weg. Amigo, ich muss schlafen. Sagen wir also morgen zehn Uhr? Haben dann die Reisebüros schon geöffnet?«

»Aber ja«, sagte Alfredito, der den Kaffee in kleinen, aber schnellen Schlucken getrunken hatte. Ihr erhobt euch gleichzeitig aus den Korbsesseln, umarmtet euch mit kollegialem Schulterklopfen, und als du ihm zum Abschied die Hand reichtest, lag der Fünf-CUC-Schein darin.

»Fünf?«

(Etwa noch zu wenig?, »aber« – und das wird jetzt deine letzte Mimikry in dieser Stadt sein, letzte Pose vermeintlichen Missverstehens:) »Aber ja doch, nimm mal! Wäre doch unmöglich, wenn du heimlaufen müsstest. *Wo auch immer du wohnst.*« (Hattest dir das am Schluss dann doch nicht verkneifen können, aber da ist Jorge-Alfredo-Alfredito bereits die Stufen hinunter und du vermeinst zu sehen, wie er ostentativ den Blickkontakt mit den taghell angestrahlten Nachtgestalten (seinen Freunden?) im Parque Céspedes meidet und stattdessen wiegenden Schritts die Straße hochgeht. Dort, wo tatsächlich die Lada- und Moskwitsch-Taxis stehen, jedoch deinem Blickfeld entzogen.

Als dich der ratternde Lift mit den grünfleckigen Spiegeln auf deine Etage gebracht hat, spüren deine Turnschuhe den Spannteppich wie einen Fremdkörper. (Bereits gewöhnt an die Fliesen im Parterre-Raum, an den Beton da oben auf dem Dach und dann wiederum an die Fliesen im aufgemauerten Bums-Verließ? Aber nein, da du doch durchatmest, als wärest du einer wirklichen Gefahr entronnen.)

La Habana.

Du saßt unter den Kolonnaden auf der Plaza Vieja und noch immer klicktest du die wenigen, neuen Bilder an. Dachtest: Auch eine Art Routine. An den Nachbartischen die Touristengruppen (andere als jene der Señora Schon), umzingelt von rotierenden Standventilatoren und ebenso rotierenden, weiß befrackten Kellnern, ihre Shrimps-Cocktails und Gazpacho-Suppen löffelnd, CubaLibre kippend, an Zigarren ziehend oder sich den Europäer/Kanadier/US-Schweiß von der gefurchten Stirn tupfend – alles schweigend, untermalt vom Geplärr einer Musikantentruppe, die sich mit Strohhüten und Gitarren am Ende des Gangs postiert hatte, im schleppenden Rhythmus ihrer Guantánamera-Comandante Che Guevara-La Cucharacha-Songs vorrückend, ein klein wenig schneller als die Sonnenstrahlen, die vom wolkenlosen Himmel zwischen die Steinsäulen pfeilten. (Wurdest langsam wieder müde, wusstest aus der Reiseführer-Lektüre lediglich mit Sicherheit, dass hier auf dem herrschaftlichen Platz einstmals Habanas *gute Familien,* durch Sklavenhandel reich gewordene Spanier und Einheimische, den regulären Enthauptungen zugesehen hatten.) Beobachtetest auch das Hin und Her der Touristen auf dem sonnenhellen Platz, all das aber ohne Distinktionsspott, trankst nur deinen Mojito. Stecktest die Kamera schließlich zurück in die Jeanstasche und überlegtest, ob deine Energie noch für einen Strandtrip nach Guanabo reichen würde. Dachtest die Wortverbindung *tropische Routine* und erneut: Wie erwartbar vorhin dieses Flughafentaxi-Schnurren entlang der Fidel-Raúl&Chavez-Plakate gewesen war! Danach die schmaler und schmaler werdenden Linealstraßen der Altstadt, die geparkten Oldtimer unter schiefen Balkonen und zerfallenden Kapitellen und Wandverzierungen und grasüberwucherten Fensterhöhlen. Die vergitterten Erdgeschosswohnungen mit offenen Türfenstern und Sekundenblick in gekachelte Zimmer mit Schaukelstuhl und Sofa. Ein winziger Park an der Ecke zur Calle Habana, eine dösende Mulattin vor einer abgestellten Fuhre voll fleckiger Bananen. Defilé der leichtbekleideten Halbgötter- und Göttinnen auch hier, dazu dieser Hauch von Mittag und Stille, harte Grenze zwischen Schatten und Sonnenlicht auf dem Trottoir. (Zum Glück diesmal keines deiner Phantasmen produzierend, keine dich peinigende Siesta-Fiesta-Vision von lässig nackten, hell- oder dunkelbraunen Leibern auf weißen Bettlaken in den rückwärtigen Zimmern der Häuser, während du – nur – an deren Fassaden vorbeifährst, vorbei gefahren *wirst* auf dem Weg zwischen Flughafen und gebuchter *casa particular,* vorbei-vorbei-vorbei und demnach ausgeschlossen bleibst, etwas *verpasst.* Aber nicht doch, Santiago-Rückkehrer, nicht diese Art Gegrübel, nicht nach letzter Nacht!) Weshalb aber *schon* wieder so mürrisch? Saßt hier im ventilator-umsummten Säulen-Schatten, hattest bereits in deiner neuen Unterkunft das Zimmer bezogen und die Gelegenheit zum spionierenden Schauen genutzt. (*Schon* wieder das Innere eines Hauses, Altstadt von Habana und Räume und Treppen, Zimmer und Höfe! Und das, was du darin erspähtest, was die Müdigkeit von Santiago schließlich auflöste, deine Beschreibungsfreude erneut anfachte:)

Wie Puppen, hattest gedacht du beim Eintreten durch die kleine Holzpforte, Teil einer größeren, metallbeschlagenen Eichenholztür unter steinernem Portal. Hauptpuppe und Nebenpuppe. Schlaksig altersloser Hotel-Chef mit farblos strähnigem Haar und sonnengegerbter Haut, Schweizer, ehemaliger *Swiss Air*-Steward, jetzt Besitzer dieses *mit nicht zu knapp Geld und noch viel mehr Nerven, können-Sie-mir-glauben* restaurierten Stadthauses, der dir all dies bereits beim zupackenden Hinstrecken seiner knochigen Hand mit dem Silberkettchen am Gelenk erzählte, praktisch-quadratisch-gut, dabei ein bisschen ungut in deinen Pupillen forschend, die du daraufhin (wie stets in solchen Fällen) sofort auf gutmütig-naiv-verständnisloses Alm-Tier – Kategorie hetero – umschaltetest und offenen Mundes das *Interieur* anglotztest. Der zum Frühstücksraum dekorierte, mit Begonien und Miniaturpalmen verfeinerte Innenhof mit den filigranen Metallstühlen- und Tischchen. Die gerahmten, großflächigen *art naif*-Bilder an den naturbelassenen (*Ja was, Natur ist hier gar nichts, alles wirklich harte Arbeit*; dies in kolleriger Emil-Steinberger-Modulation) gut: ebenfalls *per-fekt* auf kolonial gemachten Wänden. Dahinter der ultraschmale Gang mit Treppe. Links die Hauswand zum Nachbargebäude, rechts über zwei Etagen und hinter einer ebenso schmalen Freiluft-Loggia...die Zimmerchen. (Diese filigranen Gitterchen, damit sich von der Loggia keiner hinunter ins Stiegenhaus stürze!)

Drinnen dann: Die in den Raum gemauerte Bad/WC-Nische mit blauem Vorhang, das von zwei Nachttischchen mit Schirmlämpchen flankierte Doppelbett aus hellem Holz und mit weißen Laken, das Deckcken darüber wiederum in blau. (Würde dieses *gebuchte Zimmer* eines jener Refugien sein, nach denen du seit deiner Ankunft auf der Insel forschst?)

»Bitte nicht rauchen und beim Verlassen des Zimmers die *air-condition* ausschalten«, sprach die Nebenpuppe, mindestens zwei Jahrzehnte jünger als der Schweizer und von diesem (hüstel, hüstel) als *mein Kompagnon und urkundenoffizieller Jefe (*gemeinsames haha-hihi) vorgestellt, der dir ebenfalls in die Pupillen schaut, worauf du deine Alm-Camouflage ganz schnell vergisst, irgendein komplizenhaftes Erkenntnisblitzen einschaltest, auf das der etwa Dreißigjährige mit dem straff nach hinten gekämmten, noch wasserfeucht blauschwarzen Haar mit beinahe schuldbewusstem Lächeln reagiert, unter der hellbraunen Haut ein wenig rot wird und die Hauptpuppe die Zeit für gekommen hält, in die Hände zu klatschen und abzudrehen mit leicht enerviertem Ferse-nach...rechts! Und dir *einen guten Aufenthalt in unserem schönen Habana* wünschte, Zahlungsmodalitäten würden morgen erledigt und auf dem Nachttischchen links ein Stadtplan, *extra von uns für unsere Touristen bereitgestellt.* (Botschaft im Abgang, die einheimische Nebenpuppe jetzt wieder kokett hinterdrein, die Lamellentür zum Gang hinter sich mit Drehknauf-Knack schließend: Solltest nur nicht glauben, dass... Was?)

Soviel wusstest du später mit Sicherheit (mit *Staats*sicherheit – ha!): Ein wenig gedöst hattest du in diesem Zimmer der Casa Particular des Schweizers, warst dann, noch immer etwas tütelig-grummelig, hinüber zur Plaza Vieja geschlendert, hattest dort irgendwann das sinnlose Kamera-Klicken aufgegeben und schließlich auch den Groll über deine gefühlte Müdigkeit. Also Adelante muchacho, der Nachmittag ist noch jung, kein mürbes Räsonieren, sondern das, wie's im guten Buche steht: *Nun wollen wir uns miteinander messen.* Die in Santiago schwarz gemachten Vierecke auf deinem Display würden nicht die letzte Botschaft sein, die du, selbsternannter Rastignac dieses Moments, hier empfängst, deshalb mach' dich auf dem Weg, verlass das Zentrum, strolche herum.

Chupar es siempre posible. Der Satz war keine Lockung, sondern in jenem Ton gesprochen, wie man eine (erfreuliche/alltägliche, nicht sonderlich sensationelle) Tatsache feststellt, etwa im Sinne von: Ich hab' Tempos bei mir. Oder: Sie können eines meiner Brillenputztücher haben. Oder: Warten Sie kurz, mein Feuerzeug steckt in der Jackentasche. Aber das waren womöglich falsche Vergleiche, denn sie trug weder eine Jacke noch unter ihrer burgzinnenhaft aufragenden, hautengen Bluse einen Büstenhalter. Vor dem dämmrigen Treppenhaus des Stasi-Gebäudes (nicht des hauptstädtisch-zentralen, sondern jenes des *Barrio*, des Viertels, das du gerade durchstreiftest) stand sie in der Nachmittagssonne, so dass du auch ohne Tempos und Brillenputztücher ihre Schönheit und Eloquenz bewundern konntest, denn ihre Zunge – davor und danach wie ein gleitendes Weberschiffchen zwischen den angefeuchteten, rosé schimmernden Lippen – hatte tatsächlich dies gesagt, mit freundlicher Gleichmütigkeit: *Chupar es siempre posible*, in etwas kantigerem deutsch: Lutschen geht immer.

Zuvor hatte sie dir von der Hitze und Einsamkeit in ihrem Büro berichtet, da oben in der zweiten Etage jenes Betonblocks, der wie aus Ostberlin-Lichtenberg hierher katapultiert schien und dessen Wände die tropischen Temperaturen längst leprös-porös gemacht hatten. Die CDR-Verantwortliche des *Barrio* war nämlich *sie,* zumindest in diesen Stunden, einige Straßenzüge außerhalb des Zentrums. (Würde sie deine Madame de Nucingen sein, selbsterklärter Tropen-Rastignac?)

Bis zu diesem Augenblick, diesem Satz, hattest du noch gedacht, dass sich ja auch hier alles wiederhole, Defilé einer Endlosschleife zwischen dem ersten Mal in Habana und deiner Wiederkehr. Denn noch im Fotografieren des bunten CDR-Logos an der Wand jenes Wohnblocks (ein paar Sekunden, ehe sie aus dem schattigen Treppenhaus treten und zur beinahe göttlichen Erscheinung werden würde, schwarze Haut, dunkle Pupillen und weiße, *sehr* knappe Bluse, weiße, *sehr* enge Stretchhosen) hattest du das Gefühl, auch diese Gegend warte mit zu viel Routine auf. Mit den üblichen Plakaten, Banderolen und Wandaufschriften. *Ehren wir den 1.Mai mit Effizienz und Qualität* – ein mit effizientem Klebestreifen hinter schlierigem Ladenfenster befestigter Zettel, der Computerausdruck grieselig, der Laden geschlossen. *5.Kongress der Kommunistischen Partei* – in dunklem blau an einer hellblau bröckelnden Hauswand, Kontrast zu dem mit mauve vermischten Grün des dahinter wuchernden Gebüschs. Du gingst ohne genauen Plan durch die Straßen, durchquertest Höfe zwischen Neubauten, auf denen manchmal ein Esel plus Karren in der Hitze ausharrte, während von irgendwo die Rufe spielender Kinder herüber wehten. Passanten sahst du nur wenige, und so schien es, als hätten auch hier Raúls und Fidels Geist die Materie genotzüchtigt, hyper-präsent mit ihren aufgemalten Sprüchen. *Arbeiten und kämpfen, sich niemals entmutigen lassen* (rot auf schmutzig grüner Ziegelwand). *Niemals war die revolutionäre Ideologie so notwendig wie heute;* das *Niemals/Nunca* – wie in 3D – mehrfarbige (Pinsel-) Schatten werfend und das *Heute/Hoy* mit dem Stasi-Symbol des CDR im riesigen *O.* CDR: Comités de Defensa de la Revolución; gegründet 1960.

Du wolltest vom Gehweg näher treten, über das kurze Wiesenstück ausgedörrten Grases zur Außenwand des Häuserblocks, um das graphische Kunststück zu bewundern, doch da hörtest du ein Pfeifen. Danach ein Zischen und zum Schluss den dumpfen Plopp. Hinter dir war ein blaubemützter Alter mit Tragetasche aufgetaucht, der er eine Zeitung nach der anderen entnahm. Jedes Exemplar – so dünn, dass es nur *Granma* sein konnte, vermutetest du im Nähergehen – war bereits gerollt und mit

einem Gummi zusammengehalten. Dann pfiff der Alte erneut, auf den umliegenden Balkonen erschienen Leute, die dir im Gegenlicht seiner Generationskohorte anzugehören schienen, und Zeitung nach Zeitung flog durch die Luft. Eine jede landete auf dem dafür vorgesehenen Balkon, von wo ein anerkennendes Zurück-Pfeifen erscholl, doch da hatte der Alte die Tasche schon wieder über die Schulter gewuchtet und war zum nächsten Wohnblock geschlurft. *Es lebe der Kongress der P.C.C.!*
Ein Che-Bild – fast vollständiges Schwarz auf hitzefeuchtem Beton. Gerahmt von Palmzweigen, als sei es für ein totalitäres Ostern arrangiert worden, führte es dich von der Straße erneut auf einen schattigen Seitenweg. *CDR 2 Ernesto Che Guevara* stand in roten Lettern über dem Che-Konterfei, und obwohl du erst vor zwei Minuten ein Blechschild mit ganz anderer Nummerngebung gesehen hattest, wusstest du noch immer, in ungefähr welcher Richtung deine Unterkunft lag. (Würdest doch wohl hier nicht verloren gehen...) Dann sahst du das Bild erneut. *In jedem Viertel die Revolution* verkündete in braun-schwarz-blau-rotschwarz (letzteres für *Revolución*) eine Aufschrift neben einem türlosen Hauseingang. Auch hier war das letzte revolutionäre *O* zu einem langgezogenen (ihm die O-Ohren langziehendem) Oval oder Ei geworden und darin das Profil eines abstrahierten Vogelkopfs, dessen Auge ebenfalls ein riesiges O war, flankiert von den untereinander gesetzten Buchstaben CDR. (Was also war zuerst da, das Ei der Revolution oder die Idee des Überwachungsvogels? Che fragen, dachtest du und dachtest erneut an seinen in *Mensch und Sozialismus auf Cuba* niedergelegten Traum von *gut geölten Zahnrädern, von der natürlichen Auslese derer, die das Zeug dazu haben, als Vorhut zu marschieren.*)

Aber der Schweiß auf deiner Stirn und entlang des Rückgrats kam doch trotzdem nur von der Nachmittagshitze, von der herabknallenden Sonne und der Aufmerksamkeitsanstrengung des Fotografierens! War nicht der berühmte kalte Schauer, oder? Nein, denn nicht *du* musstest ja hier leben. Erinnerst dich – *jetzt*, im Angesicht des Spitzel-Vogels – sogar an deine Heiterkeit beim Blättern in jener Che-Broschüre, herausgefischt aus dem Trottoir-Bücherkarton eines Antiquariats am Westberliner Nollendorfplatz. Und noch immer parat die putzigen Details: *Trikont Verlag München 1968, Übersetzung aus dem Spanischen von Dr. Führer, München.* (Freilich: *Dein* Privileg, räumlich wie zeitlich, darüber lachen zu können.) Auf den letzten Broschürenseiten Annoncen für *Pardon* und *konkret* und *Kürbiskern*, Ankündigungen weiterer Publikationen wie etwa Fidel-Reden oder Maos *Rotes Buch*, dazu ein Nachruf auf den Che von Peter Weiss, dessen Schlusszeilen dir ebenfalls im Gedächtnis geblieben waren: »Wir sind

Optimisten. Wir glauben an die im Menschen befindliche Kraft, wenn es gilt, die Tyrannei zu stürzen.« Der Irrtum der Euphorie des Kommentators. (Müßige Frage, an diesem Nachmittag jetzt: Hätte man *es* damals 67/68 schon wissen können? Waren die Informationen über die Umerziehungslager und Ches Abscheu vor dem beginnenden Prager Frühling schon nach draußen gesickert – ja oder nein?)

Da du solcherart vergleichen und dich erinnern und zwischen den Bildern und Zeiten switchen konntest, verursachte dir dies Stillstehen vor dem Vogel tatsächlich keine Beklemmung – Junge aus Sachsen, dem im Sommer '92 der Großvater erzählt hatte, wie damals selbst das Wohnzimmer in deiner Kindheits-Idylle in Reinholdstraße 8 verwanzt gewesen war, vom Telefon ganz zu schweigen – gerade erst vor Tagen hatte er es gelesen, beim Studium der Stasi-Akten in der Zweigstelle der Gauck-Behörde in Karl-Marx-Stadt, das nun bereits wieder Chemnitz hieß. Adiós, Tyrannei... (In *deinen* Breiten, für eine Weile.)

»Ach Chico-Chiquito, wie du schwitzt!«

Sie war aus dem Hausflur getreten, während du den Stasi-Vogel fotografiertest. Mitte zwanzig, aufreizendes Lächeln, unter der Bluse ein abwesender Büstenhalter und der kurze Rock maxi-minimal.

»Das kommt von der Sonne und vom Fotografieren!« (Da hast du's, Alfredito!)

»Magst du das Logo oder bist du etwa ein Spion?« Sie lachte. Lachte, wie du bis dahin nur Frauen in Harlem hattest lachen hören, eine *Symphonie* der Heiterkeit aufführend, in wenigen Sekunden von guttural über kehlig bis kieksend und glucksend, mütterlich und kokett und dich derart anfixend, dass du sie – die Schöne mit dem ondulierten Haar, dem kecken Gesicht, der durchscheinenden weißen Bluse und dem Skandal-Röckchen – um Erlaubnis für ein Foto batest, *Josephine Baker en Cuba* sagtest, wieder die Symphonie hörtest und grünes Licht erhieltest in Form eines Zeigefingerstupsens auf deine Stirn. Den Moment jedoch, wo sie sich eine deiner Schweißperlen von der Fingerkuppe leckte (nicht etwa *wischte*, schließlich wart ihr hier nicht im protestantisch-klinischen Gringo-Land), verpasstest du, denn deine Hände hörten erst wieder auf zu zittern, als die Schöne nun mit lässig an den Seiten baumelnden Armen unterhalb des Wand-Logos posierte, wobei ihr Hinterkopf das *uc* von *Revolución* verdeckte, den Spitzelvogel aber sichtbar ließ.

»Du wohnst hier?«

»Wohne und arbeite hier. Oben ist mein Büro, das vom CDR...«

Da du auf diese Auskunft hin schwiegst, hatte sie plötzlich Tränen in den Augen. »Wenn du wüsstest, wie traurig ich bin...«

Du verstautest die Kamera in einer der Taschen deiner praktischen Khakihose, fuhrst dir mit dem Unterarm über die noch immer feuchte Stirn, wagtest jedoch nicht, mit deinem Zeigefinger die Tränen der Señora zu trocknen. (Standest da vor diesem Wohnblock mit der schlierig grünen Betonfassade – beobachtet von wem wohl in diesem Moment?)

»Was ist denn passiert?«

»Meine Mama... Ihr Tod.« Kein Schluchzen, aber eine weitere Träne im Augenwinkel, ausgedrückt mit jener Zeigefingerkuppe, die *schon* bei dir hilfreich gewesen war.

»Um Himmels willen! Heute?« Du bist schockiert.

»Ja, heute.« Schniefen und unter dem Schniefen ein neuer Gesichtsausdruck, der in den Romanen des Sozialistischen Realismus (unterhalb des Niveaus des Genossen Miguel Barnet) wohl als *tapferes Lächeln* bezeichnet worden wäre. »Heute vor sieben Jahren. Ein schwerer Tag, *Hombre*. Kommst du mit hoch, mich trösten?«

Chiquito, in Sekunden zu Hombre geworden, hätte nicht zögern wollen. Tat's aber doch, das Kommende ahnend, den neuesten Akt des bereits im Haus in Santiago aufgeführten Stücks. ›Ach Hombre, weißt du was – erneutes Schniefen – die Hurensöhne haben Mamas Grabstein geklaut, kann dir's auf dem Cemeterio zeigen, aber ein neuer würde nur achtzig CUC kosten‹, aber nein, schau mich nicht so an, vielleicht könnt' ich ja auch einen billigeren finden, trotz meiner Liebe zu Mama und unseres schönen Moments jetzt.‹ Und wieder wärst *du* es gewesen, der sich billig gefühlt hätte ob der schnöden Ablehnung der Kostenübernahme. Umarmungen, in gegenseitiger Enttäuschung endend. (Wusstest du tatsächlich *staats*sicher, dass Whitney Baker/Josephine Houston dich solcherart nach dem Trost-Fick *an*zapfen würde, nachdem sie dich *ab*gezapft hatte? Kleinmut, Kleiner!)

»Würd' ich nur zu gern, aber...*Soy gay*. Tut mir leid, niemand ist perfekt.«

»*Mentiras!*«

Sie schüttelte den Kopf, eher amüsiert als empört. (Die ondulierten Haare nicht etwa *wallend*, sondern in der Drehung das Sonnenlicht von Strähne zu Strähne in anderer Färbung reflektierend.) »Nichts als Lügen, Amigo! Ich kenne die *Hermanos*, die schwulen Brüder. Bist keiner von denen, garantiert nicht. Und außerdem und wenn schon, vertrau mir...«

Worauf jener Satz folgte, der dich schlussfolgern ließ, trotz der Karlmarxstadthaftigkeit des Wohnblocks und der Ungetüme rechts und links und in deinem Rücken würdest du jetzt zwar in einer CDR-*Zona* Nummer sonstwie sein, aber gewiss nicht in *der* Zone. Denn welche hauptamtliche, deutschdemokratische Stasi-Angestellte wäre schon jemals aus ihrem Büro gekommen, um einem fotografierenden Passanten dies mitzuteilen? *Lutschen geht immer.* (Wäre, dachtest du – aber die Sonne brannte nun wirklich arg heiß, der Palmenschatten war zu fern – die wohlfeile Wehleidigkeit in Christa Wolfs Prosastück *Was bleibt* eventuell einen Drive flotter geworden, hätte sich Ähnliches auch in Ostberlin ereignet – und zwar *spontan*, ohne infame Führungsoffiziers-Befehle für irgendwelche »IM Romeo« oder »IMB Julia«?)

So aber: »*Mira Amigo... Chupar es siempre posible.*« Leichthin sagte sie es, kaum kokett und die Tränen nach sieben Jahren/sieben Sekunden bereits wieder getrocknet. (Hättest du nicht SOFORT darauf eingehen sollen anstatt diese petit-bourgeoise, Rastignac-unwürdige Furcht wegen einer *womöglich danach* zu erwartenden Grabstein-Anfrage vorzuschützen? Dein Bedauern bis heute, da dir deine erneute, freundlich vorgetragene und von ihr schließlich schulterzuckend akzeptierte Absage bereits im Moment des Worte-Quirlens verdammt schnöselig vorgekommen war. Wo sie dir doch eine Gabe dargebracht hatte, etwas Unvergessliches auf immerdar, an diesem stillen Nachmittag: *Lutschen geht immer, sagte die schwarze Stasifrau mit dem ondulierten Starlet-Haar und schenkte dir mit roséglitzernden Lippen das selbstverständlichste Lächeln der Welt, ehe sie klaglos und stolz kehrt machte und im dämmerigen Korridor-Schlund des Neubaus verschwand, um zurück zu gehen in ihr nachmittäglich stilles, allzu stilles Büro.*

»Weshalb hast du mich vergessen? Verraten und belogen? Stehe in der Lobby, suche auf der Terrasse, doch nirgendwo bist du, und als ich nachfrage, sagt der Typ an der Rezeption, du seist längst...«

»Alfredito is very sad. Where are you? Now, how can he visit you in Habana, where do you stay there?«

Es war die gleiche Mail, und wahrscheinlich hatten sie sich beim Schreiben abgewechselt, auf Spanisch und Englisch, der Frisör und die Wippende. Aha. Wie du es genosst, dass zumindest *sie* nicht wussten, wo du stecktest! Wie es dir gefiel, auf dem schwarz lasierten, von Rosenmustern durchzogenen Eisenstuhl im Patio deiner Casa Particular vor dem Internet-Computer zu sitzen und *dies* zu lesen! Deine Rache, kleinlich und gleichzeitig groß, weil das Gefühl so neu ist für dich. (Und sich verdammt gut anfühlt, diese Vorstellung von der Wippenden und Schnippschnapp-Alfredo, vereint in gleicher Weinerlichkeit, dort in ihrer Casa in Santiago, wo du allerdings immerhin...) Dieser Genuss, dich zumindest partiell im Unrecht zu fühlen. Diese Freude am bisschen Schwein-Sein. Deine verschwundenen Bilder gegen Alfreditos suchenden Blick am heutigen Morgen in Santiago. Dein Verlust gegen seine Verdutztheit. Gegenseitiges Machtausspielen wie Billardkugeln versenken, mit dumpfem Plopp in der Seele oder sonstwohin. Und *weshalb* tat das so gut? Machte das die Insel mit dir, Spenderin vergifteter Geschenke?

Da du dich eigentlich doch nicht gut fühltest, antwortetest du. Gabst *trabajo* vor als Grund deiner Abreise aus Santiago, erwähntest das Verschwinden der Bilder, dass dir die Arbeit mehrerer Tage gestohlen habe, deine Enttäuschung und deinen Zorn. Klick! (Hätte es denn etwa eine Wiederbegegnung mit dem Schnippschnapp-Muskelmann gegeben, wäre deine Kamera *nicht* plötzlich leer gewesen?)

In deinem Rücken hörtest du leise Gäste-Unterhaltungen – sieh an Reisender, bist nicht allein hier – und wie als Antwort sahst du in deinem Posteingang nun auch Walkers Nachricht aus Trinidad. Der *jefe* der dortigen Casa Particular kündigte sein Erscheinen für kommenden Donnerstagmittag an; er nehme den Morgenbus nach Habana und freue sich auf ein langes Wochenende in jenem Haus, das er soeben ergoogelt habe – *das wird eine Fiesta, amigo*. Deine prompte Antwort war pure Freude, vergessen der falsche, billige Triumph von soeben. Danach gingst du noch schnell auf Google und gabst *Carta de despedida, Gabriel Garcia Márquez* ein. Der Server schien bereits im Feierabend-Modus. Bis du schließlich auf der ersten Seite den seltsamen Link zu einem mexikanischen Puppenspieler sahst und in der Überschrift erneut das Wort *falsa*. Dann wurde der Bildschirm schwarz. Vermutlich hattest du dich vertippt, doch unter dem ungeduldigen Hüsteln in deinem Rücken entschwand dies augenblicklich dem Gedächtnis. Wie gut, dass Walker dich in vier Tagen besuchen kommen würde, *im anderen Haus!*

»Die Gesellschaft ist ja schon viel weiter...«
»Weiter als wer?«
»Nun...« antwortete er mit subtil beleidigtem Lächeln, fasste sich mit dem quadratisch geschnittenen Nagel seines Zeigefingers an die Nase und zupfte dann unter Zuhilfenahme des Daumens an den schwarzen Härchen, die wie geföhnt aus dem V-Ausschnitt seines Muskel-T-Shirts

sprossen. Er war einen Kopf kleiner als du, und um ihm das Nach-Oben-Sprechen zu ersparen, musstest du dich jedes Mal ein wenig herabbeugen, wenn er etwas zu erzählen hatte anstatt weiter an seiner Bierflasche zu nuckeln. Was häufig geschah an diesem Abend in der *Humboldt*-Bar, ohne dass du es bedauertest – die falsche Alternative wären (auch nach einer Woche Habana-Abwesenheit hatte sich hier nichts verändert) die herumstreunenden Stricher und ihre geflüsterten Angebote für käuflichen Sex.

Wiederum war die Musik laut, die Blicke am Tresen, von der Tanzfläche und aus den Sitzecken wieselflink/flirrend/kalt, und das Kuscheln junger Kubaner mit mittel- oder ganz alten Europäern ging dir auch deshalb auf die Nerven, weil die schmusenden und schnurrenden und küssenden Einheimischen bei allem Sich-Winden um hinfälliges Fleisch weiterhin Zeit und Energie fanden, dir mit auf- und abschnellender Zungenspitze Signale zu senden. Hinten, vor dem Urinal, hatte dir einer von ihnen *Discount* angeboten, im Raucherzimmer wurden im trägen Rhythmus der blaugrau wandernden Schwaden Routinefragen nach deiner Unterkunft und deinen Plänen für die Nacht gestellt – als wären die Schwaden die Fortsetzung der Wellen draußen unterm Malecón; Wellen, die ja ebenfalls nur schwappten und schwappten, ohne irgendwo hin zu führen, es sei denn auf den Grund des haifischverseuchten Meeres.

Also warst du froh, dass er dich irgendwann angesprochen hatte. Obwohl er keineswegs dein Typ war. Obwohl bereits seine Eingangsbemerkung, er sei leider keiner jener passionierten Tänzer wie die da vorn auf der Tanzfläche, doch leidenschaftlich auch er, Bücher und *community project's* und dann im Bett ohnehin... – obwohl dies das Bild abrundete, noch ehe die Konturen fertig waren. Kleiner Muskelmann mit den ersten natur-kahlen Stellen auf dem modisch rasierten Schädel, des Gedankens Blässe offensichtlich mit täglichem Fitness kompensierend, passiver Liebhaber der Kunst und der Männer, und in den Momenten, wo er nicht lächelte, Rinnsale der Frustration im dreitagebärtigen Gesicht. Narzisstische Frustration, keine edle Traurigkeit, dachtest du (großer Selbstgerechter) beim Observieren, denn diese Art forciert sensibler *I deserve a better destiny* war dir eigentlich zuwider. Er lotste dich in eine Ecke, wo die Musik weniger schallte und die Körper-Anbieter euch in Ruhe ließen (wenngleich ihre jungen Götterköpfe schüttelnd ob deines vermuteten seltsamen Geschmacks). Als er erfuhr, woher du kommst, begann er eine Eloge auf Fassbinder, Joseph Beuys und Zarah Leander, deren Filme,

Installationen (seine Kenner-Vokabel) und Lieder für ihn das eigentliche Deutschland seien, *erregend* (sein schmachtendes Flüstern). Um ihm nicht das Gefühl des Zurückgewiesenwerdens zu geben, gingst du darauf ein, brachtest das Gespräch aber bald auf kubanische Literatur und erntetest das erwartbar überraschte Lächeln, als du den Namen von Virgilio Piñera erwähntest, dazu den Masken-Roman von Leonardo Padura, der eine Hommage auf eben jenen lange verfemten Poeten war, wobei du, erst letzte Woche und in seinem Haus in Mantilla, Señor Leonardo persönlich... Solche Sachen. (*Ohne* an Señor Leonardos Angstschweiß als Reaktion auf deine allzu unvorsichtige Frage zu erinnern. *Ohne* über die Entdeckung des eingeschweißten Reinaldo-Arenas-Buchs zu sprechen. Wohl aber *mit* der Erwähnung eines möglichen Treffens mit dem allmächtigen Miguel Barnet.) Geplänkel, kulturelles Ping-Pong, deine fehlende physische Begeisterung für die sich brustmuskelstreckende Kultur-Tante auf die kubanische Literatur transferierend – ein wohltätiger Trick, damit der Andere nicht erneut in die Tiefen der Frustration sackte. Außerdem, er hatte ja tatsächlich etwas zu erzählen. (Wobei dir, zunehmend abgebrühter Observierer, eher das *Wie* als das *Was* von Bedeutung zu sein schien, Aufschein eines sich unter der Oberfläche rasant veränderndem Cuba.)

»So schön, mal einen wie dich zu treffen. Mit dem man reden kann. Oder vielleicht auch mehr... Der so etwas schätzt, anstatt nur mit den Tanzmäusen herumzuhängen. Sie zu kaufen für eine Nacht. Das heißt, ihren Körper für eine Stunde. Bin nämlich Aktivist in der Szene. Projekte anschieben, die Akzeptanz der Community in der Gesellschaft voranbringen, Unterstützer für dieses Anliegen finden, denn auch die Tochter von unserem Raúl Castro ist da sehr engagiert, auch gegen Transphobie...«

»Gegen was?«

»Gegen Transphobie. Für die Gender-Rechte!« Er sah zu dir hoch, nun schon wieder ein wenig beleidigt ob deiner Stutzigkeit. Dabei stand neben dir vermutlich *das neue Cuba*. (Wer hatte es dahingestellt?) Im Wummern der Musik kniffst du für ein paar Sekunden die Augen zu und sahst ihn bereits dort: Im Garten der amerikanischen Botschaft, umringt von staunenden New Yorker Gender-Aktivisten und Judith-Butler-Adepten, auf Soiréen des Maison de France, *amuse-bouches* zwischen Daumen und Zeigefinger haltend und kultiviert flirtend, bei etwas karger strukturierteren Veranstaltungen des Goethe-Instituts an U-förmigen Tischen die frohe Kunde vom *veränderten Cuba* verkündend, ein wahrer Vertreter der neuen Zivilgesellschaft, jawohl, der im Unterschied zu jenen anachronischen Alten der – »unter uns, häufig aus *Washington* finanzierten« – sogenann-

ten Dissidentenbewegung viel lieber auf das *Mögliche rekurriere, Konflikte zu heilen versuche, von unten her Mentalitätsveränderungen anstoße*, und deshalb für sich und die Seinen den einen oder anderen *Projektzuschuss* beantrage, da – Dominanz der Partei hin und angebliche Dissidenten-Verhaftungen her – doch *nachhaltig* gedacht werden müsse, der *Diversität* eine Gasse, und deshalb sein Engagement, im Übrigen im Einklang mit den durchaus hilfsbereit gewordenen einheimischen Institutionen, das Engagement also für die Umwelt und gegen Transphobia, dabei nicht zu vergessen die Minderheit der Minderheit, Transen im Rollstuhl, für die, so viel Ehrlichkeit kann und darf auch sein *im neuen Cuba*, es noch an manch behindertengerechter Bar-Zufahrt fehle. Auf ein Neues also: *Cuba Si!* Sahst ihn dergestalt reden und werben, Blitzlicht-Shakehands machen mit angereisten Kultur- und Außenministern, ja selbst Wirtschaftsdelegationen mit deren EU-kompatibler *nachhaltiger Gender-Diversität* ein bald unverzichtbarer Gesprächspartner, um verbliebenen Skeptikern endlich das wahre, das *harmonisch aufstrebende Cuba* zu präsentieren.

Er sprach noch eine Weile weiter, wobei dir nicht recht klar war, ob er sich als Märtyrer im heterosexuellem Noch-Feindesland begriff (und dafür deine Hochachtung erbat) oder als integrierender Pionier auf einem bereits, dank *unseres Raúl Castros Tochter*, bestens bestellten Feld (was ebenfalls ein Staunen deinerseits erforderte).

»Wow – da staune ich aber! Eine Gestalt wie aus *Erdbeer und Schokolade*...« (Der Schwule – nicht der Jung-Kommunist.)

»Ja...« Er sah zu dir hoch, lächelte spitz und ergänzte: »Obwohl die Gesellschaft inzwischen schon viel weiter ist als zu Zeiten dieses Coming-Out-Films.«

Obwohl dessen Drehbuchautor Senel Paz danach jenen Brief mitunterzeichnet hatte, der die Massenverhaftungen von Dissidenten rechtfertigte, und Leonardo Padura, als du ihn vor wenigen Tagen genau darauf ansprachst, eine Panikattacke bekam. *Vamos, neues Cuba!*

Sagtest dies natürlich nicht, sondern schautest betont nachdenklich auf die Uhr. Er hatte das Signal augenblicklich verstanden und sprach: »Schau, ich muss morgen zeitig raus und jetzt los, ich begleite dich noch zum Taxi.«

Draußen, die nur spärlich beleuchtete Calle Humboldt vor in Richtung Avenida 23 (bei fortgesetzt mitleidigen Blicken für die auch hier flanierenden und dir Schmatze zutschilpenden Chicos) fuhr er jedoch fort, sich in eine Art rechtfertigende Begeisterung zu reden. Die eigenen, in inspirierten Mußestunden *per Hand* geschriebenen Verse im Stil des verehrten Virgilio mit leichten Anleihen bei Lautréamont und Lorca. Die Miró-Reproduktion über seinem Bett (sein vorletzter, halbherziger Versuch, dein erspürtes Desinteresse doch noch zur *pasión* zu erwecken). Die Gitarre, die Kunstbände und Jazz-Platten, die Rumflasche und die spanische Paperback-Ausgabe des *Kamasutra*, all dies in Bettnähe, auf den Dielen geparkt, gleich an der Tür zum Bad... Währenddessen suchten, da deine Nachfragen ab jetzt ausblieben, die flinken Äuglein im Dreitagebart-Gesicht die Straße nach einem Taxi ab.

Mit Quietschen hielt schließlich ein Wagen, im Einsteigen fühltest du des engagierten Poeten feuchten Lippenkuss auf der Wange, den lauen Bier-Atem eines Versprechens: »Merk' dir unsere Begegnung. Ich hoffe, wir sehen uns wieder!«

La Habana.

Du hättest ihm dankbar sein sollen: Alfredito, Haar- und Fotowegschnipsler in Santiago de Cuba. Nicht nur, dass er deinen *Musikgeschmack* geprägt hatte (nur jene Rhythmen goutieren, die sich sofort in Körpersprache verwandeln ließen, auf Betten unterhalb von Bildschirmen – ha!), er schenkte dir auch das Vergnügen des *noch einmal*. Also jetzt noch einmal, auf der Suche nach den verlorenen Kamera-Bildern, in dein Hotel *Sevilla*, vor die weißgelbe Fassade mit den hohen, schmalen Fensterläden und den in vormittäglicher Stille wartenden Pferdedroschken. *Noch einmal* hinein in die Lobby und hinüber zum Pool und zu den Fahrstühlen, die inzwischen repariert waren, unter Beibehaltung der *Ehre dem 1. Mai!*-Zettel an den Aufzugstüren. Zurück in die Halle, wo sich unter flappenden Rotoren erneut Reisegruppen stauten und die Chef-Rezeptionistin die gleiche strenge Miene trug wie *damals (*vor ein paar Tagen), als sie sich von dir die Nummer Leonardo Paduras hatte geben lassen und dich zum Telefon dirigierte – ja, zu *diesem* giftgrünen Plastikklötzchen da auf dem Tischchen zwischen den Säulen aus echtem oder falschem Marmor! *Sevilla-Biltmore*, wo Mr Greene die Abenteuer seines Staubsaugervertreters alias Agenten Mr Wormold angesiedelt hatte und Hemingway, zwei Jahrzehnte zuvor und gerade zurück aus dem Spanischen Bürgerkrieg, in einem der Zimmer begonnen hatte, jenen Roman zu schreiben, den – wiederum zwei Jahrzehnte vorgespult – dann einer von Cabrera Infantes (in diesem Moment überhaupt nicht) *Traurigen Tigern* verballhornen würde zu später Rumstunde: *Wem sie Schläge stunden.*

Oh, Energie solcher Vormittagsstunden! Heute Morgen kalt geduscht und beim Frühstück im Casa-Innenhof von Puppe II, Überwacher derer in der Küche, das Omelett wie gewünscht *mit* Tomaten und *ohne* Zwiebeln serviert bekommen. Von Puppe I mit eidgenössischer Huld den übrigen (vor allem deutschen und Schweizer) Gästen als Neuzugang für zwei Tage vorgestellt und mit guten Ratschlägen in den sonnigen Tag entlassen. Ach, Vergnügen des frühen Montags! Am Paseo del Prado erneut die Fassaden/Balkone/Portale/Balustraden fotografiert, an deine Erst-Assoziation einer zu Kinderzeiten als Westgeschenk erhaltenen Keksdose von *Quality Street* gedacht, obwohl die Häuser hier doch gar kein schmuckes Old England, sondern tropisch barockes Kuba waren, mitunter sogar in mancher Bogenführung, in manch verwittertem Ornament... eine Mini-Alhambra. Und dann: Sofort ins Netzhautbild deiner Begegnung mit Karate-Riese Gabriel zurückgehüpft, da vorn unter den Kolonnaden an der Ecke zur Calle Refugio, wo du dich jetzt vis-á-vis aufstellst, um die auf der beinahe leeren Straße dahin schleichenden *Automobile* heranzuzoomen.

Buicks unter zerbröselnden Balkonen. Ladas, an Ladenzeilen entlangtuckernd. Moskwitschs vor Mauervorsprüngen. Austins an austeritätsgeplagten Geschäften. Fords, vor formidablen Fassaden vorwärts stotternd. Chevrolets vor chiffonverhüllten Fenstern (wobei es sich in Wirklichkeit um grauen Schutt handelt und du in der aufgedrehten Auf-was-eigentlich-Vorfreude des Vormittages achtgeben solltest, keiner jener Alles-toll-hier-Finder zu werden, ästhetisierender Fan einer Realität, in der nicht *du* existieren musst.)

Dann sahst du die französische Flagge, in Höhe der kubanischen. Dann sahst du das Französische Kulturinstitut mit den weiß gekleideten, institutionellen Müßiggängern unten vor der Tür und oben auf dem Balkon. Dann sahst du den roten Teppich und die ersten Absperrgitter, aus den Nebenstraßen von uniformierter Polizei herbeigetragen: Der Grund für die wenigen *Automobile*. Dann entdecktest du auf der von Bäumen und Steinlöwen flankierten Mittelzeile des Prado all die Wartenden, Journalisten mit Teleobjektiven, besonders auffällig Unauffällige und normale Einheimische. (Dachtest sofort: Wenn nun unter diesen ein Menschenrechtler wäre, Mann oder Frau oder Vater oder Schwester von Verurteilten, die mehr wollten als *Projekte gegen Transphobia*, wenn da nun so ein Mensch wäre, mit der Hoffnung, eventuell dem offiziellen Besuch – jener Visite eines französischen *Spitzenpolitikers*, die *Granma* bereits letzte Woche angekündigt und auf holzigem Papier hochgejubelt hatte als *Beginn einer neuen Ära der Koexistenz und des gegenseitigen Respekts* – wenn da also auch nur ein Einziger hier händeringend und schweißnass in der Menge stünde, nicht um zu gaffen, sondern stotternd Hilfe zu erbitten, einsam und mit pochenden Schläfen: DANN, LIEBER GOTT, STEH IHM BEI.) Gelangweilte Franzosen im effeminierten Kulturtunten-im-Ausland-Habitus schritten auf und ab, zwitscherten mit ihren *impeccable* maniküren Kolleginnen (über ihren *ennui?*), und oh!, wie du sie hasstest in diesem Moment, da du die unverdienten/zum Aufheulen bewundernden Sehnsuchtsblicke von der anderen Straßenseite aus sahst, ausgesandt von *natürlich schönen Menschen*, die eine *Scheiß-Ideologie* (mais oui, Maître Sartre) noch im 21. Jahrhundert daran hinderte, durchzustarten, denn selbstverständlich war dieses Habana ja nicht Port-au-Prince oder eine Favela, sondern Hauptstadt einer Insel, die, ließe man sie nur...

Entferntest dich schließlich unter solchen Grübeleien (nun schon gar nicht mehr euphorisch), da man auf Nachfrage mitgeteilt hatte, *der Spitzenpolitiker* würde maximal in einer Stunde eintreffen und weshalb solltest du warten.

Lebst jedoch schon lange genug im Westen, um nicht mehr entsetzt zu sein, zurückgeworfen in die Zeit früher Museumsbesuche und Schulausflüge. Bist doch längst noch nicht genug Westler (und das wird auf immer so bleiben), um es zu *goutieren*. Erinnere dich – nun hier im Revolutionsmuseum am anderen Ende der Calle Refugio, in Batistas ehemaligem Präsidentenpalast, beim Ersteigen der Marmortreppen, im kühlen, dämmrigen Inneren des nach Versailler Vorbild erbauten Prunkklotzes, jetzt: In den verspiegelten Stuck-Sälen und auf endlosen Gängen, vor den gerahmten Gemälden der amtierenden Herrscher, vor Stellwänden/Schautafeln/vergilbten Zeitungskopien mit viel zu viel Ausrufezeichen – *erinnere dich.*

Erinnere dich deiner Irritation, als in jenem gutbürgerlichen Westberliner Wohnzimmer-Salon – die Einladenden ein Rechtsanwalts-Ehepaar mit einem Faible für Kultur – der gebildete Feuilleton- und Archiv-Feingeist R. aus seinen ironischen Studenten-Memoiren jene Passage aus dem Paris der siebziger Jahre vorgetragen hatte. Diese mit Lustangst vermischte, ästhetische Begeisterung des jungen Mannes für die so hinreißend anachronistische *Prawda*, die da im Gestell eines Zeitungskiosks steckte. Assoziationen eines bereits damals rundum avantgardistisch Gebildeten: Die Typographie an Majakowski gemahnend, das holzfreie Papier an Rationierung. (Weshalb nicht an Sibirien, weshalb nicht an Häftlinge, die bei Wind und Wetter und mit bloßen Händen Holzstämme an reißenden

Flüssen auf Flöße wuchten mussten, zur Strafarbeit aus den Städten in die unausdenkbare Weite der Landes verbannt und dort zugrunde gegangen, auch noch in den siebziger Jahren?) Feinziselierte Sätze waren das – Witz und Beobachtung, Beobachtung und Witz – und die gedämpften Ah's und Oh's (zwischen dem Glucksen beim Weißweinnippen), das beifällige Hüsteln im Salon keineswegs von einem kruden, stur bewahrten Glauben an *Prawda*-Wahrheiten/Lügen provoziert, eher von wissendem Spott, einer subtil verächtlich gemachten, ehemaligen Sympathie. Vor allem aber – schien es dir – von einem Unwissen, geradezu physisch, durch keine *Information* zu beheben und deshalb auch nicht als Dummheit oder gar Böswilligkeit zu denunzieren: Wussten es nur nicht und würden es, Kinder des Westens, auch niemals wissen (all die freundlich polyglott/urban/mondän/intellektuellen Leute, die du, sei ehrlich, ja gern trafst bei solchen Veranstaltungen und *dem Gespräch danach beim Wein*): Würden einfach nicht wissen können, *was* es bedeutete, unter der 1917 beginnenden *Prawda*-Herrschaft zu leben, aufzuwachsen in einem Land, in dem in den dreißiger Jahren die Zeitungsspalten voll waren von den Namen der *vernichteten Volksfeinde*, sortiert nach Städten: Erschossen Erschossen Erschossen. RASSTRELJAT! *Verräter, fort vom Angesicht der Erde! Hunden – ein hündischer Tod! Ihre Vernichtung – unsere heilige Pflicht! Mit glühendem Eisen gegen die Schlangennester!* Erschossen Erschossen Erschossen. RASSTRELJAT. (Ja genau, bereits rabiat ausschauende Typographie – nur dass *es* eben mehr war als *Typographie*.) Ein Sechstel der Erde, zugedeckt von schwarzweißen *Prawda*-Seiten, ein Leichentuch, bedruckt mit maskenhaft lachenden Bäuerinnen auf fünfjahresplanübererfüllendproduzierten Mähdreschern/Traktoren/LKW's, entschieden dreinblickenden Soldaten und aufgekratzten Kindern bei so fröhlichem Spiel, Staudamm- und Stahlwerkprogramme, Olympiasiege noch und nöcher, Genosse Gagarin im All, ein Literaturnobelpreis für Genossen Scholochow (obwohl *Der Stille Don* mit Hilfe von KGB-Ghostwriters verfertigt), Schelte und Drohung oder Lager dagegen für die Verräter Pasternak und Sacharow und Brodsky und all die unzähligen anderen, aus dem gesunden Volkskörper herauszuschneidenden *antisozialistischen Elemente*. Neue, erinnerungslose Menschen erschaffen und die gefährlichen, da noch um andere Zeiten wissenden Alten erschossen-erschossen-erschossen. Oder später, Fortschritt auf sowjetisch, nur noch in Psychatrien zwangseingeliefert, nur noch verbannt, *natürlichem* Tod preisgegeben. (Oder, wie jene Westler sagen würden, die solches Wissen zumindest als Kopf-Information erreicht hatte: »Das war nich lustig.«)

Weitergehen, nur schnell heraus aus dem klassizistischen Propaganda-Museum! Castillo de Atares, Catedral de San Cristobal de La Habana, Plaza de la Catedral, Castillo de la Fuerza, Plaza de Armas. Jahrhundertealter verwitterter Stein, Glockentürme und die hängenden Giraffenköpfe der nach Regen lechzenden Palmkronen. Die hispanische Mathematik millimetergenau abgezirkelter Licht- und Schattenvierecke, die du überquerst. Figur auf einem Schachbrett, in der Ewigkeit der Tropensonne, Siesta-Stille des Mittags. Geschlossene Kirch- und Kloster- und Palast- und Ladentüren, hinter den staubigen Scheiben der Geschäfte die rotschwarz züngelnden Aufforderungen *Unidos en la Constructión del Socialismo – Saludamos El Mayo*. Der zweite Teil des Mai-M eine knallrote Eins, übergehend in das Ein-Sternbanner der rotblauweißen Flagge. (Künstler am Werk). Warst du etwa allein auf diesen Steinstraßen unterwegs, zwischen den größeren Plazas, auf denen die Touristengruppen drängten? Deine verschwitzten Haare und Augenbrauen, die Schweißperlen, die du von den Lidern tupfen musstest. Sahst du vielleicht deshalb sogleich den Bruder-Arm?

»Du hast es also bemerkt, sozusagen *von hinten*?« Freude des Psychologen an der Fast-Freudschen Symbolik.

»*Claro*. Wie du den linken durchgedrückt hast. Dazu das seitwärts gedrehte Handgelenk des rechten.«

»Und die Finger, die die Tüte trugen?«

Noch im Gegenübersitzen war er größer als du, der Oberkörper durchgedrückt, Ellenbogen an der Tischkante, zwischen den Unterarmen nur das Glas mit den Eiswürfeln und die Cola, einheimisches Produkt. Lazaro – gestatten: Therapeut in einer nahegelegenen Poliklinik – hatte keinen Hunger, und eingeladen in das kleine Bootsrestaurant hattest du ihn. (Wie auch *du* ihn angesprochen hattest – dies für später, der Fairness halber ins Protokoll.)

»Die Finger konnte ich natürlich nicht sehen, lauf' ja nicht mit einem Okular durch die Gegend...«

»Aber fast!«

»Na gut. Dazu die Schritte eines Tänzers. Als wäre die Straße unterhalb des Glockenturms eine Bühne und du der Solist.«

»Und du das einzige Publikum, in diesem Moment.«

Genauso war es gewesen: In einer dieser stillen Straßen hattest du den Hochgewachsenen mit den kurzen Hosen, dem marineblauen T-Shirt und dem hochgestylten schwarzen Haar gesehen, *von hinten*. Diese Haltung, dieser Gang! Als er plötzlich abdrehte und im rechten Winkel auf einen kleinen Laden zusteuerte, hattest du deine Schritte verlangsamt. Und gleich wieder beschleunigt, sobald der andere wieder auf die Straße getreten war, diesmal ohne die Last der Tüte. Hattest sein von schmalen dunklen Koteletten gerahmtes Gesicht gesehen und er das deine, und wie er dir ein paar Augenblicke später die Hand gab, quasi aus dem Handgelenk heraus und dennoch zupackend...

» Da hattest du tatsächlich gleich geahnt, dass ich im Medizinbereich arbeite?«

»Jetzt, wo du es sagst...« Du löffeltest ein Gazpacho, Lazaro nippte in Abständen an der Cola und betrachtete dich mit Wohlwollen; seit du ihn an seinen Armen erkannt hattest, war höchstens eine Viertelstunde vergangen.

Deine Entscheidung, ihn in das am Ufer ankernde Restaurant-Boot einzuladen, da dich seine beinahe sofortige Klage gerührt hatte: Therapeut, und was sie mich verschreiben lassen, ist *Aspririn* – falls es vorrätig ist. Kollegen und Vorgesetzte, die noch nie etwas von Freud oder Lacan gehört haben, alle Beschwernis auf Kopfschmerzen schieben, dafür aber die ersten sind, die am Ersten Mai demonstrieren und marschieren – für ihre eigene Karriere, ha! Sprach auf diese Weise, ohne Scheu, dennoch die Worte wägend anstatt sie herauszusprudeln, während ihr aus dem steinernen Straßen-Labyrinth hinaus schlendertet, vor ans Meer, vorbei an wartenden Pferdekutschen. Im Palmenschatten auf verdorrten Grasflächen ausgestreckte Müßiggänger, langsam vorrückende Touristengruppen, doch wart ihr – noch einmal: *dein* Vorschlag – auf das ankernde Boot zugegangen, wo ihr nun im kühleren Schatten des Zwischendecks saßt und redetet, eine Art Büroschluss-Plausch. An der Bordwand ein gerahmtes Schwarzweiß-Foto: Hemingway mit aufgekrempeltem Hemd und Angel, in der Linken einen Riesenfisch mit Schuppenkamm und Speernase in die Kamera haltend.

Lazaro, mit aufrechtem Oberkörper zuhörend und sprechend, die mitunter – sekundenlang – trotzig aufgeworfenen Lippen. Lazaro, unter dem Tisch seine langen Beine ausstreckend und seitwärts die nackten Knie an deine stupsend. »Aber nicht, dass wir die ganze Zeit nur von der Arbeit reden...« (Tatet ihr's denn?)

»Und wo sollen wir hin?« Wie schnell du mittlerweile schon die Überleitungen verstandest, die Wortbrücken überquertest, Möglichkeiten am Ufer erahnend.

»Es gibt...*Möglichkeiten*. Allerdings zwanzig CUC pro Zimmer und Stunde, und ich weiß nicht, ob das angemessen...«

»Ist es«, sagtest du sofort und Lazaro nickte huldvoll ernsthaft, als sähe er eine bereits gestellte Diagnose bestätigt. Runzelte nur kurz die rasierten Brauen, als du, nachdem du die Rechnung beglichen hattest, die Kamera zücktest. »Warum das?«
Deine leise Entgegnung: »Weil es so absurd ist.«
Auf dem Display das herangezoomte Pärchen am Tisch der gegenüberliegenden Reeling. Glatzköpfiger Sonnenbrillen-Hypermuskel-Black in weißem Unterhemd und mit grobgliedrigen Goldketten, Typ Gangsta-Rapper, eine mit irgendwas prall gefüllte *plato* leerend und dabei rülpsend, während ihm vis-á-vis ein weißgrauer Frosch Bier nachschenkte, schütteres Haar auf halslosem Amphibienkopf und mindestens dreifach so alt, sein über dem Bauchberg gespanntes T-Shirt *in* den kurzen Hosen steckend, die krampfgeäderten Beine stumpfe Klötze, im Fundament ausgelatschter Sandalen.
»Faszinierend...Aber wie kann er einen hochkriegen, wenn der andere derart...?«
»Viagra«, sprach Lazaro mit gleicher gedämpfter Lautstärke. »Oder irgendwas Hiesiges, Zusammengemixtes, Kräuter und Kräuterglaube, da er doch schwarz ist. Vielleicht kommt die Erregung ja auch wegen des zu erwartenden CUC-Segens. Manche sitzen dann auch später bei mir im Kabinett und rutschen auf dem Stuhl herum, ganz nervös. Doch selbst für sie hab' ich höchstens Beruhigungspillen, nichts anderes. Obwohl da drüben der *hermano negro* bestimmt keiner von den Wehleidigen ist, eher der Typ Abfasser ohne Scheu. Aber jetzt auch ein Foto von *mir*, bitte!«
Dies *ohne* Überleitung und Tonartwechsel gesprochen, und als du deine kleine Kamera auf ihn richtetest, war zwischen den geschwungenen, wie gemeißelten Lippen die Zungenspitze herausgesteckt, leuchteten die Augen, fiel ihm eine Haarsträhne in die hohe Stirn. »Vamos...«

Ertappt: Bist weder Musik-Kenner noch Spezialist für Cinemagraphisches. Wie auch: Wo doch hier in Habana ein Streifen lief – und dich purple-rose-of-cairo-artig darin einwickelte – wie du ihn, Vielgereister mit *falsa conclusiónes,* zuvor noch nie gesehen.
Zu welchem Chaplin-Film also gehörte dies Bild, das als schwarzes Graffiti im Parterre des Treppenhauses aufgepinselt war – gleich neben der Tür (Real- *und* Film-Tür), die zu einem Friseursalon führte, deren Besitzer als Schlüsselverantwortlicher für das von Therapeut Lazaro erfragte Dachzimmer amtierte? Was du sahst: Ein melancholisch und verschreckt observierender Chaplin mit Hut und Schnauzer, eine schneeweiße Hand

an den realen Türrahmen gelegt, darunter ein Knirps mit Straßenjungen-Mütze. Was du hörtest, sobald ihr von der Straße ins Treppenhaus getreten wart und du das Graffiti entdeckt hattest: Lazaros beruhigend sonore Stimme, welche die zwanzig CUC *jetzt* erbat, »damit's beim Frisör nicht aussieht, als ob ich...« (Beim Friseur Jorge-alias-Alfredito, dem Bilder-Löscher aus Santiago? Aber nein, falsches Vorstellungsbild.) Der Mann, der mit Schnippelschere in der Hand auf Lazaros Klopfen hin die Tür öffnete, ließ die Wirklichkeit eines menschenleeren *Frisier-Salons* mit fleckigen Spiegeln, zerkratzten Lederstühlen, Rasiermessern und Pinseln sehen – Haarbüschel auf dem Linoleumboden, das Transistorradio auf dem Beistelltischchen. Er war ein älterer, kahlköpfiger Hänflingsherr, der, sobald er die Scheine in der Rechten hatte, mit der Linken aus seiner schmuddeligen Barbiers-nicht-Arzt-Kitteltasche einen Schlüssel zutage förderte – Stummfilmsequenz von wenigen Sekunden.

»Vamos...«

Seite an Seite (*schon* die ersten Küsse tauschend) stiegt ihr im Treppenhaus bis zum letzten Stockwerk, wo eine klapprige Leiter weiter nach oben führte. Der große Lazaro kraxelte voran. Musste den Kopf einziehen, als er eine quietschende Holztür öffnete, stand dann aber sogleich wieder aufrecht und lächelnd (die Arme ganz einladende Geste) im lichtdurchfluteten Zimmer, dessen Einrichtung überraschend wohnlich war. Der rustikale Holzschrank/die gekachelte Badnische/der ovale Wandspiegel /die Kommode/ das frischbezogene Bett. Nur der Fernseher neben dem summenden Wandventilator fehlte, aber wie hätte er mit dem Blick aus dem kleinen Fenster konkurrieren können: Habanas Dächermeer im späten Mittagslicht. Grasüberwachsene Schindel- und mit Wäsche zugehangene Flachdächer, Wellenlandschaften vergangener/konservierter Zeiten und dahinter die andauernd blauen Flächen von Himmel und Meer, durch den Natur-nicht-Barbierpinsel der Sonnenstrahlen ineinander verwischt.

»Los«, sagte Lazaro und begann sich auszuziehen. »Am liebsten mag ich's im Stehen.«

Und sprach, trotz der Geschwindigkeit, die er vorgab, bis euer beider Kleidung zu einem Hügel aufgeworfen neben dem Bett lag, ruhig und akzentuiert, kein Vernuscheln der Vokabeln. Auch war es dann nicht jenes schweißtreibende Ineinandergleiten und Tänzeln der Gliedmaßen in den akrobatischsten Positionen. Therapeut Lazaro, einen Kopf größer als du, ließ dich, die Arme ausgebreitet, die Hände an den Fensterrahmen gedrückt, Aufstellung nehmen mit Blick auf das Dächermeer, ehe er danach die gleiche Position einnahm. Ehe er dann *neben* dir stand – mit

Seitenblick auf den blauäugig schweigenden Himmel – seine Hände auf deinem Gesicht, auf den Schultern und weiter abwärts und wieder hoch. Physiotherapie des Nachmittags? Und du?

Standest da auf einem Bett in einem erneut real gewordenen Dachzimmer, Seite an Seite mit einem bis zur Zimmerdecke Reichenden, dessen kreisende Handballen und kundige Finger die Körpersäfte kosmisch steigen ließen, doch blieben deine Gedanken auf der Erde: Flaniermeile des Prado, wo jetzt womöglich solche Kubaner standen, die die Gunst der Stunde zu nutzen versuchten, um einem prominenten westlichen Ausländer eine Petition zu überreichen, einen Brief/ein Kassiber/ein Hilfegesuch. Oder hatten sie das bereits den ausländischen Journalisten zustecken können – jenen, die von Cuba mehr sehen wollten als die roséfarbenen Oldtimer rund um den Parque Central, die sich nicht begnügten mit Rumba rasselnden, Zigarre rauchenden Krinoline-Greisinnen und jenem Alten, der die Exemplare von *Granma* feilbot?

»Vamos«, flüsterte Lazaro, sein Atem nun stoßweise, sein durchgedrücktes Rückgrat unter deiner Hand voller Schweißperlen.

»Si...« Und dachtest dennoch – ohne Triumph, ohne Scham, doch mit jener Verwunderung, der du dankbar warst, dass sie dich kaum je verließ – dachtest, *wie weit es gekommen war*, wie fern du jenem 18jährigen vom Dezember 1988 geworden bist. Wie fern du ihm nun *standest*, hier auf diesem Bett in Habana Vieja, Blick auf Dächer und Meer, Lazaros Zunge in deinem Ohr, Hand an den Lenden. Keine Scham, aber doch jene Erinnerung an einst, genau *jetzt*:

Karl-Marx-Stadt im diesigen Schneeregen. Zwei-Takter-Autos röhrten auf der spärlich erleuchteten »Straße der Nationen«, stießen bläulichgraues Abgas aus, schleuderten Matsch beiseite, Kiesel und Sandkörner. Menschenmassen schoben sich durch die Einkaufspassage, Stoffbeutel ums Handgelenk gewickelt: Freitagabendeinkäufe. In deiner Tasche die Belege für den Eil- und Einschreibebrief, soeben auf dem Hauptpostamt aufgegeben. Adressat das Politbüro in Berlin, von dem gemunkelt wurde, dass es gerade ein neues, verschärftes Gesetz plane. Absender dein Vater, der nun ein weiteres Mal um Genehmigung für die Ausreise eurer Familie bat – aufs Ganze gehende Zeilen in jener angestrengten Sklavenmischung aus zähneknirschender Bitte und gewagtem Winken mit dem Zaunpfahl – *unsere Freunde im Westen werden bereits unruhig*. Du bist ja wahnsinnig (die Mutter), wir müssen es riskieren (Vater) und nun du, auf dem Weg vom Postamt zurück zum Bahnhof, zum Zug ins Provinznest. Und plötzlich, das konnte nicht wahr sein und war es doch: Der Mann aus dem Westfernsehen, der freundlich-kultivierte, für einen Politiker verdammt gutaussehende Pfeifenraucher aus Kiel, dem sein Konkurrent so übel mitgespielt hatte. Der Mann, auch jetzt die Tabakspfeife im rechten Mundwinkel, die Hand seiner Frau haltend, beide in eleganten Ledermänteln. Erster Impuls: Zu ihnen hinlaufen, dort um Hilfe bitten, wo es Sicherheit gäbe. Erzählen, *alles* erzählen, was hier passiert, die Angst, die Wut, die Vorladungen (*Eh's inn Wesdn geht, Schbordsfreund, gehd's erschtema in' Knast*), die Hilflosigkeit, das verdammte Ausgeliefertsein. Doch unerlaubte Kontaktaufnahme wäre das, würde alles nur verschlimmern. Vor ein paar Tagen aber hatte der Mann, du hattest es im ZDF gesehen, daheim in Schleswig-Holstein der Dichterin einen Preis verliehen. All diese Schutz verheißenden Namen: Sarah Kirsch. Björn Engholm. Sozialdemokratische Partei Deutschlands. Was mochte ihn hierher geführt haben, in diese unwirtliche Stadt? Vermutlich ein Privatbesuch, die Zeitungen hatten nichts vermeldet. Spitzel aber würden dennoch in der Nähe sein, und so hattest du *nicht* mit ihm gesprochen, ihm *nicht* sagen können, was hier geschah. (Deine Kinder-Illusion: Dass der Westen und seine freundlichen, gelassenen Bewohner, dass sie, ach wenn sie nur wüssten, dass sie dann...) Er und seine Frau waren weitergegangen, Kutten und Strickmützen verdeckten die beiden bald wieder, hiesiges Leben trottete weiter. Du aber warst mitten auf dem Trottoir stehen geblieben, fröstelnd/ungläubig. Passanten stießen dich an. Dachtest: Eines Tages dann auch ich. In friedlicher, ungefährdeter Landschaft Sarah Kirschs Gedichte lesen. Frei wählen, entweder die Engholm-Partei oder die Grünen. Und keine Angst mehr haben, nie mehr. Keine Tränen unterdrücken müssen, kein Zittern, kein Zähneklappern, nicht mehr *das*.

Ohuarghhhhhhhhh.... Lazaro schrie auf, sein Ephebenkörper gekrümmt und durchgeschüttelt, vor und zurück pendelnd, Palme im Sonnenwind, Lust dieses Nachmittags. Das hochgegelte schwarze Haar nun ein widerständiger Wirbel, einige Augenblicke später heiseres, drängendes Lippenflüstern *Vamos*, der tätowierte Delphin auf seinem flachen Bauch unterhalb des Nabels fort – nein: herbeischwimmend, gleitend, springend, bis auch du...

(Hattest dann selbstverständlich nicht mehr an Chemnitz gedacht.) Die Hintergrund-Szenen aber blieben präsent, während ihr vorn im Bild nacheinander ins Bad gingt, dann wieder in eure kurzen Hosen und T-Shirts stiegt und du Lazaros Wunsch gern erfülltest, ihm die Namen der zwei Casas aufzuschreiben, die für diese Woche deine Unterkunft waren.

Die Menschenrechtler oder Ausreisewilligen, die – in dieser Minute – womöglich ebenfalls Chemnitz-Probleme im Kopf wälzten, dort drüben auf dem Paseo del Prado. (Sollten sie, sollten sie nicht?) Inmitten attraktiverer Landsleute und unter karibischer Sonne, und doch – beinahe drei Jahrzehnte nach deinem Dezemberabend – die gleichen Ängste, vergleichbare Erfahrungen, die gleiche Einsamkeit. (Auch die gleiche Naivität, man müsste doch den freundlichen Zivilisten aus Paris nur informieren und dann...?)

»Kann ich dich morgen gegen zehn in der Casa des Schweizers abholen, ehe meine Mittagsschicht beginnt?«

»Du kennst das Haus?«

»Ist doch in der Nähe meiner Poliklinik. Und jetzt muss ich los. Gib mir drei Minuten Vorsprung, ich nehm' auch den Schlüssel mit...«

Und ging, sich ein wenig zu dir herabbeugend, mit aufmunterndem Lächeln und erneutem Zungenkuss. Ließ die Tür hinter sich auf, und als er unterhalb der Leiter die Treppe erreicht hatte, sahst du erneut die Position seiner Arme, Schultern und Rückgrat eines Tänzers.

»Ihnen gefallen also besonders die Zimmer?«

»Und natürlich die Häuser! Sind ja auch nicht ohne...«

»Alles selbst entworfen und danach mit meinen Mitarbeitern zusammengebastelt. Presskarton, Styropor, Pappmaché, Plastilin, Stoff, Papier und Farben. Alles maßstabsgetreu!«

Die Kuratorin des Museums führte dich durch die Straße ihrer Träume, nein: allgemeiner Wirklichkeit. (Hattest du's bislang übersehen, sahst du's jetzt.) Säulen mit Kapitellen, wie draußen am Eingang in der Calle Obispo, doch kleiner und eben nicht aus Stein. Dazwischen Plastik- und Stoffpuppen beiderlei Geschlechts, nuanciert in Hautfärbung und Kleidung, alle Generationen umfassend. Waren in diesen Zwischenräumen am Werkeln oder Studieren, am Reden/Lehren oder Heilen. (Dachtest: Hatte Lazaros Nachmittagsschicht in der Poliklinik schon begonnen?) Oder hoben maßstabsgetreu einen Schlagstock, denn Wachsamkeit und auch Strafe mussten sein.

Auf einem Originalplakat last du: *In meiner Nachbarschaft – gemeinsam wachsam und kampfbereit!* Das Logo war diesmal nicht der Schnabel eines Kolibris, sondern ein Lautsprecher im Profil, aus dessen zurückgebogenem Trichter eine Machete ragte mit der Aufschrift *Mit der Wacht in der Höhe.* Warst nämlich jetzt im Stasimuseum, dem offiziellen Darstellungsstempel des CDR. Sieh an: Auf dem Rückweg vom Schäferstündchen bei den Wölfen gelandet. (Ha!)

Du hattest die von Lazaro erwünschten drei Minuten eingehalten, und als du unten im Parterre angekommen warst, lugten Charlie Chaplin und das Kind immer noch um die Ecke, aber die Tür zum Barbiersalon war verschlossen; die Schlüsselrückgabe musste in rasanter Geschwindigkeit erfolgt sein. Stromertest dann heimwärts in Richtung deiner Schweizer Casa. (Dachtest sie dir in diesem Moment womöglich als westliches Refugium innerhalb der Altstadt, wenngleich du dich keinen Illusionen hingabst bezüglich des Puppe I Chefs, der trotz seiner schmucken Unterkunft und der Wohlgeformtheit und Dienstwilligkeit von Puppe II am *Hätt' ein bessres Schicksal verdient*-Syndrom alternder Wohlstandsschwuler zu leiden schien.) Gingst so dahin, wolltest die Touristen-Calle Obispo mit ihren *schon* jetzt am frühen Nachmittag Rum feilbietenden CUC-Bars und Kunst vorgebenden Bildergalerien (CheChicasOldtimerRumtrinker-Salsamusikanten) so schnell wie möglich überqueren, bis du an einer Ecke eben dieses von vorrevolutionär korinthischen Kapitellen flankierte Portal sahst und daneben das Schild: *Museo Nacional – Comités de Defensa de la Revolución*. Der Stasi-Vogel nun jener Lautsprechertrichter mit Machete, und rechterhand des Eingangs ein großformatiges Fidel-Bild, dem du wahrscheinlich den Titel gegeben hättest *Autist vor Tropenlandschaft*, denn wie entrückt stand der riesenhafte Khakimann da vor dem Rotbraungrün der hügeligen Felder- und Palmenlandschaft, wie krank-straff hingen beide Arme an den Seiten herunter, die zusammengedrückten Finger nicht seitwärts, sondern nach vorn gedreht, in Höhe des Koppelschlosses. (Subtile Subversion des Malers, der seinen Helden als posthumen Patienten für Therapeut Lazaros Aspirin-Sitzungen zeigen wollte?)

»Ich hab' gesehen, wie Sie ohne zu zögern zu uns hereingekommen sind...«

»Nicht nur Ihre Puppen sehen alles, sondern auch Sie!«

»Ja nun...« Die Museo-Chefin verstand's als Kompliment und schaute dich hinter Brillengläsern mit einer Aufmerksamkeit an, die dir eher freundlich als misstrauisch schienen. (Kunststück, noch war die Schließstunde fern und *schon* warst du der einzige Besucher hier. Sahst aus dem Inneren des Museo das vorbei trampelnde Touristen-Defilé draußen im Sonnenlicht und spürtest doch glatt einen Anhauch von Spitzel-Stolz: *Ich seh' und weiß etwas was ihr nicht seht und wisst.*)

»Genossin Kuratorin, hätten Sie vielleicht ein paar freie Minuten, um die Intention Ihrer Exposition zu erläutern?« (Pass auf, Nicht-Genosse Freak, dass dich deine postkoitale Fröhlichkeit nicht in Untiefen treibt.)

»Sie scheinen sich tatsächlich dafür zu interessieren...« Da war die

Endfünfzigjährige mit dem hochgesteckten Haar schon hinter ihrem Kassentisch hervorgetreten und hatte dafür mit Fingerschnipsen eine jüngere Mitarbeiterin (diese *sehr* kokett lächelnd und dich an die brünstig trauernde CDRista von gestern erinnernd) Platz nehmen lassen. War alsdann an deiner Seite – dezentere Koketterie der Älteren, die nicht ganz deine Mutter hätte sein können, gemessen jedenfalls an mitteleuropäischen Zeugungstraditionen – zum Modell der idealen Stasi-Straße geschritten. Irgendetwas signalisierte dir, dennoch acht zu geben, und so beendetest du ihren in drei (Stütz-)Punkten auslaufenden Satz mit einem »Na, ich find's spannend, was Sie hier zeigen«, der dir ausreichend euphorisch-auswärtigdämlich schien, damit *dein Interesse* nicht *ihre Wachsamkeit* aktivierte.

»Und die angedeuteten Fenster der Zimmer, die Figürchen darin mit den Notizbüchern und – oh da, hier, wie schön! – der Mann mit dem Fernglas, die Frau mit dem Telefonhörer...«

»Zeigen, wo wir überall sind! In jeder Provinz, jedem Dorf und jeder Stadt...«

»In jeder Straße?«

»In jedem Zimmer! Im Übrigen nehmen wir auch Blut ab!«

»Glaub ich gern!«

»Bitte?«

»Ich. Ich seh's ja hier auf dem Foto: Die CDR-Büros fürs Blutspenden. Alle Achtung.«

»Sind leider nicht von mir, die Fotos...«

»Genossin Kuratorin, gar nicht nötig! Wo Sie doch das meiste selbst entworfen und das andere dann so perfekt arrangiert haben!« (Hey, pass auf, ja? Musst jetzt nicht auf burleske, verzweifelt-fröhliche Weise deinen Vater rächen oder deinen Kollegenfreund Jürgen Fuchs, den *diese Schweine* vermutlich radioaktiv verseucht hatten im Stasigefängnis Berlin-Hohenschönhausen, so dass er 1999 an Blutkrebs verreckt war, während du – im wahrscheinlichen Fall – schon nächste Woche Papá und Mamá würdest anrufen können, ihr Gelächter am Telefon *über deine Stories* der beste Beweis, dass *sie*, und du erst recht, es geschafft hatten, im Unterschied zu Abertausenden anderen darüber hinweg waren, *nicht* das ganze Leben lang nach Stasi-Handbuch *psychisch und physisch zersetzt* blieben.)

Dabei waren nicht nur die Fotografien effektvoll an die Pappmaché-Presskarton-Styropor-Wände geklebt, um daraus Wohnzimmer/Blutabnahmestationen/Befragungszimmer zu machen oder Obsessionen zu thematisieren (ein kreisförmig angeordneter Bilderstrauß unter der Überschrift *Wachsamkeit*). Auch die Bilder selbst verrieten die ordnende

Hand, vorstellbar als eiserne Faust. Eine puppenhaft aufgereihte CDR-Delegation in Hanoi, im Hintergrund eine goldene Buddha-Statue, die sich als Denkmal für den Genossen Ho-Tschi-Minh entpuppt. Raúl in ordensgeschmücktem Drillich, vor einer naturalistisch gemalten Tropenlandschaft einen Brief lesend/einen Einsatzbefehl studierend, jedenfalls unter einer Palme sitzend, ein Stück Papier in den Händen. Fidel nahe des Malecón zu *seinem* Volk sprechend auf der angeblich »größten öffentlichen Versammlung der Welt« – wobei die zu Zehntausenden Versammelten vor der Kamera des Fotografen oder im Labor von dessen Auftraggebern zu grauen Pünktchen geworden waren, mit weißen Hemd-Einsprengseln, während der *Maximo Lider* von hinten abgelichtet ist, mit breitem Khaki-Rücken und die rechte Faust in die Höhe reckend (dorthin, wo laut beigefügtem CDR-Macheten-Slogan *die Wacht* thront). So macht Faschismus Spaß!

»*Perdon?*«

»Ich sagte: Sie haben hier ja sogar Kunst!«

Genossin Kuratorin, ein beinahe verlegener Griff an die Silberspange im hochgesteckten Haar, lächelte geschmeichelt. »Sie bemerken aber auch alles! Ja, das sind Werke verdienter Volkskünstler!«

Du sahst, in Ölfarben und gerahmt: Die Insel wie auf einer Infrarot-Wetterkarte, stromlinig dahinziehende Farben und in der Mitte eines Wirbels – Fidels bärtiger Kopf. Dazu jede Himmelsrichtung mit einem CDR-Spruch markiert: Mit der Wacht in der Höhe – Verteidigen wir die Einheit – In jedem Viertel die Revolution – Verteidigen wir den Sozialismus.

An der Nachbarwand dann eine veritable *Installation* namens »Einheit und Kraft«: Keilartig schmale, im Inneren hohle Papierschächtelchen fügen sich zu einem Kreis/einem Schneckenhaus: Einheit und Kraft.

»Mögen diese großartigen Exponate gut bewahrt werden!« Für den Fall, dass es doch einmal anders kommt und die verdienten Volkskünstler dann Firmenlogos entwerfen. Für ein Museo, das der Geschichte dieser Höhle gewidmet wäre.

»Dürfte ich Sie denn auch um ein Foto bitten?«

»Geben Sie Acht!«

»Wie bitte?«

Da knietest du bereits unter der großformatigen Insel-Karte, auf der in unterschiedlicher Färbung alle cubanischen Provinzen gezeichnet waren, mit der jeweiligen Anzahl ihrer CDR-Zonen. Anstatt auf den Auslöser zu drücken aber hatte die Kuratorin/Direktorin gewarnt, *deine* Kamera in *ihren* Händen. »Wenn Sie *so* in die Hocke gehen, verdecken Sie mit Ihrem

Scheitel das Logo. Rücken Sie bitte nach rechts und dann den Zeigefinger schräg nach oben.« Worauf es *so* geschah wie gewünscht.

»Schauen Sie mal dort drüben! Sie können auch ein Foto vom Genossen Tamayo Méndez machen! Unser erster Kosmonaut, ein Held aus Guantánamo, Kubas Mann im All. Und danach für lange Jahre Vorsitzender unseres CDR.« Gehorsam nahmst du die Kamera aus ihren Händen und machtest ein Bild der zwei Fotografien: *Die Verwandlung* – aus dem fröhlichen Mulatten im schneeweißen Raumfahrerkostüm war ein feister, mürrisch dreinblickender Stasichef in dunklem Anzug und mit breiten, graumelierten Koteletten geworden.

Zum Abschluss des Rundgangs ließ sie dich im Gästebuch blättern. Deine Suche nach einem preisenden Eintrag irgendeines deutschen Linkspartei-Politikers – Fehlanzeige, bedauerlicherweise. Der jubelnde Kommentar einer PLO-Delegation – erwartbar. (Dein grimmiges Vergnügen daran.) Und deine Traurigkeit, als du den nur wenige Jahre alten Gruß aus Nicaragua last:»Für den CDR zu seinem 50. Geburtstag.« Adiós Muchachos, auch ihr gekidnappt von einem dauerregierenden Comandante nebst Gattin: Daniel y Rosario. (Immerhin noch keine perfekte Diktatur.)

Die Museo-Chefin war bereits zum Kassentisch zurückgegangen, doch von einem Bild konntest du dich nicht losreißen: Eine schmale Calle, rechts und links bunt bemalte Häuser – und in *jeder* Tür ein Beobachter, hinter *jedem* Fenster ein aufmerksames Gesicht.

»Falls es Sie interessiert«, rief die Frau vom Eingang her ins Höhleninnere:»Von elf Millionen Kubanern sind achtkommafünf Mitglieder des CDR!«

Darauf – in deiner fast panischen Synapsenschaltung – jene andere Stimme. Offizier Àlvarez, der im Jahre 1971 den renitent gewordenen Dichter Heberto Padilla aus seiner Gefängniszelle herbeibefahl und hinter seinem Schreibtisch diese Sätze bellte:

«Der Moment wird kommen, in dem *jeder* Bürger Mitarbeiter des Innenministeriums ist, wie Fidel es sich wünscht. Dann werden wir zumindest keinen mehr verhaften müssen.« Gedächtnis des Dichters, dem sie danach ein Schuldeingeständnis abgepresst und als angeblich Reumütigen in die Öffentlichkeit gezerrt hatten, finale Demütigung. Immerhin: Sartre, Enzensberger und Genossen sprangen ihm zur Seite – symbolisch, aus tausend Kilometern Distanz und in einer *Petition*: Tja, war wohl nix mit einer solchen *revolución*. (Mario Vargas Llosa, Ende der neunziger Jahre für ein paar Monate in Berlin, zu dir und doch wie im Selbstgespräch in seiner

Charlottenburger Wohnung: »Meine Solidarität mit Padilla war gleichzeitig das Ende von Fidels Werben um uns ausländische Intellektuelle. Danach waren wir nur noch *gusanos*, Würmer für ihn. Umso besser! Und nun ist es auch schon wieder beinahe zwanzig Jahre her, dass ich aus dieser Illusion erwacht bin.« Gattin Patricia: »In *deiner* Erinnerung liegt es erst so kurz zurück. Dabei sind es fast drei Jahrzehnte, Mario. *Drei Jahrzehnte!*« Dieser Berliner Nachmittag, nun auch schon über anderthalb Jahrzehnte zurückliegend, und Super-Mario, geschieden und neu verliebt, plötzlich eine Telenovela-Gestalt: Der Schriftsteller-Greis und die Botox-Schöne, *MVL & die Mamá von Enrique Iglesias'*, Ex von Schmachtsänger Julio: In jedem Viertel die Liebes-Revolution, schwerer Fall für alle Observierungs-Paparazzi.)

Bevor du wieder auf die Straße tratst, hatte Genossin Wächterin noch um ein *kleines Trinkgeld* gebeten (*a small tipp for the expert-guided tour*, auf einmal sprach sie sogar englisch) und dessen Höhe auch sogleich festgelegt: *Four CUC, please*. Kein schlechter Schnitt, dachtest du und gabst das Gewünschte – bei einem *der unumkehrbaren revolución* zu verdankenden monatlichen Durchschnittseinkommen von 25 CUC.

Die Tücken der Marktwirtschaft: Zu voreilig hattest du vor zwei Monaten auf den Amazon-Seiten – mit Dutzenden Titeln zur Geschichte der Insel – jenes 1953 in Ostberlin erschienene Buch mit dem Titel *Kuba* bestellt. Das bereits am nachfolgenden Tag gelieferte Werk dann jedoch nur eine Broschüre und nicht etwa der Insel, sondern dem Genossen Kurt Barthel, Kürzel Kuba, gewidmet, der für sein Majakowski-verdünnendes Verseschmieden den (wie sinnig) *Nationalpreis III. Klasse* erhalten hatte. Und war jener Kuba, der nach der Niederschlagung des Arbeiteraufstandes vom 17. Juni die Zeilen gekritzelt hatte, das Volk habe das Vertrauen der Regierung verspielt und müsse es sich nun durch harte Arbeit erst wieder erringen – worauf der vorsichtig-listige Brecht jenes Entgegnungs-Verschen wagte, das von seinen Adepten noch heute als Gipfel der Renitenz gepriesen wird. *Wäre es da/ Nicht doch einfacher, die Regierung/ Löste das Volk auf /Und wählte ein anderes?* (Haha.)

Ob du übermorgen, überlegtest du auf dem Weg vom Parque Central hinüber zu jenem Hotel, wo ein funktionierendes Internet lockte, diese krude *Kuba*-Anekdote zum Besten geben solltest – bei dem nachmittäglichen Schriftsteller-Treffen, das Hans Christoph Buchs Übersetzer in einer Dachwohnung im Vedado arrangiert hatte?

Vorsicht, Amigo – wusstet ja bis jetzt nicht einmal, ob Brechts Vorschlag hier auf Cuba nicht doch angenommen und vom CDR und DER

Partei *flächendeckend* umgesetzt worden war, ohne jede Ironie und sich tatsächlich ein neues Volk erschaffend und den nicht umzumodelnden Rest, *die antisozialen Elemente*, vor die Erschießungspeletons, in die Gefängnisse, auf die Flöße. Dachtest an Señora Schon und die Museumsdamen. (Aber die Stasi-Schöne? Aber Karate-Gabriel? Aber Walker? Aber Alfredito und die Wippende? Aber Lazaro? Aber Señor Padura mit den Schweißperlen auf der Stirn? Waren doch gewiss nicht solch orwellsche *Neue Menschen*, sondern Verteidiger ihrer Freiräume, mit welchen Wahrheiten oder Lügen auch immer. Oder? *Oder* – wie mit hartem Schweizer Akzent der puppenhafte Chef deiner jetzigen Unterkunft die Überlegung beenden würde, er jedenfalls – so schien es dir – Gewächs eines anderen, ebenfalls undurchschaubaren Biotops.)

Es summte und klirrte und plapperte und plänkelte in der Lobby des *Hotel Iberostar*, und auf dem von lärmigen Touristenstimmen und geflüsterten Einheimischen-Schwüren gewebten Teppich eilten nicht nur weiß befrackte Kellner mit Tabletts voll CubaLibre und Mojito umher, sondern stand – unterhalb der Freitreppe auf die Galerie in der ersten Etage – auch ein ebenso weißes Klavier und darüber gebeugt ein ergrauter Barpianist, der den Geräuschen routiniert das seinige hinzufügte: *Hello Three times a lady Yesterday... Guantánamera*. Du fragtest den Doorman mit der Schirmmütze nach dem Internet-Raum. Sich im Ohr kratzend, wies er gleichmütig in Richtung Treppe und deutete dann mit einem Fingerzeig *beinahe* gerade aus, Richtung fünf-vor-zwölf. Du sahst: Die Schnatternden (Gruppenreisende und Ehepaare, die einen verschwitzt von einem Ausflug zurück, die anderen in parfümduftender Erwartung, *zu einem ganz besonderen Abend* abgeholt zu werden) und die Tuschelnden – er alt und weiß, sie/er hellbraun und jung. Bahntest du dir zwischen ihnen einen Weg nach oben. Die Geschäfte entlang der umlaufenden Galerie waren Luxusboutiquen, und beim Klingklong-Klang der Türklingeln sahst blondierte Italienerinnen und Spanierinnen im Alter deiner Mutter heraustreten, Tücher und Hautcremes und zusätzliche Sonnenbrillen in den manikürten Fingern.

Vor einer Theke mit der Aufschrift *Business-Center* eine Warteschlange. »Das ist Cuba«, sagte eine Amerikanerin als Antwort auf deine nichtgestellte Frage, »das Haus voller Gäste, im Zimmer natürlich kein Empfang, aber den *Amigos-Señores* hier scheint *la comida* wichtiger zu sein als uns ihre verteuerten Internet-Coupons anzudrehen.«

Und da sie die Klage über die gerade jetzt zum Essen abwesenden Angestellten als *la coumijda* über die geschminkten Lippen brachte und dich dies an Nat King Coles *Tuh sjempräjh mej rispondejs key sass key sass key sass* erinnerte, musstest du so lachen, dass sie es für eine Bestätigung hielt und ein bislang wie gedankenverloren an der gegenüberliegenden Wand lehnender Schwarzer aufsah: In diesem Moment trafen und verhakten sich eure Blicke.

Eine gefühlte Ewigkeit später waren die Señores Staatsangestellten von *la coumijda* zurück und verteilten für je fünf CUC die Coupons, worauf ein *run* den schmalen Teppichgang hinunter einsetzte, um unter den Ersten zu sein, die hinter der linksseitigen Tür auf die sechs PC's im Raum zustürzten, sich mit einem Seufzer der Erleichterung auf die Stühle davor plumpsen ließen und begannen, die komplizierten Buchstaben-Zahlenfolgen vom Zettel auf den Computer zu übertragen.

Die Amerikanerin hatte den letzten Stuhl ergattert und sandte dir ein entschuldigendes Lächeln, was indessen gar nicht nötig war: Sahst du doch nun etwas, von dem du bisher nur in Zeitungen gelesen hattest, in jenen Artikeln, die *nicht* in das Mantra vom *Wandel auf Cuba* einstimmten. In dem Moment nämlich, wo du auf der Stuhlreihe an der Wand unter den wartenden Einheimischen Platz nahmst (deine Assoziation zu den Patienten der Poliklinik, die vielleicht jetzt in dieser Minute von Lazaro aufgerufen wurden, als letzte vor Schichtende), standen *sie* auf und tauschten mit den vor den Computer Sitzenden, die sich daraufhin neben dich setzten. Bis auf das Geräusch der knarrenden Stuhlbeine – lautloser Seitenwechsel. Es waren vor fast ausschließlich Spanier, die nun neben dir saßen, und die Art, wie *sie* dich anschauten, hatte nichts vom Sekundenflirt gegenüber der Theke. Um sie zu beruhigen, gabst du deiner Mimik etwas entschlossen Verständnisvolles – das Mindeste, was du tun konntest, obwohl es dir lieb gewesen wäre, auch du hättest helfen können, *so konkret.*

»Die brauchen's dringender als wir«, sagte halblaut der nun neben dir Sitzende in Spanisch akzentuiertem Englisch.

»Wünschte, ich könnte auch mittun...«

»Dann loggen Sie bitte nicht aus, wenn Sie fertig sind, sondern... Ich bleib' hier sitzen, und der Richtige wird dann bei Ihnen nachrücken.« Auch dies halblaut, nun ohne Blickkontakt. (*Beiseite gesprochen,* wie in einem altertümlichen Bühnenstück.)

Denn *davon* hattest du gelesen: Menschenrechtler und Mitarbeiter verbotener NGO's, die inzwischen ihre Berichte und Manuskripte nicht nur befreundeten ausländischen Journalisten und Diplomaten zum Herausschmuggeln mitgaben, sondern auch die Hilfe zuvor instruierter westlicher Kollegen erhielten: Unauffällige Quasi-Touristen und Hotelgäste, die sich die umgerechnet fünf Euro für eine halbe Internetstunde leisten konnten und dann so diskret wie möglich den Platz freiräumten, damit die Einheimischen schnell mailen oder bloggen oder verbotene Websites lesen konnten, Seiten wie etwa das von Pablo Diaz in Madrid herausgegebene *Diario de Cuba*. Dennoch: Kaum vorstellbar, dass die Geheimpolizei, dass die im Unterschied zum auftrumpfenden CDR tatsächlich *Klandestinen*, nichts von dieser Praxis wussten. Gehörten der Dormann, die Comida-Señores, und die Kellner, womöglich sogar der Pianist dazu, die sich per Augenkontakt über herumstreunende Einheimische verständigten? Als schließlich auch du vor einem Computer Platz nehmen konntest, ließt du in der langen Phase, ehe die eingegebenen Passwörter- und Zahlen des Coupons den Weg zum Internet öffneten, den Blick schweifen. Und sahst wieder ihn, vielmehr rochst seine Präsenz: Wiederkehrender Hauch von Armani, dazu dieser intensive Blick in einem Gesicht, das makellos gewesen wäre ohne die zwei schiefen Schneidezähne, die sichtbar wurden, als dir ein Lächeln gesandt wurde: Erneut bohrte der großgewachsene Schwarze mit den Goldreifen am Handgelenk seine Pupillen in deine. Mit Sicherheit kein Spitzel, dachtest du, gabst das Signal zurück und empfingst jedes Mal ein weiteres, sobald du während deines E-Mail-Checkens und schnellen Beantwortens kurz zur Seite schaust. Und warst dann aus doppelter Absicht schnell fertig: Dem Großen zu folgen, der nebenan bereits ausgeloggt hatte, einen Pfeilblick in deine Richtung sandte und sich betont langsam, Armani im Schlepptau, aus dem Raum bewegte – *und* um jenen schmalschultrigen Mulatten auf deinen Stuhl zu lassen, der rechts neben dem Spanier gesessen und die ganze Zeit geflüstert hatte.

Die Tür des Shiguli-Taxis an der Ecke Calle Habana/Calle Brasil schlug scheppernd zu, doch war eine Viertelstunde zuvor die lasierte Holzlamellentür auf der Galerie-Etage des *Iberostar* mit sanft-sonorem Schnapp ins Schloss gefallen. *Wir sollten zusammen dinieren. We should have dinner tonight. Est-ce que tu es libre ce soir pour dîner avec moi?* Das hatte er gesagt, nur wenige Augenblicke, nachdem die Tür sich hinter dir geschlossen hatte, denn du warst dem Signal seiner Augen und, sobald er dir den Rücken zugedreht hatte, der Sprache seiner Schulterbewegungen gefolgt – vom Internet-Raum den Gang vor zur Galerie und links zur Herrentoilette. Und da stand er auch schon, vor einem Spiegel, der seine Gestalt nur bis zur unteren Gesichtshälfte zeigte. Seine Lippen, die er sogleich auf deine drückte, dich dann mit seinen neunzig Grad gewinkelten Armen wieder auf Abstand brachte, dich ansah (wegen seiner Körpergröße also ein wenig auf dich he-

rab) und, nachdem er dich zu schätzen schien (Beweis: der schnelle Kuss vorm Spiegel) nun abschätzte. Und du? Sahst den massiven, wenngleich nicht korpulenten Körper, das kurzrasierte Kraushaar, die dunkle Haut und die rötlichen, leicht trockenen Lippen, Gesichtslandschaft eines wohl etwa mittvierzigjährigen Schwarzen, markant statt faltig, lediglich die zwei schiefen Schneidezäune eine gewisse Irritation. (Attraktion?)

»Du warst ja *sehr* schnell fertig, Kleiner.«

»Aber auch nur, weil es keine wichtigen Nachrichten gab und *du* derart schnell ausgeloggt hast.«

»Weil es nur einen einzigen Maileingang noch zu prüfen gab. Und davor... Beinahe den ganzen Nachmittag vor dem PC verbracht, denn zu Hause im Büro... Du kannst dir nicht vorstellen, was es für eine Herausforderung ist, hier Geschäftsmann zu sein und die Kontakte nach Europa zu halten. Gestatten: Antonio.«

»Geschäftsmann?«

Antonio war Antiquar mit Zuneigung für die schönen Dinge des Lebens, inklusive Dinner-Orte mit Ausblick. Und so ratterte das Shiguli-Taxi jetzt den Paseo hinunter und bog gegenüber dem Castillo de San Salvador nach links, den Malecón entlang. Du sahst auf die Uhr und durch das offene Fenster nach draußen: Noch stand die Sonne über dem Meer und hatte ihr fahles Gelb nicht gewechselt. *Bitte sei pünktlich, damit wir den Sonnenuntergang nicht verpassen:* Klare Ansage des großen Ästheten vor dem Spiegel, nachdem er dir die Adresse des Meerblick-Restaurants auf einen Zettel geschrieben und etwas vom *angesagtesten Sundowner-Ort derzeit* gemurmelt hatte.(Wie er murmeln/nuscheln konnte und im nächsten Moment seiner Stimme etwas beinahe Metallisches geben, einen drängenden Tonfall, der mit Widerspruch nicht rechnete. Dazu der Pfeilblick der Augen.) *Jeder geht heim und zieht sich für das Dinner um, und dann Punkt sieben Uhr auf dieser Terrasse am Malecón, aber du lässt mich bitte jetzt zuerst hinaus auf die Galerie und wartest danach ein wenig, ja?*

Auf der Höhe des Parque Maceo hatte es eine Absperrung gegeben, deren Grund nicht sichtbar wurde; die Betonfläche linkerhand nämlich war leer und nirgendwo fähnchenschwingendes Volk. In beiden Fahrtrichtungen stauten sich die Autos, ohne auch nur einmal zu hupen. Die Sonne wurde darüber orange und du sahst besorgt auf die Uhr, zehn nach sieben.

»Ob ich besser laufen soll?«, fragtest du, den Blick auf die Mauerbrüstung des Malecón gerichtet.

»Wenn sie absperren, dann für alle«, entgegnete gleichmütig der Fahrer. »Swird wegen demPolitikersein, demausParis.« Doch war nirgendwo ein Limousinenzug zu sehen, nicht einmal – außer dem Polizisten in den enganliegenden VillagePeople-Hosen, wie er sich da vor seinem in der Mitte des Malecón abgestellten Motorrades aufgebaut hatte – zusätzliche Uniformierte. Als er mit einem Pfiff endlich die Straße frei gab und der Verkehr (kleinlaut trotz der Rattergeräusche, wie dir schien) wieder in Gang kam, war es bereits zwanzig Minuten nach der mit dem Antiquar vereinbarten Zeit. Dennoch warst du überrascht, ihn an der vereinbarten Adresse *vor* der Terrasse auf- und abgehen zu sehen, sichtlich nervös.

Als du aus dem Wagen stiegst und die erneut beinahe leere Uferstraße überquertest, beleuchtete ein sinkender roter Ball sein Gesicht, so dass es aussah, als wäre er zornig.

»Es tut mir leid, aber da war plötzlich diese Motorrad-Absperrung, da vorn am Parque Ma...«

»Man sollte immer vorbereitet sein«, beschied dich der Antiquar und schien sogar deine ausgestreckte Hand zu ignorieren, bis er dann doch einschlug und ihr gemeinsam durch das offene Metalltürchen eintratet und auf einen weißgedeckten Sonnenschirm-Tisch im hinteren Teil der Terrasse zusteuertet. Von hier aus konntest du den roten Ball ins Meer tunken sehen und, wenn du dich auf dem Korbstuhl etwas zurücklehntest und über die Schulter schautest, das bereits erleuchtete Innere des *angesagten Ortes* betrachten. Kellner in dunklen Hosen und mit gestärkten weißen Hüftschürzen, halb verputze Wände mit gerahmten Schwarzweißfotografien, eine Bartheke mit eindrucksvollem Flaschen-Arsenal, an der Decke die Ventilatoren und in der Luft sanfte, ein wenig sämig klingende Boleros – ein auf rustikal getrimmtes Interieur ähnlich jenem Restaurant in Trinidad.

»Ein schöner Ort!«

»Und hast dabei noch nicht einmal das Menü gesehen, die Meeresfrüchte, die Cocktails. Doch schau' mal, wer da kommt...« Ein nun wieder versöhnlich Gestimmter, der seine massive Hand auf dein Knie legte, den Kopf ein wenig zur Seite geneigt.

Drei Weiße betraten die Terrasse; an der Eleganz der Frauen und dem servil effeminierten Habitus des schlaksigen Mannes erkanntest du die Franzosen, noch ehe du sie hörtest.

»So etwas denkt man nicht und sagt es noch weniger«, entgegnete (nun wieder vorwurfsvoll) der Antiquar, als du leise wiederholt hattest, was du soeben gedacht. »Das sind respektable Leute, Angestellte des Kulturzentrums, Kunden von mir.«

Sagte es freilich erst, als das Trio schon im Innenraum verschwunden war und du von dort ein quäkendes *Mais oui* hörtest, untermalt vom kristallinen Giggeln der Frauen.

»Du kennst sie?«

»Über Mittelsmänner, my dear, über Mittelsmänner. Die ebenfalls Experten für alte Möbel sind und Restaurierungen mit Stil.«

»Über Mittelsmänner sind sie auch meine Kunden.«

Die hochgezogenen Augenbrauen des Antiquars, während er gleichzeitig nach der Karte griff, die ihm der Kellner reichte. »Wie das?«

»Weil sie von unseren europäischen Steuergeldern leben, Spesenritter samt Dulcineas«, sagtest du in aufgeräumtem Ton, rücktest den Stuhl ein wenig zur Seite und schobst die linke Wade übers rechte Knie: Nicht angriffslustig, eher amüsiert. Der erste Pikierte auf deinem Trip, dachtest du. Nun gut, soll er dich einladen und danach seinen Lohn empfangen – der breite Goldring über dem Daumen und die alternierend abgewinkelten Handgelenke des Großen signalisierten dir mit ziemlicher Sicherheit eine rein passive Präferenz. (*Falsa conclusión, amigo?*)

»Aber Cervantes war Spanier«, widersprach er *beim Lesen*, was ihn dir sofort wieder sympathisch machte: Penibel-hyperkorrekter, vermutlich einsamer Single in einem Staat der offiziell verordneten lumpenproletarischen Gleichmacherei, *spätbürgerliches Produkt*. Dachtest dir sogleich eine Biographie für ihn aus – früh an Gram verstorbene Eltern, eine feinsinnige Tante oder ein stilvoll verarmter Onkel in einem verwunschenen Stadtpalais, so etwas in der Art. Dachtest nicht daran, dem offenbar Scheuen schon jetzt mit Nachfragen zu kommen. Dachtest jedoch an das Schicksal des Poeten Virgilio Piñera und *das* sagtest du ihm dann auch.

»Selbstverständlich ist mir der Name ein Begriff. Obwohl ich's eher mit ganz alten Manuskripten habe, aus der Zeit des spanischen Generalkapitanats und sogar mit Inkunabeln, falls dir der Fach-Terminus etwas sagt. Eine Ausfuhr ist inzwischen kein wirkliches Problem mehr, und solltest du an derlei interessiert sein, könnte ich...«

»Darüber ließe sich reden!«

(Mein Gott, wie redest *du* denn auf einmal! Und was suggeriertest du ihm damit?) *Nach* dem Sonnenuntergang. *Nach* dem Dinner. *Nach* dem Zahlen. Plötzlich glaubtest du zu verstehen, weshalb sich der Antiquar vorhin auf der Galerie und am Internet herumgetrieben hatte; Kunden-Akquirierung auf informelle Weise. (Wozu es passte, dass er dir keinerlei Fragen stellte, die Erwähnung von Virgilio Piñera – immerhin durch einen Deutschen – nicht seltsam fand und dir stattdessen abwechselnd ins Ge-

sicht und auf den Schritt starrte, wobei eine plötzliche Missfallensfalte auf der Stirn deiner allzu legeren Sitzposition zu gelten schien.)
»Das ist ein *sehr* angesagter Ort! Du hast es an den Franzosen gesehen, im Laufe des Abends werden dann noch andere Expats kommen und dinieren. Wenn du's lieber lässig haben möchtest – austoben kannst du dich auf meinem Bett in Miramar und *dort* werde ich dir zu Diensten sein.«
(Ein älterer Bruder des Nachhaltigkeits-Passiven von gestern Nacht, dem Community-Kämpfer gegen *Transphobia*?)
Als der Kellner kam, hattest du bereits deine Sitzhaltung korrigiert und dem Ort angepasst, auch dein marineblaues Button-Down-Hemd war nun nur noch einen Knopf weit offen – symmetrisch zum Weißkragen-Hemd des Antiquars. Und die Sonne? Verabschiedete sich, längst zu orangenen Linien zerflossen und einen Himmel in Indigo-Schraffur hinterlassend, während der Antiquar bestellte. *Kleinigkeiten* (dies zu Dir gesprochen), die dann doch einer gewissen Aufzählung bedurften, am Schluss die Frage nach den Getränken. »Empfehlen würde ich den Cocktail á la Casa, nichts künstlich Aufgehübschtes.«
Nachdem sich der Kellner mit knapper Verbeugung verabschiedet hatte, um sich gemessenen Schritts den anderen Terrassen-Gästen zu widmen, schien der Pleonasmus vom *künstlich Aufgehübschten* die beste Überleitung, von den *objetos* zu berichten, die sich in jenem Haus in Miramar befanden, um dort von *kultivierten Ausländern* begutachtet zu werden. Ein Grammophon aus der Zeit des Diktators Machado, solide dreißiger Jahre. Diverse Keramik, Lithografien, intarsiengearbeitete Aschenbecher und original silberne Zigarrenabschneider, dazu Vinyl-Schallplatten – Material und selbst die Papierhülle vom Feinsten – aus den Vierzigern, Aufnahmen von Benny Moré und der *göttlichen* Rita Montaner. (Irgendetwas hielt dich davon ab, Ritas irdischen Neffen Carlos Alberto zu erwähnen.)
»Aus den Fünfzigern der späten Batista-Zeit gäbe es eine Menge Nippes, Ondulierstäbe und Familienfotografien aus Oligarchen-Haushalten, ja sogar eine veritable Jukebox. Verschiffung wäre ebenfalls kein Problem.« Jedes Mal, wenn die preziöse Liebhaber-Beschreibung dem Händler-Tonfall Platz machte, bleckte Antonio-der-Antiquar die Lippen und entblößte die zwei schiefstehenden Schneidezähne. Erinnerten dich – womöglich unter dem Eindruck des Cocktails, der in langstieligen, bauchigen Gläsern mit eiszuckrigem Rand serviert wurde und in der Tat *apart* war – an jene Miniatur-Elefanten mit Stoßzahn, die du in Ausstellungen gesehen hattest, zur Dekoration von Teakholz-Sekretären, wo sie Bündel vergilbter Briefe rahmten.

Woher mochte der avancierte Trödel gekommen sein, fragtest du dich, während an dein Ohr die leise Aufforderung des Antiquars drang, nicht so schnell die Aprikosen-Rum-Melonen-Whisky-Pampelmusen-Brandy-Köstlichkeit hinunter zu kippen, schließlich sei man hier nicht in einer *Bar*. Aus Haushaltsauflösungen – doch mit welchem Geld erstanden? Aus gebrochenen Versprechen des Onkels/der Tante, die das einst von eben jener Oligarchie Zusammengeraffte bei deren Flucht '59 zu bewahren gelobt hatten und nun durch ihren Neffen verscherbeln, so lange die Erben nicht legal aus Miami zurückkommen und nach dem Rechten/Unrechten schauen konnten? Gab es nicht sogar einen Roman von Leonardo Padura über dies zwielichtige Milieu – einen *Krimi*, mit *Leiche*? (Gott, hatte man dir etwas in den Cocktail geträufelt, dass solche Gedanken nur so herbeipurzelten?)

Deine Neugier wuchs, während sich mit gleicher Rasanz das physische Interesse verflüchtigte, da die vorwurfsvolle Redeweise des Antiquars abtörnte, zu schweigen von den zwei diagonalen Hauern, die sich vom eingenommenen Geld der verkauften *objetos* doch wohl längst hätten richten lassen – vielleicht ja sogar im Dentisten-Kabinett von Lazaros Poliklinik. Diese plötzliche Sehnsucht nach ihm, dem ebenfalls Hochgewachsenen mit dem so gänzlich anderen Habitus. (Lacan statt Louis Philippe?) Würdest ihm jedenfalls beim morgigen Wiedersehen diese Geschichte *als Schnurre* erzählen – diese Überlegung, stimulierend und auf einmal ganz konkret, nachdem die als *Probierteller* angekündigte, mit allerlei Kleinem überhäufte Platte serviert und von Antonios wuchtigen, doch wiederum abgewinkelten Goldfinger-Händen sofort auf seine Seite des Rundtischchens gezogen worden war.

Frittierte Tempura/Ananas-Stückchen/Rotbraun angebratene Scampi auf grünem Salatbett/mayonnaisebeträufelte Filetstückchen vom Tuna-Hühnchen-Rind/Melonenwürfel und Oliven/Chorizo und Hartkäse...und. Und deine steigende Wut. Ein Bonzen-Restaurant? Diese abgesperrten Perspektiven! Denn nie-nie würden die auf dem Trottoir unterhalb des schmalen Terrassen-Mäuerchens panthergleich vorbei schlendernden Jugendlichen oder die schlurfenden dicken Mamás und die müden Hobbyfischer das Geld für solch einen verdammten Dinner-Teller aufbringen, den dich die Gnade einer anderen Geburt auch noch als 0815 abqualifizieren ließ. Und fast ebenso unmöglich wäre es, hier ins Meer zu steigen, um ins unerreichbar nahe Florida zu entkommen mit einem Boot/einem Floß/einem schwimmenden Bus oder einer mit Autoreifen versehenen Schranktür. *Nie-nie*, solange es das Regime oder die Haie gab. (Was auf das Gleiche hinauslief.)

»Was denkst du über das Angebot?«

»Den Erwartungen entsprechend. Auch wenn ich von den zwei Tempura-Stückchen zumindest *eines* gern gehabt hätte. Kleiner Scherz...« Du erfreutest dich an deiner grimmigen Lustigkeit, während der Antiquar dich weiterhin fixierte, jetzt erneut mit senkrechter Falte zwischen den dichten Brauen.

»In meinem Haus in Miramar gibt's dafür duftendes Öl und auch Honig, den du mir vor dem Eindringen einmassieren kannst in die Haut, die schwarze. Und dazu Mangos essen, triefend. Rum aus meiner Kredenz, doch apropos...vielleicht noch ein Cocktail?« Wie so viele obsessive Ästheten schien auch jener Antonio weder Humor zu besitzen noch die Fähigkeit, sein Tun mit den Augen der Anderen zu betrachten. (Dennoch etwas seltsam für einen Antiquar ergo *Verkäufer*, oder?)

Verwöhnte oder gängelte er dich? Anscheinend beides, doch schien *er* sich in einer Position zu befinden/sie gesucht zu haben, die auf der Insel eher anreisenden älteren Weißen zugedacht war, in ihrem klebrigen Paternalismus gegenüber den einheimischen Chicas/Chicos, ihrer parfümbenebelten Einsamkeit, ihrer verzweifelten Suche nach Sex. Nun gut, würde es jetzt eben tatsächlich *andersrum* sein. Der Gedanke, dich bei dem Neu- oder Altreichen in seinem derart angepriesenen Haus in Miramar vielleicht sogar ein wenig zu prostituieren, fixte dich an. (*Schon* wieder – Häuser und Wohnungen! Und würdest darin den kaprizösen, einen Kopf größeren Antiquar durchnehmen – von hinten, wegen der Schneidezähne – während deine Augen erneut eine Kamera wären, von der Chaiselounge über den Schaukelstuhl und den Isfahan-Teppich ins Innere der anderen Zimmer schleichend, katzengleich).

»Vielleicht noch einen Cocktail?«, insistierte die Gestalt neben dir, die sich auf der erhellten Terrasse vor dem nun bereits dunklen Himmel wie ein opulenter Scherenschnitt abhob. Bourgeoises Tun und Tändeln in spätsozialistischer Nacht, keinem CDR-Kolibri-Auge offenbar, von keinem Schnabel-Schwert unterbunden. (Erstaunlich!) Und begingst den Fehler, *Ja* zu sagen. Andere Fehler würden sogleich folgen, in ihrer rasanten Reihung fatal, doch erst später, in der Stunde um Mitternacht, sollte...

»Gern! Diesmal vielleicht ein Mojito?«
»Wird sofort erledigt, mon cher. Toutesuite, padsouci, beaugosse!« (Hattest du nicht bemerkt, dass ihr bereits seit einigen Minuten *französisch* spracht und Antonio-Antiquar nicht nur abrupt vom Formellen ins Frivole wechselte, sondern auch von Hoch- in Alltagssprache, quasi von Versailles nach Clignancourt?)

»Merci! Wenn du mich kurz entschuldigst...« Dein zweiter Fehler. Auf dem Rückweg vom WC fiel dein Blick auf das plappernde Franzosen-Trio und wieder spürtest du Wogen des Zorns aufsteigen. (Logisch, so nahe des Meeres...) Vor ein paar Stunden die flüsternden Oppositionellen im Internet-Raum und hier die unbesorgten Europäer – die ihre Unbesorgtheit, dachtest du, vorbei an den lauschigen Sitzecken mit den filigranen Metallstühlen, dem polierten Holztresen der Bar, auf dem sich das Überangebot der Rumflaschen vor der Spiegelwand erneut spiegelte (warst du etwa besoffen?), die ihre Unbesorgtheit wie ein Kleid von Dior spazieren führten, ausgeruhtes/finanziell abgepolstertes Institutionspack mit ins Hirn eingebautem Weichzeichner, ihrem berühmten *differenzierten Blick*, der noch jede elende Realität auf Abstand zu halten vermochte, *sujet* für amüsiert-gelehrtes Plaudern. Während die Einheimischen an den anderen Tischen, dunklere Haut und sinnlichere Gesten, aber wohl dennoch der gleichen Spezies angehörend, wie auf dem Sprung zu sein schienen in eben jene Welt des champagner-prickelnden Vitamin B und eines pensionsgesicherten *Verständnisses*.

Als du dich dem Antiquar wieder gegenübersetzt, stehen bereits zwei Mojitos auf dem Tisch, spitze Minzefähnchen im körnigen Eis.

»Salut«, sagte er und sagtest du, und da (spekuliertest du später) musste Antonio den Blick aufgefangen haben, mit dem du seine erneut abgewinkelte Hand betrachtetest. (Deine Vorfreude auf Lazaro, der seine Arme so ganz anders hielt.)

»Also wärst du an meinen *objetos* interessiert?«

»Habe ich gesagt, dass ich mir das leisten könnte?« Dritter Fehler.

»Oh...«

»Hör mal, Antonio«, sagtest du und sagtest es, während du den Stuhl etwas zurückschobst, und dich wieder in deine Wade-überm-Knie-Position zurechtflätztest, seinen missbilligenden Blick mit Freude ignorierend. »Das einzige, was ich von einer Zimmereinrichtung verlange: Doppelbett mit frischen Laken, genügend Bücher, ein Bad mit Klo, und natürlich keine Kakerlaken. Auf das andere... Das andere wäre verzichtbar.« *Dispensable.*

»Stellst du auch bei der Literatur so wenig Ansprüche?« Jetzt sah er dich beinahe furchtsam an, ein geprügelter Bär, und schon tat dir deine harsche Rede leid.

»Okay, verstanden! Jedem seine Präferenz...«

Um wieder konzilianter zu sein, erzähltest du ihm von der Señora Schon und ihrem Angebot, einen Kontakt mit Miguel Barnet herzustellen.

(Hätte sie nicht längst in der Casa des Schweizers, deren Telefonnummer du ihr gegeben hattest, anrufen müssen?)

»Das wird sie *niemals* tun.« Seine Stimme nun *schon* wieder metallisch, der Blick wieder starr, die ganze selbst im Sitzen wieder wie aufgerichtete Antiquarsgestalt *im Oberwasser schwimmend*. (UndwasistindiesemverdammtenMojitomitmehralsMinzeundRum?)

»*Niemals* wird diese Frau wagen, ihn zu fragen, und selbst wenn, würde er *niemals* antworten. *Miguel Barne*t! Weißt du überhaupt, von wem du da redest...«

»Hab' seine Bücher gelesen...« Dein Versuch, nicht klein bei zu geben.

»Na und? Ein Mann der Macht! Intimer Freund derer da oben, *ganz* oben, wo die Luft dünn ist – zum *Schneiden*. Eine Schwester und gleichzeitig ein Genosse, wenn ich mich klar ausdrücke. Und *niemals* wird er anrufen – da in deiner Altstadt-*casa particular*.«

Sprach's schnell und verächtlich und rief den Kellner für die Rechnung. Kam der Kellner und reichte den länglichen Zettel. (So schnell?) Nahm ihn der Antiquar und las dir gleichmütig die Summe vor, und da du nachfragtest, noch einmal. Und fragtest erneut, während sich der Kellner zurückgezogen hatte oder besser: vor gegangen war zu jenem in das niedrige Mäuerchen eingelassenen Türchen, von wo er, mit seiner Hüftschürze ein lendengeschürzter Indianer, mit wachen Augen den Malecón absuchte – auf der Suche nach wem?

»*Achtzig* CUC? Das wären achtzig *Euro* für eine Starter-Platte und vier Cocktails?«

»Exakt. Ich hoffe, du hast es passend, aber man kann hier auch wechseln.«

Und du, plötzlich panisch. *Auf einen Schlag*. Hektisch in deinen Taschen puhlend, das *spätabendliche* Budget *zutage*fördernd (doch kein Sinn jetzt für Wortspiele – nein), die Scheine auseinanderfaltend und zählend, während der Antiquar vorgab, sinnierend in den Himmel zu schauen. Schweißperlen auf deiner Stirn, Blubbern im Magen und stoßweiser Atem, da doch der Knäuel in den Händen immer kleiner wurde ohne dass auf dem weißleineren, von *Starter*-Krümeln gefleckten Tisch der Schein-Stapel sichtlich wuchs. Deine seltsame, völlig unangemessene und doch logische *Freude* als du – sechzig, siebzig...achtzig! – doch noch alles zusammenbrachtest. (Die fünf verbliebenen CUC schnell in die Jeans zurück gesteckt, dir zu deiner Cleverness gratulierst – wenigstens also das gerettet – aber nicht etwa auf den Gedanken gekommen, die Rechnung zu erbitten und einen Blick auf die einzelnen Posten zu werfen, den Kellner zu fragen, den Chef zu konsultieren. Wie paralysiert bist du/wie paralysiert du bist, Kaninchen *in* der Schlange. UndwaswarimverdammtenMojito?)

Der Antiquar, sich auf Englisch beim Kellner entschuldigend, dass es leider nicht für ein Trinkgeld reiche. (War da ein Augenblinzeln zwischen den beiden?)

Als ihr wieder draußen auf dem Malecón standet, griff seine große warme Hand nach deinem Oberarm und dirigierte dich zur Kreuzung von Calle O und Linea. Eure Schritte, der sich entfernende Malécon. Autoscheinwerfer, im Schatten von Laubbäumen wartende Menschen. (Auf *was* wartend?)

»Wohin gehen wir?«

»Na, in mein Haus in Miramar. Nach dem Dinner bin ich dir Befriedigung schuldig.«

»Tut mir leid, aber selbst das Geld für ein Taxi hätte ich nicht mehr – nach dem *wundervollen Dinner*.«

Schon bist du wieder stocknüchtern, eiskalt höflich. Sprichst überlegt, nicht eine Sekunde in Gefahr, zu schreien oder gar mit einem Schlag die Schneidezähne zu richten.

»Aber du hast doch noch diese fünf CUC.« Dreifacher Fehler des Antiquars: Dies zu sagen, dabei die Zähne zu entblößen und gleichzeitig den Griff um deinen Arm zu verstärken, Schaben seiner Fingernägel über dem Hemdstoff. (*Das Lächeln des Fälschers*, denkst du, hieß nicht ein Patricia-Highsmith-Roman so? Deine solcherart wiedergefundene Balance; *wo es Vergleiche gibt, ist immer auch Hoffnung*.)

»Ich glaube«, sagst du freundlich, und weder zittert deine Stimme noch schließt du die Augen vor all den Auto-, Moped- und Bus-Scheinwerfern, die vom Malecón und der Calle O vorrücken, um die marode Fahrbahn der Linea zu kreuzen und zu flecken, »ich glaube, einer geht nach Hause. Und der andere, *Du...* wirst dich jetzt ganz schnell *verpissen*.« Entwindest dich, synchron mit dem letzten Wort, seiner Hand, siehst dem angeblichen oder realen Antiquar *nicht* noch einmal ins Gesicht, machst kehrt und gehst von dannen, *hinaus in die tropische Nacht*. Ganz ruhig, dein Atem wieder unter Kontrolle. Keine Nadeln in den Schläfen, auch kein Wummern, kein Nebel mehr vor den Augen. Siehst so klar wie nie zuvor in den Stunden seit dem Blickwechsel auf der Galerie des Luxushotels.

Das erregende Beispiel eines Volkes das bereit war sich im nuklearen Krieg aufzuopfern damit seine Asche als Fundament für eine neue Gesellschaft dienen könnte das erregende Beispiel Zum Beispiel dieser Satz von Arschloch-Che, als er Fidel (und Fidel Chrustschow) überredet hatte, Atomraketen auf Cuba zu stationieren – hattest die Worte ja gespeichert, *für gewisse Momente*. Berliner Schriftsteller-Panels, entspannte DAAD-Abende, Lesungs-Diskussionen und Publikumsfragen und späteres Beisammenstehen bei Brezeln und Wein und der üblichen Verlustklage um *Idealisten wie zum Beispiel den...* Dafür, für solche Momente. Die faschistoiden Bourgeois-Vokabeln auswendig gelernt, des Che im Wortsinn absolute Menschenverachtung ins Ohr der allzeit Guten/Liberalen/Differenzierungswilligen geträufelt und – da selbst das ihnen nicht genügte und automatisch gekontert wurde mit freundlich-skeptischem *Hat er das wirklich so gemeint aber die Amerikaner die hatten doch vor allem* – und dazu dann noch dies: *Wir müssen auf dem Pfad der Befreiung voranschreiten, auch wenn das Millionen atomarer Opfer kosten sollte ohne Furcht sieht das cubanische Volk einer Hekatombe entgegen die endgültige Erlösung bedeutet Wir müssen auf*

Den Malecón entlang schlendernd, die von Salpeter zerfressene Ufermauer und die gegen den porösen Stein baumelnden Sandalenfüße und nackten Beine zu deiner Linken, hattest du die beiden Sätze plötzlich wieder parat, Wort für Wort. Wie hilfreich! Da doch deine Wut, nun kalt und sezierend, zurückgekehrt war, je länger du durch die Nacht liefst. Geneppt, großer Observateur! Ausgenommen von einem Ästheten-*Darsteller* (es fehlte nicht einmal die Zickigkeit als naturalistisches Detail) und seinem Kellner-Kompagnon, vorgeführt und ausgepresst und überdies noch mit der bohrenden Frage nun hier unterwegs entlang des Malecón, ob dem *wirklich* so war, ob es das *Haus der objetos* in Miramar ja vielleicht doch gab, denn wer würde, wäre er Dieb oder Hehler oder schlichtweg auch nur *Farfelu* – sich mit einem Abendessen und zwei Paar frittierten Tempuras zufrieden geben. Andererseits: Die überhöhte Summe, ihr Löwenanteil zwischen ihm und dem Kellner geteilt, immerhin das Äquivalent eines Monatslohns.

Und da du solchermaßen sinniertest, dabei über eine Bodenwelle stolpertest und gleich danach ins nächste Trottoir-Schlagloch stapftest, so dass du dich nur mit Mühe vor dem Hinfallen retten konntest, dich an der Mauer (schlierig schründig verschmutzt verdreckt ölig) abstütztest, dabei das Knie einer jungen Frau streifend, ein schrilles Kichern kassierend und das spöttische Gebrumm ihrer männlichen Entourage, die dir ein *muy rapido, chico* hinterher rief und dazu eine Lachsalve in deinen verschwitzten Rücken abfeuerte... geschah dies: Liefst, jetzt wieder im Gleichgewicht, durch die linde Nacht, gedachtest das Taxi zu sparen und lieber zu Fuß den Malecón entlang zu gehen/*entlang zu hassen*. Scheiß auf die hiesige

Ambivalenz, dachtest du, spätkommunistisches Räubergesindel allesamt. Sehnsucht nach Costa Rica Barcelona Tel Aviv Rio Lima Panamá. (Hey Freunde – was ich euch jetzt alles zu erzählen hätte über dieses von den Castros versaute, aber vermutlich schon zuvor verlogene Pack auf jener Insel da, also...) Deine erbitterte Rede zu dir selbst, hartes Lippenlispeln und Rache: Solltet nur weiter da auf der versifften Mauer hocken und glotzen und pfeifen und lachen, da's ja inzwischen nicht mal mehr zu Cohibas und Bacardis reichte, solltet doch, aufgedonnerte Hürchen und Nike-Stricher und brünstig dicklippige Lügner allesamt im Meer zum Teufel zum Che...
Und *so* waren dir die Sätze wieder ins Gedächtnis geschwappt, der universelle Che-Hass, immerhin gut genug, um dich zu läutern, *sofort*. (Nicht die Wut an den Falschen auslassen, sondern *umleiten*, legitimes Verfahren.) Denn nein, Leute, *nein*. Kein falscher Verdacht gegen dich, Karate-Riese Gabriel und Therapeuten-Lazaro, der du morgen um zehn erneut die Wiederauferstehung des Fleisches feiern wirst, und auch nicht gegen dich, smarter beweglicher *Casa*-Chef Walker, der du doch heute noch eine Mail geschrieben hattest, deine Ankunft auf Donnerstagmittag präzisierend. Nicht ihr, ihr nicht, und die hier nächtens auf der Brüstung Sitzenden & seit Ewigkeiten Verarschten, die dir jetzt trotzdem ein freundliches *Hola* zurufen, doch ebenfalls nicht, denn was weißt du schon, was wirklich...
In diesem Moment der Katharsis: Die Sirenen, das Blaulicht. Hattest ja gar nicht bemerkt, als du vorhin die vierspurige Uferstraße überquertest, dass sie erneut völlig leer gewesen war. Hattest in deiner Wut nicht darauf geachtet, dass da kein einziges Auto fuhr und warst dann augenblicks-irre genug, das Starren der Herumsitzenden allein auf dich zu beziehen, Messer spöttischer Blicke. *Ach, Hombre!*

»Hombre! Kommhoch und setzdich. Gleich komme...« Eine starke, knorrige Hand half dir hoch auf die Brüstung, ein Alter mit schneeweißem Haar grinste dich an. »Bisteetwada umzugucken?«
»Warum sollteerssehnwolln?« Die ebenso bejahrte Mulatta, die neben ihm saß – ihre Schenkel von einem Umfang, der stark genug gewesen wäre, die Maléconmauer einzudrücken – beugte sich vor (Riesenbrüste in einem straff sitzenden T-Shirt mit V-Ausschnitt), um dem Alten einen Vogel zu zeigen, theatralisch in Zeitlupe und mit einem Zahnstummellächeln, das deine gute Laune wiederkehren ließ. Und *schon* rollte auch die Blech-Karawane heran. Motorisierte Polizisten mit Blaulicht, eine Art Dreieck bildend und diese Abstands-Relation beim Fahren penibel einhaltend. (Du sahst zu der Alten hinüber, die dir jetzt spitzbübisch ihren

trauerrandigen Daumen mit dem roséfarbenen Nagelbett hochstreckte, dachtest an die Schul-Vokabel *gleichschenkliges Dreieck*.)

Danach zwei/drei dunkle Wagen, deren Typ ein Kenner bestimmt hätte identifizieren können, doch warst du in diesem Moment auf dein Hier-Sitzen auf dieser schlierigen und schartigen Brüstung konzentriert, im Rücken die laue, salzige Meeresbrise und links und rechts neben dir Dutzende, vielleicht gar Hunderte. Und keiner rief oder schrie oder winkte oder klatschte, als schließlich die Limousine mit den abgedunkelten Scheiben vorbeifuhr, mit den Standartenfähnchen der cubanischen Flagge und der Trikolore. Saßen einfach da, tippten mit nackten oder beschuhten Fersen gegen das schrundige Mauerwerk, manche hatten Angeln neben sich aufs Pflaster gestellt (Angeln, aber keine Körbe mit Fisch). Da waren Liebespaare, Freundesgruppen, Singles, giggelnde Mädchen und Großmütter, eine Gitarre lehnte an der Wand- doch *das Volk* dachte gar nicht daran, aufzuspielen, weder sich noch dem Anderen, dem auswärtigen Gast. Zeigte weder Neugier noch Indifferenz, saß einfach genauso da, wie du es an den vorangegangenen Malecón-Abenden gesehen hattest, gestern ebenso wie letzte Woche, in deiner ersten Habana-Nacht. Wie dir das gefiel! Und oben auf dem Felshügel der illuminierte Klotz des *Hotel Nacional*, in welchem einst Sartre und Madame logiert hatten bei ihrer täglichen Rückkehr nach den Touren, um *das Volk* zu befragen über *la revolución*. Nachdem die Limousine vorüber und hinter der Linksbiegung unterhalb des Felsen verschwunden war, folgten ebenso dunkle, doch kleinere Wagen, als Finale erneut Drillinge im gleichschenkeligen Dreieck.

Bemitleidetest du den *Spitzenpolitiker* in seiner Limousinen-Zelle, da er doch jetzt auf *Cuba* war und trotzdem nichts sehen/fühlen/riechen/betasten konnte – *schon* im Vergleich zu dir an diesem endlos scheinenden Tag, der dich von Batistas ehemaligem Palast in das Dachzimmer mit Lazaro geführt hatte, nicht fiktiv Hemingwayscher *Tod*, sondern realer *Sex am Nachmittag*, danach ins Stasi-Museum und ins *Hotel Iberostar* und mitten hinein in die von Antiquars-Antonio gestellte Falle – und nun hier am Malecón?

Aber nichts da, kein Auftrumpfen in irgendeiner deiner Hirnwindungen, eher eine Müdigkeit, die auf merkwürdige Weise dennoch hellwach war: Hattest noch fünf CUC in deinen Jeans, das sollte für ein Bier in der Bar-ohne-Überraschungen reichen und danach für ein Taxi zurück in die *Casa*.

Wer jetzt von der Brüstung aufstand, wie in Zeitlupe mit dem Rücken entlang des Steins aufs Trottoir glitt, tat es, um sich die Beine zu vertreten (die heruntergefallene Angel-ohne-Fischkorb wieder aufzurichten/mit der hohlen Hand eine anzuzündende Zigarette gegen die laue Brise zu schützen/einer Frau die Knie zu tätscheln/aufs Pflaster zu spucken/die vom späten Herumtollen übermüdeten Kinder in die Arme zu nehmen). *Slow motion*, an die sich sogar die Wellen hielten, gegen die Uferbefestigung *nicht* anbrandend, sondern bereits zuvor auslaufend, dahinplätschernd in der linden Nacht. Auch der Autoverkehr setzte nur zögernd wieder ein, und so musstest du dich beim erneuten Überqueren der breiten Uferstraße auch diesmal nicht beeilen, sondern konntest langsam gehen, das erleuchtete Viereck der Tankstelle im Blick.

Die Kreuzung von Rampa und Calzada de Infanta, auf der ein *Ikarus*-Nachtbus aus sozialistisch-ungarischer Produktion davonzuckelte, eine Abgaswolke im Schlepptau. Im Näherkommen dann das zweite Licht-Rechteck in der Nacht (der Terrassen-Ausschank mit den käuflichen Jungen und den bedürftigen Weißen). Der lang gestreckte Schatten der schmalen Calle Humboldt. Die stillen Vierziger-Jahre-Häuser und die parkenden Kleinwagen, die Müllcontainer und darauf die bucklig auf-was-wohl-wartenden Katzen. Schließlich, an der Ecke zur ebenso schattigen Calle Hospital, die von einem Security-Mann bewachte Metalltür, hinunter in den Lärm des sous-sol. Deine *absolute* Nicht-Erwartung, die dich plötzlich entspannte, nichts erhoffen/nichts befürchten ließ, die fünf CUC in deiner Jeans als beste Rückversicherung gegen irgendeine *Idee*, wie diese Nacht verlaufen würde. (Hatten *sie* dich also auch schon so weit wie die auf der Malecón-Mauer Sitzenden und illusionslos Guckenden, da sich ja doch nichts ändern würde, die Kulissen nicht und schon gar nicht die Regisseure, *das Team,* ebenso zahlreich wie effizient – *in jedem Viertel die Revolución?*)

La Habana.
Möglichkeit eines Berichts (I)

1. An der Theke des *Humboldt* fand sich *Beobachter* (nachfolgend B. genannt) etwa eine halbe Stunde nach Mitternacht ein. Kurz zuvor war er oben durch die Tür gekommen, die drei Betonstufen der Treppe hintergestiegen und hatte sich durch das Gewühl der Bargäste geschlängelt. Nach seinen Bewegungen und dem Gesichtsausdruck zu urteilen, schien er weder in Eile noch auf der Suche nach sexuellen Kontakten. Es fiel auf, dass er entsprechende, ihm im Vorbeidrängen zugeflüsterte Anfragen mit einem Lächeln und den sich abwechselnden Aussagen *Desculpe, soy frio*

und *No tengo dinero* beantwortete, wobei er bei letzterer eine Art Singsang andeutete, ebenfalls ironisch. Alkoholische Getränke schien B. bis dahin dennoch nicht konsumiert zu haben; ebenso lehnte er die Anfragen nach einer von ihm zu spendierenden Dose Bier ab. Nachdem dieses, des B. trotz freundlicher Mimik abweisendes Verhalten durch Blicke und Fingerschnipsen auch in die Bereiche neben der Bar, zu den Sitzecken unterhalb der Bühne und in den Raucherraum kommuniziert worden war, fand B. auf dem Weg zum Tresen nun plötzlich Lücken im Gewühl und konnte einem der Barkeeper...

2. Was auffiel: Dass er sich nach dem *Preis* einer Dose *Cristal* erkundigte und auf die Auskunft hin, dieser betrage wie immer zwei CUC, ein *Ach ja* und *Vielleicht später* murmelte, was merkwürdig schien, da er ja nicht das erste Mal hier war. So wurde B. zum Beispiel gestern – vor und während des Gesprächs mit einem *Anti-Transphobia-Aktivisten* – mit einer Bierdose in der Hand gesehen. (Details über seine Erst- und Zweitbesuche im *Humboldt*, ehe er zu seiner Reise in die Provinz aufbrach, sind nicht bekannt. Weiterhin bleibt unklar, wo er sich nach seinem Besuch des CDR-Museo und dem Frequentieren des Internets im *Hotel Iberostar* aufgehalten hat. Dort war es vor dem Spiegel des angrenzenden WC mit *Antiquar* – A.- zum Kurz-Austausch von Intimitäten gekommen, jedoch zu keinen sexuellen Aktivitäten im engeren Sinn; weitere Informationen liegen zur zeit *nicht* vor.)

Nachdem B. im rückwärtigen Raucherraum eine Zigarette aus seinem mitgeführten Päckchen *Hollywood* herausgeklopft und sich bei einem einheimischen Gast für die Flamme des ihm entgegengestreckten Feuerzeugs bedankt hatte, stand er an die Wand gelehnt und schaute sich um. Ohne selbst Kontakt zu suchen, schien er den Gesprächen mit den hier ebenfalls rauchenden Ausländern – zwischen ihnen, mit den Einheimischen – zu lauschen wobei seine Blicke abwechselnd als *gleichmütig, müde, spöttisch, amüsiert* oder *vor Ekel verzerrt, böse* oder *belustigt* beschrieben wurden. (Diesen Widersprüchlichkeiten/Ungenauigkeiten gegebenenfalls nachgehen.) Als er in den Hauptraum zurückkehrte, sah er die Tanzfläche voller Menschen, die Bänke entlang der Wände allesamt belegt und lediglich jenen Hocker neben dem Ledersofa unterhalb des DJ-Pultes nicht besetzt, so dass er...

3. Ich nehme an, dass es Zufall war. Sollte er uns bereits zuvor dort simsen gesehen haben, so waren wir doch bislang nicht wirklich von ihm bemerkt worden; tatsächlich suchte er wohl nur einen freien Sitzplatz. Würde nicht sagen, dass Ruben *sofort* von ihm hin und weg war – und der *aleman*

von Ruben. Später vielleicht, Entschuldigung: *nicht* vielleicht, sondern mit Sicherheit – aber noch nicht jetzt, noch nicht in diesem Moment. Ruben blieb sogar noch länger als ich mit seinem Handy beschäftigt. Saß da in seinem blauen T-Shirt mit den dunklen Lederaufsätzen an den Schultern, vorgebeugter Rücken, und schrieb seiner Mutter, dass er heute Nacht nicht heimkommen würde, sondern morgen Abend direkt zurückkäme – aus der Kaserne. Ich schrieb das gleiche an meine Eltern, und schaute nur ab und zu in die Runde, die mir einfach zu schrill war; es war unser erster Besuch in diesem Keller, und für mich würde er auch der letzte sein, ganz sicher. Vielleicht dachte der Deutsche, ich wäre ärgerlich. Dabei bin ich nur kurzsichtig, und hätte der Armeearzt besser achtgegeben, müsste ich jetzt nicht dauernd blinzeln, trotz der Brille, die der Deutsche später *Trotzki-Brille* nennen würde. Keine Ahnung, was das bedeuten sollte: Er hatte einen etwas unverständlichen Humor und sprach trotz seiner Freundlichkeit und all diesen, mir zugewandten und Herzlichkeit suggerierenden Gesten dann vor allem mit Ruben – vermutlich sollte ich nur *integriert* werden, damit ich nicht sauer würde. Schicksal des Nerds, damit kann ich leben.

Aber auch das war erst später, und in den ersten Minuten passierte gar nichts. Nur dass ich sah, wie der Deutsche bemerkte, dass wir nur zwei Gläser Wasser vor uns auf dem Tisch stehen hatten. Dass wir nicht mit den anderen herum giggelten, nicht aufgeputscht hin und her liefen und unsere Ärsche nicht auf der Tanzfläche wackeln ließen; auch saßen wir nicht auf den Knien und Oberschenkeln der Ausländer, die Hände um ihre faltigen Hälse gelegt. Der Deutsche schien überrascht von dem, was er da sah, und als sich unsere Blicke kreuzten, sah er auch *meine* Überraschung, und so mussten wir beide lächeln, obwohl wir nicht einer des anderen Typ waren, das lag, wie soll ich sagen, gleich in der Atmosphäre. Nicht schlimm, ich kenn' das – wer später technischer Zeichner oder Fotograf werden will, hat einen anderen Geschmack als derjenige, der von einer Model-Karriere träumt. Und da sah der Deutsche wohl Ruben erst richtig: Das gegelte schwarze Haar, das im Licht der Discoscheinwerfer leuchtete, das Profil des weiterhin zu seinem Mini-Handy herabgebeugten Kopfes, für das einer unserer Politausbilder – so ein ganz *Diskreter* – das Wort *griechisch* gefunden hatte, dabei bin ich weißer als Ruben (nicht dass es wichtig wäre, aber...), denn er ist es, der die Augen und Augenbrauen und Wimpern und Lippen, der *alles* von einem schlanken hellhäutigeren Mulatto hat. Auch ist seine Nase nicht *griechisch* streng – ich habe Bücher mit Skulpturenzeichnungen gesehen – sondern an den Flügeln gerundet, was seinem Gesicht trotz der straffen Züge immer etwas Fröhliches und

Keckes gibt; kein Wunder, dass er überall beliebt ist. Und nein, ich bin *nicht* eifersüchtig. Ich geb' nur Obacht.

Ruben musste den Blick auf seiner Wange gespürt haben, denn urplötzlich schaute er auf und keinen Atemzug später hatte er auch schon dieses Lächeln angeknipst, seinen Frohsinn für die ganze Welt. Nach kurzem Hin und Her und Händegeschüttel und Namenvorstellen fragte der Deutsche auch schon, ob wir eventuell noch einen anderen Club, eine andere Bar kennen würden, *denn hie*r... Er machte dazu eine halbkreisförmige Handbewegung, doch klang es nicht so, als wolle er mit uns durch die Stadt ziehen: Schien's eher wissen zu wollen für spätere Abende. Wir sagten ihm, dass wir keine Ahnung hätten, Rekruten einer Vorstadtkaserne, diese Nacht unsere letzte in einer Reihe von freien Tagen und nun das erste Mal hier, *an solch einem Ort.* (Nein, er fragte *nicht* nach dem *genauen Standort* der Kaserne, daran hätte ich mich bestimmt erinnert.)

Obwohl er jetzt seinen Hocker näher an die Couch rückte und ich näher an Ruben rückte und Ruben näher an ihn, damit wir uns inmitten des Lärms nicht dauernd ins Ohr schreien mussten, blieb er auf seltsame Weise zurückhaltend und fragte dann wie nebenbei, ob wir *boyfriends* wären. Er benutzte das englische Wort, und wir lachten und sagten *No-hu (*ebenfalls englisch betont*)* während er so tat, als wäre das nur eine Information und nicht... Ruben fragte *ihn* nach den Gründen seines Hierseins und er erzählte *uns,* wo er bislang überall gewesen war auf Cuba. Hombre – mehr Orte, als wir jemals besucht hatten!

Ruben natürlich wieder ganz Staunen, sein berühmtes Lächeln nun schon eine Nuance spezieller, was okay war, da ich doch sah, dass der Deutsche einfach erzählte, ohne uns *beeindrucken* zu wollen. (Nein, ich glaube nicht, dass er irgendetwas verschwieg, obwohl er weder über Sex noch über Politik sprach. Wie gesagt: Das einzige unter Umständen Kalkulierte war die Art, wie er so locker-lässig mich, den großen Schweiger, mit ins Gespräch zog, während seine und Rubens Augen doch längst ineinander... Es war offensichtlich.) Und dann geschah das, was passierte.

Er würde uns gern auf einen Drink einladen, sagte der Deutsche. Nur habe er dummerweise nur noch fünf CUC, drei benötige er für die Fahrt mit dem Taxi hinüber nach Habana Vieja, aber für zwei CUC... Es wäre ihm peinlich, doch so sei es nun einmal. Ich hab' keine Ahnung, wie man als Ausländer mit einer so geringen Summe aus dem Haus gehen konnte, aber er gab keine weiteren Erklärungen. Ruben lachte und entblößte seine schneeweißen Zähne. Dann fragte er, ob man denn hier nicht auch mit unserem Peso Nacional bezahlen könne. Darauf wusste keiner von uns eine Antwort, doch ließ Ruben sich den Fünf-CUC-Schein geben, fischte in seiner Hosentasche und gab dem *aleman* drei fürs Taxi zurück. Ich wusste, dass ihm manchmal sein Vater etwas zusteckte und versuchte, meine Überraschung zu verbergen. Aber trotzdem... Da lagen jetzt all diese *CUC* vor uns, einfach so! Ich sah, dass eine Menge Anderer bereits guckten, aber da war Ruben schon aufgestanden und vor zur Bar gegangen. Lehnte sich über den Tresen, Lächeln angeschaltet, als wäre er hier Stammgast, und damit brachte er auch den Barkeeper zum Lächeln. Gleich darauf war er wieder da, eine Piña Colada in der rechten Hand, in der linken einen CUC-Schein. Hat ja nur vier gekostet, sagte er, setzte sich wieder zwischen mich und den Deutschen und wollte ihm den einen CUC zurückgeben, schließlich sei es so korrekt. Der Deutsche machte eine abwehrende Handbewegung, schüttelte den Kopf, und als er Ruben endlich so weit hatte, dass er den Schein wieder in *seine* Geldbörse steckte, die er wie ich – so hatten wir's zuvor verabredet – nicht hinten, sondern vorn in den Jeans verstaute, war er schon wieder ganz rot im Gesicht, wie jedes Mal, wenn ihm etwas peinlich ist. (Wenn er nach dem Armeedienst tatsächlich Model werden will, dann müsste er sich diese Angewohnheit wohl bald abgewöhnen, aber...) Aber das war nicht das Entscheidende. Sondern diese abrupte Stille.

Als wären wir plötzlich in den Weltraum katapultiert worden. Oder trieben unter Wasser. Als hätten die Augen der anderen – ich rede von den *Cubanos*, nicht von den Ausländern, die nichts bemerkten – plötzlich Flügel bekommen und umkreisen schweigend...*uns*. Diese ungläubigen Blicke! Ein Kopfschütteln dort, ein Schulterstupsen da. Wobei natürlich die Musik weiterlief und über uns der DJ an seinem Pult sogar ins Mikro krächzte, um zusätzlich für Stimmung zu sorgen. Alles dröhnte und drehte sich weiter, und doch war es plötzlich wie in Zeitlupe, wirkten die Tänzer und die auf den Wandbänken mit den Ausländern Herumlungernden und die an der Bar Stehenden wie eingefroren oder wie Seetang am Grunde des Meeres. Oder wie stumme Marionetten. Ihre sehnsüchtigen oder neidischen Blicke fielen auf uns drei, packten uns wie Krallen, obwohl wir ja gar nichts weiter taten, als abwechselnd an dem einen Glas Piña Colada zu nippen, das wir uns gemeinsam hatten leisten können. Ruben bestand darauf, dass der Deutsche den Anfang machte – dann ich, dann er. Und jedes Mal ganz winzige Schlückchen, die dafür sorgten, dass jeder von uns seinen gerechten Anteil bekam, denn so groß war das Glas nun auch wieder nicht und der Schaum mindestens ein Achtel von der ganzen Flüssigkeit. So schoben wir es also hin und her, nippten und erzählten uns dies und das. (Nein, der Deutsche *präsierte* nichts und fragte auch nicht nach *Details* zu unserem Dienst in der Kaserne.) Jedes Mal, wenn wir aufsahen, waren da noch immer diese Blicke, und sie galten nun vor allem dem Deutschen, der es tatsächlich geschafft hatte, zu einem Drink *eingeladen* zu werden anstatt ihn spendieren zu müssen. Dabei war das überhaupt nicht seine Absicht gewesen, und erst nachdem Ruben erneut aufgestanden und ins WC zum Pinkeln gegangen war, verstand ich die ganze Aufregung. Als er wieder Platz nahm, Strahlemann mit dem fein rasierten Zwei-Zentimeter-Streifen seines Bartes und immer noch ein bisschen rot, erfuhren wir, was sich ereignet hatte. Drei, nein gleich vier von den Jungs hatten um das Waschbecken herumgestanden und aufgeregt von ihm wissen wollen, was es mit diesen, dem Deutschen wieder zugesteckten CUC-Scheinen auf sich habe. Ob sie miteinander verheiratet seien und *getrennte Kassen* hätten, ob er, der *Cubano*, einen ausländischen Pass besitze... Ruben erzählte und gluckste, weil er das alles nicht glauben konnte und wir ja auch das erste Mal in diesem seltsamen Keller waren. Wiederholte die Fragen der Anderen, grinste den Deutschen an, der ebenfalls erst langsam zu verstehen schien. Zu was für einer Attraktion wir hier geworden waren, was für ein *Schauspiel* wir geliefert hatten!

(Um das Nachfolgende zu erklären: Wahrscheinlich war *das* der erste Moment. Die Blicke der Anderen hatten eine Art Gemeinsamkeit zwischen den beiden gestiftet – mit mir als Zeuge, der es beglaubigen konnte.) Auch der Deutsche ging dann irgendwann auf Toilette und kam zurück mit dem verwunderten Bericht, dass man ihm dort auf die Schulter geklopft und beglückwünscht habe. In der kurzen Zeit seiner Abwesenheit aber hatte Ruben die Gelegenheit genutzt und mich leise gefragt, ob wir nicht ihn fragen sollten. Er hatte auf seine Armbanduhr geschaut und ich sah die Uhrzeit auf meinem Handy, und es war eindeutig, dass der Nachtbus inzwischen längst weg war und bis zum ersten Morgenbus noch sechs lange Stunden blieben, die wir irgendwie herumbringen mussten – mit Sicherheit aber nicht hier in dieser Höhle der seltsamen Tiere, in denen du angestarrt wirst wie ein Außerirdischer, *und zwar von deinen eigenen Leuten!* (Weshalb wir dann bereits *zuvor* nach Hause gesimst hätten, dass wir diese Nacht nicht zurückkehrten? Habe ich das tatsächlich so gesagt? Schätze mal, wir hatten uns einfach keine Gedanken gemacht und geglaubt, dieses *Humboldt* wäre ein Club wie *wir* ihn kannten, wo mit Musik und ein paar Peso-Nacional-Bier die Nacht bis zum Morgengrauen geht und alle tanzen und zu guten Freunden werden für die Dauer dieser Zeit. Aber *da*?)

Gut, der Deutsche kehrte zurück und *ich* stellte die Frage, da Ruben plötzlich wieder einen seiner Anfälle von Schüchternheit hatte. War mir übrigens ganz recht, so gab es weder Missverständnisse noch falsche Erwartungen.

La Habana. Möglichkeit eines Berichts (II)

Nein, *Vorkommnisse* sind nicht zu berichten, jedenfalls keine *dieser* Art. Auch weiterhin hatte der Deutsche nicht nach unserer Tätigkeit in der Kaserne gefragt, weder nach den Eltern noch nach sonstwem.

Seine einzigen Sorgen, nachdem wir – erneut unter erstaunten Blicken – das *Humboldt* verlassen hatten und Ruben die quietschende Tür eines wartenden Taxis geöffnet hatte: Dass der Fahrer für die Tour hinüber nach Habana Vieja nur nicht mehr als die drei CUC verlangte, die ihm verblieben waren. Dass Ruben nicht mit *seinem* einen CUC aushelfen müsste. Dass niemand in jener *Casa* neugierig die Fenster öffnete, nachdem der Wagen dort gehalten hatte, die drei CUC bezahlt waren und wir dem Deutschen folgten, der sich nun mit seinem Schlüssel am metallverzierten Schloss dieser riesigen Holzpforte zu schaffen machte. Dass wir beim Tappen durch den nächtlich stillen Patio keinen Lärm verursachten, nicht an die bereits fürs Frühstück gedeckten Tische stießen und auf der allein vom Nachthimmel vage erhellten Treppe nicht ins Stolpern kamen. Schon gar nicht ins Kichern und *Pscht!*-Machen oder erleichtert Auflachen, nachdem wir die Galerie erreicht hatten und schließlich sein Zimmer mit dem Doppelbett. Sowieso, die Sorgen waren unnötig. Wir alle waren müde und gut erzogen. Gingen nacheinander ins Bad, kamen nacheinander zurück und legten uns aufs Bett, nur die Turnschuhe und die Socken aus, Decke bis zur Brust geschoben und dann *Buenas Noches* und Licht aus. Ich lag links außen, in Kopfhöhe des kleinen Nachttischs mit dem *Lonely Planet* und einem Büchlein, das wohl das Reisetagebuch des Deutschen war, beschwert mit einem Aschenbecher.

Ich drehte mich ganz in diese Richtung, meinen Rücken Ruben zugekehrt, der in der Mitte lag – *ganz zufällig*. Als sie glaubten, ich würde schlafen, begann es zu rascheln. Hochgestreifte T-Shirts, das von einem geflüsterten *Pscht!* und einem Kuss unterbrochene Klick-Geräusch einer geöffneten Gürtelschnalle, schließlich... Schließlich war ich doch in Schlaf gesunken, der schwere, durch die Nase ausgestoßene Atem keine Imitation mehr. Ich träumte von Gräsern und auf den Boden gesegelten Palmblättern, unter denen es sich regte und krabbelte und zirpte, und als ich wieder aufwachte, hatte Ruben gerade unwillentlich mit seiner Ferse gegen mein Schienbein getreten, lag aber noch immer ausgestreckt an meiner Seite und zwischen unseren Schultern und Lenden und Knien war *Stoff*. Das Flüstern und Rascheln und Küssen, das unterdrückte Lachen und das »No-Tscht«-Wispern – mal vom Deutschen, mal von Ruben kommend – hörte und hörte dennoch nicht auf. Ich bedauerte, dass ich nicht auch zuvor die Gürtelschnalle geöffnet hatte, denn dort unten drückte es gewaltig, *gerade weil* ich nichts sah und mir nur gewisse Dinge vorstellen konnte. Ein wenig war es wie im Zeltlager des UJC, während der Schulferien. Nein, in der Kaserne kommt so etwas nicht vor, zumindest weiß *ich* nichts davon, und auch Ruben hat nie eine diesbezügliche Anspielung gemacht. Vielleicht ja bei den Rekruten, die abends und nachts im Areal bleiben müssen; Dinge, die mich nichts angehen.

Muss ich auch diese Frage beantworten? Gut. Ja. Ein Erguss am Morgen. Kurz bevor Rubens Handy klingelte. Vermutlich hatte keiner von uns in dieser Nacht für längere Zeit ein Auge zugetan, aber wem es schließlich kam, *im* Slip, war ich. Ohne mein Zutun, im Halbdämmer geschehen wie vor Jahren, als man das erste Mal solche Empfindungen spürte und... Und Ruben und der Deutsche? Nein. Aus Respekt vor mir – jedenfalls sagte mir das Ruben danach, als wir wieder draußen auf der um diese Stunde noch menschenleeren Straße standen, in den Morgenhimmel blinzelten und uns auf den Weg zum Parque Central machten, um unseren Morgenbus zu bekommen. Und vorher?

Wie schon ein paar Stunden zuvor war erneut jeder von uns ins Bad getappt und hatte sich frisches Wasser ins Gesicht gespritzt, die Kleidung gerichtet und das zerwuselte Haar. Sogar im wenigen Licht, das durch die Lamellenfenster des Zimmers drang, konnte ich sehen, dass Rubens Gesicht erneut gerötet war. Meines allerdings auch, wie er mir zuflüsterte, worauf wir alle drei wieder *Pscht!* machten und lachen mussten und unser Lachen selbstverständlich unterdrückten, als wir im Gänsemarsch aus dem Zimmer traten, über die Galerie zur Treppe hin, die Treppe hinunter, den Patio durchquerten und... Und da waren in der Küche bereits Leute! Es roch nach Kaffee und Toast, und sie sahen uns an, wir sagten *Buenos Dias* und wurden augenblicklich wieder rot und auch der Deutsche schien verlegen, so dass wir ihm an der nun schon offen stehenden riesigen Tür kräftig umarmten wie einen Mit-Rekruten und ich dann bereits draußen auf dem Kopfsteinpflaster stand, als Ruben ihm noch etwas ins Ohr flüsterte, gefolgt von einem *ganz schnellen* Zunge-vor-und-zurück in die Ohrmuschel des Deutschen. Das war alles, und nein, ich würde nicht sagen, dass es *unangemessen* war. Ganz und gar nicht.

*

Ach wie gut, dass niemand weiß....Konventionen im Konvent, und glaubtest Rumpelstilzchen spielen zu können und dich an eine Szene aus Diderots *Die Nonne* zu erinnern und in dieser post-pubertären morgendlichen Beschwingtheit dem verdutzt starrenden Drei-Personen-Personal einen lässig angedeuteten Salutier-Gruß in die Küche hineinschicken zu können und jetzt auch schon – *leise, leise* – wieder die Treppe hoch, als...
»Also das ist ist doch... *der* Gipfel!« Und dachtest nun so gar nicht mehr an Herrn Emil Steinberger und Frau Ricola Kräuterzucker, als du schuldbewusst und ertappt den Kopf hobst und vom Gipfel her – von der Galerie in der zweiten Etage – den Schweizer sahst, mit zerzaustem Haar und T-Shirt, Bermudas über den weißen Storchenbeinen. Hinter ihm der schwarze Haarschopf des *nominellen Casa-Besitzers*, doch beide Mienen identisch in Abscheu und Empörung. (Puppe I und II – aber jetzt keine Zeit für Ironie, hattest keinen Atem dafür, da er doch bereits ein glucksendes Schüler-Schluckauf war.)
»Ich...«
»Ja, *du* – genau! Bringst fremde Leute in mein Haus und über Nacht aufs Zimmer! Und dazu gleich *zwei*!«
Leute sind üblicherweise immer zwei – mindestens, wolltest du sagen, tat's aber nicht, da du dafür ja hättest *rufen* müssen. (Oder waren Stimmen, von oben nach unten dringend, automatisch mit dem Echo im Bunde und du hättest, um verstanden zu werden, also eher *schreien* müssen? Was dir wieder alles durch den Kopf geht!)
»Gleich *zwei*«, wiederholte der aufgebrachte Schweizer, obwohl er das aus pädagogischen Gründen besser unterlassen hätte, denn nun hörtest du im Keifen des Hausvaters ganz eindeutig den Neid/den Frust/die fruchtlose Phantasie.
»Tut mir leid, aber es war nicht so, wie es scheint!«, *riefst* du nach oben, weiter Stufe um Stufe erklimmend – und gleichzeitig auf der Freitreppe des Klischees verharrend.
»Haha, dass ich nicht lache!« (Im Kolportageroman, denkst du, müsste es zur Erklärung heißen: *lachte der Schweizer hämisch auf.*) »Warum nicht gleich *drei*? Oder *vier*? Je wilder umso besser, dafür ist man ja auf Cuba, *oder*?

Macht ja nichts, macht *gar* nichts, wenn du hier heimlich des Nachts mit denen herein schleichst, ohne mich zu *in*-formieren. Macht ja nichts, wenn ich wegen dir meine *Li-zenz* verliere und Ärger bekomme mit der *Po*-lizei!«

Solange Sie keinen Ärger mit den Gästen bekommen, die in ihren Galeriezimmern nun Punkt halb sieben aufgeweckt werden und jetzt wirklich *je*-des Wort mithören... Sagtest aber auch das nicht. Bliebst auf der letzten Stufe zur Galerie stehen, damit er, eine Etage höher über das von hängenden Begonientöpfen verzierte Geländer gebeugt, wenigstens nicht mehr schreien musste. Was er aber dennoch tat, während sein Kompagnon/Geliebter/Was-wer-auch-immer dir unter gerunzelten schwarzen Augenbrauen ebenfalls Zeus-Blicke hinuntersandte. *Was bildest du dir ein, hier mit meinen Leuten herumzumachen, während ich mit Puppe Storchbein...?* Puppe II zürnte also nicht minder, doch der Charakter *seiner* Wut machte dich ruhiger, stoppte sogar das Glucksen in deiner Stimme. (Nur dein Kopf, das fühltest du, blieb puterrot.)

»Was, wenn du ausgeraubt worden wärest und wir müssten...?«

»Tut mir leid, *Sie* in Besorgnis gebracht zu haben«, sagtest/riefst du nach oben, gratuliertest dir zur Vokabel *Besorgnis* und fandest Kraft, gleich noch nachzulegen. »Noch einmal, es war nicht so, wie *Sie* es phantasieren. Zwei Soldaten, die hier einfach übernachtet haben, ehe der Morgenbus in ihre Kaserne...«

Ein Stöhnen als Antwort. »Oh! Soldaten! Auf Cuba! Was kommt denn noch?« Hatte er dir gestern nicht gesagt, er wäre ehemaliger SwissAir-Steward, der mit zurückgelegtem Geld dieses zuvor heruntergekommene Haus erworben und zu einer *Casa particular* restauriert habe? Durchaus, du verstandest seine Sorgen/seine Optik/Perspektive: Bau ich ein Haus (um), zahle für dies und das, teile Bett mit einem offensichtlich eher an seinem *Status* Interessierten, beköstige zufriedene Gäste... kommt so ein deutscher Idiot daher und schleppt mir *Soldaten* ins Haus!

Grausamer, der du in diesem Moment aber dennoch bist, sagst du: »Stellen Sie es sich doch bitte nicht vor wie bei Jean Genet! Außerdem: Wir haben tatsächlich nur geschlafen in des Wortes nicht-euphemistischer Bedeutung, und die zwei, die ich heute Abend wiedersehe und die dann sicherlich in ein sympatisierendes Gelächter ausbrechen werden über unser kleines Missverständnis hier, sie waren und sind tatsächlich gute Leute...«

Hättest verdient, dass er einen der hängenden Tontöpfe aus ihrer Verankerung löst und auf einen Kopp fallen lässt, der sich zu solch impertinenter Rede aufschwang – übrigens zu deiner eigenen Verwunderung: Hatte der Barkeeper etwas in die Piña Colada getan oder waren es die

Nachwirkungen der megateuren Cocktails des betrügerischen Antiquars? Stattdessen...

»*Gute Leute?* Oho! *Ich lache*! Weißt du, was er gesagt hat? (Dies mit zur Seite gedrehtem Kopf zu Puppe II, ohne die Lautstärke zu mindern.) Hast du es *ge*-hört? *La gente buena*! Dass ich nicht lache, welche *Naivi*-tät! Kommt hier einfach an, mietet sich ein und geht aus und redet von *gu-ten Leuten*, als würde *er* die Insel kennen! Es gibt hier keine *gente buena*, hat's nie gegeben, und ich bin nur froh, dass du schon heute Mittag unser Haus *ver*-lässt!«

Empörter Abgang auf Gummilatschen, die über dem Terrazo des zweiten Stockwerks davonschlappten, während Puppe II noch einen letzten Blick nach unten warf: Auf dein demütig gesenktes Haupt und auf die Fenster rund um die Galerie, deren Lamellen sich während des Auftritts Millimeter um Millimeter verschoben hatten, bis sie beinahe waagerecht waren und dahinter die Silhouetten von Köpfen erahnen ließen. Und *alle* hatten sie das furchtbare Geständnis gehört, so dass es dir vor allem – ja eigentlich: allein – um Puppe II leid tat, dem du jetzt ein entschuldigendes Lächeln noch oben sandtest/gesendet hättest, wäre nicht auch er in den hinteren, unsichtbaren Teil der oberen Galerie davongegangen, auf nackten Sohlen. (Hatte er verstanden, *was* sein Herr&Meister da soeben ausgesprochen hatte, schrecklich Wort, dem flachen Ex-Steward-Busen entsprungen?)

Lamellen, die nun langsam wieder nach oben klappen, bewegt von unsichtbaren Gästefingern, während du – nun doch mit Herzklopfen – deine Zimmertür öffnest, erleichtert merkst, wie todmüde du bist und den Wecker auf halb zehn stellst, in der Hoffnung, danach zumindest nicht mehr den Augenpaaren der Frühstücksgäste ausgesetzt zu sein. Noch im Wegdämmern fällt es dir ein: Schon für zehn Uhr hatte sich ja *noch einer* angekündigt, Lazaro-der-Therapeut.

Die Sitzung begann früher. Statt einer Couch gab es die verzierten Eisenstühle mit den Sitzpolstern in warmen tropischen Farben, und die darauf saßen, blickten dich mit vereisten Gesichtern an, sobald du in den Patio hinuntergestiegen warst. Hattest tatsächlich geglaubt, gerade *das* vermeiden zu können – einziger Frühstücksgast am späten Morgen? Vermutlich aber hatten die anderen Gäste ebenso lange geschlafen wie du, zu unchristlicher Stunde aufgeschreckt vom Gekreisch des Schweizers, zu Ohrenzeugen einer wie auch immer gearteten Schande geworden, und danach wieder in die Kissen versunken. Saßen also nun hier, frisch geduscht, frisch rasiert, sogar die Moral schien dir frisch (empört). Die Blicke der Männer in den kurzen Khakihosen: hasserfüllt, und wäre es nicht dieses Jahr und dieser Ort, sondern geschehen in einer Almhütte in einem anderen Jahrhundert – es bräuchte nicht viel Phantasie, dass sie ihre Messer nicht nur zum Frühstücksei-Köpfen verwendet hätten und die Gabeln zum Vierteln und Achtelns des Omeletts, die Löffel zum Ausschaben der Mangostreifen, sondern dass sie dir damit...

Gott-diese-Blicke, während sie mit ihren Frauen leise auf schwyzerdytsch krächzten, in österreichischem Akzent leierten, ohne dass du auch nur ein Wort verstandest, da die riesige Holzpforte nun zweiflügelig offen stand und Straßenlärm herein drang, das Geschrei eines karrenziehenden Obstverkäufers, Gelächter von dahinschlurfenden Alten und vorbeiziehenden Jugendlichen. *Leben*, das sie *dort draußen* sahen, im Rahmen der Hostal-Tür und ihrer eigenen touristischen Möglichkeiten, von denen sie wohl bereits wussten, wohin diese gingen: Ins Erlaubte, gegen Null.

Und du? Saßst grinsend an deinem dir zugewiesenen Ecktisch in Küchennähe (gestern war es noch ein sonnenbeschirmter in der Patio-Mitte). Bestelltest dein Omelett-ohne-Zwiebeln, schlürftest genussvoll den schwarzen Kaffee und den kühlen dickflüssigen Papayasaft und fingst nun auch die Blicke der Frauen auf, an den beim Essen gekrümmten Rücken und hängenden Schultern ihrer Männer vorbei.

Am liebsten hättest du ihnen mit dem Papayaglas zugeprostet, denn sie *lächelten* ja. Lächelten auf mütterlich-wissende Meryl-Streep-Art, blinzelten kokett á la Fanny Ardant, eine Burschikose (ebenfalls Schweizerin, wie du herausgehört hattest) sandte dir mit leicht geneigtem Bubikopf sogar ein Penelope-Cruz-Signal. *Schatz, glaub' nur nicht, dass du mich schockieren kannst.* Allein die Deutsche (wie ihr Mann auch sie mit robust wirkenden Klettverschluss-Sandalen, Klettverschlusshosen und verwaschenem Leinenhemd) observierte dich auf eine traurig-streng tadelnde Weise, für die deine mutwillige Morgeninterpretation auch sogleich die Vorbilder fand: Mutter Beimer/Mutter Drombusch/Schwester Christa-Gabi Dohm/Regine Hildebrandt/Christa Wolf. Dennoch: Welche Nuancen, während die Männer... Wie gut, dass sie nun Futter fassten und dich nicht mehr im Visier hatten!

Und da du von hier aus in die gekachelte Küche sehen konntest mit ihren Töpfen und Zuschneidebrettchen, dem Kühlschrank, der Kaffeemaschine, den Obstkörben und Tellerstapeln, der Spüle und dem Abfalleimer, dem Transistorradio und dem gerahmten Heiligenbildchen neben dem Wandkalender: Der junge Gehülfe, dir zublinzelnd. Die uralte Schwarze, wie vom Winde hierher verweht und doch Königin frohgemuten Stolzes, die dir ihren hochgestreckten Daumen zeigt und in ein heiseres Gelächter ausbricht, das dich derart ansteckt, so dass nun auch du, worauf die Männerköpfe dich erneut und...

»*Sehr* amüsant, oder?« Puppe II, in tadelloser Schwarzhosen-Weißhemd-Livree, die dir den Omelett-Teller mit einem Nachdruck auf den kleinen Rundtisch stellt, den du nicht unbedingt als freundlich empfindest.

»Aber ja«, antwortest du, »diese *Casa* – ein richtiges kleines Theater, köstlich!«

Der *nominelle Besitzer* strafte dich mit erneutem Augenbrauenrunzeln, das dir freilich zu konventionell/*nominell* erschien, um wirklichem Zorn zu entsprechen. (Dein aufgedrehtes Beobachtungs-Karussell an diesem Morgen – Resultat der schlaflosen Nacht? Vielleicht sollte dir Therapeut Lazaro eine Beruhigungspille verschreiben.)

Du hattest wohl jedoch richtig interpretiert, denn als mit einem forciert fröhlichem »Einen guten Morgen in die Rund' meiner *guten* Gäste« Puppe I alias *faktischer Chef* die Treppe herabtänzelt, wird Puppe II's Miene automatisch wieder grimmig, nun ist sogar ein ostentatives Kopfschütteln dabei, mit dem er sich schließlich von deinem Katzentisch in Richtung Küche entfernt, *schreitender Hoflakai*. (Die Ungerechtigkeit, ja Unverschämtheit deiner Wahrnehmung, denn was, wenn du die beiden tatsächlich in Gefahr gebracht hättest, ihre Lizenz/ihre *Li*-zenz zu verlieren?)

»Welch Freude, *gute* Gäste in unserem schönen Haus zu haben!«

Das Wesen übertreibt, dachtest du, ließt dein Omelett-ohne-Zwiebeln erst einmal unangetastet und sahst zu, wie der Ex-Steward durch die (Schlängel-)Reihen ging, quer über den Rücken ein schmales Lederband, das sein gebügeltes kurzärmeliges Hemd ein wenig einzwängte und das in Hüfthöhe ein Täschchen hielt, gefüllt hoffentlich nicht mit einem für die *Po*-lizei bestimmten Rapport über deine nächtliche Missetat. »Ja, Grüezi Ihr Lieben, und das hier sind doch die lieben *Ehe*-paare, halt, ein *Mo*-mentchen...« Saftschubs-Puppe fasste sich mit Fingerchen ans Stirnchen, runzelte, glättete, machte das Mündchen zum O (zum Ö-chen) und fand schließlich die Gästenamen, die bei den Schweizern auf -egger oder -inger endeten, bei den Österreichern auf -tschick oder -tschack. *Dein* Vergnügen, ihn bei seinen wackeren Anstrengungen zuzusehen, dich atmosphärisch zu marginalisieren, dir ein Gefühl für deine Nichtigkeit und Isoliertheit zu vermitteln, ein Ibsenscher Gib's-ihm-Naturalismus mit Anklängen an rustikales Bauerntheater und kolibriflatternde *Telenovela*. Ein Fall für Therapeut Lazaro?

Eher für deine Großmütigkeit, die du jetzt aufsteigen fühltest, während der Papayasaft deine Kehle hinunter rann und auch dieser Morgen gut zu werden schien in der großen Stadt Habana und du ja ohnehin auschecken würdest und der Schmalschultrige mit dem Täschchen-Riemchen nun auch schon die Abschiedspirouette drehte und mit Verweis auf *berufliche Verpflichtungen* und einem letzten Servus-Adieu für die *Lieben* unter seinen Gästen ins Lichtviereck der offenen Casa-Pforte trat und flugs von der Sonne entrückt oder von der Straße verschluckt oder vom Regisseur lobend/tadelnd zur Seite gezogen wurde und also entschwand. Wo aber blieb Lazaro?

Dachtest du überhaupt an ihn? Und er an dich, da er doch auch eine Viertelstunde nach zehn Uhr nicht durch jenes Lichtviereck getreten war und du nicht länger warten wolltest, ausgesetzt den Blicken der übrigen, auf ihre Zimmer eilenden oder blinzelnd hinaus auf die Straße tretenden Casa-Gäste? Dachte in dieser heißen/lauten/heruntergekommenen/billigen/ edlen/großartigen/störrischen/anschmiegsamen/verhurten/ideologisierten/langsamen/schnellen Stadt, dachtest du, nun ebenfalls auf die Straße tretend und nach links haltend, dachte da überhaupt einer *mit Nachhaltigkeit* (oh korrektes Wort!) an den anderen – abgesehen von dem zänkischen Schweizer und den Mitarbeitern des CDR? (Aber waren dies nicht *Millionen,* so dass als Konklusion...?)

Dennoch. Dachte an der Ecke Muralla und Calle Oficios noch jemand an Humboldt, privat oder offiziell? Warst in den Torbogen links der Mauer hineingestolpert, an der ein wuchtiges Reliefschild an des Forschers Besuch in Habana erinnerte, an seine Meriten in der öffentlichen Kritik der Sklaverei. Das rührte dich, wenngleich du dein Kreuz nicht etwa moralisch durchdrücktest, sondern – nun schon im Inneren des kleinen Stadtpalais, den begrünten Patio in Sichtweite und vor der Treppe mit den ausgetretenen Steinstufen, die zu den Ausstellungsräumen führten – sondern rucktest, dabei keineswegs Täubchen, mit dem Hals hin und her, damit er dir nicht etwa steif würde und jetzt Muskelschmerz verursache, wo du doch höchstens Voltaren in deiner Reiseapotheke dabei hattest, aber keine Packung Diclophenac, deren Ablaufdatum noch in der Gegenwart gelegen hätte. (Verschluderter Hypochonder.) Aber dachtest selbst da, deinen Hals massierend und mit den Fingern die Schlagadern entlang fahrend, nicht etwa an Lazaros womöglich ja auch physische Therapeutenkünste, sondern allein an letzte Nacht, denn selbstverständlich war die sich *womöglich ankündigende* Muskelzerrung die Quittung für euer allzu keusches Herummachen, das nicht in einem Keuchen geendet hatte, sondern wieder und wieder in einem *No,No*-Flüstern/einem Kichern/einem Gekussel statt Küssen/einem sich zu zaghaft Bewegen, etwas, das nicht *innig* werden konnte, weil es weder laut noch still war, eher ein (dachtest du jetzt, da sich plötzlich der schlafende Wächter von seinem Plastikstuhl aufrappelte und eine Handfläche abweisend ausstreckte) eher ein Mainzelmännchen-Gekechere, das (erinnertest du dich an jenes Karl-Heinz-Bohrer-Zitat, während die nun ausgestreckte Wächterhand nach einem Schlagstock griff), eine erzbundesdeutsche Erfindung war, *eine putzige, regressive Harmlosigkeit, die nirgendwo sonst auf der Welt existiert.*

Aber euer Nicht oder Kaum-Tun erfolgte doch als Respekt vor dem stillen Nerd! Aber auch dieser spitzte doch, wie dir Ruben in einer angedeuteten Ohrläppchengeste in der zurückweichenden Dunkelheit des Zimmers zu signalisieren versuchte, äußerst wach die Ohren! Wo also war da die Harmlosigkeit? (Existierte sie überhaupt auf dieser Insel?) Nur eines war klar, jetzt an diesem Vormittag: Dachtest vor allem an Ruben Ruben Ruben. Versuchtest nicht zu sehr an ihn zu denken, nicht darauf zu spekulieren, dass sein Wort vom Wiedersehen heute Nacht in der *Humboldt*-Bar tatsächlich galt, spekuliertest und hofftest also doch, und so überzog nicht Furcht, sondern eine Art abwesendes, kosmisch mild gestimmtes Lächeln dein Gesicht, als dir nun eine abgerundete Schlagstockspitze in den Bauchnabel tippt – hier im Torweg jenes Hauses, in dem laut Relief *Federico Enrique Alejandro von Humboldt* während seines ersten Habana-Aufenthaltes vom Dezember 1800 bis zum März 1801 seine botanischen Instrumente gelagert und *calculus matemáticas* betreffs der Meridian-Position der Stadt betrieben hatte. Und Nein, nicht der erwartbare Kalauer *culos-calculus* ergriff von dir Besitz, denn weder war die gestrige Barbegegnung Resultat eines Kalküls noch hattet ihr eure Ärsche gesehen, ganzkörperbekleidet, wie ihr wart und bliebt. (Aber das Gesicht, *dieses* Gesicht, von einer schmal getrimmten schwarzen Bartlinie umrandet und darin von den fein geschwungenen, doch kräftigen Lippen über die Nase, die Nasenflügel, bis hoch zu den leuchtenden Augen und der nichtzerfurchten Stirn *alles* von einem solchem, wohl noch niemals enttäuschten Weltzutrauen, dass dir nach dem verrenkten Hals jetzt auch noch die Knie weich zu werden und die Beinmuskeln zu versagen drohten... *Und dachtest an Ruben-Ruben-Ruben.*)

»Was denkst Du dir eigentlich? *HALT* hab' ich gesagt. Stopp und nicht weiter, das Haus ist geschlossen!« Der unrasierte/müde/feiste/ältliche

Wächter, kleiner als du, aber mit eben jenem Schlagstock seinen Wettbewerbsvorteil martialisch ausspielend und dir mit dessen runden Ausläufer das T-Shirt eindellend. *Calculus?* Habana lag noch immer auf dem gleichen Breitengrad wie Gorl-Morx-Schdad – zumindest in solchen Momenten.
»Momental mal, aber das ist die Casa Humboldt...«
»Geschlossen wegen Renovierung!«
»Und weshalb ist dann das Tor auf?«
»Weil auch der Schlüssel kaputt ist und weg.« Und muss, als er dein Gesicht sieht, plötzlich lachen, tropische Heiterkeit besiegt DDR-adaptiertes Getue – zumindest in solchen Momenten.
»Aber kann ich nicht wenigstens für einen *momentito* in den Patio hinein, um wenigstens ein Foto zu machen?«
»*Claro, amigo.*« Worauf sich der Schlagstock wie bei einem ehrenhaft beendeten Degenkampf senkt und augenblicklich wieder zur Stützkrücke wird während des nun fortgesetzten Dösens auf dem Plastikstuhl.

Als du aus dem Innenhof zurückkommst und nach rechts in Richtung Treppe gehst, brummt der Alte, ohne die Augen zu öffnen und die zusammengesackte Körperhaltung auch nur einen Millimeter zu verändern: »Geschlossen hab' ich gesagt. Nutz' meine Gutmütigkeit nicht aus, *chico*, sonst...«

Also: Wer erinnerte sich an Humboldt's fragenreichen Humanismus – diese selbstzufriedene Kugel von Wächter etwa? Die feisten Westler in der *Humboldt-Bar*, die ihre Stricher herantanzen ließen und auf schlabbrigen Oberschenkeln *Sitz!* machen ließen? (Dabei weißt du ja gar nicht, wie sich der skrupulöse Forscher verhalten hatte, vor über zweihundert Jahren, aus dem kargen Berlin in die Fülle der Tropen gestolpert. Hatte vielleicht auch Federico Enrique Alejandro irgendwelche *dieser* Erfahrungen gemacht, in Torbögen, auf Flachdächern, in einschlägigen Hafenschenken oder nächtlich verborgenen Nischen am Strand?)

»Jemand hat angerufen und wollte dich sprechen. Eine Männerstimme.«

Puppe II war plötzlich gar nicht mehr verpuppt, sondern ein junger *Herr* in *Boss*-T-Shirt und mit Zigarillo zwischen den Lippen, im Türrahmen seiner *Casa* stehend und versonnen auf die mittagshelle Straße hinaus paffend. (Du sahst weder Rauchschwaden noch Spuren früheren Dünkels.)

»Miguel Barnet?«, fragtest du beim Eintreten durch die breite Pforte und rochst ein wasserkühles Parfum.

»Mi-guel- Bar-net?« Überrascht aufgerissene Augen, vor dem Türstock ausgetretenes Zigarillo, jetzt Seite an Seite mit dir den Patio durchquerend, wo neben dem Katzentisch dein Gepäck stand. »Du kennst *Mi-guel Barnet?*«

»Nicht direkt, aber eine Reiseführerin hat eine ehemalige Kollegin, die wiederum die Frau seines Bruders... Kurz, sie hat versprochen, einen Kontakt herzustellen.«

»Weil sie wissen wollte, wo du wohnst, das ist alles. *Mi-guel Bar-net* treffen, einfach so? Ein Scherz.« Es waren beinahe die gleichen Worte, wie sie gestern Abend der Antiquar gesagt hatte. Er sprach mit Autorität, ohne besserwisserische Herablassung, doch sahst du kein Lächeln, eher Spuren eines gewissen Erschreckens. (Zuckender Mundwinkel, hochgezogene Augenbrauen, Kräuseln der Nasenflügel.) Und sahst zum ersten Mal sein Gesicht statt einer Maske.

Sagtest, nun selbst ein wenig beunruhigt: »Wie auch immer. Und wegen gestern Nacht...«

»Sag' nicht, dass es dir leid tut.« Und sprach es weder vorwurfsvoll noch flüsternd, sah sich auch nicht um, denn der Patio war leer und im Küchentrakt säuselte die Möhren putzende Alte ein Duett mit dem Transistorradio. (Obwohl auch das dir wie bestellt schien: *Cuba que linda es Cuba, oh...*)

»Ich meine, hätte ich gewusst...«

»Hättest du es trotzdem getan. Waren nämlich tatsächlich *gente buena*, gute Leute. Sogar der mit der Brille.«

Ungläubiges Staunen, das sich jetzt am Griff deines Rollkoffers festhalten musste: »Du kennst sie?«

»Nein, aber ich sah sie am Morgen aus deinem Zimmer kommen. Nur habt ihr mich nicht bemerkt, da oben am Geländer.«

»Dann hast also du deinen...deinen Kompag...«

»Nein. Er stand schon vorher da, ich weiß nicht, wie lange, und wach geworden bin ich erst durch seine Abwesenheit.«

Hatte euch der Schweizer also belauscht und nichts gehört und die frühmorgendliche Stille missinterpretiert als die große Ermattung nach der nächtlichen Orgie und war *deshalb* derart furios geworden und ausgetickt, *vor allen Gästen*? Darüber würdest du (wenn überhaupt) später nachdenken, jedoch...

»Wieso *Sogar der mit der Brille*? Stimmte was nicht mit dem?«

»Aber nein! Ich sagte doch gerade das Gegenteil.« Und sagte es bereits wieder eine Nuance reservierter, so dass du nichts entgegnetest und den Koffer durch den Patio rolltest, ehe dir einfiel, dass das rätselhafte Gespräch mit einer ganz anderen Information begonnen hatte. Bliebst stehen, hoch

aufgerichtet und ein wenig Schweiß auf der Stirn, und *der nominelle Casa-Chef* blickte dich aufmerksam an. »Und wer hat dann angerufen?«
»Ein Lazaro,« antwortete er gleichmütig. »Ein Lazaro, der sich für sein Fernbleiben entschuldigte und von *Arbeit* sprach. Aber da du seine Mobilnummer hättest und ab heute in diesem Hotel in Vedado wohnst...«
Hattest du Lazaro davon erzählt, am gestrigen Nachmittag, der bereits – erst jetzt fiel es dir auf – in eine Ferne gerückt war, die manches unwahrscheinlich werden ließ? (Begannen also die Stadt und deren Bewohner mit dir zu machen, was sie wollten und dir ein völlig anderes/neues/mehrdimensionales Zeit- und Raum- und Erinnerungs- und-Gefühls- und Was-weiß-ich-noch-Maß unterzuschieben, so ganz *en passant*?)
»Da draußen wartet schon das Taxi.«
Er half dir den Koffer über die hohe eichene Holzschwelle ziehen, und da stand in der Tat vis-á-vis des Karrens mit den noch immer braunstichigen Bananen und der noch immer dösenden Verkäuferin ein rostroter Shiguli.
»Wie hast du es bestellt, wenn du gar nicht wusstest, wann ich zurückkomme?«
Du versuchtest, deiner Frage etwas Beiläufiges zu geben, da er noch immer neben dir war und sich mit korrektem Händedruck und einem angedeuteten Kopfnicken erst dann verabschiedete, als du dem Fahrer durch das offene Fenster die Adresse durchgegeben hattest, schon beinahe ein Profi: »Calle 3, entre 23 y 25.«
(*Wer* waren hier die Profis?)

»Wollen wir bumsen«, murmelte der dunkelhäutige Alex (nicht: Alejandro) in seinem schattig muschelförmigen Steinverhau auf dem sonnenheißen Flachdach jener Casa, die er als Manager betreute, und stieß, die Frage auf seine doppeldeutige Art beantwortend, folglich hinter der kleinen Theke sein Begrüßungs-Glas CubaLibre gegen deines: Willkommen in der Ambivalenz. (Da hattest du in jenem Haus bereits eingecheckt und er, der Rezeptionist/das Faktotum/der reale Manager hatte dich aufs Dach gelotst.)
»Und trotzdem tat's beim ersten Mal ziemlich weh?« Alex (nicht: Alejandro, dazu deutsch anstatt spanisch sprechend) kam hinter der schmalen Bartheke hervor und stellte sich neben dich, seinen Ellenbogen an deinen drückend für die Dauer einer Nanosekunde, in der grellsten Stunde um Mittag. Hinter der versteinerten Muschel der Dach-Bar befand sich hier oben ein weiterer Aufbau, ein gemauertes Zimmer mit Holztür und zu-

geklapptem Fensterladen. (Da hattest du ihm bereits von deinem allerersten Besuch in der *Humboldt*-Bar erzählt, von deiner Irritation, ja deinem Abscheu. Und er hatte dir, maliziös lächelnd, mitgeteilt, dass die Bar den gleichen Besitzer habe wie das Hotel – und man sich über derart freundlich gestimmte Gäste immer freue; *Salud!*)

»Für wen ist dieses Zimmerchen?«

»Für den Chef, mein Süßer.«

»Ist er jetzt da drin?«

»Nein, er kommt erst morgen zurück. Mit dem Rest der Gäste, die er auf einer Tour begleitet in Santa Clara.«

»Also sind wir gerade allein im Haus?«

Alex' beringter Zeigefinger quer auf deinem Naserücken, sein Atem an deinem Ohr. »In Cuba bist du nie allein, Schatz.«

»Und die Wäsche, die hier überall hängt und den Blick verstellt zu den Nachbardächern?«

»Voller Zwischenräume. Auch wenn kein Wind geht, und sich keines der Laken und Handtücher bauscht, um dir Geschichten zu summen vom Treiben der letzten Nacht.«

»*Geschichten zu summen vom Treiben der letzten Nacht...* Dios, das ist *fast* poetisch.«

Alex zog eine Grimasse, die seinem grobgeschnittenen Gesicht etwas Zerknautschtes gab. »Falsch. So quatschen sie in den Telenovelas, und so *geschehen* die Dinge hier im Haus. Ich bin der Rezeptionist-der-alles-sieht, und wenn auch nicht so zuckrig wie die *Humboldt*-Vögelchen deiner ersten Habana-Nacht vor einer Woche, so bin ich doch...«

»Nicht käuflich...?« (Nein, da ist kein Zittern in deiner Stimme, nichts Gepresstes, und der Schweißfilm auf jeder Faser deiner Haut kommt von der mittäglichen Fahrt hierher nach Vedado und dann gleich hinauf aufs Dach, und von nichts anderem sonst.)

»Wieder falsch. Für dich gar nicht zu bezahlen mit meinem Intelligenz-Appeal plus Sex-Quotienten, *mi Baby Escritor*.«

»Dann hast du dich also *Humboldt* von unten genähert? Pass auf, heute Nacht kommen wir von der richtigen Seite. Von hinten, wie all meine Vorfahren.«

Alex neben dir, das blaue Stoffband seines Schlüsselbundes über der Schulter, und wieder sein Unterarm an deinem, Zufall oder nicht. »Du weißt, was er 1799 geschrieben hatte, kaum angekommen hier auf Cuba? *Eine Anmut, mit der für die heißen Zonen charakteristischen organischen*

Kraft. Angelockt von solch lieblichen Eindrücken, vergisst der Europäer die Gefahren, die ihm im Inneren der volkreichen Städte der Antillen drohen.«
»Woher weißt du das?«
Du gabst dir keine Mühe, deine Verblüffung zu verbergen, auf diesem Dach in Vedado, zwischen den aufgespannten Handtüchern und Laken, die die Wassertanks auf den Nachbardächern verhüllten und entblößten. Alex' Lächeln war ein Grinsen, ein Augenrollen, eine mächtige rote Zunge über schneeweißen Zähnen, auf und ab.
»Ich mag keine Literatur studiert haben wie du, aber die berühmte Passage kenn' ich natürlich, denn nur ein *Bruder* hat sie schreiben können.«
»Und wie kommst du darauf, dass ich...?« (Bist du weiterhin überrascht, gar amüsiert, oder zuckt nun doch etwas Angst auf, *rein physisch*, Pendant zu jenem Hautimpuls, wenn Alex dich streift, vermeintlich unabsichtlich?)
»Weil du so angekündigt wurdest. Der junge Señor Escritor. Mehr oder minder jung, für unsere Verhältnisse aber noch immer *ziemlich* jung, und auf jeden Fall ein *Escritor aleman.*«
Moment mal... Wer zum Teufel hatte Alex diese Information übermittelt? Allein die Schriftsteller, die du am übernächsten Tag treffen würdest, hatten Kenntnis von deiner Habana-Rückkehr nach dem Trip ins Landesinnere. Aber sie wussten nicht, *wo* du dich einmieten würdest. Nicht einmal Señor Orestes, der kubanische Übersetzer von Hans Christoph Buch, der das Treffen für Mittwochnachmittag organisiert hatte, war darüber informiert, *wo genau* du absteigen würdest. Willkommen im Labyrinth, dachtest du, und hörtest augenblicklich die Stimme deines alten Freundes Buch: *Wäre ein guter Text-Titel, oder zumindest der Anfangssatz des ersten Kapitels...* HC Buch, den du seit einem Vierteljahrhundert kennst, ihn damals im Sommer '91 angesprochen hattest bei einer Abendlesung im Botanischen Garten zu Konstanz, wo er Passagen aus der *Hochzeit von Port-au-Prince* vorgetragen hatte. Oder war es *Haiti Chérie* und es handelte sich um ein Voodoo-Kapitel? Wie auch immer: Du warst augenblicklich angefixt von der mutwillig-eleganten Kleist-Persiflage, von der Biographie dieses so gar nicht Bundesdeutsch-Typischen, der da von seiner haitianischen Großmutter erzählte und der *Pharmacie Buch* in eben jenem Port-au-Prince, das du Jahre später besuchen würdest, abgestiegen hinter der Gingerbread-Fassade des Hotels Oloffson (dem *Hotel Trianon* in Graham Greenes *Stunde der Komödianten*), und dann unten an der Bar, unter trägem Ventilatorflappen die feucht-schlierigen Seiten des städtischen Telefonbuchs aufblättertest, unter B: Buch, Jeanne. *Matante,* hatte Buch zuvor in Berlin erklärt, *nicht Ma tante, sondern Matante auf créole,* und auch

diesen Mix aus Pedanterie und Tropismus fandest du toll – wer aus der ehemaligen Gruppe 47 sprach, schrieb, lebte und reiste schon auf diese Weise? Und so hatte HCB dir nun ein Treffen mit hiesigen Schriftstellern empfohlen und seinen Übersetzer Orestes, dem er bereits die Novelle *Tod in Habana* gewidmet hatte, als Vertrauensperson kontaktiert. Da also gab es nichts zu zweifeln. Aber Stopp! Kannte, von dir Naiven höchstpersönlich informiert, nicht die seltsam omnipräsente Señora *Schon* auch diese Telefonnummer, unter der man dich erreichen könnte in der letzten Woche deines Aufenthaltes? Doch weshalb sollte sie...?

»*Angekündigt*? Und bitte von wem?« Du gabst dir Mühe, deine Stimme nicht schnappen zu lassen, doch Alex...

»Unnötige Fragen, Amigo. Erzähl mir lieber von *Humboldt* und den Leuten da...« Falls er auswich, tat er es auf seine Weise: Dir mitten ins Gesicht sehend, *starrend*, seine wulstigen Lippen ein Schmollmund, eine Höhle, eine Vulva, ein Krater...samtiger Bühnenvorhang für höllisches Gelächter. »*Diese* Art *Ver-worf-en-heit* dort mochtest du nicht, ja? Übrigens wusste ich es, sobald du hier eingerauscht warst, vor einer halben Stunde, mit deinem Gepäck aus dem Shiguli-Taxi, das dich aus Habana Vieja hierher gebracht hatte, sieben CUC für die Strecke über den Malecón, right? Untypischer, seltsamer Gast. Dein Gesicht unten vor der Türkamera, dann der ganze Señor auf der Treppe und vor meinem Rezeptionstischchen...«

»Mit deinem Laptop darauf und dem Schlagstock neben dem Tischbein...«

(In welch vorgebliche Komplizenschaft plauderten sie sich da gerade hinein?)

Alex hatte auf den letzten Stufen der Wendeltreppe, die im Hintertreppenhaus vom Dach hinunter zur Rezeption führte, so abrupt Stopp gemacht, dass du gegen seine Schulter fielst und wahrscheinlich sogar auf dem knarrenden Holz gestolpert wärst, hätte er nicht sofort (da er's ja geahnt haben musste) seinen rechten Arm wie ein Metallbarriere waagerecht ausgestreckt, fester Griff der Hand ans ebenso gewundene, wurmstichige Geländer. »Nichtsohastig und vor allem: nichtimStehen«. Sein maliziöses Genuschel, während sein Schlüsselbund klapperte, Schellengeklirr eines weisen Narren, von dem du nicht wusstest, ob er zu den Guten oder Bösen gehörte. (Was auch immer dies bedeuten mochte in dieser Stadt.)

»Wir können's ja auch im Liegen probieren«, schlugst du vor, als er wieder hinter seinem Rezeptionstisch saß und dir aus dem aufgezogenen Holzfach den Schlüssel mit dem kleinen Plastikschildchen reichte. Alex grinste, blieb jedoch sitzen. Zeigte auf den Parallelkorridor rechts hinter seinem Tisch. »Wenn du kein Gast wärst – sofort. Doch in diesem Fall... Denn soll ich etwa wegen dir entlassen werden und fürderhin betteln gehen?«

»Wer das Wort *fürderhin* kennt, wird wohl kaum jemals betteln müssen...«

»Während andere um seinen Schwanz betteln, gewiss!« Alex stimmte mit einem Seufzer zu, doch schien ihn euer verbales Pingpong nun ebenso zu ermüden wie dich. Sein angewinkelter Arm, der mit gestrecktem Daumen über seine Schulter wies. »Dort entlang, die Tür direkt am Ende des Gangs. Damit du laut genug sein kannst beim Kommen mit deinen kommenden Gästen, ohne unsere anderen Gäste belästigen zu müssen, da diese doch eher in den Nachmittagsstunden...«

»Was?«

»Wirst es *niemals* hören, Amigo!«

Ein plötzlicher Plautz ließ dich zur Seite fahren, den Kopf wenden. Auf die Fliesen der Balkonterrasse, hinter den sperrangelweit geöffneten Flügeltüren des Rezeptionsraums, war ein Fernrohr hingeknallt. Alex winkte dir zu, es aufzuheben, und im Näherkommen sahst du's. Auch hier in Vedado musste es also einen wurfkundigen Briefträger geben, der in den frühen Nachmittagsstunden die Balkone mit *Granmas* bedachte, von Schnippgummi zusammengehalten. Du hobst die gerollte Zeitung auf. Sahst das wie bei einem Uralt-Fernseher auseinanderlaufende Bild, das die Physiognomie des französischen *Spitzenpolitikers* und Raúls Dünnlippen zerfließen ließ. Wolltest den Anachronismus Alex übergeben. Sollte grummelnde *Granma* doch verrotten neben Laptop und bereit liegendem Schlagstock!

»Ist für dich. Damit du informiert bist. Aus Anlass des Besuchs ist die Ausgabe sogar auf Französisch. So wie sie letzte Woche zum 1. Mai auch auf Deutsch erschienen war.«

»Für so etwas ist Geld da?«, fragtest du, doch Alex antwortete nicht, sondern gab vor (oder tat es tatsächlich), bereits wieder Reservierungs-Mails zu verwalten. Du klemmtest dir das zusammengerollte Papierbündelchen unter den Arm – vorläufiger Abgang von einer möglichen Bühne.

Während du Alex ein letztes Mal zunicktest und mit dem Rollkoffer schon hinter der Wandecke warst, auf den schmalen, höchstens fünf Meter langen Flur einbiegend, jedoch noch dies: »Du hast ein Zimmer mit Aussicht. Sei wachsam.«

»Weshalb?« (Deine Stimme, die nun hallte, beinahe ein Echo gab.)

»Wirst es bald sehen.« (Alex' Stimme: *Nicht* hallend, eher von blubberndem Gleichmut.)

Aus unruhigem Schlaf hochgeschreckt, findest du dich wieder in dem rückwärtigen, dir von Alex zugewiesenen Zimmer und die heruntergeklappten Lamellen des Fensters zum Hof die einzige Lichtquelle. Starre Linien in blassem Laternenlicht-Orange, die wie Gitterstreifen über deinem Körper liegen, das im verschwitzten Traumschlaf weggestrampelte weiße Laken markierend wie ein Radar. Als du dich stöhnend zur Seite wälztest und den Schalter an der kleinen bauchigen Lichtvase auf dem Nachttisch anknipstest, sahst du im Spiegel zerwühltes Haar, ein sonnengebräuntes Gesicht und braunrote Arme, Kontrast zu den anderen Teilen deines heller gebliebenen Körpers.

Solltest du also morgen nicht tatsächlich zum Strand fahren, hinaus nach Guanabo – Alex würde wissen, wie's anzustellen war – um zumindest die Farbgebung wieder in eins zu bringen und den Gedanken zu vertreiben, die Tage auf der Insel würden dich *stückeln*, zu *Fragmenten* eines Wesens machen, sichtbar im Spiegel eines pseudo-kolonialen Wandschranks in einem schmucklosen, doch pieksauberen Zimmer mit Bad, dessen Tür offenstand und wo, deine Augen gewöhnten sich an die inkonsequente Dunkelheit, ebenfalls etwas Licht auf die weißen Kacheln fiel – unter der Decke befand sich ein rechtwinkeliges Klappfenster, das einen Ausschnitt der Dachbalustrade zeigte. (Wo du, aber wann war das geschehen, mit Alex inmitten des Wehens aufgehängter Handtücher und Laken gestanden hattest und euer Gespräch begann, in jener Mischung aus kryptischer Vertrautheit, Anspielung, Lockung und womöglich warnendem Unterton.)

Im Schein der Vasenlampe sahst du das Zifferblatt deiner Armbanduhr: Schon kurz nach elf. Du lauschtest in die Stille, die weiterhin absolut war. Weder vom Hof noch vom Gang her drang das kleinste Geräusch ins Zimmer. Ging es hier also zu wie in Walkers Casa in Trinidad, wo du ebenfalls der einzige Gast gewesen warst? (Oder befandest du dich in einem tropischen *Shining*?)

Come on, sagtest du dir, gabst dir einen Ruck, sprangst, die zwischen den Waden verhedderten Laken abstreifend, aus dem Bett, schaltetest das volle Zimmerlicht an. Schüttel die Irritation ab, rasier und dusch dich, und sieh zu, dass du gegen Mitternacht am Ende der Rampa bist, um dort nach rechts in die Calle Humboldt abzubiegen, danach linkerhand ins sous-sol der Bar. Ob Ruben sein Versprechen halten würde, wusstest du nicht – du jedenfalls würdest dort sein.

Als du um die Ecke bogst, saß unter den bernsteinfarbenen Lichttropfen des herabgedimmten Deckenlüsters ein anderer in der Ecke hinter dem Tisch. Saß da mit geschlossenen Augen und ausgestreckten Beinen, vor sich auf der nackten Tischplatte weder ein Laptop noch sonst irgendein Utensil. Dein Blick fiel auf den Schlagstock, der weiterhin an der Wand lehnte.

»Wir sollten ihn nicht aufwecken«, vernahmst du Alex' gleichmütige Stimme von der Terrasse her, die den jungen Mann hinter dem Tisch sogleich aufweckte, blinzeln und seinen Körper in eine 90-Grad-Haltung zurren ließ, während er dich mit einem noch schläfrigen Lächeln bedachte. Wieder einmal hörtest du das Geräusch kratzender Kufen über Steinfließen, dann sahst du im Dämmer der offenen Flügeltür Alex, ganz in weiß, das nach hinten gekämmte und kräuselig gebändigte Haar noch wassernass glänzend. Zerknautschter Engel in Bügelfalten-Jeans und einem Hemd, das wie genäht schien für seine breite Brust und den flachen Bauch.

»Ich dachte, du würdest ewig pennen.«

»Hatte Nachholbedarf nach der letzten Nacht...«

»Seltsam«, Alex sprach im Näherkommen und musterte amüsiert deine Fake-Denim-Jeans und das Fake-Armani-T-Shirt, »man hatte dich und die zwei Kleinen doch schon lange vor Barschluss abhauen sehen.«

»*Wer* hatte uns gesehen?« Kompliment für dich selbst, da du es vermochtest, deiner Frage jegliche misstrauische Schärfe zu nehmen. Obwohl du bereits wieder ein flaues Gefühl im Magen hattest. Obwohl dir das Herz *nicht* bis zum Halse schlug. Obwohl du dich erneut ein *Wo bin ich hier* fragtest. Obwohl du, trotz aller vorangegangenen Obwohls, gleichzeitig die Energie fandest, Alex' keineswegs zögerliche Antwort »Nun ja, Freunde« mit einem »Dann sollten sie besser hinschauen, denn die beiden Soldaten waren zwar jung, aber eben nicht *klein*« zu kontern.

Alex: »Soldaten?«

Du: »Rekruten.«

Er: »Du erzählst mir die Geschichte?«

Du: »Nur gegen Geld.«

Er: »Einverstanden! Ich akzeptiere, sie anzuhören und du zahlst drei CUC, das ist der Taxipreis hinunter zur Bar.«

Du: »Dann sollten wir schleunigst einen Wagen bestellen.«

Er, dem Nachtrezeptionisten zunickend, mit Grimassen-Lächeln nähertretend, dich um die Schulter fassend, einen Hauch von Achsel-Deo verströmend und kalten Zigarettenrauch zwischen seinen Lippen (was du

erotisch findest), Alex jetzt schon mit dir auf dem Weg ins vordere Treppenhaus: »Der wartet seit einer Viertelstunde vor der Tür.«
Du: »Weshalb tut er das?«
Er: »Weshalb tut er's wohl? Weil wir uns heute Nachmittag oben auf der Dachterrasse geeinigt hatten, gemeinsam ins *Humboldt* zu gehen, wo du jemanden, nun ja...«
Du, mit Alex nun bereits draußen vor der eisenvergitterten Holztür mit dem Guckloch, diese hinter euch zuziehend. Samtig abgestandene, von Blütenschwaden durchzogene Nachtluft schnuppernd, du: »Hatten wir das?«
Er, leise, um das Zirpen der Zikaden in der stillen Seitenstraße nicht zu stören und deshalb seine Worte fast verschluckt vom Stottern des mehrfach erfolglos angelassenen Taximotors, der erst ansprang, als ihr beide schon auf dem rissigen Lederpolster der breiten Rücksitzbank saßt, seine Worte ab da in deinem Gedächtnis, kryptischer Alex-Ton: »Und ob! Vergiss nicht das verbale Pingpong unserer ersten Intimitäten, es würde mich andernfalls enttäuschen.« *Andernfalls!*

Der Fahrer des Buick, der euch die nächtliche Avenida 23 entlang fuhr, auf ebener Strecke, bis auf Höhe des Cine Yara und des ehemaligen Habana Hilton die vierspurige Straße in Richtung Malecón absackte, hätte nichts berichten können. Du dachtest gar nicht daran, Alex in die Burleske der gestrigen Nacht (und des heutigen, wie mit einem Schweizer Taschenmesser angeschnittenen Skandal-Morgens) einzuweihen, aber nicht aufgrund diffuser *Sicherheitserwägungen* – was hattest du schon zu verbergen. Was dich schweigen ließ, war deine Lust, dich mit dem Kopf aus dem offenen Fenster zu lehnen, die Hand auf der abgeflachten Kante der heruntergekurbelten Scheibe, und verzückt zu starren. Gleich den nächtlichen Ausflügen der *Drei traurigen Tiger* in Cabrera Infantes Roman, die ganz und gar nicht traurig, sondern worte-kapriolenschlagend von Cabaret zu Café von Varieté zu Schlafzimmer rasten, die schönsten Frauen der Stadt im Schlepptau oder ihnen hinterher! Wie in einem Kinosaal breitwandig dahinrollendes, nächtliches Licht- und-Schatten-Habana! Zumindest jener Teil des Verdado, der in seiner Architektur an die vierziger und fünfziger Jahre erinnerte, ein bisschen Chicago, ein bisschen Funktionales und der Rest spätkolonialer Art déco- oder sonstwas-Cocktail, in die Jahre, nein: Jahrzehnte, nein: beinahe ums Leben gekommen. Aber war doch noch da, stand im Bröckeln, wehrte sich, kokettierte würdig und/oder nuttenhaft, war vorbeirauschende Kulisse und doch Essenz der Stadt, während du... (Endlich dein Haus in Habana gefunden?)

La Habana.
Möglichkeit eines Berichts (III)

Als sie kurz nach Mitternacht die Treppe herunterkamen, war das *Humboldt* bereits voll. Die Aluminiumtische und Stühle, die Bestecke und Teller und lausigen Gerichte, die am frühen Abend serviert wurden, um aufgrund gesetzlicher Bestimmungen den Anschein eines *Restaurants* zu erwecken, waren längst weggeräumt und vom *Üblichen* ersetzt. Die zwei: Wiederum *Beobachter* (nachfolgend B. genannt) und Alex, Tagesrezeptionist der *Casa* in Vedado. B. wurde beobachtet, wie er erneut das Gesicht verzog, als er sich – an der Seite jenes Alex – durch die Touristenmasse zu kämpfen versuchte, die sich vor dem Bar-Tresen staute und – abgesehen von einem kanadischen Lesbierinnen-Paar, das sich offensichtlich ebenfalls unwohl fühlte – aus männlichen Europäern bestand. Altersgruppe: Mitte vierzig bis Ende sechzig. B. behielt die hochmütige Grimasse bei, dabei hatten ihn die *Jineteros* gar nicht mehr angesprochen, sondern konzentrierten ihre Verführungskünste auf die anderen Touristen. Die meisten der Prostituierten hatten sich bereits in der vorherigen Nacht hier herumgetrieben und waren Zeugen des seltsamen Spektakels um die Piña Colada geworden, welche die zwei Rekruten bezahlt hatten und nicht etwa B.

Diesmal war nur noch einer anwesend, ein gewisser Ruben, der das *Humboldt* schon gegen neun Uhr abends betreten hatte, überrascht die Tische auf der Tanzfläche betrachtete und dabei bemerkte, dass er – außer dem Personal – der einzige Kubaner in diesem Kellerraum war, den es *ohne* ausländische Begleitung hierher verschlagen hatte. Mit dem freimütigen Bekenntnis, weder Hunger noch ausreichend CUC zu haben, bestellte er eine einheimische *tuKola* und setzte sich auf die Ledercouch unterhalb des DJ-Pultes, das um diese Zeit noch leer war. Von dort aus verfolgte er die Verwandlung des Restaurants in die Bar, die er von seinem Erstbesuch letzte Nacht her kannte und bot dem Personal sogar an, beim Abtransport der Tische behilflich zu sein, die in einem Raum neben dem Raucherzimmer abgestellt wurden. Die Offerte wurde dankend abgelehnt, allerdings kam man nun ins Gespräch und erfuhr den Namen des Rekruten (wenngleich nichts über seinen familiären Hintergrund).

Zudem konnte in Erfahrung gebracht werden, dass jener Ruben am heutigen Abend ohne seinen Soldatenfreund gekommen war, um den Deutschen *richtig zu treffen* – eine Bemerkung, die er nicht weiter ausführte, jedoch sogleich einen roten Kopf bekam, als sie von einem der Bartender zotig kommentiert wurde. Außer für zwei Gänge zum Urinal rührte sich dann der Nichtraucher R. nicht mehr von seinem Platz auf dem Ledersofa, zog auch dann noch an seinem Strohhalm, als die *tuKola*-Flasche längst leer war, sprang aber sogleich auf, als er in der Menge B.s Kopf erblickte. Um seinen die ganze Zeit mit beinahe ängstlicher, aber doch entschiedener Geste freigehaltenen Platz nicht zu verlieren, blieb er direkt vor der Couch stehen und machte B. Handzeichen. Die Wiederbegegnung der zwei begann in einer Umarmung, wobei es R. war, der sich auf die Zehenspitzen seiner weißen Turnschuhe stellte, B. die Hände um den Hals legte und zu seinem Kuss ein wenig zu sich herabzog. Diese Art von Zärtlichkeiten setzten sich fort, als die beiden nebeneinander saßen und in dieser Position bald auch Zungenküsse austauschten. In Abständen stand B. auf, um sich zur Bar vorzuschlängeln und dort je zwei Piña Coladas zu ordern; beim ersten Mal wurde beobachtet, wie er R.s kleine Geldbörse, die dieser aus seinen Jeans genestelt hatte und nun zu öffnen versuchte, mit einem Druck seines rechten Handballens gegen R.s Leiste schob – offenbar das Signal, dass er diesmal nicht gewillt oder gezwungen war, sich erneut einladen zu lassen. (Von *Antiquar* ist bislang keine Nachricht eingetroffen, ob B. am Dienstagnachmittag erneut im *Hotel Iberostar* aufgetaucht wäre, um unter dem Vorwand der Internet-Benutzung Kontakt zu politisch subversiven Elementen zu suchen.)

R., dessen Bartlinie sich im Vergleich zu Montagnacht verbreitert hatte und dichter geworden war, trug diesmal ein gerippates, ärmelloses Muskel-Shirt von weinroter Farbe. Dieses kontrastierte mit einer silbernen Halskette, die mit einem silberfarbenen Ring beschwert war (vermutlich eine Legierung). Obwohl R. nun mehr von seinem Körper – Hals, ausrasierter Nacken, Schulterpartie und trainierte Oberarme – zeigte als in der vorherigen Nacht, verstand B. dies offenbar nicht als Einladung, ihm mit den gleichen Handbewegungen unter das Hemd zu fahren, wie dies die anderen Touristen mit den *Jineteros* taten. Im Gegenteil: R. und B. wurden dabei beobachtet, wie sie die Anbahnungstechniken der anderen *Humboldt*-Besucher observierten und kommentierten, sich danach in die Augen schauten und zu lachen begannen, ehe R. den B. erneut zu sich heranzog und es zum weiteren Austausch von Zungenküssen kam, deren Zeitdauer immer länger wurde, wobei sich die Hände der beiden nur an den Seiten der jeweils anderen befanden und auch R. davon absah, B. *unter* das T-Shirt zu greifen (diesmal ein hellblaues Stück mit wahrscheinlich gefälschtem *Armani*-Aufdruck).

Zu dieser Zeit hatte der DJ längst Aufstellung hinter seinem Pult mit der halbhohen verkratzten Plastikscheibe genommen, was B. zu der Bemerkung brachte, der Mann erinnere an einen Polizisten mit Plexiglasschild. Was immer er mit diesem Vergleich bezwecken wollte, R. runzelte weder die Augenbrauen noch seufzte er, sondern sagte lediglich *Erzähl weiter*. Das pausenlose Hin und Her der Gäste, die wie an jedem Abend vom Tanzen bald ebenso genug hatten wie vom Sitzen auf den Lederhockern, vom Herumstehen an der Bar oder vom Rauchen im rückwärtigen Raum, machte es unmöglich, in Gänze zu verfolgen, *was* B. denn erzählte oder zu erzählen fortfahren sollte. Offenbar hatte er sich nur kurz nach R.'s und dessen Freundes morgendlicher Rückkehr in die Kaserne erkundigt und die Auskunft erhalten, alles sei problemlos verlaufen.

Zur nochmaligen Erklärung: Da B. diesmal nicht ins ruhigere Raucherzimmer ging, um sich eine der von ihm präferierten *Hollywood's* anzustecken (vermutlich unter R.s Einfluss, den man den ganzen Abend Kaugummi kauen sah), blieb der Lärmpegel und das Geschiebe und Gedränge um die beiden konstant, so dass nur in Fragmenten zu verstehen war, von was B. gerade sprach. Jedoch untermalte er sein flüssiges, aber rudimentäres und keine grammatikalischen Regeln respektierendes spanisch mit Mimik und Gestik, auch flüsterte er nicht, sondern sprach mitunter sogar laut, um den Lärm der Musik zu übertönen. Anscheinend hatte es am Morgen nach dem Weggang der beiden Rekruten im Hotel einen Skandal gegeben, den B. mit beinahe komödiantischem Talent erinnerte, wobei er seinem fehlerhaften spanisch noch ein rauhes Krächzen beigab, dass vermutlich nicht auf *Hollywood*-Zigaretten und die konsumierten Piña Coladas zurückzuführen war. (Vier pro Person bis zum gemeinsamen Verlassen des Etablissements gegen drei Uhr morgens.) Allerdings war auch bei B. von jenem Schweizer Manager und seinem cubanischen Gefährten die Rede, so dass sich ggfs. ein Abgleich mit anderen Berichten über das Haus in der Calle Habana anböte.

Während des Gesprächs schienen sich die beiden, unbekümmert um die Anderen und von R.s Seite vermutlich auch taub für die spöttischen *Romantico, aye, aye-amor*-Rufe der umherschweifenden *Jineteros*, immer näher zu kommen; R. hatte irgendwann Lachtränen in den Augenwinkeln und B. küsste sie ihm weg. Später wurde beobachtet, wie Alex, Rezeptionist des Hauses im Vedado, zu den beiden stieß und B. einen kartonierten Zettel überreichte. (Keine Nachricht oder Botschaft, sondern eine Art Voucher mit dem *Casa*-Logo, das den Hotelgästen in der *Humboldt*-Bar einen geringfügigen Discount einräumte.)

B. bedankte sich mit einer Umarmung, zu der er von jenem Alex freilich eher herangezogen wurde, während dieser R. verschwörerisch zublinzelte.

R. jedoch riss die Augen weit auf und strich dann über B.s T-Shirt-Rücken, worauf jener Alex, der inzwischen seine Arme von B. abgelassen hatte, nun ebenfalls – ein wenig spöttisch – *Ay, romantico* rief und laut auflachte. Daraufhin flüsterte R. etwas in B.s. Ohr, worauf dieser *Si, Vamos* sagte und sich die beiden nun von der Sitzecke hinüber zur Bar bewegten, Augenkontakt haltend, nur zentimeterweise vorankommend. Am Tresen wiederholte sich die Szene, dass R. nach seiner Geldbörse griff, B., den kartonierten Voucher in der Hand, wiederum den Kopf schüttelte und die *Jineteros* erneut große Augen machten, während deren Kunden mit glasigem Blick auf die kleine Tanzfläche starrten, die sich um diese Uhrzeit nun langsam zu leeren begann. Danach erschien wieder Alex, um den seine CUC-Scheine einzeln aus der Jeans puhlenden B. etwas auf Deutsch zuzuflüstern. Worauf dieser augenblicklich erbleichte und sich nervös auf die Lippen biss – dies war selbst unter dem Neon- und Lichtorgel-Schein der Barbeleuchtung zu sehen.

*

»Ein Hammer, dein Soldat! Wenn ich will, krieg' *ich* ihn.« Alex hatte neben dir am Tresen gelehnt, Unterarme über dem schlierigen Holz, die schneeweißen Zähne gefletscht im dunklen Mulattengesicht.

»Weshalb sagst du, dass du ihn *kriegst?*« Du fragtest, ebenfalls auf Deutsch, und plötzlich war da dieses flaue Gefühl im Magen. (Zuviel Piña Colada oder tatsächlich...?) Du konntest dich, verzerrt, in Alex' Augen gespiegelt sehen, Löwen-Pupillen, auf deren Ellipsen das Bild eines Nervösen sichtbar wird, der sich auf die Lippen beißt. (Noch einmal, im Lärm und Trubel, während du die Getränke bezahlen willst, die Barmänner aber gerade mit den Bestellungen nicht nachkommen und dich von rechts und links verschwitzte und cocktail-feuchte Hände/Arme/Ellenbogen berühren und puffen, die weißlich behaarten der Europäer, die glatten hellbraunen der einheimischen Stricher, also: Zuviel Piña Colada oder Müdigkeit und Überdruss oder tatsächlich eher...?)

Dann: »Und was heißt *kriegen?* Ist schließlich kein Objekt, also frag' ihn selbst...«

Ruben, hinter dir. Seine Hand auf deiner Schulter, ihr sanfter Fingerkuppendruck hinein in die Vertiefung des Schlüsselbeins, und Alex sah es und schon wurde sein Knautsch-Grinsen – dachtest du – von Wildtier zu Haushund, und fast begütigend sprach er, beinahe bedauernde Erklärung: »Ist doch nur so, weil wir im Krieg sind und deshalb von *kriegen* sprechen.«

Du sahst überrascht auf, aber da lachte er dir schon ins Gesicht, sagte etwas von Scherz und Aufpassen mit dem Wechselgeld, und schließlich war einer der Barkeeper doch noch auf dich aufmerksam geworden, so dass du das Konsumierte passend zahlen konntest, und Alex sagte, dass man ihm folgen könne und du dich draußen an seinem Verhalten orientieren solltest, um beim Taxi-Einsteigen schneller zu sein als mögliche Polizei-Observation, *da ja weder du noch dein unschuldiger Ruben*... Er machte eine Geste, resignativ oder auch beschützend, und mit Blick auf seinen breiten Rücken, der das Meer der verbliebenen Bargäste teilte, folgten Ruben und du ihm nach. Ruben, der deine Hand ergriffen hatte, auf den Treppenstufen, im Rahmen der sich kurz öffnenden und sogleich wieder hinter euch schließenden Metalltür: »*Was* hat er gesagt?« Ruben, in der lauen Nachtluft die Hände an den Oberarmmuskeln reibend, sein Jungengesicht fragend, doch ohne Sorge.

»Einer seiner üblichen Scherze... oder auch nicht. Sagte, er könnte dich *kriegen*, falls er nur wolle.« (Keine Sekunde hattest du gezögert, es zu radebrechen.)

Rubens Gelächter, vom Doorman, der hier draußen auf dem Trottoir mit ein paar Taxifahrern stand und rauchte, sofort mit einem ärgerlichen *Pschst* und *Silencio, Chicos* bedacht. Indessen waren Polizisten nirgendwo zu sehen, jedenfalls entdecktest *du* keinen von ihnen.

An der Straßenecke zeigten sich die Flossen eines beweglichen Fossils, das gut- aber auch bösartig hätte sein können, doch war es der graublaue Buick von der Hinfahrt, und schon hielt er, schon tauchte Alex aus dem Schatten auf, schon öffnete er euch die knarrende Tür, ließ euch, als wäre *er* der Besitzer, auf der rissigen Lederbank Platz nehmen und stieg als letzter hinzu. Nicht nötig, die Adresse zu nennen. Nicht nötig, die Fenster zu schließen. Nicht nötig, das Autoradio anzuschalten. Die Rampa hoch, die Avenida 23 entlang, und Ruben blickte ebenso entzückt wie du in hinaus in die Häusernacht von Vedado, tropische Piranesi- oder Escher-Breitwand (dachtest du), seine Hand in deiner, und als du kurz zur Seite schautest, sahst du Alex' Blick: Travestie gerührter Betroffenheit *und* Travestie solcher Travestie. Hattest plötzlich das Gefühl, ihm trauen zu können. (Zuviel Piña Colada oder tatsächlich...?) Dachtest, nun schon fast gegen Ende deiner Reise, *dies* also wäre das Haus, die gesuchte Unterkunft, das halluzinierte Refugium und der Hafen, dort/*hier* in der stillen, schmalen Calle, in die der Buick-Wal jetzt abbog, mit abgeschaltetem Motor hineinschwappte, vorbei am kleineren Nachbarhaus mit dem Säulenportal, hinter dem noch Licht brannte, selbst um diese Nachtzeit. »Machen da welche Party oder arbeiten die?«

Du fragtest, aber Alex hatte dich nicht gehört oder gab vor, die Frage nicht verstanden zu haben. (Du trautest ihm doch, oder?) Als du dann im Treppenhaus mit gleicher Lautstärke weitersprachst, machte auch er ein *Pscht*. »*Tranquilo!* Wir sind nicht mehr allein im Haus, am späten Abend sind die anderen Gäste von den Ausflügen zurückgekommen, also...«

Am Rezeptionstisch streckte der schläfrige Andere automatisch die Hand aus, darin dein Zimmerschlüssel. Dann murmelte er etwas, worauf Ruben seine Geldbörse zückte und ihr den Personalausweis entnahm. Der junge Mann hinter dem Tisch öffnete gähnend eine kartonierte Kladde und begann auf den noch jungfräulichen Zeilen einer neuen Seite zu schreiben. Zu schreiben, zu schreiben, gesenkten Kopfes, gähnend. Doch beobachtete er euch ab da nicht mehr, und Ruben zog die Augenbrauen hoch; das alles schien ihn ebenso zu erheitern wie dich.

»Nun steht nicht herum, sondern verschwindet endlich auf Zimmer. Und vergesst morgen das Frühstück nicht, Menschen harren euer.« Ihr saht euch um, doch in dem Raum, der nur vom Terrassenlicht erhellt war (wie konnte der Nachtrezeptionist in diesem Halbdämmer in die Kladde schreiben?), war Alex' ironische Stimme bereits körperlos geworden, verklingendes Echo vom rückwärtigen Gang, in völliges Dunkel getaucht.

La Habana.
Möglichkeit eines Berichts (IV)

Die Tür zu Zimmer 10 öffnete sich gegen 12 Uhr. Kurz darauf tauchten B. und der Soldat im Vestibül vor der Rezeption auf. Des besseren Empfangs wegen trat R. auf den Balkon, wählte auf dem Mobiltelefon die Nummer seines Arbeitsplatzes und gab durch, heute etwas später einzutreffen. B. schien von dem kurzen Gespräch nichts bemerkt zu haben, da er gerade den Rezeptionisten Alex nach dem Frühstücksraum fragte. Dieser wies – bemüht, leicht gelangweilt zu wirken – mit ausgestrecktem Daumen schräg nach oben. Die beiden durchquerten daraufhin den Raum und betraten das vordere Treppenhaus. Aus der zweiten Etage drang das Klappern von Tellern und Besteck herab. Gesprächsfetzen, Schwaden von Kaffeeduft und frischem Toast. Sie waren die letzten Gäste, die oben unter den Balkon-Markisen erschienen, um ihr spätes Frühstück einzunehmen. Sie suchten sich einen freien Tisch, und während B. hinüber zum Buffet ging, das um diese Zeit bereits beinahe leer war, tippte R. mit enormer Geschwindigkeit eine Kurznachricht in sein Mobilphone.

*

Ihr wart die letzten Gäste, die unter den besonnten Markisen des Balkons erschienen, doch solltet ihr – nun bereits um die Mittagszeit – auf Abgeschiedenheit und Stille spekuliert haben, hattet ihr euch getäuscht. (Und woher kam diese plötzliche *Ihr*-Perspektive – na? Doch wohl nicht von der Piña Colada, ja nicht einmal von den Stunden-Stunden-Stunden eures Liebesspiels, die nicht in Schlaf, sondern in Dahindämmern geendet und deshalb überhaupt nicht geendet hatten, sondern fortgeführt wurden in Rubens Atem auf deiner Brust, deinem Atem an seinem Ohr, in sanften Bewegungen, um die eigenen Gliedmaßen zur Herberge für den anderen zu machen, so dass sie, fast wider Willen, schließlich doch wieder heftiger und drängender wurden und... Erneut also hattet ihr, in allen Konstellationen und im Wissen um die rückwärtige Lage des Zimmers, das Geräusche höchstens auf den Hof des Nachbargebäudes entließ, eher miteinander/ineinander als *geschlafen*, und doch war es die Erinnerung an die *erste*, die keusche Nacht, die jenes *Ihr* geschaffen hatte. Die Begegnung in der Bar, dein Mangel an Kleingeld. (Nein, trotz allem würdest du Ruben *nicht* die Geschichte des räuberischen Antiquars erzählen.) Die Großherzigkeit der beiden Rekruten und das basse Staunen der *Jineteros*. Die sittsame Nacht in der *Casa* des Schweizers. Und: Dessen Ausflippen am Morgen. Beim Wiedersehen mit Ruben hattest du die Burleske erzählt, dankbar dafür, dass euch der frustrierte Ex-Steward ungewollt etwas so *sagbar* Wertvolles geschenkt hatte: Eine kleine, aber *eure* Geschichte, Komplizenschaft des Lachens und *Ay no*- und *Ay Si*- und *Bueno*-Sagens, Worte und Sätze und *Erinnerungen* als Präludium zu euren Küssen und Umarmungen, zu den Piña Coladas (Beiwerk, dessen es gar nicht bedürft hätte), zu eurer Nacktheit schließlich in *diesem Casa*-Refugium, auf der Insel von Zimmer 10, Nacktheit, die euch mehr gab, mehr sein durfte als die taktile Mechanik zweier Körper.

Und nun? Dein Unbehagen, das auch Rubens Unbehagen wurde. Gleichzeitig erneut eure Blicke, Wimpernschlag und insulares Einverständnis, Rubens kräftiger Händedruck unter der gestärkten Leinendecke jenes Frühstückstischs auf dem oberen Balkon, dessen Zweier-Gedeck noch unbenutzt war und nur auf euch zu warten schien.

»*Was* hat er gesagt?« *Quédijo?* Die Worte zusammengezogen, aber nicht genuschelt. Sofortige Nachfrage auf Spanisch, aber kein Argwohn in seiner Stimme, das ganze, inzwischen von einer breiteren Bartlinie gerahmte Gesicht ein einziges Lächeln. Und hatte doch die Falten gesehen, zwischen *deinen* gerunzelten Augenbrauen, um *deine* Mundwinkel. Sein Griff nach deiner Hand unter der Tischdecke.

»Er sagt, du seist *ja ein ganz Süßer* und fragt, wo man dich *finden* könne. Und wieviel es koste, wenn du über Nacht bleibst.«

»Nicht möglich!«

»Hätt' ich vorher auch gedacht. Aber sieh ihn dir an und *den Rest* an den anderen Tischen.«

Ruben ließ den Blick schweifen, und als auch dies – erwartungsgemäß, sagtest du dir, Schnellmerker – missverstanden wurde und von den Nachbartischen aus sogleich ein »Hola-Hola!« provozierte, gefolgt von einem kollektiven Rentner-Kichern, während vom Büffet her ein abgewinkeltes Handgelenk grüßte, wurde er erneut augenblicklich rot und senkte den Kopf, doch als er ihn wieder hob, war da noch immer dieses Lächeln, verwundert, doch souverän und sogar ein Gran verzeihend. (Nimm dir ein Beispiel an ihm!)

»Wie süß, ihr sprecht also spanisch zusammen!«

»Wohl das Mindeste, in einem anderen Land zumindest ein bisschen die Sprache...« *Deine* Patzigkeit, *dein* herabsausendes Messer aufs Frühstücksei. (Zum Glück hart gekocht und keine Dotter-Explosion auslösend.)

»Na, ich kann noch immer nur sagen *Cuánto?* Haha...«

»Warum lacht der alte Mann?«

»Weil er stolz darauf ist, auf Spanisch nur *Wie wie viel?* sagen zu können.«

»Unmöglich!«

»In diesem Haus anscheinend absolut möglich.« (War es da, dass du das erste Mal gedacht hattest: Von wegen Refugium! Und: *Das Haus in Montevideo?* Dass dein Assoziationsmaschinchen erneut leise zu surren begann und wie einen altmodischen Telegrammstreifen dies ausspuckte: *Frau Warrens Gewerbe?* Und das auf einer Insel, wo sie in den Schulen von allen möglichen Theaterstücken wahrscheinlich immer noch Brechts *Die Gewehre der Frau Carrar* aufführen ließen – ha! Nur, dass es hier so ganz und gar nicht um *Frauen* ging, doppeltes Haha.)

»Macht nur weiter so! Ich könnte euch stundenlang zuhören, so schön klingt dieses spanisch.«

»Haben Sie sich deshalb an unseren Tisch gesetzt und dafür sogar einen Stuhl herangezogen?«

Klick-Klick-*Klack*, das zweite Frühstücksei. Eiweiß und Mangostreifen und ein Melonendreieck, schwarzer Kaffee und *kein* Toast. Deine Art Diätprogramm für diesen Tag, und was du dich fragtest: Wenn *du* deinen Körper, für den du dich – noch – nicht schämen musstest, in der vorherigen Nacht dennoch mit jenem eines *fünfundzwanzig Jahre Jüngeren* verglichen hattest und *natürlich,* in einer eurer Pausen, die Frage nach der Altersdifferenz stelltest, die Ruben anfangs gar nicht zu verstehen schien, eine Stirnfalte plötzlich *bei ihm,* und dann, bei deiner Skizzierung innereuropäischer (inner-westlicher, inner-protestantischer?) Usancen und altersrassistischer Regeln und betuschelter, da oft nur pekuniär motivierter Ausnahmen, amüsiert den Kopf schüttelte und *Wir sind Latinos, müsstest du doch von deinen Reisen wissen* sagte – wenn all das dennoch (von dir) erfragt und diskutiert und *problematisiert* worden war (wenngleich nur für kurze Zeit, da Ruben dir alsbald den Mund verschloss, überdrüssig dieser Art heuchlerischer Skrupel), wenn dies aber dennoch und trotzdem...

WIE ZUR HÖLLE KONNTEN DANN DIESE VERFLUCHTEN ALTEN, DEUTSCH SPRECHEND ODER VIELMEHR SPEICHELND/MAMPFEND/BRABBELND/MIT DRITTEN ZÄHNEN SPUCKEND UND AUFGEGEILT SABBELND, NUN HIER AUF DIESEM BALKON DERART VERGNÜGT UND SELBSTGEWISS IHR MÜRBES LAPPENDES/FLAPPENDES FLEISCH PRÄSENTIEREN?

Du dachtest in hassenden Majuskeln, warst auf hundertachtzig, denn *diese hier* waren ja wohl nicht die würdigen Greise deiner Erinnerung, die jetzt sofort herbei schwebten wie auf einem Chagall-Gemälde – deine Uralt-Freunde Ralph Giordano Klaus Harpprecht Rainer Hildebrandt André Glucksmann, nicht zu vergessen die Begegnung mit dem greisen François Bondy. Sie alle, die noch an der Schwelle des Todes jüngere Frauen becircen konnten durch ihren Charme und Witz, ihre Noblesse und feine Selbstironie. (Sogar jene Frauen, du hattest es beobachtet, die gar nicht wussten, wer diese bejahrten Männer waren und was sie vollbracht hatten.) Eines Tages *so* zu altern! Hautfalten wie die Lebensringe eines Baums, und (die besten Verse darüber hatte Czeslaw Milosz geschrieben, in seinem neunten Lebensjahrzehnt) jene tapfere Ironie, die – im Unterschied zu tumben Jüngeren – um unser aller Endlichkeit wusste. Was wärest du, hättest du nicht solche Alten getroffen? Während diese hier...

Zum ersten Mal sahst du jenem, der sich mit einem *Hier ist doch noch ein Plätzchen frei oder* an euren Tisch gepflanzt hatte, ins Gesicht. Schätztest: Vermutlich nicht älter als Mitte sechzig. Und war *nicht* etwa der kurze, verschwitzte Pustelhals und das Geschwabbel unterm Poloshirt, waren *nicht* die blau geäderten, weißlichen, schlecht rasierten Hamsterbacken und das hängende Augenlid, *nicht* die in der Tropenhitze rissig geworden dünnen Lippen um das ovale Mündchen. War das auftrumpfende Plappern! Dieses abgrundtief empörende, dachtest du – in der Stimmung, noch ein Ei zu köpfen, aber die zwei Angestellten räumten jetzt endgültig den verbliebenen Rest vom Büffet – dieses nicht zu rechtfertigende, da durch keine Täler des Zweifels, der Melancholie, der Trauer und Angst (spekuliertest du) gegangene Einssein-mit-sich, dieses feist auftrumpfende, anstrengungslose, nicht neugierüberraschte, sondern sich mit fettigen Wurstfingern festsetzende Hier-bin-ich. Jenen euren Tisch so dreist Okkupierenden, dazu die in der Schwafelrunde dort drüben – wie du sie *verachtetest*. Nicht für die Präsenz ihres Alters. Für die Abwesenheit des Zweifels. Für die hungrigen Rattenblicke, für das Fehlen von Milde und Humor (was immer zusammengeht/immer zusammen *fehlt*.)

Das also waren die Gäste, die gestern Nacht zurückgekommen waren, von jenem Ausflug nach Santa Clara, den Alex erwähnt hatte? Übrigens, war er nicht gerade durch die Diele gegangen, von der man von hier aus einen Ausschnitt sah, verschattet und mit einem Lichtviereck am Ende – dem zweiten, rückwärtigen Balkon?

»Ist da nicht eben Alex entlang gehuscht?«, fragte Ruben, der es beim Zerschlagen eines einziges Frühstückseis belassen hatte, weniger wütend als du. (Auch noch weniger verpflichtet, auf seine Figur zu achten; er hatte mehrere Toastscheiben vertilgt, randvoll bestrichen mit Butter und Konfitüre.) »War er das nicht?«, fragte er noch einmal und lächelte, während der winzigrote Gecko seiner Zungenspitze sich den Konfitürenrest im Mundwinkel schnappte.

Obwohl du es nicht wolltest und es erbärmlich war, fragtest du zurück, ob Alex womöglich sein Typ sei. »Das Knautschgesicht?« Ruben sah dich mit nicht-gespielter Überraschung an.

»Immerhin, er hat Muskeln, mehr als ich...«, sagtest du, *advocatus diaboli*, in höchster Gefahr, dein eigenes Urteil zu sprechen, verdammt zur ewigen Hölle der Konservations-Banalitäten. Und wieder erlöst, augenblicklich.

»Stimmt. Dazu ist er auch noch lustig. Wie du. Aber...« Ruben begann sein Bein an deinem zu reiben, Jeansstoff an Jeansstoff unter der Leinendecke, und als Herr Qualle, der mit vorgeneigtem Kopf und halb-halb kapierend eurer Unterhaltung gelauscht hatte, plötzlich dieses *Ich verrat euch ein Geheimnis ich bin an Alex dran aber er reagiert einfach nicht wisst ihr vielleicht Rat hihi* heraussabberte, war es höchste Zeit, bedauerndes Unverständnis zu mimen und aufzustehen, wobei...

Wobei du dennoch darauf achtetest – und dich, von Blicken und Worten schwadronierender *Landsleute* abhängig Gewordener, sofort dafür hasstest – dass Ruben und du (um den Preis des Drängelns und Stolperns, mit dem Gewinn des Lachens und Sich-gegenseitig-auf-den-Rückenklopfens) zeitgleich/synchron den Tisch verließt und quer über den Balkon durch die offene Dielentür gingt. Nur nicht du allein voraus – stolz kaufender Kunde. Nur nicht in Rubens Schlepptau – dankbar hechelnder Zahler. Und Ruben? Musste Gleiches erspürt haben. Spielte das ernste Spiel sofort mit, lieferte der Korona (nun schon hinter euch, gedämpfter murmelnd) keine der üblichen Interpretationen. Zog dich im Inneren der Diele sofort zu sich, steckte dir seine nach Kaffee und Konfitüre duftende Zunge in den Mund, suchte die deine, Kaffee und Eiweiß und...

»Und wenn ihr das bitte unten auf Zimmer 10 tun könntet!« Alex, Hände in die Hüften gestemmt, der Stoffstreifen mit dem Schlüsselbund erneut über seiner linken Schulter, Mimik des Schockiertseins/amüsanter Nachsicht, Meister des Changierens.

»Soll ich euch den hinteren Balkon zeigen? Da das Haus ja so viel hinten und Hintern hat...«

»*Quédijo?*« Rubens kecke Arglosigkeit. Alex nuschelte etwas, vermutlich kubanischer Slang, denn danach lachte er rau auf, während Ruben ein glockenhelles Gelächter von sich gab, seinen Kopf an deine Schulter gedrückt. (Nur rot wurde er jetzt nicht mehr.)

Der Balkon war durch keine Markisen vor dem Sonnenlicht geschützt und kleiner als sein vorderes Pendant, von dem ihr hinunter auf die schmale Calle hättet blicken können, wären eure Blicke nicht derart auf einander justiert gewesen. Jetzt sahst du die gleiche Dächerlandschaft, die dir Alex gestern Vormittag (wie lang schien das bereits her) hoch oben neben der steinernen Barmuschel gezeigt hatte, von schräg unten. Das wuchernde Grün der Baumwipfel, abblätternder Putz von Fassaden, die zurückhaltender ornamentiert waren als in Habana Centro, auch weniger lädiert. Ein Hauch von Mittelschicht-Vorort, dachtest du, nur die Deutschen passten nicht ins Bild.

»Warum sind hier so viele Deutsche?«

»Weil der Kompagnon des nominellen cubanischen Chefs ein Deutscher ist.«

»Also der *de facto*-Chef.«
»Das hast du gesagt.«
»Und er holt diese Art Leute hierher?«
»Nicht er. Sie kommen. Weil er Deutscher ist. Weil das Haus also sicher ist. Weil hier, im Unterschied zu den anderen Hotels, einheimische Besucher erlaubt sind. Weil hier, im Unterschied zu den *Casa particulares,* auf oder unter dem Tisch ein Schlagstock liegt und jeder Besucher seinen Ausweis abgeben muss. Sogar dein, unser aller verehrter Ruben.« Worauf Alex, sich in einer Parodie von Reiseführer-Nachdenklichkeit das kurzrasierte Kraushaar wuschelnd, die gleiche Rede nochmals auf nuschlisch hielt und du lediglich die Vokabeln *aleman* und *passport* und *seguridad* aufzuschnappen vermochtest. Nur den Sound, die Intonation, hatte er beibehalten, als mache er gerade eine Stadtführung und sei nun im *Teatro Muncipal* angelangt, wobei offen blieb, wer die Stars waren und wer die Komparsen. (Und wer der Regisseur.)
»Und der Deutsche?«
»Kommt regelmäßig hierher. Oder Freunde von ihm. Die schlafen aber jetzt noch. Oder...« Und dann, wie um das Thema abzuschließen: »Apropos. Dein Zimmer – *perdon, euer Zimmer* – (jetzt wurde Ruben doch wieder rot) – befindet sich nicht hier unterhalb des Balkons, sondern auf der rechten Seite. Mit Fensterblick zum Hof des Nachbargebäudes. Hatte ich vermutlich schon erwähnt.«

Alex sprach eine Nuance zu beiläufig, auf dass du nicht aufmerksam geworden wärst. Auf dem Weg zurück durch die Diele nuschelte er Ruben etwas zu, doch als Reaktion hörtest du diesmal nicht das erwartete Lachen.

»Aber jetzt!« Abrupt war Alex stehengeblieben und hatte sich zu dir umgedreht, so dass du beinahe ein weiteres Mal in ihn hineingelaufen wärst. In komisch missbilligender Pose den Oberkörper zurückgelehnt, die Augenbrauen gerunzelt und den Zeigefinger erhoben (du sahst den winzigen Trauerrand), sprach der Hüter des Hauses: »Anstatt mich zu attackieren, solltest du lieber diese unsere Diele bewundern. Ist sie nicht schön?«

Ein lang gestreckter Tisch für zusätzliche Frühstücksgäste, rote Verlourdecke und wuchtige Kristallaschenbecher. An den ockerfarbenen Längswänden eine Mahagoni-Anrichte mit Keramik-Nippes und ein Bücherschrank mit Glastür und goldenem Schlüsselchen, gerahmte Bilder mit nicht allzu stereotypen *art nativ*-Motiven. Eine großformatige Schwarzweiß-Fotografie, die offenbar den deutschen Besitzer zeigte, einen mittelalten Mann mit seltsam zerklüfteter Nase. Ja, diese Diele *war* schön, auf talmihafte Weise. (Doch beobachtete und prüfte euch Alex nicht die ganze Zeit, observierte dein Betrachten, freute sich an Rubens Freude, als er euch jetzt zum hinteren Treppenaufgang lotste und erneut das unscheinbare Türchen aufsperrte, hinter dem eine schmale Treppe hoch zur Dachterrasse führte?) »Ein verwunschenes Schloss«, sagte Ruben. »Als gäb's gar kein Draußen mehr.« Alex, Mimik eines Kanns-ja-auch-nich-ändern: »Falsa conclusión, amigo.« Ruben zuckte mit den Schultern und fragte, ob ihr hoch gehen könntet. »Nur zu«, antwortete Alex, blieb jedoch auf dem Gang stehen. »Da Señor Soldat offensichtlich *sehr* viel Zeit hat. Musst du nicht zurück in deine Kaserne?«

Ruben, plötzlich ganz ertappter Junge, dem das Hofspielen verwehrt wird, da andere Aufgaben harren, nahm den Fuß von der ersten Stufe. Schaute auf die Armbanduhr, runzelte die Stirn, schüttelte den Kopf. »*Verdad*! Jetzt muss ich doch los. Zumindest hab' ich zuvor Bescheid gegeben und ...«

Auf dem Rückweg zum vorderen Treppenaufgang saht ihr aus dem Augenwinkel, wie Alex schnell ein anderes Türchen zuzog, den Metallic-Kauf entschieden packte. Zeit genug, ein schmales Rollbett mit zerknitterten dünnen Laken zu entdecken, die Wände in halber Höhe mit lindgrüner Ölfarbe gestrichen. (Auch eine Kaserne?)

»In die Kaserne?«, fragte Alex in eurem Rücken, während ihr die Treppe hinunterstiegt, zwei schlanken Frauen ausweichend, die gefaltete Laken und Handtücher auf den angewinkelten Unterarmen trugen. Eine, die vermutlich Ältere, sah dich durch ihre Brille derart scharf an, so dass du sogar in der Sekunde, die dies dauerte, rot anliefst. Hielt sie dich für einen aus der Fraktion der pensionierten Balkon-Sitzer und plappernden Körperkäufer?

»Genau genommen ein Krankenhaus, bin dort in der Hausmeisterbrigade«, antwortete Ruben, und weil er sich beim Sprechen nicht umdrehte, sondern mit halb gesenktem Kopf Stufe für Stufe abwärts stieg, konntest du nicht sehen, was für ein Gesicht er dabei machte.

Unten erneut seine Arme um deinen Hals. »Heute Abend gegen sechs... wenn du willst.«

Alex, auf dem Weg zum Rezeptionstisch mit Laptop und Schlagstock, ließ ein Stöhnen hören. »Dios, diese Arien! Natürlich will er. Lange und oft, hah! Also schieb' ab zu deiner Nachmittagsschicht und lass uns in Ruhe, wir müssen arbeiten.«

Noch in eure Abschiedsumarmung hinein und in die letzten Küsse, ehe sich Ruben verabschiedete und die Treppe hinunter in Parterre trabte, hörtest du der Bemerkung nach. *Wir müssen arbeiten?* Woher wusste Alex, dass du heute Nachmittag dieses Treffen mit den Schriftsteller-Kollegen von Hans Christoph Buch hattest?

»Woher weißt du eigentlich, dass ich heute Nachmittag ein paar Schriftsteller treffe?«

Beiläufig fragtest du, in aufgeräumtem *Angenehm überrascht*-Sound, schließlich hatte dir Alex seinen Platz angeboten, hinter dem Tisch, vor dem aufgeklappten Laptop. (Der Schlagstock, schüchternes Hündchen, nun wieder in der Wandecke, auf dem Fliesenboden.) »Solange's nicht Stunden dauert: Setz dich hierher und ruf die Mails ab, unser Server ist Speedy Gonzalez. Ich lass dich doch nicht im Taxi – drei CUC hin, vier zurück – in die Hotels am Parque Central, wo du dann in der Schlange der ganzen Touristen warten musst und dazu auch noch...« »Beobachtet wirst?«

»Durchaus möglich. Edel-Stricher, die so in Kontakt zu kommen hoffen, die Lobby-Huren, haha.« Alex, Champion prompter Replik, in T-Shirt- und Bermudas auf der Couch im Vestibül hockend, aufrecht und im Schneidersitz, an seinen Zehennägeln puhlend.

Du, erfreut über die Schnelligkeit im Inneren des Laptops, Mails checkend/löschend/ mit kurzen Abwesenheits-Phrasen beantwortend, dich dergestalt weiterklickend: »Meinte nicht *diese* Art der Beobachtung.«

»Andre Arten kennichnich und sollstauchdu nichkennenlern. So... Beagoodboy.« Nuschelnder Alex, *gaaaanz* beiläufig Warnungen gebend.

Du aber, jetzt beim Lesen der Bestätigungs-Mail von Orestes-dem-Übersetzer – *15 Uhr vor der Tür der deutschen Botschaft, Calle 13 zwischen A und B* – du wolltest es nun doch wissen. Also: »Woher wusstest du, dass ich heute Nachmittag ein paar Schriftsteller treffe?«

»Na von dir, *Paranoico mi amor*. Hast es mir doch gestern oben auf dem Dach erzählt, beim CubaLibre-Kippen in der Barmuschel.«

Vor Überraschung vergaßt du beinahe, deine Zusage-Antwort auf *Senden* zu drücken. »Gestern...?«

»*Yesterday...*« Alex begann die Beatles-Melodie zu summen, glitt jedoch bald in einen anderen Rhythmus, rauher, schleichender, trister. »*Ayer cabias en mi corazón/ y te escondiste en un ricon – del otro lado....*« Die letzten Silben gehaucht, unsichtbarer Rauchkringel in deine Richtung. »Hättest du letzte Nacht auch im *Humboldt* hören können, hätten Ruben und du nicht dauernd *soo* zusammengeklebt...« Alex' volle, rotviolette Lippen machten einen Kussmund. Du fragtest, von wem der Song sei. Aufgerissene Au-

gen. »Reißt du Witze? Kennt doch jeder! Enrique Iglesias. Oder wenn du's präziser willst: Enrique Miguel Iglesias Preysler, Sohn des Julio und jener Isabel, einst in Manila geborene Preysler, welche nun mit einem deiner Kollegen, deiner *ganz und gar unerreichbaren* Kollegen liiert ist, in einer Villa in Madrid, glaubt man den Klatsch-News im Internet.«
»Wer?«
»Ein Typ namens Mario Vargas Llosa...«
»Nein!« (Auch du kannst ein Schauspieler sein...)
»Aberja, googlesdoch!«
»Vargas Llosa, der hier in Cuba *Gusano*/Wurm genannt wurde und zwar höchstpersönlich von...«
»*Davon* weiß ich nichts!« Alex, King der Frühwarnung, Maître der roten Linien. Ob er wohl von der »Affäre Padilla« von 1971 gehört hatte, nach der Fidel von den unverschämt kritisch gewordenen ausländischen Intellektuellen auf einmal nichts mehr wissen wollte und Vargas Llosa – zusammen mit Sartre, mit Enzensberger – quasi exkommunizierte? Zuzutrauen wär's dem Cleveren, dachtest du, Spurenleger- und Verwischer. Und wusstest immer noch nicht, ob und wie viel du erzählt hattest, gestern Mittag auf der Dachterrasse. »Gestern, *verdad*?«

»Aber hallo, chico! Gestern nämlich war's, da sprachst du so viel, derart froh, der *Casa* dieses Schweizers entkommen zu sein, auch wenn du mir verschwiegst, *weshalb*. Umso mehr dafür aber vom *tricky*-Barbier in Santiago und von Lazaro-dem-Therapeuten, von dem selbst ich, Habana-Kenner von Graden, zuvor noch nichts gehört hatte. Nicht zu vergessen deine Freude, am Donnerstag jenen *Casa*-Jefe aus Trinidad zu empfangen, oh Vielbeschäftigter!«

»Scheiße Mann, wie redest du?« Deine Beunruhigung ist durchzittert von Lachen, denn wie er da – in fünf Metern Luftlinie – auf der Couch sitzt und an den Zehennägeln puhlt und Pokerface macht und in diesem deutsch spricht...

«Von Humboldt abgeguckt! Dem richtigen, also weder der gleichnamigen Straße noch der Bar, sondern... dem *Ge-lehr-ten*. Hab' dir doch gesagt, dass sein *Cuba-Werk* da drüben im Bücherschrank steht, denn soll ich mein deutsch etwa mit den Paperbacks verbessern? Mit Sonnenöl und waswißich für Sekreten beschmierte Seiten und kitschige Stories, von unseren Gästen oft nur zur Hälfte ausgelesen...«

Du hörst zu und blickst gleichzeitig auf den Bildschirm. Siehst jetzt im Posteingang Walkers Mail. *Komme Donnerstagmittag mit dem Morgenbus*

aus Trinidad. Große Freude für drei Tage! Großer Schreck.
»Tatsächlich, er kommt morgen Mittag. Für drei Tage...«
»Und weshalb guckst du so begossen? Drei Tage, auf die du dich doch *gefreut* hattest, nach der seltsamen Begegnung in Santiago. Zum Glück funktioniert wenigstens noch deine Kamera, auch wenn ich gestern Nachmittag ablehnen musste, mich auf dem Dach fotografieren zu lassen. Aber wasnichtist, kannja... Oder ich fotografiere dich mit diesem Walker morgen auf Zimmer zehn. Ein Weißer?«

Alex' Stimme schlängelte wieder panthergleich; du sahst, wie er sich über die Lippen leckte. Um die Konfusion vollständig zu machen, spürtest du eine beginnende Erektion. (Eine befleckte Paperback-Story, die heute Abend Ruben erneut zum Lachen bringen würde? Doch wie mies du dich plötzlich fühltest, ohne eigenes Verschulden jetzt in solcher Konstellation, die... *Ohne eigenes Verschulden?*)

»Ein Schwarzer. So wie du.«

»Dann nicht. Mit *blacks – jamás*. Schon dein, unser Ruben ist mir nicht mehr weiß genug mit seiner jungen Milchkaffeehaut und dem Haar, dem negroiden.«

»Wie sprichst du denn? Dieses Reden von deinen Gästen abgehört? Nicht mit mir.«

»Dann klapp den Laptop zu und geh auf Zimmer wichsen.«

»War wahrscheinlich eher ein anderer, der nach der Rückkehr aus dem *Humboldt* heute früh vor Zimmertür 10 stand und sich...«

»*Falsa conclusión!* Soll ich mich von den Damen-in-Kittelweiß überraschen lassen, von unserem *sehr* aufmerksamen Reinigungspersonal, das nicht nur lesen, sondern auch *schrei-ben* kann? Außerdem, ich wiederhole mich ungern, hast du das Zimmer zum Hof.«

»Aber weder Ruben noch ich waren laut...«

»Nicht allzu laut.«

Und was ist dir jetzt lieber/erscheint dir notwendiger? Was möchtest du zuerst aus deinen Gedanken zerren mit jener Geduld, vergleichbar Alex' Ruhe beim Zehennagel-Puhlen: Deine Verwunderung, dass er auf diese Weise über die Zimmermädchen spricht – und dann *schon* wieder den Hof des Nachbargebäudes erwähnt? Die Irritation, wie redselig dich gestern auf dem Dach der mit *Wollen wir bumsen* ausgeschenkte CubaLibre gemacht hatte? Oder nicht doch vor allem deine Scham, *über* *R*uben zu sprechen, wo er doch gerade erst aus dem Haus gegangen ist und nun auf der Avenida 23 auf den Bus hinaus in seine Kaserne-ergo-Krankenhaus-ergo-Hausmeisterbude wartet – in seinem Outfit aus weißen Turnschuhen, Jeans und dem weinroten Muskel-T-Shirt mit der Silberkette? (Ruben, der vorhin auf dem Zimmer, ehe ihr es endgültig in Richtung Frühstücksbalkon verlassen hattet, erneut verlegen geworden war. Dabei hattest du lediglich angeboten, das Taxigeld zu übernehmen, damit er schneller zur Arbeit käme, schließlich war es ja auch ein wenig deine Schuld, dass...»Was erzählst du da? Das ist doch *dein* Geld. Außerdem kann ich als Soldat den Bus kostenlos benutzen.«)

Oder deine noch größere Scham, dass du – DDR-Kind und dein Referenzrahmen immer noch die Zone – für einen Moment Misstrauen gespürt hattest, da es für ihn anscheinend so einfach war, per SMS seine Ankunft auf den späten Mittag zu legen – ganz so, als wäre er eben nicht *Rekrut im sozialistischen Cuba*, sondern Chef oder...Sohn eines Chefs. War er das? (Ruben, der zugesehen hatte, wie du nach dem Duschen und Anziehen bereits die Utensilien für den Nachmittag zusammenpacktest – dein Notizbuch, die Digitalkamera, die halb gefüllte, rotweiße *Rossmann*-Tüte. »Eine *Mercado*-Plastiktüte?« »Ein Geschenk für den cubanischen Übersetzer eines Berliner *Escritor*-Kollegen. Verschiedene Teesorten, schwarzer und Früchtetee, die er zur Konzentration für seine Arbeit braucht, die's aber auf Cuba...«»Nicht gibt, *claro*.« Rubens verständnisvoller Satz, sein Lächeln, erneuter Kuss. Weshalb also, wenn es in Habana ganz natürlich war, literarische Übersetzer mit *Rossmann*-Tüten zu begrüßen, sollte *er* keinen Deal gefunden haben, später in der Kaserne aufzutauchen – nun ja: im *Krankenhaus,* bei den *Hausmeistern*? Schande deiner Kleingläubigkeit, umso mehr du doch wissen müsstest, für welche Tätigkeiten Soldaten hierzulande eingesetzt wurden, um das marode System nicht völlig kollabieren zu lassen. Wenn *unser Raúl* in den Jahrzehnten als Fidels Vize und Verteidigungsminister nicht nur das Spitzelsystem des CDR aufgebaut, sondern auch die Armee zu einem Wirtschaftsunternehmen gemacht hatte, weshalb sollte dann Ruben nicht...? Bemerkenswert dennoch die Freiheit, die man – *wer?* – ihm ließ.)

»Aber dass nun Walker morgen Mittag kommt... Hätte ich vorher gewusst, dass ich Ruben...«

»Tralallala!« Alex pfeift, starrt Löcher in die Luft, macht Fingerarabesken, dreht den Kopf mit Raubvogelgeschwindigkeit in deine Richtung. »Enttäusch' mich nicht! Keine billige *telenovela*! Wenn du wüsstest, wie oft ich so was von den Gästen höre...«

»Aber das hier ist etwas anderes!«

»Inclusive dieses Wahnsatzes!«

»Komm' mir trotzdem wie ein Schuft vor. Sollte ich Walker, der sich bereits freut...«

»Zu spät, zu schuftig...«

»Aber Ruben?«

»Ruben muss ab morgen sowieso Pause machen, und du findest Ausflucht in Gestalt eines dreitägigen *Arbeitsprojektes*. Ihr Deutschen habt doch sowieso immer irgendwelche *Projekte*.« Alex schüttelte/ruckelte den Kopf – Hindugott/Tempelpriester/Tempelhure.

Du spürtest, wie eine Last von dir fiel. (Wie du *wünschtest und glaubtest*, dass sie fiel.) Und doch schien die Auflösung der Knoten-Konfusion ein wenig zu einfach.

»Wirklich so einfach? Und weshalb sollte er *Pause* machen wollen?«

»Wer spricht von *einfach*, unheiliger Narr? Hab's dir doch gesagt. *Jeder* Gast muss polizeilich gemeldet werden, und da ist es immer gut, die Abfolge der Nächte kurz zu unterbrechen, um nicht... Und Ruben...«

»Woher sollte er das wissen?«

»Du meinst, *unverdorben* wie er ist? Weil wir – im Unterschied zu *dir, Señor Escritor* – *cubanos* sind. Und Sachen wissen, von denen du nicht mal im Traum...«

»Und welche?«

»Welche was?«

»*Sachen*!«

»Hör zu, die einzige *Sache*, die im Moment wichtig ist: Deine Antwort an Walker und danach dein Ausloggen. In Lichtgeschwindigkeit! Bin weder dein Beichtvater noch Coach noch Lazaro-der-Therapeut. Beneide dich nur höllisch um deinen Ruben, auch wenn er nie der meine werden wird.«

»Und weshalb nicht?« Tatsächlich höchste Zeit, deine Antwort-Mail an Walker abzuschicken, den Platz frei zu machen und dieses zur Operetten-Bühne gewordene Vestibül zu verlassen. (Und was, wenn auch die Wände von Zimmer 10 aus Pappmaché wären, verschiebbare Kulissen mit Gucklöchern und Soufleuren mit vorgegebenem Text?)

»Sag ich doch: Weil er mir nicht weiß genug ist.«

»Rassist!«

»Auch das...« Alex-Negro stand geräuschvoll auf, drückte das Kreuz durch, fuhr sich erneut wie absichtslos über den Schritt, kam näher. »Aber du! Wie *du* ihn in den nächsten Tagen vermissen und dich schlecht fühlen wirst. Ha! Wie dein Kleinunternehmer Walker nie und nimmer die Erinnerung an unseren Engel wird auslöschen können, der trotz seines Namens nicht voluminös rubenshaft ist, sondern ein Rafael mit Muskeln... oh, wie verliebt du ja bereits bist!«

»Infamer Papagei! Nur stammt dein Gerede bestimmt nicht von Humboldt!«

Es half nichts, du musstest loslachen, bis die Tränen rollten, beinahe. (Trockneten nämlich schon auf halbem Weg, als du Alex' Gesichtsmaske sahst, jetzt ein todtraurig-allwissender Chow-Chow.)

»Fürwahr! Manchmal haben wie auch Gesangstunten als Gäste. Oder Bühnentechniker, Choreographen und Maskenbildner. Kannst dir nicht vorstellen, welche Libretti und Schlager die auswendig können und hier trällern. *Nach den Begegnungen,* wieder im Stande der Einsamkeit. *Sor-ge dich nicht um mich / denn ich liebe das Le-ben.* Hah, Vicky ohne Victory! Schließlich lässt das ganze Gesinge nicht vergessen, dass sie – im Unterschied zu dir, Naiver, Undankbarer – schließlich eben doch hatten...«

Du sahst, wie Alex die Kuppen von Zeigefinger und Daumen aneinander führte, um sie zu reiben, jedoch im letzten Moment – dem *Momentito* einer Nanosekunde, auf Millimeterdistanz zwischen Haut und Haut – innehielt. Und dir, der wie hypnotisiert auf das Schauspiel gestarrt hatte, mit einem abrupten *Tzsch!*-Zisch die krallenartig ausgefahrene Hand vors Gesicht patzte, so dass du instinktiv zurückzucktest.

»*Theater, Theater, der Vorhang geht auf, dadadida-dida...*« Alex krächzte mit brüchiger Stimme Katja Epstein. Nahm jetzt deinen Platz ein, gab dem Schlagstock einen Seitenkick seiner linken Ferse und begann, auf der *Casa*-Website Reservierungs-Eingänge abzurufen. Gab augenbrauenrunzelnd vor, dich ab nun nicht mehr zu sehen, Pantomime pflichtprotestantischer Büro-Kurzsichtigkeit. (Bis zu welcher kommenden Szene, zu welch erneutem Kulissen- und Kostümwechsel?)

Abgang mit Plopp: Du warst schon fast im Gang verschwunden, der zum Zimmer 10 führte, als du das dumpfe Geräusch wieder hörtest. Alex' Schlagstock? Beinahe. Die *Granma*-im-Schnippgummi, soeben wieder hoch auf den Balkon gepfeffert mit einem Schwung, der den Verbalschlagstock-aus-Papier bis in die Mitte des Vestibüls rutschen ließ – Knalleffekte bis zuletzt. (Doch wer war der Regisseur, wer die Inspizienten?)

»Was wollnsn mid deer Düde? So kommse hier ni rei!«

Die körperlose Stimme auf der anderen Seite der Sprechanlage schimpfte und sächselte, und im gerundeten Zerrspiegel sahst du dein Bild: Verschwitzt vom Spaziergang von der Avenida 23 hinunter zur Calle 13, der sich als länger herausgestellt hatte als von Alex angegeben. (*Einfach vor zum Paseo und dann ein Stück hinunter, meerwärts.* Als du bereits unten auf dem Gehweg standest, auf den von den Luftwurzeln der Bäume angehobenen und abgesenkten, bröckelnden Steinplatten, hatte er dich noch vom *Casa*-Balkon aus gerufen, wie ein Herold unter dem Rundbogen in der Maueröffnung. Und hatte erneut zu trällern begonnen, die Anfangsverse jenes Enrique Iglesias-Songs. *Hey dime a donde vas, y si sabes tu destino?* Wohin gehst du denn, obwohl du dein Schicksal schon kennst?)

Dein Schicksal: Schweißperlen auf der Stirn trotz des schattigen Trottoirs, hinter dem sich kleine, verfallene Stadt-Palacios befanden, desgleichen elegante Vedado-Villen im kubanisch-kalifornisch-floridanischen Stil-Mischmasch: Hinter ornamentierten, spitzigen Eisenzäunen kiesbestreute Einfahrten, roséfarbener Wandanstrich auf pseudomaurischen Bögen, Garage für Exportwagen und im hinteren Teil des mit Überwachungskameras gespickten Geländes ein zu ahnender Pool, ein weitläufiger Garten.

Während du jetzt von der Deutschen Botschaft/Ecke Konsularabteilung nur das winzige Vorgärtchen siehst. Und eben auch dich, hier vor der Gattertür – mit jener *Rossmann*-Tüte in der Hand. Dies an einem Habaner Nachmittag, an dem die Tropenhitze gerade den Flamboyants, den Gummibäumen, Bourgainvillea, Palmen und Jacarandas des Viertels gnadenlos klar machte, dass sie stärker war – und immer stärker sein würde – als deren sonnenabschirmenden Blätter, bunte und mehrfachgrüne Theaterfächer für unwissende Besucher.

Als die Stimme, von der Sprechanlage metallisch verzerrt, den Singsang wiederholte, dass du *hier undor gor keen Umschdändn* reinkämst, wiederholtest du in polarkaltem Hochdeutsch, dass du um exakt diese Uhrzeit mit Botschaftsmitarbeiter Señor Orestes verabredet seist und – *noch einmal zum Mitschreiben* – ihn draußen auf der Straße treffen würdest, direkt *vor* der Tür. Dachtest *Drecksossi*, sagtest: »Demnach möchte ich weder Sie noch die Botschaft besuchen, obwohl ich als Bundesbürger sehr wohl das Recht hätte, die Vertretung meines Heimatlandes zu betreten (dumme Dopplung, schweres Tretboot überladender Rhetorik), und ich gehe davon aus, dass auch Sie das wissen und mit den gesetzlichen Vorschriften konform gehen.«

Die Vertretung betreten und davon ausgehen, dass jemand geht – na bravo! (Bestens vorbereitet, eine nur wegen dir – *deinetwegen* ! – zusammengekommene Schriftstellertruppe zu treffen, hiesige Meister hiesigen Worts.)

Der Sprech aber hatte Wirkung getan; aus dem metallgerippten Quadrat unterhalb des winzigen Zerrspiegels schwappten ab nun keine Verwarnungen mehr. Stattdessen öffnete sich die dunkelfarbige Kassettentür der Konsularabteilung, ein hochgewachsener Mann von geschätzten Anfang sechzig schritt – schwarze Stoffhose, kurzärmeliges weißes Hemd, in der Hand eine Aktentasche – durch den zwei Meter schmalen Vorgarten, und schon summte auch die Gattertür in der Mitte des Zauns, dessen Kronen mit Elektrodraht umwickelt waren.

»Gehen wir«, sagte der Mann mit dem fein rasierten, schmalen Gesicht und der Lesebrille, während er dir die Hand gab. »Dem haben Sie's aber gegeben«, sprach er mit weiterhin gedämpfter Stimme, als ihr das Gebäude bereits im Rücken hattet. Señor Orestes Sandoval, Germanist und literarischer Übersetzer, der mit derlei längst nicht mehr seine Familie ernähren kann und deshalb in deutschen Diensten Wirtschaftsdokumente und Visaanträge übersetzt. An den Feierabenden dann die Arbeit an den *eigentlichen Texten*, unentgeltlich, unterm Licht der Küchenlampe. Genau wie ihn dir Christoph Buch beschrieben hatte: *Natürlich kein Dissident und doch einer, dem kannst du trauen.*

»Ein Ossi hinter der Kamera?«

»Nein, Cubaner. Hat damals in der DDR Deutsch gelernt.«

»Und arbeitet jetzt in der *bundes*deutschen Botschaft?«

Orestes kommentierte deine Frage nicht. Hochgezogene und wieder gesenkte schmale, knochige Schultern und ein scheues Lächeln, das Buchs Einschätzung zu bestätigen schien: Redlicher, stiller, hart arbeitender Intellektueller, den du nicht mit *irgendwelchen Bemerkungen* in die Bredouille bringen solltest. Sein Blick auf die Tüte, die du in der Hand hieltst – erfreut, wenngleich nicht überrascht, da er dir seinen Wunsch bereits vor Wochen gemailt hatte. (Hatte Christoph Buch womöglich auch ihm mit der Einschätzung geschrieben, man könne sich verlassen – *auf dich?*)

»Gibt's hier vielleicht irgendein kleines nettes Café?«, fragtest du, denn er hatte geschrieben, dass ihr erst 16 Uhr in der Dachwohnung des Romanciers Reinaldo Montero erwartet würdet. Was du dringend brauchtest, war ein Nicht-Zerrspiegel/ein Wasserhahn/ein paar Papiertücher, um die Schweißperlen, die durch Vermehrung entlang deines Rückgrats zu einem Rinnsal geworden waren, abzuwaschen und die Haut zu trocknen. Beinahe ebenso dringend: Ein schwarzer Kaffee eine Cola ein Sandwich erneut ein Kaffee.

Trotz des kurzen Nachmittagschlafs – und der Tatsache, dass letzte Nacht Ruben und du ja sehr wohl in des Wortes wahrster Bedeutung *miteinander geschlafen* hattet, wenigstens von Zeit zu Zeit – fühlst du dich einigermaßen dösig/groggy, flau/lau, übermüdet. (Und doch, gib's zu, war es ein Ermattetsein der Spitzenklasse, einer dieser atmosphärischen Höhepunkte, die nicht von Sex – oder nur am Rande, von der Danach-Stimmung – ausgelöst werden, dies vage und träumerisch paddelnde Gefühl, *drin* zu sein, in einer Nussschale durch den Kosmos schaukelnd. Keine Reise, kein Leben ohne dies – und war dir nun auch hier zuteil geworden, Glückspilz Schelm Profiteur. *Wonniger Mittwoch*, Señor John Steinbeck! Mutterschoß der Existenz, in flirrenden Fäden verknüpft mit dies und dem, dem und jenem: Rubens Lachen sein Körper sein Witz seine Augen neugierig gerichtet auf Alex' Kapriolen Alex' kryptisches Gerede und Gesumme das Hupen der Oldtimer auf deinem Weg von Zimmer 10 zu den Schriftstellern die Hitze und die Erinnerungen an all die Orte und Begegnungen der Wochen/Tage/Nächte/Stunden zuvor und in der *Rossmann*-Tüte mit dem *Rossmann*-Tee wie von Señor Orestes ebenfalls modest erbeten zwei deiner Bücher und es war kurz nach drei Uhr nachmittags in Habana du hattest ein Zimmer in einem Haus und gingst nun unter Palmen und Gummibäumen und Bougainvillea entlang maroder Pracht und...)

Und Señor Orestes blieb nachdenklich stehen. Sah dich an, sah sich um, offenbar etwas verlegen. »Ein Café...«

»Muss nichts Besonderes sein. Will mich nur ein bisschen frisch machen, und wir könnten eine Kleinigkeit essen und trinken. Irgendein Ort in der Nähe, wo Sie ansonsten mit Ihren Kollegen...?«

Ach, Westlerfrage! (Björn-Engholm-in-Gorl-Morx-Schdadt-auf-der-Suche-nach-einem-*netten-Café*. Ha!) Señor Orestes kräuselte die Nase, so dass du ein paar Härchen sahst, und sagte, noch immer ganz leise und fast schuldbewusst:»Normalerweise packt mir meine Frau eine Kleinigkeit ein, und die anderen *cubanos* halten's ebenso. Wo wir doch ansonsten alles in CUC bezahlen müssten. Ganz ungeachtet der Frage, ob hier im Viertel tatsächlich so ein *Café* existiert. Aber komm, wir suchen mal...« (Väterliches Duzen.)

Während du versuchtest, dir in den Unebenheiten und Löchern der Gehwege nicht den Knöchel zu verstauchen, betrachtetest du ihn von der Seite: Señor Orestes wirkte ein wenig älter als er war. Wie er sich mit leicht gebeugtem Oberkörper nun wieder in Bewegung gesetzt hatte, eine stille Querstraße hoch, eine schmale Seitengasse hinunter. Und weiterhin diese baumbeschattete Bullenhitze und in der auto- und menschenleer wirkenden Wohngegend nirgendwo ein Café. (Oder, in Señor Orestes verdutzten Worten: *Ein Café*, Fragezeichen.)

Während du plötzlich keinen rinnenden Schweiß mehr spürtest, sondern – wieder einmal – aufkommenden Hass. *Was* hatte man hier mit den

Menschen gemacht? Ein Germanist, der – ebenso wie Señor Padura, der wie Espenlaub zitternde Romancier – vom Alter her dein Vater sein könnte und dem man – *hier* – keine andere Chance ließ, als sich als Schreiber in der deutschen Botschaft zu verdingen, womöglich noch überwacht von jenem Typen, der in Sachsen dieses grässliche NVA-deutsch erlernt hatte. Ein Intellektueller, dem seine Frau täglich *etwas mitgab* zum Kauen und der nun – mitten in Habana, im einstigen Künstler- und Ausgehviertel Vedado, Epizentrum des Vergnügens der *Drei traurigen Tiger* ! – so ganz verloren schien auf der Suche nach einem *Café*, das es wahrscheinlich gar nicht gab, weil hier keine Touristen abzumelken waren und die Bewohner der umliegenden Gebäude (nicht der zerfallenen Klein-Paläste, sondern der Neureich-Mauren-Protzvillen) lieber zu Hause und unter sich blieben, in ihren klimatisierten Bonzen-Höhlen. Und *du* – Idiot – hattest ihn in diese unmögliche Situation/zu diesem peinlichen Herumirren gebracht, denn natürlich konntest du ihm nicht sagen, dass dich seine gänzlich unangebrachte Scham beschämte, denn wenn hier jemand um Entschuldigung hätte bitten, ja *flehen* müssen, dann doch gewiss nicht er, der stille Übersetzer-Germanist, sondern allein diese verfluchte Drecksbande aus gottverdammten Ko... Nein, unmöglich.

»Da!« Verdurstender in der Wüste, Ertrinkender im Ozean, den Arm in letzter Hoffnung ausgestreckt. *Da*!

Da war eine überdachte Imbisshalle, etwas zurückgesetzt, ein paar Stufen oberhalb des Gehwegs. Ihr stiegt hinauf und du sahst erleichtert: Tische, die meisten unbesetzt, und zwischen Salz- und Pfefferstreuer das Plastikkärtchen eines Menüs. Im hinteren Teil, neben dem WC, eine Art Tränke für die Hände. Eine grindige Betonwanne, in die aus einem halben Dutzend lecker Wasserhähne unaufhörlich Tropfen platschten. Genug, um dir schnell das T-Shirt hochzuziehen und den Oberkörper und das Gesicht zu benetzen, den Schweiß zu neutralisieren. Die Rolle von Papiertüchern nahm im wahrsten Wortsinn Klopapier ein, das in einem rostigen Haken neben dem zersprungenen Spiegel steckte. Gut so!

Nachdem die an euren Tisch herangeschlurfte Kellnerin bei jedem bestellten Gericht *No puedo* gemurmelt hatte, dabei, wie dir schien, immer triumphierender, hattest du schließlich mit *pollo con arroz* Erfolg, und mit resigniertem Lächeln sagte Señor Orestes *Warum nicht gleich*. Du wolltest ihn einladen – zu Hühnchen mit Reis – doch gab er vor, nicht hungrig zu sein. Ihr bestelltet zwei Kaffee, und als euch die Kellnerin ihr wuchtiges Schürzenhinterteil zuwandte, um wieder hinter dem Ausschank mit der Brutzelecke zu verschwinden, sagte der Übersetzer: »In Christophs Roman

Tod in Habana gibt es diese Widmung für mich und zwei meiner Freunde, die ihn damals in der Stadt herumgeführt haben. Eine Anspielung auf Cabrera Infantes *Drei traurige Tiger*, die bislang auf Cuba noch immer nicht erscheinen dürfen. Auch Christophs Roman wird kaum eine Chance haben, aber immerhin habe ich eines seiner Haiti-Bücher übersetzt und nach jahrelangem Prüfen durch die Zensurbehörde, die selbstverständlich nicht so heißt, konnte das Buch sogar erscheinen – in winziger Auflage. Aber was will man machen – winzig sind sogar die einheimischen Auflagen von Leonardo Paduras Romanen.«

»Apropos Bücher«, sagtest du und holtest aus der *Rossmann*-Tüte zwei der deinigen. (Sahst im Augenwinkel oder glaubtest zu sehen, dass der Freude des Übersetzers auch ein winzig Teil Besorgnis beigemischt war, du könntest den für seine Arbeit so stimulierenden Tee vergessen haben.) »Und dann, wie gewünscht: Der Tee. In der Tüte, nicht im Beutel. Verschiedene Sorten...«

Señor Orestes griff in die *Rossmann*-Tüte, als wäre es eine Lottotrommel und förderte zutage, was du mit Freude vor zwei Wochen in Berlin eingekauft hattest: Verschiedene Teesorten zu einem Preis, der dir lächerlich gering vorkam. »Doppelte Freude, Amigo! Die Bücher und das Gesöff! Wird mir helfen bei meiner neuen Feierabendarbeit, ein Stück von Roland Schimmelpfennig und...«

Du wolltest etwas entgegnen, aber schon wurden ohne Rücksicht auf die ausgebreiteten Schätze zwei Kaffeetassen und ein Reishühnchen-Teller auf die Plastiktischdecke geknallt. Señor Orestes, hastig seine Aktentasche öffnend und in Sekundenschnelle die Teebeutel in zwei Lagen verstauend, als sei er *Rossmann*-Regalfüller und nicht Germanist, dann die ebenso blitzschnell gefaltete Tüte als Zwischenschicht und darauf deine Bücher. Schnapp des Taschenknopfs. Und sahst, wie peinlich auch dies ihm war.

»Tut mir leid, dass wir ausgerechnet hier...«

»Aber nein!«, hörtest du dich sagen und hörtest, dass du -*du*!- plötzlich wie einer jener Westdeutschen klangst, die in deinen Kindertagen mitunter in die DDR gekommen waren, zu Familienbesuch und mit *Westsachen* im Kofferraum ihres Audi, auf beinahe empörende Weise gelassen und ausgeruht und verständnisvoll. Und nur in scheinbar unbeobachteten Momenten die Augen aufreißend angesichts der Provinz-Primitivität, die sie hier umfing. »Ist doch okay...«

»Staatliche Läden«, insistierte der Señor mit Bedauern und »Kenn ich aus der DDR« entgegnetest du, ehe du zu mampfen und schlingen begannst. (Was hatte dir trotz des Frühstückseier-Vertilgens die Fortdauer solch animalischen Heißhungers bescherr – na?) Zwischendurch erzählst du ihm die Geschichte deiner Begegnung mit Leonardo Padura, erzählst *alles*. Die gefährliche Frage, sein Zittern, deine Beschämung.

»Dafür wird's gleich weniger dramatisch«, sagte – als gelte es, einen verfänglichen Kommentar zu vermeiden – der Übersetzer und fischte aus dem hinteren Fach seiner Aktentasche ein schmales Konvolut fotokopierter Seiten, die am oberen linken Rand zusammengetackert waren. »Hab' ich heute Mittag noch schnell in der Botschaft kopiert, denn wo sonst könnte man Kopien machen. Ein paar Lexikoneinträge über die Schriftsteller, die wir treffen werden.«

»Aus einem *offiziellen* Lexikon«, fügte Señor Orestes hinzu und blinzelte, obwohl nur gebrochene Sonnenstrahlen durch das rissige Wellblechdach drangen. »Keine Regimeautoren, keine Dissidenten. Auch Antón Arrufat nicht, der Älteste und vielleicht Interessanteste der Gruppe. Eine Art Nachlassverwalter von Virgilio Piñera, der ja bis zu seinem Tod *persona non grata* war, verfemt und aus allen Buchhandlungen, Bibliotheken und selbst den Literaturgeschichten getilgt. Als hätte es seine Bücher nie gegeben. Nun... Inzwischen darf er wieder Teil des Kanons sein. Damals, in den sechziger Jahren, war auch Arrufat abgestraft worden, auch er ein junger Homosexueller, dem sie bürgerliche Dekadenz vorwarfen. Dabei hatte er noch Glück, denn anstatt in ein Umerziehungslager zu kommen, versetzte man ihn nur in eine kleine Bibliothek. Aber was sage ich da... *Nur.* Als gäbe es eine Hierarchie für Demütigungen.«

»Könnte ich das ansprechen?« Du versuchst zu kauen und gleichzeitig den Atem anzuhalten.

»Besser nicht. Obwohl, es ist deine Entscheidung. Aber es sollte eher ein *literarisches* Zusammensein werden, da oben in Reinaldos Dachwohnung.« Und was versucht Orestes, fragst du dich, während du dir weiter den Anschein gibst, vor allem am Reishühnchen-Vertilgen interessiert zu sein und dich danach auf einen Kollegen-Schwatz zu freuen. Rote Linien zu markieren, ohne sie zu benennen? Bis zum Äußersten (zum Äußersten für ihn, seine Familie, den Beruf) zu gehen und dabei weder hysterisch noch pathetisch zu werden? Schmalschultrig-korrekter Kaffeetrinker am Nachmittag, ein bisschen – ohne Melone, ohne Aussicht auf weltumsegelnde Schiffe – wie dieses Porträt von Fernando Pessoa in seinem winzigen Hafenbüro in Lissabon. Mann an der Pensionsgrenze, mit Anstand und gutem Willen, *mit Form*. Mit Aktentasche und kopierten Lexikonseiten in diesem demütigenden Schmuddel-Ambiente, in dem dennoch mit

CUC bezahlt werden muss. (Und Christoph Buch hatte gesagt, dass du ihm vertrauen kannst.)

»Keine Sorge. Werde niemand in Ungelegenheiten bringen. Keine Provokationen in Mikro-Mikrofone sprechen.« Señor Orestes lächelte nachsichtig. »Glaub' nicht, dass man *Reinaldo Montero* abhört. Das ist hier nicht die DDR. Ist unorganisierter, nein falsch, nicht unorganisierter: Ist *anders*.«

Solltest du ihm die Geschichte der Stasi-Schönen erzählen? Was du erwähnst, ist die Idee jener Señora Schon, dich Miguel Barnet treffen zu lassen.

Hochgezogene Augenbrauen. »*Das* hat sie dir in Aussicht gestellt?« Die gleiche Überraschungs-Stirnfalte wie am Montagabend im Gesicht des Antiquars, der in dieser Sekunde der Verblüffung vielleicht das erste und einzige Mal ehrlich war, ohne Kalkül.

»Sie sagte, sie wolle es versuchen. Und mich danach telefonisch in meinen Unterkünften in Habana informieren.« Du erwähnst die *Casa* des Schweizers und das Haus in Vedado; beide scheint der Übersetzer nicht zu kennen. Erzählst ihm, dass man dich gestern Mittag mit einem *Willkommen, Señor Escritor* empfangen hatte. Erzählst nichts von Alex und dem *besonderen Charakter* des Hauses, den du gerade zu entdecken begannst, denn weshalb sollte solches den Übersetzer interessieren, der nun seine Kaffeetasse abstellt und sagt: »So. Soso. Und angerufen hat sie in keiner der *Casas*, ja? Nun... Barnet wirst du wohl kaum treffen, dafür aber die anderen. Hugo und Ana Margarita und Reinaldo und Jorge Àngel. Und natürlich Antón Arrufat, der dir bestimmt etwas über seine Begegnungen mit Sartre und der Beauvoir erzählen kann, dessen *Guide* er damals war, beim Habana-Besuch 1961.«

»Ein *sehr* euphorischer Text, den Sartre danach veröffentlicht hat.«

»Hat damals von der Stadt und den wunderbaren *neuen Verhältnissen* in etwa so viel mitbekommen wie drei Jahrzehnte später Wim Wenders auf seiner Nostalgie-Tour. Aufstrebende junge Arbeiter oder musizierende Alte, Euphorie oder Melancholie. Revolution und Askese oder Rum und Boleros – je nachdem. Auf jeden Fall Image-fördernd, Interpretiertes veredelnd, alles zu seiner Zeit. Die aber noch immer still steht, für uns. Während die Besucher kommen und gehen. Inzwischen fast nur noch Sextouristen, die aber wenigstens frei sind von der Prätention, hier etwas anderes zu hinterlassen als ihre Sekrete.« Plötzlich lag Verachtung in Señor Orestes' leiser Stimme und ein Zorn, den, wie dir schien, weniger Angst bändigte als eine Traurigkeit, ein Gefühl von Vergeblichkeit – und wagtest nicht, dem fragend nachzuspüren. Gespräch mit angezogener Handbremse, dachtest du. Zentimeter für Zentimeter vorwärtsstotternd auf jenem durchlöcherten Pflaster von Habana, das die Fans von Wenders' Film derart ins feuchte Träumen brachte.

Fragte er, ob auch du plantest, aus deinem Aufenthalt *irgend etwas zu machen?* Señor Orestes tat es nicht, sondern strich über die erste DINA4-Seite, die ein Foto des Journalisten Hugo Luis zeigte.»Du kannst, während ich kurz nach hinten gehe, ja mal durchblättern, wen Reinaldo heute Nachmittag versammelt hat an Freunden und Kollegen, um mit dir über Literatur zu sprechen.« (Über *Literatur.* Hatte er die Stimme gehoben oder gesenkt, das Wort besonders betont, damit du kapiertest, über was in den nächsten Stunden *nicht* gesprochen werden sollte? Nein, und dass er darauf verzichtete, nahmst du weniger als Kompliment denn als Vertrauens-Vorschuss. *Bring keinen in die Bredouille, chico.* Während Chico, sei ehrlich, sich vor allem darum sorgte, unbedingt noch vor 18 Uhr in seinem Zimmer 10 zurück zu sein, um Ruben zu erwarten. Chico, der sich solches sogar als *Revolte* dachte. Wenn schon ein Cuba-Rapport, dann keine Ruinentour à la Wim Wenders, sondern Bericht von dem feinen Skrupel des Señors, dir die dringliche Bitte um ein unpolitisches Gespräch direkt mitzuteilen. Dazu von dem Skrupel des Götterlieblings von Soldaten, auch nur einen CUC Taxigeld anzunehmen. Diese Inseln von Würde, von denen – solltest schließlich auch du dein Scherflein zum Genre der Cuba-Berichte beisteuern – zu berichten wäre, unbedingt.)

Während ihr auf die Rechnung wartetet, fragte Señor Orestes, welche kubanischen Autoren du bereits getroffen hättest, *im Ausland.* Zufall, dass er sich kurz umgesehen hatte und jetzt noch etwas leiser sprach?

Kein Zufall, dass du dein gleichmütigstes Gesicht aufsetztest, ehe du sagtest, ebenfalls leise: »Jorge Pomar. Vor etwa zwanzig Jahren in Berlin. Kurz nach seiner Freilassung.«

»Oh!« Enzensbergers Übersetzer, Castros Häftling.»Und außerdem?«

Er fragt ruhig, doch gespannt und das dunkle Timbre seiner Stimme scheint zu verraten, wie er es genießt, endlich einmal wieder *gewisse Namen* zu hören.

Die Kellnerin kam mit schlurfenden Schritten, nahm die CUC-Scheine, die du passend auf die schlierige Plastikdecke gelegt hattest, ohne Kommentar und schlappte wieder davon, blicklos für euch und das auf dem Tisch verbliebene Geschirr.

Im Aufstehen und weiterhin leise: »Und Pablo Diaz, den Journalist.« Pablo, Sohn des 1990 ins Exil gegangenen und elf Jahre später in Madrid gestorbenen Romanciers Jesús Diaz. Pablo, der seinen Vater ein Viel-zu-spät bescheinigte und einen *freundlichen Opportunisten* nannte. Pablo, der wegen seiner deutschen Freundin oft nach Berlin kam und dir sein Leben erzählte in einem Bar-Restaurant in der Akazienstraße. Schöneberger Gemütlichkeit, doch der in Madrid Lebende, Herausgeber der oppositionellen Internet-Zeitschrift *Diario de Cuba*, war kein Vielreisender aus Lust und Laune. Litt wie ein Hund unter der amtlich verfügten Unmöglichkeit, nach Cuba zurückkehren zu können wenigstens für die Dauer eines Besuchs.»Während die Regime-Protegés und Neureichen inzwischen ganz einfach nach Miami reisen – einkaufen, raffen und *VivaCua*! Weißt du, welches Kürzel die Kids der Nomenklatura verwenden, wenn sie abends in Habana in den normalerweise nur Touristen vorbehaltenen Hotels oder ihren eigenen Edelläden einen drauf machen, widerliche Kopie von Cabrera Infantes coolen Tigern? Simsen sich PMM. *Por un mundo mejor/Für eine bessere Welt* – das alte Revolutionswort, von den Tribünen auf die zu Tausenden im Sonnenlicht Ausharrenden herabgebrüllt, nun als Losungswort für die Dollarausschweifungen der jungen und halbjungen Herren von morgen. Verdammte Schweine, *amigo*, und ich könnte heulen, denke ich an die Freunde auf der Insel, denen's weiter so beschissen geht, dass sie sich wie die letzten Penner durchschlagen müssen in diesem verkommenen Rum-Rumbatumba-Habana-von-Idiot-Wenders.« (Auch diesmal: Deine Selbstzensur beim Reden.)

Statt einer Antwort sah Señor Orestes auf die Uhr.»Wir haben Zeit. Und da jetzt ein bisschen Wind aufgekommen ist und du nicht mehr schwitzen musst...«

Und so gingt ihr dahin durch den Habanaer Nachmittag, im Schatten der Gummibäume und Jacarandas und Bougainvillea und Palmen, auf dem Trottoir in Vedado. *(Fehlte nur noch, dachtest du, dass du jetzt über die maroden und kippeligen Gehwegplatten mit hinterm gebeugten Rücken ineinandergefalteten Händen wandeltest, einem Rücken, der in jedem Quadratzentimeter, in jeder Muskelfaser und jedem Hautsegment die Erinnerung an Rubens Körper und seine Berührungen gespeichert hielt, Stirn Wimpern Zunge Finger Hände und immer weiter so, aufwärts-abwärts-abwärts-aufwärts, beinahe endlos. So wie auch – vorhin hattest du's im Spiegel gesehen – die violetten Flecke am Hals beinahe zu* leuchten *schienen, vom noblen Übersetzer ebenfalls mit dezentem Schweigen kommentiert.)*

Plötzlich fiel dir ein, dass du gar kein Gastgeschenk für den Hausherren mitgebracht hattest. Diesmal wusste Señor Orestes sofort Rat und als er sagte, *Ich kenn' da eine Bude, eine Parallelstraße weiter*, musstet ihr beide lachen. Der in der deutschen Botschaft Angestellte, der gerade an der Übersetzung eines neuen Theaterstücks von Roland Schimmelpfennig saß, mit Tippelbruder-Wissen: *Ich kenn' da eine Bude.* Ihr machtet euch auf den Weg, und du fragtest ihn noch einmal nach dem Stück von Schimmelpfennig, und der Übersetzer nannte dir sechs Titel, die er bereits ins Spanische übertragen hatte, die Vorlesungen fürs Theater noch gar nicht mitgerechnet.»Wusstest du, dass er mitunter sogar in Habana wohnt und sein Stück *Straße der Ameisen* in der Stadt spielt? Die spanische Uraufführung war hier und...«

»...und du hast es übersetzt!«

»Ja«, sagte Señor Orestes freundlich und sah erneut auf die Uhr.»Wir sollten uns beeilen, denn vor der Holzbude steht oft eine lange Schlange. Wegen der Sachen, die hinter dem Gitterfenster aufgestapelt sind und durch die kleine halbdunkle Öffnung verkauft werden, *Mangelware*.«

Und dann, beim Überqueren der Straße, doch übergangslos (ha!):»Warst du mal in Miami?«

»Ja, denn Jorge Pomar und Pablo Diaz hatten mir dazu geraten. Mir anzusehen, dass dort inzwischen nicht mehr die alten Reaktionäre von '59 sitzen, die vertriebenen Oligarchen mit dunkler Sonnenbrille und Zigarre, sondern...«

»*Mir* musst du das nicht erzählen. Und auch sonst keinem auf Cuba. Fast jeder hat Familie drüben, Exilierte oder Geflüchtete und ohne deren Geldüberweisungen wären wir schon längst...*verhungert*.«

Du sahst ihn von der Seite an. Sahst, wie er sich auf die Lippen biss.»Und wen hast du dort getroffen?«

»Manuel Vázquez Portal, der 2003 in Habana zu achtzehn Jahren Haft verurteilt worden war und ein Jahr später, nach seinem Hungerstreik und dank der Hilfe seiner Frau, freikam und ausgebürgert wurde. Schreibt jetzt seine Bücher in Miami, finanziert das mit der Arbeit bei einer spanischsprachigen Talkshow. Und Carlos Alberto Montaner, der...«

»Oha!« Señor Orestes war abrupt stehengeblieben und pfiff durch die Zähne.»Das behältst du aber hier schön für dich, auch heute Nachmittag, versprochen?«

»Gilt er noch immer als oberster Staatsfeind?«

»Kein Kommentar. Aber dass du ausgerechnet den Neffen von Rita Montaner, unserer berühmten Sängerin *la Ùnica*, getroffen hast, ist ein wenig, ein wenig wie....« Ihr wart stehengeblieben, die blaugestrichene Bude mit der Warteschlange schon in Sichtweite am Ende der hügelan steigenden Straße, und vermutlich suchte der Übersetzer nicht nach dem *mot juste*, sondern nach einem entsprechenden Vergleich, einer Analogie. (Rettendes Handwerk, um die Angst zu überspielen.) »Sagen wir... Ist so, wie ins Moskau der siebziger Jahre zu kommen und auf dem Roten Platz herauszuposaunen, man habe gestern Andrej Sacharow getroffen. Oder zu gleicher Zeit auf der Friedrichstraße in Ostberlin ein Biermann-Lied zu singen, oder wie...«

»Hab's verstanden. Aber Señor M. ist doch ein ehemaliger Battista-Gegner, ein Moderater, früherer Präsident der Liberalen Internationale, und in Miami bei den exilkubanischen Ultrarechten unbeliebt, weil er nichts von Kalter-Krieg-Rhetorik hält. Und...«

»Und umso mehr sind solche wie er gefürchtet. Weil sie die Lager durcheinander bringen und sich in keine Ecke drängen lassen.«

»Er hat mir erzählt, dass *man* – und dabei meine ich *nicht* die Ultrarechten – vor Jahrzehnten sogar versucht hatte, ihn zu ermorden. Eine winzige Bombe, versteckt in den ausgeschnittenen Seiten von Simone de Beauvoirs Buch *Ein sanfter Tod*. Killer mit Humor, was? Ist dann zum Glück nicht explodiert.«

Und hatte dir dies vor zwei Jahren in Miami erzählt. Auf der Fahrt durch Coral Gables, er auf dem Heimweg, während du von der Gratisfahrt zum Sauna-Club *Aqua* am Coral Way profitiertest. Dort, ein paar Minuten nach der Verabschiedung vom Señor Montaner (der etwas verdutzt gewesen war, dass du ausgerechnet an jener unbelebten Straßenecke hattest aussteigen wollen): In Miami geborene Latinos, im Techno-Sound vor mannshohen Spiegeln besorgt ihre Sixpacks betrachtend, korrekt Humorlose, mit denen du *keinen* Sex hattest und die sich nach kurzem Blabla auf den Pool-Liegen mit einem euphemistischen »Nice to talk with you« wieder ihren I-Phones zuwandten, während lediglich die erst neu in Stadt und Land gekommenen Brasilianer... Abends in einer Discothek in South Beach das gleiche Prozedere, und nur der Student, dessen bisexuelle Mutter sich nacheinander aller vormaligen Lover und Kindsväter entledigt hatte (bis auf den Cubaner, den sie nicht als *clandestino* hatte anzeigen und zurück in die Karibik *deportieren* lassen), nur Josue mit seiner Begeisterung für die schönen stolzen Verse des Dichters Robert Blanco – erster schwuler hispanischer Poet, der das *Inauguration Poem* bei der Präsidentenvereidigung las, natürlich jener von Obama – nur Josue also hatte jene von dir so geliebten, mäandernden Latino-Stories vortragen/auftischen können, in denen Probleme keine *issues* waren und Negativ-Wertungen keine *it was okay*, aus denen – dachtest du damals in Miami, erinnerst du dich jetzt, nun schon in der Schlange vor

dem blauem Schuppen in Vedado – aus denen nicht diese ganze calvinistische Wortscheiße quoll, dieses Miasma aus Konkurrenzfurcht und falscher Höflichkeit nicht die linde Nachtluft verpestete. Nicht bei Josue, und zuvor auch nicht im Büro und dann im Wagen von Carlos Alberto Montaner, dem erz-sympathischen Historiker. (Und konntest gerade *das* Señor Orestes nicht erzählen. Wo er doch, je näher der Termin mit den Schriftstellern rückte, immer öfter auf deine violetten Halsflecke schaute, vielleicht in der Hoffnung, sie verschwänden binnen Minuten.)
Was du immerhin gelernt hattest, in Santiago beim Bierkauf mit tricky Alfredito: Zu fragen, wer der letzte in der Schlange war und sich dann einzureihen. *El ultimo?* Du fragtest, Señor Orestes wartete etwas abseits. Dann standest auch du, herabgebeugt, vor der dunklen Öffnung und fragtest nach Rum. Solchen gab es, doch nur eine einzige Marke, und der Flaschenpreis von 6 CUC bereits ein Viertel des hiesigen Monatsverdienstes.
»Gehen wir?«

La Habana.
Möglichkeit eines Berichts (V)

Donnerstagnachmittag gegen 16 Uhr wurden der Übersetzer Sandoval, Orestes und *Beobachter* (nachfolgend B. genannt) vor dem Haus des Montero, Reinaldo vorstellig. Zuerst wurde an der Parterretür eine Klingel gedrückt und danach – auch dies übernahm O., während B. daneben stand und wie üblich die Gegend betrachtete – gerufen, woraufhin oben auf dem Balkon der Kopf des M. sichtbar und kurz danach die Tür geöffnet wurde. Während der Viertelstunde zuvor waren bereits eingetroffen (in dieser Reihenfolge): Mateo, Ana Margarita (*1950, Essayistin und Universitätsprofessorin), Luis Sanchez, Hugo (*1948, Erzähler und Journalist, vormals Stationschef von *Prensa Latina* in Budapest, Panamá und Managua) sowie Hernández Pérez, Jorge Àngel (*1961, Dichter und Erzähler).
Als letzter in dieser Gruppe – jedoch noch fünf Minuten vor dem B. und dem Sandoval, Orestes – traf ein: Der homosexuelle Dramatiker Arrufat Mrad, Antón (*1935, Schriftsteller und einst Vertrauter des ebenfalls homosexuellen Piñera, Virgilio, 1912–1979, sowie vor einigen Jahren Reisebegleiter des französischen Ehepaars Sade, Juan Pablo -*1905- und de Bolivar, Simona -*1908-).
Sie alle – einschließlich des Sandoval, Orestes – trugen kleine Taschen bzw. Mappen bei sich. B. dagegen hatte die Plastiktüte, mit der er kurz

vor 15 Uhr seine Unterkunft in der Calle 3 zwischen den Avenidas 25 und 23 verlassen hatte, bereits während des Imbissgesprächs dem Sadoval, Orestes übergeben. Über den Inhalt ihres leise und auf Deutsch geführten Gesprächs ist nichts bekannt, allerdings wurde der Inhalt der Tüte sichtbar: Mehrere am oberen Rand gefalzte Tee-Tüten und zwei Bücher im Schuber, welche der Sandoval, Orestes ebenfalls in seiner Aktentasche verstaute.

Im Gegenzug übereichte der O. dem B. ein schmales Konvolut fotokopierter Seiten, die daraufhin anscheinend besprochen wurden, über deren Inhalt jedoch ebenfalls nichts bekannt wurde.

Indessen war bereits im Vorfeld zu eruieren gewesen, dass es in der Dachgeschosswohnung des Montero, Reinaldo zu einem sogenannten »kollegialen oder auch geselligen Beisammensein« kommen sollte. Vermutlich hielt B. deshalb jene Rumflasche in den Händen, die er nach dem Imbissgespräch – angeführt von dem Sandoval, Orestes und durchaus in gegenläufiger Richtung zum Haus des Monteiro, Reinaldo – an einem Verkaufstand erstanden hatte.

B. war der einzige, der zu diesem »Beisammensein« in knielangen Jeans und Sandalen erschien, da der Arrufat, Antón zwar ebenfalls Sandalen trug, dazu jedoch eine fußbündige weiße Leinenhose. Am Tag zuvor hatte der Arrufat, Antón den Genossen Miguel Barnet zu einem freundschaftlichen Meinungsaustausch getroffen. Genosse Barnet erwähnte im Gespräch einen ihm seltsam scheinenden Anruf einer ehemaligen Arbeitskollegin der Frau seines Bruders, mit der/dem er kaum Kontakt pflegte, und fragte den Arrufat, Antón, ob ihm ein gewisser deutscher Schriftsteller namens M. persönlich bekannt sei. Laut Auskunft verneinte der Arrufat, Antón die beiläufig gestellte Frage.

*

»Ihrer Generation oder auch speziell Ihnen wird der Name wohl nichts mehr sagen, dennoch wage ich die Frage: Liest man in Deutschland noch Anna Seghers?«

Es fragte: Der greise, mit seinem weißhaarigen Charakterkopf und dem resolut in der Hand gehaltenen Spazierstock durchaus rüstig wirkende Señor Antón Arrufat. In kurzärmeligem Hemd, Leinenhose und Sandalen dir direkt gegenübersitzend, in einem Sessel vis-á-vis des Sofas, das man dir (*speziell Ihnen*) und Señor Orestes zugewiesen hatte, fragte er und schaute mit gestrengem Uhu-Blick.

»*Una pregunta sobre los libros de Anna Seghers* Vorsicht man will dich testen«, ohne eine Miene zu verziehen, übersetzte und warnte der Übersetzer – Vertrauter und loyaler Freund, wie es Christoph Buch in Berlin prophezeit hatte. Retter in der Not, denn schon bald nach den Begrüßungs-Präliminarien schien *man* hier übereingekommen zu sein, dass dein spanisch zu rudimentär für erhabene Dachwohnungs-Konversation sei, da du offensichtlich dem immer schnelleren, immer elaborierterem und wortspielerischerem (*oh, haha – das muss übersetzt werden*) Nuschel-Gezwitscher nicht mehr folgen konntest und deshalb, tonsurrasiert begriffsstutziger Eleve vor kolonialspanischen Collegio-Prüfern, in der Tat nun immer häufiger Señor Orestes um Übersetzung bitten musstest.

Weshalb die unsubtile Bestrafung? Weil *man* (wortwörtlich, denn Señora Ana Margarita Mateo bedachte dich weiterhin mit wohlwollendem Schmunzeln) deine schamlos unverhüllt leuchtenden violetten Halsflecke bemerkt hatte und als Verstoß einstufte gegen das (trotz Embargo und Spätsozialismus) auch hier universal geltende Literatengebot der Sublimierungs-Priorität? Weil alle der eingeladenen Autoren – plus des wuschelköpfigen, auch in einer Madrider Künstlergalerie vorstellbaren Hausherrn Reinaldo Montero – *Weiße* waren, ewige Oberschicht trotz jahrzehntelangem Revolutionsgetöses und als solche – Christoph Buch hatte es dir doch mitgeteilt, Simpel! – auf das gemeinhin mit Habana assoziierte vielfarbigvielgerüchige MulattenNegroChino-Körper-Tohuwabohu mit hochgezogenen Augenbrauen/gerümpfter Nase/imaginiertem Schnupftuchwedeln reagierten und es fern zu halten trachteten – *wenigstens offiziell*? War es also *das*, was die Stimmung des Nachmittages alsbald drückte?

(Mit *wem* war Kollege Orestes hier aufgekreuzt? Einer in knielangen, zerfransten Jeans und Sandalen, der zwar als Gastgeschenk Rum mitbrachte, aber doch nie und nimmer ein ernsthafter *escritor* sein konnte, mit diesen Halsflecken á la Sextourist? Andererseits: Von Hans Christoph Buch persönlich sei er empfohlen worden. Auch sei er – nach eigener Auskunft bereits nach dem zweiten Gläschen von *seinem* Rum – befreundet mit Jorge Edwards, dem vom Comandante en Jefe 1972 zurück nach Chile epedierten Heberto-Padilla-Freund und Allende-Botschafter in Habana, welcher danach, inzwischen auch von General Pinochet vertrieben, im spanischen Exil dieses *Persona non grata*-Buch geschrieben hatte und *damit* (und nicht etwa durch seine Romane – ha!) berühmt geworden war. Jedoch: War es etwa eine Art, unsere interessiert-höfliche Nachfrage nicht nach seiner Lektüre – *lesen* können schließlich alle – sondern nach seinen *persönlichen Kontakten* ausgerechnet mit jenem Un-Namen *Jorge Edwards* zu beantworten? Als merke dieser hereingeschneite Tölpel nicht, dass ihm unser Kollege Orestes gerade gaaanz absichtlos einen kleinen Rippenstoß versetzt. Als könne man hier so einfach *Jorge Edwards* sagen im tumben Vertrauen darauf, alles bliebe innerhalb dieser geweißten, diskret mit gerahmter Diskret-Avantgardekunst behängten Wände und dringe nicht womöglich vom Balkon – dessen Panorama-Aussicht hin zum Meer der gebräunte Proll immerhin bewundert hatte – hinunter auf die Straße, deren lädierten Charakter er *auch* kommentiert hatte? Unbehaglicher Nachmittag!)

Also Anna Seghers in Habana. *Por que no?* Nicht unlogischer als am frühen Nachmittag mit einer *Rossmann*-Tüte durch Vedado zu laufen und aus einer Botschafts-Sprechanlage auf sächsisch angeranzt zu werden. Nicht unwahrscheinlicher als ein Rekrut, der morgens in die Kaserne simst, um seine verspätete Ankunft bekannt zu geben, da die Kaserne ja in Wirklichkeit ein Krankenhaus ist und er Teil der Handwerkerbrigade.

»Da müssten wir präzisieren«, hörtest du dich sagen, dein Strahlemann-Lächeln aus Perfidie noch um eine Stufe heller/greller geschaltet, während Freund Orestes *präzisest* übersetzte. »Meinen Sie – bezüglich der Rezeption – die frühe Seghers des *Aufstand der Fischer von St. Barbara*? Oder eher die Exil-Autorin, wobei wir hier wiederum zwischen dem sozialen Realismus des *Dritten Kreuz* und dem beinahe kafkaesk-existentialistischen Meisterwerk *Transit* unterscheiden müssten? Ich nehme an, Señor Arrufat, Sie fragen nicht nach der enttäuschenden Seghers der DDR-Phase und solch misslungener Werke wie etwa *Die Entscheidung*. Oder rekurrieren Sie auf die späte Prosa, der Desillusionierung und dem Alkoholismus abgerungen, auf die wunderbaren karibischen Stücke etwa, die *Drei Frauen aus Haiti*?«

»*Arrebatado de la desilusión y del alcoholismo* und zwei zu eins für dich«, übersetzte und sprach beiseite dein Freund, der Señor, worauf sich der andere Señor, der achtzigjährige Arrufat, augenblicklich wieder so konzilliant gab wie zu Beginn, als er sich unter allerlei Wortspielen vorgestellt hatte: Gestatten, Arrufat-nicht-Arafat sei sein Familienname und nicht arabischen, sondern baskischen Ursprungs, wobei der Muttersname jedoch durchaus ein verballhorntes *Murad* sei und nicht etwa, wie man zu Revolutionszeiten geglaubt habe und er mitunter auch habe glauben lassen, ein verkürztes *Marat*. Gleich darauf hatte er gefragt, ob du das Marat/Sade-Stück von Peter Weiss kennen würdest, und so hattest du bei deiner Antwort zu voreilig dein lamentables spanisch gegen das fluidere französisch getauscht, im Vertrauen darauf, einer wie dieser würdige alte Herr (der sich dir soeben ja auch als Nachlassverwalter des einst verbotenen

Dramatikers Virgilio Piñera präsentiert hatte) sei gewiss des Französischen mächtig. Jedoch: Fehlanzeige und Sinken der Zimmertemperatur, obwohl zwischen der offenen Balkontür und dem Küchenfenster weiterhin ein angenehm laues Lüftchen wehte.

Ehe das Schweigen manifest wurde, entschuldigtest du dich wortreich für dein schreckliches spanisch, und Freund Orestes sprang dir bei, indem er aus seiner Aktentasche die zwei Erzählungsbände packte und dabei auf die *Rossmann*-Tüte klopfte, deinen Meriten auch als Tee-Transporteur erwähnte. Daraufhin wurden Bierdosen zischend geöffnet, deine Rumflasche in Gläschen umgefüllt, Schriftstellerfinger griffen in die auf den Tisch arrangierten Schälchen mit Erdnüssen und Oliven, und während sich dir die Autoren Hugo Luis, Jorge Àngel Hernández und Ana Margarita Mateo vorstellten, entspannte sich die Atmosphäre. Und warst dennoch verwundert: Wenn Señores wie Jorge Edwards und Vargas Llosa kein Problem damit hatten, bei Gesprächen vom Spanischen ins Englische ins Französische zu wechseln, wann immer ihnen ein adäquates Wort nicht einfiel, wenn also *sie* keinerlei Angst hatten vor einem Zackenfall aus der Krone – weshalb dann hier diese monolinguale Ehrpusseligkeit?

»Du wirst Insulaner treffen«, hatte Freund Orestes auf dem Weg ins Haus von Reinaldo Montero gesagt, Sympathie und Nachsicht in der Stimme. Du hattest verständnisvoll genickt und an Derek Walcott/Dany Laferriére/Patrick Chamoiseau/ Édouard Glissant gedacht, Insulaner von den benachbarten Eilanden, die ihre kleine Welt ins Universelle geweitet hatten. Allerdings waren sie *freiwillig Reisende*, souverän unterwegs zwischen Saint Lucia/Haiti/Martinique/Guadeloupe und den Metropolen des Westens. Mussten dafür weder auf Nimmerwiedersehen emigrieren noch als Dagebliebene *Berichte* schreiben. Warst somit *du* sträflich naiv gewesen und hattest Be- und Empfindlichkeiten der auf *dieser Insel Eingesperrten* unterschätzt? War also der Fauxpas, hier mit Knutschflecken und in kurzen Hosen aufzutauchen – ein Habit, das bei deinen Tel Aviver Schriftstellerfreunden doch als völlig normal galt und der Hitze angemessen, ausbaufähig durch Joints, Flipflops und Bermudas – denn sogar noch gesteigert worden durch deine unvorsichtige Verwendung des Französischen, und so zur veritablen Demütigung der Hiesigen mutiert?

Vielleicht – überlegst du, während nun Señor Arrufat-nicht-Arafat-haha wieder huldvoll nickt, seine Anna-Seghers-Frage *nicht* präzisiert und sich von Reinaldo Montero noch etwas von deinem Sechs-CUC-Rum nachschenken lässt. Vielleicht hättest du ja auch, dreistes Ossi-Provinzler-Benehmen, des Hausherrn ostentativ urban-bohemiges Gebaren besser mit dem Staunen des Zugereisten betrachten sollen anstatt mit ironischem Blick. Sechzigjähriger Graulockenkopf mit Bäuchlein, aber durchaus attraktiv auf jovial-opportunistische Art, hatte er für Señora Ana Margarita Gedichtzeilen (eigene und fremde) rezitiert, war in übertriebenes Lachen ausgebrochen, hatte mit den gleichaltrigen Señores Hugo und Jorge Àngel in kultiviertem Nuschlisch gescherzt und sich nicht einmal entblödet, dir via Señor Orestes übersetzen zu lassen, er entschuldige das für den Gast gewiss unverständliche Parlieren, aber man persifliere und parodiere *bei uns auf Cuba* eben ums Verrecken gern, würze Erinnerungen an *gute alte Tage* mit Gedichtzeilen und Zoten, die, nochmals Pardon, für Ausländer schlicht nicht verständlich seien, aber sich wie von selbst den Lippen entrollten, da man einander so lange nicht gesehen habe und dem Gast schon deshalb danke, dass man sich nun an diesem Nachmittag wieder... Blablabla-du-Schmock, stand in deinem strahlenden Oh-ja-kein-Problem-Lächeln geschrieben, Falscher-Fuffziger-mit-Mäusemut-vor-Diktatorenthron signalisierten deine Knutschflecke, als wäre es die Schrift an Belsazars Wand und...

Señor Orestes aber, bemüht um Harmonie, sprach auf Deutsch, doch gut hörbar: »Der enthusiastische Reinaldo hat, wie du im Lexikoneintrag lesen kannst, mehr Literaturpreise gewonnen und Bücher geschrieben als hier alle zusammen, besonders zu erwähnen seine schöne Faust-Version, weshalb wir ihn auch gern *Unseren Goethe* nennen.«

Unser-Goethe, den du dir auch gut als Kulturminister einer zukünftigen *Technokratenregierung* aus nicht-belasteten Mitmachern vorstellen konntest oder zumindest als kommenden, eloquenten Dauer-Interviewpartner für ins *veränderte Cuba* pilgernde Journalisten, Unser-Goethe also (um sich hier jenes so wunderbar prätentiösen Thomas Mannschen Dieser-und-jener-*also* zu befleißigen), schüttelte das spätjugendliche Lockenköpfchen in angedeutetem Aber-nicht-doch-Widersprechen, und als du solches sahst, sagtest du, strahlend: »Oder auch der Mynherr Peeperkorn des Vedado.«

»*Quéesloquedia?*« Blitzschnelles Köpfchen, das Boshafte deiner Bemerkung sofort witternd.

»Eine Hommage auf Thomas Mann«, übersetzte Diplomat Orestes auf Spanisch und gab seiner Stimme dabei genug Zweifel-Modulation mit, dass er nicht wie dein Komplize klang. Hausherr Reinaldo aber fuhr mit einem nun zum Messerchen gewordenen Blick dich, der hier derart unverschämt gutgelaunt auf *seiner* Couch saß, ab und ab, auf und ab: Einen Feind fürs Leben hattest du dir da gemacht, zumindest: einen Verächter für die Dauer dieses Nachmittags.

Die Nach-Seghers-Gespräche zogen sich hin (und her), gern hättet du Señor Hugo Luis nach seiner Zeit als auswärtiger Bürochef der staatlichen Nachrichtenagentur Prensa Latina gefragt, wagtest aber solches nun nicht mehr, obwohl er – zusammen mit jenem an einen sympathischen Arbeiter erinnernden Jorge Àngel Herandez – doch absolut gelassen schien und dir zuprostete. Irgendwann wollte er wissen – ohne Schnörkel, dich direkt ansprechend, was du von Garcia Márquez hieltest, der ja auch hier in Habana ein Haus gehabt hatte und...

Du hattest von den Gerüchten um das Unzugängliche dieses angeblich von Fidels Leibwächtern abgeschirmten Hauses gehört, wolltest jedoch keinen neuen Missklang provozieren. So dass du stattdessen von jener *Carta de despedida* erzähltest, die du in Walkers gästeloser *Casa* in Trinidad auf einem Laptop mit Gabos Stimme gehört hattest, wobei du nicht sicher warst, ob... (Erwähntest natürlich weder deine noch Walkers Nacktheit in jenem Zimmer, in dem lediglich das Laptop-Licht geflackert hatte, kommentiert von einer *sehr* sonoren, von Poesie und Tod und Liebe deklamierenden Stimme.)

»Selbstverständlich eine Fälschung«, sagte der ehemalige Journalist gutgelaunt und griff sich eine daumengroße Olive. »Irgendein Mexikaner, der schon vor Jahren dieses Fake ins Netz gestellt hatte und davon profitierte, dass Gabo bereits zu schwach war, sich dagegen zu wehren.« (Und Walker, dachtest du, Walker, der *schon* morgen Mittag in deinem Zimmer erscheinende *Casa*-Chef? Hatte er eine Vorliebe für gefälschten Kitsch oder gehörte er selbst der Fälscher-Fraktion an? Dumme Paranoia-Frage, sagtest du dir. Entschiedst, dein zweites Rum-Gläschen das letzte sein zu lassen. Und bereits – diskreter Blick auf die Uhr beim Ausstrecken der Hand nach ein paar Erdnüssen – kurz nach halb fünf.)

»Vielleicht wäre das bombastische Fake schneller aufgefallen, wäre nicht auch Marquez' O-Ton oftmals...«

(Ha, kannst also dein Maul auch *fürderhin* nicht halten und reitest dich schon wieder in die Scheiße, was?)

»Was?« Hofhund-Hausherr Reinaldo sträubte sogleich sein Fell und begann eine Rede über den Reichtum der Márquezschen Sprache, *da* (nicht *obwohl*, sondern *da*) selbstverständlich unübersetzbar in – leichter Abscheu – *andere Sprachen*. Und sprach dabei selbst sehr fulminant, barocke Wortkaskaden aufhäufend und über deinem Haupt zusammenbrechen lassend, so dass Señor Orestes einmal mehr zeigen konnte/musste, was alles in ihm steckte: Gestatten, Simultan-Dolmetscher.

Worauf du – unpolitisch, unpolitisch – sagtest, was du immer sagtest.

Marquez' lebenslange Affenliebe für Führer Castro *nicht* ausspielend gegen Mario Vargas Llosas ebenso lebenslanges Schreiben und Streiten gegen jegliche Diktatur, jedoch... Jedoch schien dir, sagtest du (und hörtest deine sorgsam-respektvoll gesetzte Worte hurtig, aber subtil übertragen von Señor Orestes' sonorer Stimme), *schien dir,* dass das Werk Vargas Llosas doch das *literarisch* Komplexere sei, vom Amazonas in den Kongo nach Tokyo in die Südsee in die Anden in Intellektuellenzirkel und Wüsteneien und Schlafzimmer und Kasernen (ha!, schwadroniere nicht und schau lieber auf die Uhr – womöglich ist Ruben ja bereits auf dem Weg!), in die Kasernen *also* und vom magischen Realismus in andere Tonart in die epische Grausamkeit des *Krieges am Ende der Welt* und die sublime Erotik im *Lob der Stiefmutter,* vom sozialkritisch Polyphonen des *Gesprächs in der Kathedrale* zum Burlesken des *Pantaleón,* nicht zu vergessen die Bücher und Aufsätze über andere Autoren – Onetti, Victor Hugo, Cabrera Infante...

»Journalismus«, knarzte es als Antwort, und das war nun wieder Señor Arrufat-vielleicht-ja-doch-ein-wenig-Arafat. »Gut gemachter Journalismus, ohne Frage. Andere singen, er wirft mit bunten Steinen. Und ist damit sprachlich eben doch nicht auf der Höhe von Gabo, dessen Fan ich im Übrigen auch nicht bin.«

...und sogar ein Fan von Antón Arrufat. Augenblicklich erinnerst du dich an die leicht spöttische Erwähnung in Leonardo Paduras *Máscaras,* das – versehen mit jener Widmung des Formidablen, die sogar Karate-Gabriel begeistert hatte vor über einer Woche – noch immer auf deinem Nachttisch lag, nun in Zimmer 10 in deiner neuen Bleibe. Paduras Roman-Protagonist El Conde tauchte als Gast irgendwann auf einem jener semi-oppositionellen Künstlertreffen in Habana Vieja auf, bei dem »Betrogene und Betrüger, Opportunisten und Philosophen, Rheumatiker und Dogmatiker« sich ein Stelldichein gaben, über literarische Vorlieben diskutierten und *sogar* ein Fan des Señors Arrufat anwesend war. Du hattest die Passage mit Amüsement gelesen. Und bemerkt, *wer* bei der Dichter-Aufzählung fehlte, wen Padura in seinem Roman, der ja auch in Cuba erschienen war, dann doch nicht zwischen die Seiten zu schmuggeln gewagt hatte. Oder wagte er es doch? *Estrella, die Bolerosängerin.* In seinem Roman ein Transvestit, der ursprünglich Esteban hieß. In Wirklichkeit aber eine Hommage auf Cabrera Infantes auf der Insel verbotene *Drei traurigen Tiger* und jenes darin als *schwarzes Walross* beschriebene Ungetüm mit der höllenhimmlischen Stimme: La Estrella, Bolerosängerin.

Eine Anspielung *für Eingeweihte,* und als du sie gelesen hattest und kapiertest und lächeltest (in einem deiner Zimmer in einer der Städte der

Insel) erinnertest du dich an Biermanns Erinnerung an Volker Brauns Stolz, irgendwann Anfang der siebziger Jahre in Ostberlin. Wie dieser seinen neuen Gedichtband aufgeschlagen und mit zitterndem Finger auf zwei Zeilen gewiesen hatte, die er der Zensur abgerungen: *Nur das Banjo darf noch nicht spielen.* Okay, das Wort *Gitarre* hatten sie ihm gestrichen, Gitarre wäre eine zu deutliche Anspielung auf Biermanns Auftrittsverbot gewesen. Aber *Nur das Banjo darf noch nicht spielen* – in Klammern gesetzt und damit besonders hervorgehoben und mit dem zweiten Klammersatz *Das Banjo wartet auf seinen Einsatz* sogar variiert... War doch auch *schon* ganz schön mutig, oder? *Oder?*

Anachronistischer Nachmittag, dachtest du. Nachklapp und Epilog einer Geschichte, die du bereits für abgeschlossen gehalten hattest. (Als wäre Habana Ostberlin. Als würde, vermutlich, der sächselnde Büchner-Preisträger Braun nicht noch heute stolz sein auf seinen damaligen Banjo-Mut und die Heldentat in die aufgeklappten Laptops angehender Literaturwissenschaftler diktieren.)

Ambitionen/Zitate/Masken/Querverweise/auftrumpfendes Schweigen/uneigentliches Sprechen/Strategien des Überlebens und Gesichtwahrens. Kulissenschieberei in einem vom Publikum längst verlassenen Theater? (Und die unsichtbaren Regisseure und Inspizienten – auch verschwunden oder weiterhin *Berichte* fordernd und liefernd?)

»Apropos Cabrera Infante«, sagte Reinaldo Montero, und das nun ganz und gar nicht mehr Aufgeräumt-Joviale in seiner Stimme ließ dich aufhorchen. »Keine Frage, dass wir ihn verehren. Auch wenn er wahrscheinlich eher als typischer Ein-Buch-Autor ins kollektive Gedächtnis eingehen wird. Aber gut, Gott hat ja auch nur ein Buch geschrieben, beziehungsweise schreiben lassen...«

Allgemeines Hoho der Runde, freilich gedämpft, denn was jetzt kam, schien Teil einer Liturgie zu sein, die jeder bereits kannte und mit Schaudern erwartete, wann immer ein ausländischer Gast auftauchte. (Hatte man die Zeremonie auch Christoph Buch vorgeführt?) Unter dem Tisch mit den Bierdosen/Rumgläschen/Oliven- und Erdnussschälchen, in einer Ablage: *Das* Buch. Der Hausherr holte es hervor, zeigte es umher – einvernehmliches *Ach*-Murmeln – und reichte es dir, während er bereits Exegese betrieb, nun in einem spanisch, das ausreichend klar war, um nicht von Señor Orestes übersetzt zu werden. »Eine Anthologie kubanischer Literatur, in einem deutschen Verlag erschienen. Fünfunddreißig Autoren aus verschiedenen Generationen, von hier und aus dem Exil. Erzählungen und Gedichte und... neun weiße Seiten.« Aufseufzen der Runde, allein Señor

Orestes seufzte nicht mit, sondern schaute von der Seite zu, wie du diese broschierte Anthologie durchblättertest, die den Titel *Der Morgen ist die letzte Flucht* trug und auf dem marineblauen Cover ein rotes Papierkäppi zeigte, das angekippt war wie ein kenterndes Boot.

»Neun weiße Seiten, zu verantworten von Guillermo Cabrera Infante! Saß in London und zog den bereits fest zugesagten Anthologiebeitrag zurück, als er die Liste der anderen Beiträger gesehen hatte. Beschuldigte uns alle pauschal, mit der Regierung zusammenzuarbeiten und ließ es auf den Eklat ankommen. Voilà, ein Buch mit neun Seiten Unversöhnlichkeit, die sich nicht einmal artikulieren wollen.....« Mißbilligendes Räuspern, leise Binnen-Kommentare, hier und da ein Schluck aus der Bierdose, aus dem Rumgläschen, Knackgeräusch von Erdnüssen zwischen den Zähnen. Du last das *PS* des Herausgebers, das sich genauso anhörte wie Señor Monteros Klage, *fast: Guillermo Cabrera Infante hat in letzter Sekunde die Veröffentlichung seiner Erzählung untersagt. In der Anthologie seien, so der Schriftsteller, überwiegend Autoren vertreten, die »auf die eine oder andere Weise das Regime Fidel Castros unterstützen, sei es durch Taten, sei es durch Unterlassung«.* Schade.

Dann blättertest du ein paar Seiten zurück und sahst das Impressum: Berlin, April 1995. Und Cabrera Infante, der angekündigt hatte, nicht nach Cuba zurückzukehren, so lange ein Castro an der Macht sei, war bereits im Mai 2005 in London gestorben. (Was die einheimischen Medien ebenso wenig gemeldet hatten wie 2003 den Tod der Sängerin Celia Cruz, der anderen Exil-Ikone.)

»Das ist der Unterschied«, beendete der Hausherr die Vom-Gestern-ins-Heute-Zeremonie und steckte die Hand aus, um *das* Buch wieder an sich zu nehmen. »Wir, dir wir hier ausharren und so manchen Widrigkeiten trotzen, reichen denen im Exil die Hand, doch nur wenige...«

»Weil es für sie mehr mediale Aufmerksamkeit bringt, den Opferstatus herauszustellen.« Wer hatte gesprochen? Señor Arrufat, die Señores Jorge Ángel und Hugo Luis? Oder Ana Margarita Mateo? Christa Wolf, die über die *Unversöhnlichkeit* Sarah Kirschs klagte? Stephan Hermlin, der den aus Stasihaft nach Westberlin ausgewiesenen Dichter Jürgen Fuchs hinterher rief, Flüchtlinge seien *nur wir Antifaschisten in der DDR?* Oder Frank Thiess, der nach 1945 den *unversöhnlichen* Thomas Mann dafür maßregelte, *von den Logenplätzen des Exils* zugeschaut zu haben, während sich die im Dritten Reich verbliebenen Autoren doch so bitter und redlich gemüht hätten, *sauber zu bleiben?* Hans-Werner Richter, der den 1933 vertriebenen Exilanten Hans Sahl bei dessen kurzer Rückkehr nach Deutschland mit den Worten beschied, *allein mit Coca Cola* ließe sich *bei uns* keine Sympathie erzielen?

Noch war es draußen hell, erst kurz nach fünf Uhr nachmittags. Weiterhin fächelte sanfter Windhauch, vom Meer über die Dächer des Verdado, in die Wohnung hinein. Und hattest dennoch das Gefühl, in eine Zeitkapsel gesperrt zu sein, in eine Art Laufrad ohne Lüftung.

Wussten sie, dass du wusstest, wie es den meisten Exilanten in anderem Land, in anderer Sprache erging, wie unmöglich es vielen war, in ihren früheren Berufen weiterzuarbeiten, zermürbt von Brotjobs, um sich und die Familie über Wasser zu halten? Hatten sie Eliseo Albertos (2011 an Nierenversagen in Mexico-City verreckt, erst sechzig alt) *Rapport gegen mich* selbst gelesen, die Biographie eines berühmten Dichtersohns, der im Unterschied zu seinem Vater Eliseo Diego keine Kompromisse mehr machen wollte und deshalb abhauen *musste* – kannten sie den Epilog, der auf zehn Seiten die Namen und Zufluchts- und inzwischen auch Friedhofsorte der Künstler und Schriftsteller und Maler und Regisseure und Tänzer und Dichter auflistete, welche die Insel allein im letzten Jahrzehnt verlassen hatten, nicht wenige nach endlosen Schikanen und Haft?

»Eine Frage.« Es sprach Señor Arrufat, nun ebenfalls ganz lakonisch, ohne dass eine Übersetzung notwendig geworden wäre. »Wie erging es den DDR-Schriftstellern nach 1989?«

Du verschlucktest dein *Oha!,* vermiedst, Señor Orestes anzuschauen. Und gabst diese Lüge zum Besten, von der du hofftest, dass sie in die von Marguerite Yourcenar erfundene Kategorie *mentir pour construir* fiel. »Das lässt sich leicht beantworten. Die simplen Rechtfertiger des Regimes fanden keine Leser mehr, da die Verlage keine Propaganda mehr druckten. Diejenigen von den *Kritisch-Loyalen,* die ihre zuvor eher sanfte Kritik nun mit ungleich größerer Intensität auf den Westen richteten... (Durchatmen für den kleinen/großen Schwindel) versanken ebenso ins Vergessen. Während dagegen jene früheren Nicht-Helden, die etwas in der Schublade hatten oder nun Prosa schrieben über ihre eigenen Selbsttäuschungen und Irrungen...allergrößte Erfolge erzielten, sowohl beim breiten Publikum wie auch bei der ernsthaften Kritik.«

Hmhch. Freund Orestes räusperte sich vernehmlich. Du widerstandest der Versuchung, ihm ins Gesicht zu sehen. Warst dir sicher: Einen Teufel würde er tun, deine hehre, feinziselierte Pädagogik-Lüge zu entlarven. Würde *nicht* richtigstellen, dass die falschen Rechtfertigungen ja auch und gerade nach '89 Konjunktur gehabt hatten. (Dabei hattest du noch nicht einmal das Stasi-Thema erwähnt.)

Du sahst, wie in der Runde genickt und dir zugeprostet wurde. (Waren in den viertel-widerständigen Dachstuben des Prenzlauer Berges oder in den zumindest noch halb bürgerlichen Schriftstellerwohnungen in Pankow einst westliche Besucher ebenso furchtsam abgefragt worden, in dräuender Erwartung des Kommenden?)

Du aber, da dir im Grunde doch egal war, wie *sie* nach einer Öffnung ihres Landes zurande kommen würden, jetzt wieder deine Herzlichkeits-Mimik präsentierend und Freund Orestes im Ton äußerster Gleichmütigkeit über das wirklich Wichtige informierend, auf Deutsch: »Um sechs Uhr habe ich eine Verabredung, wenn es also nicht allzu unhöflich wäre, von hier so langsam...« »Käme mir auch zugute. Ich muss nach Hause, die Wohnung liegt weit außerhalb des Zentrums und nach sechs fahren noch weniger Busse und das Umsteigen dauert ewig.«

Das Wort *Busse* hatte Señor Profi-Orestes derart nachdrücklich betont, dass nun auch der Hausherr auf seine Armbanduhr blickte und die von dir sehnsüchtig erwartete Heuchel-*Máscara* eines *Ach Freunde, schon soooo spät* aufsetzte.

Und doch hattet ihr beide euch zu früh gefreut. Du, weil du nicht erwartet hattest, welch immense Rechnung Señor Montero glaubte noch mit dir offen zu haben. Und er, weil er deine auf Distinktion pfeifende Unverschämtheit ein weiteres Mal unterschätzte.

Vermeintlich beiläufige Frage während des allgemeinen Aufbruchstrubels, aber erneut mit Stentor-Stimme in den Dachwohnungsraum gestellt/ gehievt: »Diese zwei Bände da, die unser gemeinsamer Freund Orestes Sandoval aus deinen Händen erhalten hat – sozusagen, wage ich zu sagen, als Geste antizipierender Dankbarkeit für die Übersetzungsleistung, die dein deutsch schließlich auch an unser Literatenufer brachte – diese zwei Bücher *also* (übersetzte Orestes das fein-feindselige Präludium) sind dies fiktive Erzählungen oder journalistische Reportagen?«

»*Autobiographische* Erzählungen«, antwortetest du der graumähnigen Giftschlange, »da die Halluzinierung des Fiktiven in meinem Lebensabschnitt leider noch immer nicht genug Raum findet – angesichts all der Geschehnisse, die mir auf meinen Reisen zustoßen.« (Oh Großmaul & Vulgär-Vitalist! *Zustoßen.*) Die freche Rede, von Orestes mit neutraler Präzision übersetzt, tat die gewünschte Wirkung, da der Hausherr sofort erbeichte und nichts zu entgegen wusste als die stumpfe Spitze »Oh ich sehe, also ein wenig wie die Bücher von Pearl S. Buck«?

Darauf du: »Beinahe ein Duellgrund, hochverehrter Reinaldo, mit *Pearl S. Buck* verglichen zu werden. (Haha-Hoho der versammelten Runde, noch abwartend, ob dir mehr einfiel als diese Banalität, die offenließ, ob du von der Autorin je gehört, geschweige denn sie gelesen hattest.) Umso mehr es mir, trotz manchem China-Hongkong- und Taiwan-Aufenthalt, nie gelungen ist, mit amerikanischen Missionaren in Kontakt zu kommen und mir auch weltweit anderes zuteil wurde als die konventionelle Missionarsstellung...« Das Gelächter in der Runde, ein paar Sekunden zeitversetzt nach Orestes' Übersetzung, wurde derart lautstark, dass sogar Señor Montero mittat, dir ein generöses High Five anbot, in das du – Harmoniesüchtiger und deine Langeweile gut verbergender, längst nur noch an RubenRubenRuben denkender Schlingel – freudig einschlugst, während...

Während Señor Arrufat, der sich mit Hilfe seiner auf die schneeweißen Fliesen gedrückten Spazierstockspitze unerwartet behände aus seinem Sessel erhoben hatte, dies sprach:»Das Signum an Ihrem Hals scheint Ihren Worten recht zu geben. Und was die Verschriftung der *Erlebnisse* betrifft, die Ihnen offenbar zur *Erfahrung* geworden sind, so wird uns Freund Orestes hoffentlich alsbald informieren.«

Mit Wohlgefallen auf deinen Hintern blickend, der dir schon platt schien vom langen Sitzen, fügte er hinzu:»Ohnehin sollte man Körperlichkeit nie unterschätzen. Und denen keinen Tribut leisten, die sie uns verwehren wollen.«

Plötzlich absolute Stille im Raum und ein *Siehst du* in den Augen von Orestes Sandoval, nur für dich bestimmt und zur Warnung vor voreiliger Schlussfolgerung. (Hattest du, hereingeschneiter Gast, tatsächlich geglaubt, die Hiesigen und aus mannigfaltigen Gründen Hiergebliebenen kollektiv in einen Napf werfen zu können, auf dem mit Pennälerschrift *Anpasser* aufgepinselt war?)

»Ich will jedoch weder euch, liebe Freunde, noch unseren gutgelaunten Gast mit Geschichten aus einer Vergangenheit langweilen, in welcher sich das Wort *amor* zu oft auf *dolor* gereimt hatte, und dies keineswegs auf kultiviert-pathetische Weise. Nun gut... Lieber und das zum Abschluss, denn Freund Orestes muss, glaube ich mich zu erinnern, gleich zwei- oder gar dreimal umsteigen und überfüllte Busse wechseln, ehe er nach Hause kommt, lieber zum Abschied noch dies.«

Ein Klacken der verchromten Krückstockspitze. Ihm, dem gewitzten Alten, der sich nun mit adriger Hand eine weiße Haarsträhne aus gefurchter Stirn strich, ikonisch zugedrehte Gesichter. Und der greise Dichter erzählte, sicher, dass *damit* dieses Nachmittagstreffen im mehrfachen Sinn aufgehoben sein würde, unter beifälligem Gelächter diese Anekdote:

»Stichwort Physis. Ich erinnere mich, dass Sartre, der Meister aus Paris und 1961 zu Besuch in unserem damals noch frührevolutionären Cuba, immer einen *schmutzigen Arsch* hatte. Wie das, meine Freunde? Wegen der Hämorrhoidencreme, die er benutzte! In der tropischen Hitze suppte das Zeug durch die dünne ungebügelte Stoffhose, verband sich mit Schweiß und Fäkalienresten, und wenn er – überwacht von Madame de Beauvoir – sein Zimmer im Hotel *Nacional* verließ, um unten in der Stadt die Arbeiter nach den Segnungen der Revolution zu befragen, starrten diese zuerst einmal ungläubig auf den so heruntergekommenen *blanco*. Fragten mich leise, weshalb dieser Fremde so streng rieche und so *sucio* sei... Teure Freunde, lieber Gast! Ihr könnt mir glauben, dass ich weiß, wovon ich berichte, denn ich hatte das seltsame Paar damals begleitet.«

Die grell geschminkte Transe kreischte und machte ihre Witzchen, und du dachtest: Zeit. Dachtest jedoch nicht an jene Zeit all der Jahre zuvor, an ähnliche und doch ganz andere, vom Pekuniären freie Clubs in anderen Städten, in Nizza, Madrid, Jerusalem, Vientiane, Lissabon – mit den gleichen im Scheinwerferlicht fahlen Jokes um Bananen/Slips/zu Botox-Lippen geführten Mikrophonen oder Wortspielen, die zur billigen Symbolik passten. Grübeltest nicht einmal über die Lebenszeit derer, die in solchen Show-Nächten etwas vom fadenscheinigen Glimmer abzubekommen hofften und dem zynisch krächzenden oder mit aufgemalten Silbertränen weinenden Wesen da oben auf dem Bühnenhalbrund wie wild applaudierten – mechanisches Die-Einsamkeit-Wegklatschen über die Zeiten und Kontinente hinweg, keineswegs *gay* im ursprünglichen Sinne von *freudig*, sondern trist wie jenes Aznavour-Chanson vom todtraurigen Muttersöhnchen, das nur in nächtlicher Verkleidung sich ein wenig kostümiertes Glück zu basteln vermag. *Mon vrai métier, c'est la nuit/ Que je l'exerce, travesti/ Je suis artiste.*

Nicht an solche Zeit aber dachtest du, neben Ruben wieder auf *eurer* Lederbank sitzend und hinüber zur Bühne schauend. Dachtest an *deine* Zeit hier in der Stadt, die nun auch ein wenig Rubens Zeit war – und umgekehrt. Wie in den rasenden Ablauf der Dinge nun beinahe so etwas wie Ruhe einkehrte – und vor deinen Augen/in deinen Ohren kaum noch hörbar das Geplärr der Show-Einlage, von der euch Alex, bereits wieder am Tresen stehend, gesagt hatte, dass diese jeden zweiten Abend im *Humboldt* gegeben werde. Gesten ohne Ton sahst du, doch auch diese eher vage und aquariumshaft, trotz der Stroboskopstrahler, die auf der von falschem langen Haar gerahmten Stirn des/der Vortragenden den weißlichen Puder zu gräulichen Schweißpartikeln formten.

Was entscheidend war, was lediglich Kulisse blieb. Was sich jetzt, am Ende deiner Reise, zu sortieren begann und dir eine Gelassenheit schenkte, deren Abwesenheit dir zuvor kaum aufgefallen war. (Denn Nein, da hatte Alex sich geirrt, als er dir bei eurem Eintreffen *Da kommen die beiden Verliebten, die zwei Verwirrten* ins Ohr flüsterte. Keiner von euch, weder Ruben noch du, war verwirrt auf jene vorhersehbare romantische Art, die da vorn auf der Bühne – nun im Sketch mit einer drallen Blondine – gerade voll grausamer Sehnsucht zerpflückt wurde und dem Gelächter preisgegeben. Wohl hattest du, gegen 18 Uhr wieder in der *Casa* angekommen, schnell geduscht und dich rasiert, danach eher unaufmerksam weiter in Leonardo Padillas *Másacaras* gelesen und warst mit klopfendem Herzen aufgesprungen, als sich der Türknauf von Zimmer 10 gedreht hatte. Wohl war dir kurz flau im Magen geworden, als Alex mit Leichenbittermiene auf die gerade eingegangene SMS seines Handys geschaut hatte und du bereits....

»Dein Soldat, tja. (Wie er die Pause und deine Unsicherheit auskostete, versierter Sadist.) Schreibt mir eben, dass er heute leider nicht, leider ganz und gar nicht...achtzehn Uhr da sein kann. Frühestens um sieben, schreibt er, da sie heute noch Schulung haben, politische.«

Als Ruben schließlich eintraf, sich für seine Verspätung entschuldigend, verschwitzt und deine Nebenbei-Frage nach dem Tages-Thema jener Schulung vergnügt weglachend, wart ihr zusammen unter die Dusche gegangen und hattet danach das Bett für Stunden nicht mehr verlassen. Nach der Rückkehr aus dem nahe gelegenen Restaurant, dessen Name dir bereits entfallen war: Das Gleiche und das Immer-wieder-Neue. Die Variationen und die Wiederholungen, das Wiedererkennen der noch winzigsten Bewegungen/Reaktionen des anderen, kosmisch-mikroskopisch. Und doch hatte Ruben, selbst in Momenten der Ekstase, mit keiner Silbe jene Wörter geflüstert oder geschrien, die dich immer an vorgefertigte Stempellaufdrucke erinnert hatten, unnötige Pailletten auf nackter Haut: *Ay mi amor mi vida más soave más duro ay si oh dolor oh feliz lagrimas lagrimas que bueno que rico que lindo ay si.*

Nichts davon. Für die nächsten Tage würde er – Alex hatte es vorhergesagt – nicht zu Besuch kommen können, und die Skrupel war allein die deine: Wenn er dir aus Scham verschwieg, dass die polizeiliche Anmeldungspflicht ein Dauer-Erscheinen in der stillen und doch beobachteten Calle 3 nicht ratsam machte, so verschwiegst du ihm womöglich noch Entscheidenderes: Das Erscheinen von Walker, das sich nun nicht mehr rückgängig machen ließ. Verrat? Nein, dachtest du, da ihr einander doch keine Schwüre geleistet hattet und du nicht auf die Insel gekommen warst, um in einen Jungbrunnen zu tauchen. Und Ruben dir auch nichts von gemeinsamem Leben/Visa/Amor und Europa ins Ohr flüsterte, sondern – jetzt, hier im *Humboldt* – dir mit freudigem Stolz mitteilte, dass zumindest die ersten Piña Coladas des Abends auf ihn gingen und keine Widerrede und *Glaub' nur nicht, ich mach's wegen der gaffenden Jineteros die sowieso nichts kapieren.* Zeit, genügend Zeit, hier zu sitzen und das Ende der lausigen Show abzuwarten, ohne Eile. Schon bald würde wieder die vom DJ gemixte Musik zu hören sein, die Rhythmen des Reggaeton und von Don Omar, die Songs von Gloria Trevi und Thalia, dazu – *Bailando!* – die einheimischen Gente de Zona, *feat Enrique Iglesias.* (Ha! Und all das unter Ches fanatischen Asketen-Augen und Fidels absurdem Graubart, die da draußen auf den Plakaten immer noch die Straßen und Hauswände beherrschten. Ha! Und Enrique Iglesias der Sohn von der Neuen von Mario Vargas Llosa, den Fidel höchstpersönlich als *Gusano*/Wurm beschimpft hatte. Ha! Und jetzt Alex' milde-amüsiertes Kopfschütteln, als Ruben – zwei Gläser Piña Colada in den Händen, das schöne, nach der Rasur nun wieder bartlose Gesicht voll konzentrierter Anstrengung, im lärmenden Gedrängel nicht den kleinsten Tropfen zu verschütten – von der Bar zur Ledercouch zurück kam und die witternden Raubtierblicke der *Jineteros* ignorierte, die misstrauisch darauf achteten, dass die grobschlächtigen Weißen an ihrer Seite nur nicht mitbekamen, dass es also auch dieses gab: Einladungen zu Drinks, für die nicht die Auswärtigen aufzukommen hatten, andere, nicht-versiffte Formen des *contacto*. Salut und – wie könnte es anders sein – gleichzeitig deine erneut fohlenfroh von Zitat zu Zitat galoppierende Erinnerungsfreude an die *Drei traurigen Tiger,* die ja – noch einmal und again & again – gar nicht traurig waren, sondern – Bustrófedon, Silvestre und Arsenio – in ihren Cabrios den vorrevolutionären nächtlichen Malecón entlang fegten, mit ihren jeweiligen Angebeteten – Schwarze, Mulattinnen, Weiße – das *Las Vegas* und das *Tropicana* heimsuchten und die Synapsenwindungen ihrer hellwach konfusen Hirne ebenso genossen wie die Kurven in den Straßen Habanas/die Hüften ihrer lebensklugen Geliebten und deshalb in beschwingt-beschwipste Lobpreise ausbrachen auf Immanuel Cunt/Yehudi Menuett/Engelbert Pumpernickel/Igor Strawiskey/Anti Warhole/ Aristokrates/Isidor Drunken/Rudolph Phallentino/ Selma Lagerbeer/Celibertinage/Johann Sebastian Bachus, Erreger der Bachitis, *wahre Freunde in guten und geschlechtlichen Zeiten,* Womanizer, die ahnten: *Unter den Tunten gilt der Eineiige wenig.* Und: *Soldaten, von diesem*

Satz blicken viertausend Jahre Gefickte auf euch herab. Scheißheit der Völker. Ein Gespenst geht um in Europa, es ist das Gespenst von Sartre, von Stalin. Verbrechen, wieviele Freiheiten werden in deinem Namen begangen. Ah!, und diese ungebärdige Hymne auf die Stadt noch immer *offiziell verboten.* Salut deshalb auch Ihnen, Señor Arrufat, Beobachter von Sartres schmutzigem Arsch, und Euch Dachwohnungsgäste des Señor Montero. Und ein ganz besonderes Salut, obwohl du dich ja, ernsthafter Familienvater, beim Rum-Trinken zurückgehalten hattest, Señor Orestes, der du danach beim Abschied ein bisschen verloren am Gehwegrand der Avenida 23 standest, in der Hand die Aktentasche mit den Teebeuteln, der sorgsam zusammengefalteten *Rossmann*-Tüte und den zwei Büchern, bald verschluckt von der Menschenschlange und in Erwartung der wenigen, überfüllten und schwarze Auspuffwolken ausstoßenden, stadtauswärts knatternden Uralt-Busse. Salut, Tapferer, auch dir!)

Mitunter sah Ruben auf die Uhr, mitunter du. Sollen wir gehen oder noch ein wenig...? Die Zeit, in euren Händen, bekam eine Struktur, die frei war von Hast, ganz sanft. Noch ein paar Drinks, noch ein paar Songs. Dann zurück in die *Casa*, denn zuvor hatte Ruben seine Eltern wie auch die ominöse Krankenhaus-Hausmeisterbrigade erneut per Handy davon überzeugt, dass er über Nacht ausbleiben und morgen erst am Vormittag zum Dienst erscheinen würde. *Wir frühstücken in Ruhe, aber diesmal nicht auf dem Balkon und fern der Unverschämten, und sehen uns dann am Sonntag wieder, einverstanden?*

Du fühltest das Privileg, sobald du dich umsahst und in die Gesichter der *hunter* blicktest. Vom Alkohol gerötete, winzige, umherhuschende Äuglein. Oder aufgerissene Pupillen, Jagdmodus und großes Halali ohne Freude. Alterslose Drahtigkeit, sonnengegerbt und die Mimik ein einziges *Das steht uns zu.* Weiß-rötlich behaarte Pranken, die nach Jungenschultern suchten, um sie an sich zu ziehen/zu zerren. Ein deutsches Schwulenpaar, das auf den Lederhockern in eurer Nähe Platz genommen hatte und mit schwerer Zunge sprach:»Sitz!« Worauf zwei Chicos auf den Knien der Auswärtigen Platz nahmen, mit den Hintern wackelten, dabei jedoch weiter blicklos auf die Bühne starrten.

Qué dirian? Ruben, der deinen sekundenlang offen stehenden Mund bemerkt hatte. In der Tat: Was sagten und befahlen sie denn da, jene offenbar gut situierten *Angehörigen einer sexuellen Minderheit,* die zu Hause doch so gern die Rolle der Opfer vom Dienst spielten, der Hätschelungswürdigen/ Gedemütigten/Ausgegrenzten? Ja, wie pfiffen sie denn da die einheimischen

Boys herbei und tatschten jetzt über die Reißverschlüsse von deren Jeans – laut kommentierend, dass sie die gefälschten Levis den Boys ja *gekauft* hatten? Wetten dass: Wieder zu Hause, würden sie erzählen, welchen *Spaß* sie auf Cuba gehabt hatten – nun in der Rolle der versierten Weltreisenden, die im Unterschied zu den mit ihnen befreundeten Heteropärchen eben *Spaß* hatten, weil sie *gay* waren und dafür ebenso Bewunderung verdienten wie Anteilnahme für ihr (*schnief!*) schlimmes Schicksal *einer bis heute, und das gerade auch in Deutschland, diskriminierten Minorität*. Weshalb, fragtest du dich, und Ruben sah dich besorgt von der Seite an, fuhr ihnen keiner in die Parade? Weil für die politisch Korrekten inzwischen nur noch die Schwulen/Lesben/Bisexuellen/Transgender-und-was/wer-auch-immer als Projektionsfigur oder Joker im gesellschaftsanklagenden Spiel geblieben waren, seit das zuvor ähnlich angehimmelte Proletariat entweder verschwunden oder abgesackt war und rechtsextrem wählte und auch die lieben Immigranten und Flüchtlinge längst nicht mehr den liberalen Erwartungen entsprachen?

Du sahst dir das Panoptikum an, und wäre darunter auch nur einer gewesen – *ein einziger* – der dem Typ des freundlich Unscheinbaren entsprochen hätte, in Europa durchs Raster eines gnadenlosen Altersrassismus gefallen und unbehaust angesichts der seelischen Verkantetheit seiner Landsleute, so dass er sich nun diese Cuba-Reise erspart hatte, um wenigstens einmal, und sei es auch nur in der Wahrlüge einer Nacht, *mi amor mi corazon mi vida* zu hören und sich begehrt zu fühlen, wäre (denkst du, während dir Ruben jetzt schon den zweiten Schulter-Stupser gibt) hier *auch nur einer* jener melancholisch Verhuschten, die *keinen* Spott verdienten und die wahrscheinlich auch kein Geld für Edel-Stricher hätten, sondern lediglich für ein ebenfalls etwas graues Entlein – wäre hier irgendeine (Rubens Hand vor deinem Gesicht, um den Grimm wegzuwedeln) auf verrutschte Weise dennoch würdige Tschechow-Figur im Raum…du würdest augenblicklich aus dem Fluss deiner selbstgerechten Reflexion steigen, das laue Hochmutswasser abschütteln und dich kleinlaut in die Uferbüsche schlagen. (Mit Ruben – ha!)

La Habana.

»Hörst du den auch?«

»Hm?«

Ruben drehte sich schläfrig zur Seite, sein Arm quer über deiner Brust, Hand an der Schulter. Dein Reisewecker zeigte *schon* zehn Uhr morgens.

Was bereitete dir mehr Sorgen: Die kubanische Armee, einstiger Waffenbruder der NVA der DDR und vom Genossen Raúl Castro zur beinahe mächtigsten Institution auf der Insel geformt, die Ruben für fortgesetzte Disziplinlosigkeit bestrafen könnte – oder Walkers zu frühes Eintreffen? Eher Ersteres: Wie du Ruben inzwischen zu kennen glaubtest, würde er im zweiten Fall vermutlich zuerst rot werden und dann erneut in jenes Lachen ausbrechen, das auch du in seinem Alter gern gehabt hättest – der einzige Grund für ein wenig Melancholie, die sich auch beim x-ten Auftauchen dieses Gefühls noch immer nicht domestizieren ließ. Denn von wegen Lebensfreude contra Diktatur! Deinen neunzehnten Geburtstag hattest du ja *schon*, ehemaliger Nicht-Pionier und abgestrafter Nicht-FDJler, im Westen verbringen können, da unten am steril sanften Bodensee, dessen laue Lüftchen dir alsbald den Atem nahmen. Während derjenige, der jetzt schlaftrunken neben dir liegt und seinen nackten Körper an deinen schmiegt, Mitglied beim UJC, der Union der kommunistischen Jugend ist, *claro*, wie er dir gestern im Restaurant gesagt hatte. Und dennoch...

Und die Eltern? Anfang fünfzig, hatte er geantwortet, und du, erleichtert: »Dann sind sie zum Glück älter als ich...« Ruben hatte die Bemerkung anfangs nicht verstanden, und als er sie verstand, lachte er sie weg als anscheinend völlig irrelevant. Ohnehin hattest du eher wissen wollen, was die Eltern *machten*.

»Arbeiten in einer Institution«, sagte Ruben leichthin, doch in einem Ton (schien dir), der auch in diesem Fall weitere Nachfrage als unnötig erachtete.

Du (konntest es also trotzdem nicht lassen, wenigstens von der Seite her ein wenig nachzuspionieren): »Dann ist es *ihnen* zu verdanken, dass du während deiner Armeezeit nicht wie ein Rekrut geschunden..?«

»Du meinst *schuften*...?«

»Oder so, ja. Ich meine, Militärzeit in einem Krankenhaus...«

»Bei den Hausmeistern!«

»Umso besser. Da haben wohl *sie* etwas nachgeholfen?«

»*Claro, sí.*«

Womit das Thema beendet war, wenn auch die hiesigen Rätsel nicht gelöst. Nach Gusto zum Armeedienst erscheinen *dürfen* und nach drei Hotelübernachtungen eine Pause einlegen *müssen*.

»Was ist?« Ruben gähnte, streckte den Leib unter der Bettdecke, trommelte mit den Fingerspitzen auf deine Schulter.

»*Desculpe*, ich dachte, du wärst auch gerade aufgewacht...«

»Von was denn?«

»Hörst du nicht den Vogel, draußen im Hof? Schon gestern hat er das gemacht. Diese lauten Triller, die wie *Si-Si-Si* klingen.«
»Aber ja, mein Schatz...«
»Und wie heißt der Vogel?«
»Das ist der Vogel *Si*!« Ruben drehte sich zur Seite, streifte das dünne weiße Laken ab und kam auf dir zu liegen.
»*Verdad*? Der Vogel, der immer *Ja* zwitschert?«
»*Si*!«
Während ihr mit dem morgendlichen Liebesspiel begannt, fragtest du dich, wovon er eigentlich *nichts* wusste – außer von jenen Usancen im *Humboldt*, die ihn ebenso verblüfft hatten wie dich. Wie ging das – *hier*: Kenntnis zu haben, ohne zynisch zu werden? Mitunter einen roten Kopf zu bekommen, doch ihn gleichzeitig klar zu halten? (Ach, Señor Escritor, wärest doch auch du, damals in jenem Alter... *Stopp*.)

Kommentiert vom Vogel Si, der unten im Hof seine kuckucksartigen Triller von sich gab, bewegten sich eure Körper quer über das Bett. Durch die Lamellen des grün gestrichenen Fensterladens fiel morgendliches Sonnenlicht, Linien aus Helligkeit und Schatten. Du versuchtest, unter Rubens Küssen deine Anspannung zu vergessen. Ruben, der dich gestern Nacht vor der Tür des *Humboldt* hatte abrupt stehen lassen und im Schatten der Häuserwände zielstrebig in Richtung Malecón davon gegangen war, ein blitzschnell nach hinten ausgestreckter/durchgestreckter Arm mit sichtbarem Handteller als Zeichen, ihm nicht zu folgen. Ruben, der dann auf dem gegenüberliegenden Trottoir genauso schnell zurückkam und in ein Moskwitsch-Taxi stieg, dessen Fahrer euch bereits die hintere Tür geöffnet hatte.

»Du hast die Streife nicht bemerkt, nein?« »Eine Polizeistreife?«, fragtest du, während der Wagen *schon* auf die Avenida 23 zusteuerte, zurück in die *Casa*. Der Fahrer und Ruben lachten auf, spöttisch der eine, der andere mit einer Nachsicht, die sich im Dunkel des Wagens an dich kuschelte, dir die Hand aufs Knie legte. »Du zitterst ja«, flüsterte der Soldat.

Ruben sah hoch, sah auf die Zeiger des Reiseweckers. Was *du* sahst, waren seine leuchtenden Augen im noch schlaftrunkenen Gesicht. »Noch eine Stunde Zeit...«

Du aber warst noch immer nervös, dachtest an die nächste Frage, DIE FRAGE. Schließlich hatte Alex *schon* zu Beginn deines Hierseins jene Anspielungen gemacht, permanent. »Sag mal...«

»*Si?*« Ruben, über dir. Und *Si* sang/hackte das Vögelchen, irgendwo da drüben in den Baumkronen des Nachbargrundstücks.

»Dieser Hof da, auf den mein Fenster geht...«

»*Si*?« Fragender Ruben, seine junge Stirn jetzt etwas gerunzelt, während das Vögelchen weiterhin in Ausrufezeichen trällerte. *Si!*

»Hat es damit etwas Besonderes?«

»Nein, ist ja nur der Fuhrpark des CDR im Bario.«

»*Der Stasi*?«

»*No entiendo.*«

»Du meinst, im Nachbarhaus sitzen die *Comités de Defensa de la Revolutión*? Und *mein* Fenster geht auf *deren* Fuhrpark?«

»Aber ja!« Rubens Ellenbogen unter deinen Achseln, der Bartschatten seines Kinns auf deiner Stirn, spielerisches Reiben. Konntest jetzt seine aufmerksamen, dunklen Augen nicht mehr sehen, aber doch die Stimme hören: Kein Zittern darin. *Si!*

»Und woher weißt du das?«

»Wie denn nicht? Weil wir zwei doch schon so oft an dem Haus mit dem Säuleneingang und dem Mangobaum vorbeigekommen sind! Im Taxi und auf dem Weg zum Restaurant. Und gestern früh, erinnerst du dich – haha, ich meine gestern *Mittag* – hab ich doch, während du unter Dusche warst, die Fensterläden geöffnet, um die Sonne ganz herein zu lassen ins Zimmer und auf die zerwühlten Laken.«

»Dann ist ja alles gut...«

»Natürlich ist es das, aber warum fragst du?«

Weil ich aus *Gorl-Morx-Schdadt* ganz andere Stasihäuser in Erinnerung habe, *ohne* Mangobäume und den Vogel *Si*. Weil aus dem dortigen Stasifuhrpark die zwei Wartburgs kamen, die in den langen Monaten, in denen über die Ausreise unserer Familie entschieden wurde, immer wieder in unserer Einfahrt auftauchten. Parkten, die Türen verschlossen, die Insassen unsichtbar, am späten Abend wegfuhren, um am nächsten Nachmittag wiederzukommen. (Als wär's die Zonen-Stasi-Version von Spielbergs LKW-Thriller *Duell* – ha!)

Und: Weil auch das Lutsch-Angebot der Spitzel-Beauty und die absurden Pappmaché-Häuschen im CDR-Museum drüben in der Calle Obispo nicht die Erinnerungen an all jene tilgen, die *man* hier, auf Cuba, zugeführt/observiert/in den Knast verschleppt/geschlagen-ja-getötet hatte. Weil ich von ihnen gelesen habe. Weil ich mir doch vorgenommen hatte, Habana auch in Gedenken an Reinaldo Arenas zu durchstreifen, auf den Spuren des CDR, dessen Spitzel den Schriftsteller durch die ganze Stadt gejagt hatten, um sich seines Manuskriptes zu bemächtigen. Hybris der Absicht, die nun in einem *Bett* endete, unter dem *Fenster zum Hof*, was dich augenblicklich an den Hitchcock-Film mit Grace Kelly und James Stewart denken ließ, an die Beobachtungsmanie des Fotografen, der dann tatsächlich zum Zeuge eines Mordes geworden war, im Haus vis-á-vis. Während du – hier auf diesem Lotterbett des Zimmers 10 im Haus in der Calle 3 – ja noch nicht einmal daran dachtest, ein paar der Dissidenten zu treffen. (Ein Beobachter, der sträflich unter seinen Möglichkeiten blieb, gar *Verrat* beging? Einer, der gerade gewisse Grenzen entdeckte?*)*

»Bleib ruhig!«, flüsterte Ruben und glitt langsam an dir herab, seine Lippen an deiner Ohrmuschel, deiner Halsbeuge. »Vor deiner Abreise sehen wir uns wieder, schon am Sonntag, sind doch nur drei Tage.«

Bevor er ging, streifte er dir noch das schmale Lederarmband mit dem Metallicverschluss über, das er bislang getragen hatte.

»Aber...«
»Aber ja!«

La Habana.

»So, so«, sprach Alex, ungerührt. »Das war ja schnell wieder vorbei. Eins, zwei, drei. Haha, reimt sich sogar!«

»Ist sogar ein Film von Willy Wilder«, entgegnetest du, beinahe automatisch. In den letzten zwanzig Stunden kleinlaut gewordener Verknüpfungs-Champion; freudloses Haha.

»Welcher? *Reimt sich sogar?*« Auch Alex scherzte nicht.

»Nein. *Eins, zwei, drei.* Spielt in Berlin kurz vor dem Mauerbau, mit den damaligen Stars. Wirst du nicht kennen.«

»*Deine* Stars kenngelernt zu haben, hat mir gereicht. Gestatten: ›Der Hotelier‹. Mit Vergnügen und Handkuss: ›Der Therapeut.‹«

»Sind nicht *meine Stars*. Waren hier nur aufgetaucht und...«

Wie du plötzlich in der Defensive warst. Und es beinahe genosst, auf verquere Weise, dich – vor Alex! – rechtfertigen zu müssen, Details richtigzustellen. Obwohl er doch *die ganze Geschichte* bereits gehört hatte, hinter seinem Laptop am Rezeptionstisch sitzend, du an die Wandecke des schmalen Korridors gelehnt, der hinüber führte zum Zimmer 10. Von hier aus, hattest du bemerkt, hallte deine Stimme weniger als im Vestibül, in deinem Rücken das Hin und Her der zwei emsigen Frauen mit den Besen/Putzlappen/Eimern/frischen Laken, den schlurfenden oder forschen Schritten der anderen Gäste, die zu den Schaukelstühlen und Sesseln des Balkons strebten. Um von dort besser zu lauschen? Gib zu: Wie unangenehm, wäre *die ganze Geschichte* ausgerechnet *ihnen* zu Ohren gekommen, hätten gerade *sie* sich als Trostspender angeboten. (Obwohl zumindest dieses Risiko gering war, zu subtil hatten sich die Geschehnisse des vorherigen Tages entwickelt/ verwickelt.)

So aber hattest du alles im Blick, sahst ihre in Plastikschlappen steckenden Füße und die adrigen Waden und von der Tropensonne schorfig gewordenen Schienenbeine, die hin und her bewegten Kufen der Schaukelstühle. Dazu die Blicke der Putzfrauen, die dir ebenfalls ein *Schon so schnell wieder vorbei?* zu senden schienen, wissend und mitleidlos. Du sprachst, dein Rückgrat genau auf der Mauerkante, die Arme verschränkt über der Brust, mit leiser Stimme und stelltest richtig, wenn Alex zu übertreiben schien. Indessen: Was war schon »richtig zu stellen«, wenn selbst *das Falsche* keine wirklichen Konturen besaß?

»Sind nur hier aufgetaucht...‹ Sieh an! Und wer hat sie eingeladen?«

»Ist ja nichts passiert.«

»Nein, ich musste nicht mal mit dem Schlagstock ran.« Alex hob die Schultern, als bedauere er es.

»Na komm'! Als wäre *das* je die Gefahr gewesen! Außerdem: Walker und ich... Man kannte sich ja aus Trinidad und...«

»Sieh an! ›Man kannte sich.‹ *Man kannte sich* auf Cuba, aus Trinidad und aufm Malecón, in den Straßen Habanas, in verschiedenen Betten in diversen Zimmern von wechselnden *Casas*. *Man kannte sich* – gilt das auch fürs Leben allgemein? Oder noch besser – für sich selbst: *Man kannte sich?* Kennste etwa dich, kennste *mich?*«

Alex-Pascal-Sokrates machte wieder ein Knautschgesicht, und als er deine bedröppelte Miene sah, lachte er auf. Du hörtest Kluges in seinen Worten, sympathisierend schien auch das Lachen, so dass sich zumindest deine Gesichtshaut zu einem Grinsen verzog. *Aristokrates*!

»Gut. Okay. Ich schlaf' jetzt noch eine Runde. Und das Zimmer kann später...«

»Ist also noch in einem Zustand, dass du vorläufig...?« Nicht einen Millimeter hatte sich Alex von seinem Holzstuhl gerührt; seine Fragesätze schwebten, nicht er.

»Hör mal! Wenn es Aufruhr gegeben hatte, dann nicht auf diese Weise. Und außerdem... *Die ganze Geschichte*, wie du sagst...« Standest, als wäre es ein Theaterstück, noch immer an die scharfkantige Wandecke gelehnt; deine Sätze gingen ins Ungefähre, du standest wie festgewurzelt.

»Bleibt unter uns, *claro*. Soll ich also...?«

»Anrufen, damit...?«

»*Zurückrufen.* Damit...«

»Was heißt *zurückrufen*? Mit einem Satz warst du von der Wandecke weg, standest direkt vor dem Tisch. In deinem Rücken, vom Balkon her, aufflackerndes Geflüster.

Alex, weiterhin ungerührt und doch befriedigt, dich nun *schon* zum zweiten Mal nahe der Fassungslosigkeit zu sehen. »Weil es heute Morgen bereits diesen Anruf gegeben hat. Und die vorsichtige Frage, ob du womöglich...?«

»Nicht möglich!«

»Aber ja doch!«

»Dann ruf' zurück und sag', dass ich natürlich...«

»Gerade das Wort *bitte* vergessen, was?«

Alex' Schnaufen im Rücken, fröhliche Grunz-Travestie eines Tadels, gingst du durch den fensterlosen Korridor zurück auf Zimmer 10. Rechterhand sahst du eine der Frauen den Knauf einer Zimmertür zuziehen, eine Spur von Ekel (schien dir) im Gesicht. Dann öffnete sie seufzend einen bis zur Decke reichenden Wandschrank und zog aus der Ablage frische Laken und Handtücher heraus.

Diese Sätze also: Nein, es war kein Bleiben hier. Die Hähne hatten zu Mitternacht gekräht in Walkers *Casa* in Trinidad. Und: Dies ist kein Roman. Gabriel Garcia Márquez' *Carta de Despedida* von einem mexikanischen Puppenspieler gefälscht (eine dreiste *telenovela*), und du und er...*Was?*

Da lagst du jetzt also wieder auf dem Bett von Zimmer 10, das Fenster zum Stasi-Hof sperrangelweit offen, zwei Kopfkissen unter deinem Nacken, und rauchtest eine *Hollywood* nach der anderen. Der Spitzel-Vogel *Si* machte Pause oder war mit dem Genossen Kosmonauten Arnaldo Tamayo ins All geflogen oder hatte sich in eine der Antennen auf den Autodächern im Stasifuhrpark verwandelt, die du sehen konntest, wann immer du ans Fenster tratst und zur Sicherheit durch dein zerwuseltes Haar fuhrst und laut gähntest: Tourist am Morgen.

»Ich hab' sogar ein Taxi genommen vor lauter Sehnsucht«, hatte Walker zur Begrüßung gesagt – vor zweiundzwanzig Stunden. Hatte Alex, der per Summer die Haustür geöffnet hatte, dann oben im Vestibül geschäftsmäßig zugenickt und seinen bereit gehaltenen Ausweis über den Tisch geschoben. »Dann bist du also der *Casa*-Chef aus Trinidad? Schon viel von dir gehört.«

Alex machte Miniatur-Smalltalk, und amüsiert erinnertest du dich an seine Bemerkung vom Dienstagnachmittag – oben auf dem Dach, vor dem steinernen Bar-Rund und inmitten der vom Wind gebauschten Laken, die es dir unmöglich gemacht hatten, hinunter zu sehen auf den Garten des Hauses und den Hof des Nachbargrundstücks. *Ein Dreier mit einem, der 'n Negro ist wie ich? Vergiss es.*

Alex, erneut in ärmellosem T-Shirt, trug Walkers Daten in seine Kladde ein, während nun auch du etwas Konversation machtest – glaubtest machen zu *müssen*, gegen das Schweigen im Raum. Gestatten: Alex, Beinahe-Manager der Unterkunft, ein ganz Cleverer, der bestimmt auch Tipps geben könnte, wie sich *bestimmte* Touristen nach Trinidad lotsen ließen, per Facebook und diverse Websites, hinein in Walkers Arme, perdon: *Casa.*

»Claroporqueno«, nuschelte Walker, fragte jedoch nicht nach. Sah sich im Vestibül um, während du ihn betrachtest. Nikes und schneeweiße Tennissocken, die feinen schwarzen Härchen auf seinen dunklen Beinen. Die straff sitzende, in Aufschlägen bis knapp zu den Knien reichende sandgelbe Hose, darüber das Boss-T-Shirt. (Offensichtlich ebenso wenig ein Fake wie die Muskellandschaft darunter, an deren Details du dich nun zu erinnern begannst.) Das Kopfhaar rasiert wie vor einer Woche, der Blick aufmerksam, ruhig. (Undeutbar?)

Im Zimmer wiederholte er den Satz von seiner Sehnsucht, die ihn das teure 50-CUC-Taxi anstatt den quälend langsamen Überlandbus hatte nehmen lassen, und als du – endlich – sagtest, dass du dich selbstverständlich an den Kosten beteiligen würdest, denn schließlich kam er ja deinetwegen, winkte er nachlässig ab. Zog sich das T-Shirt über den Kopf. Legte es, deine Umarmung ebenfalls sanft abwehrend, über den Stuhl vor dem Schrankspiegel und öffnete sein Rollköfferchen. Du sahst: Penibel zusammengelegte Jeans Boxershirts Socken T-Shirts, der Toilettenbeutel in einer glänzenden Plastikumhüllung. Im oberen Innenfach der Laptop in einer Stofftasche. Du erinnertest dich an die Pornos, die Walker während eurer *Casa*-Nacht in Trinidad hatte laufen lassen und entschuldigtest dich mit einem Lachen, dass dein Zimmer 10 über keinen Flachbildschirm verfügte. (Verschwiegst die Fuhrpark-Attraktion im Stasie-Hof. Dachtest an Ruben, der jetzt vermutlich bereits Dienst tat, dachtest RubenRubenRuben und kniffst dich in die Handballen, Alex' Ratschlag beherzigend: *Keine Pubertäts-Stories, wenigstens nicht von dir, wenn schon unsere anderen Gäste...* Jene *speziellen* Gäste, um die nun auch Walkers *Casa* werben sollte, damit das Haus in Zukunft nicht so merkwürdig menschenleer blieb wie bei deinem nächtlichen Aufenthalt? Um es stattdessen zu einer Art Bordell zu machen? Tscht!, und wieder

ein Kniff in den Handballen. Eine ganze Menge Dinge, Chico, die im Moment besser ungedacht und ungesagt blieben.)
Mit enormer Schnelligkeit hatte Walker den Laptop ausgepackt und per Kabel angeschlossen und hochgefahren; während das Gerät zu summen begann, zog er seine Stoffhose aus und du deine Jeans. Diesmal waren es Musikvideos, einheimischer Salsa und Rancheras, keine Abfolge mechanischer Gringo-Korpulationen, die euer Tun auf dem Bett begleiteten. Danach stand Walker auf, ging mit dem Toilettenbeutel ins Bad, du hörtest das Geräusch des laufenden Wasserhahns, das Reibegeräusch des Gästehandtuchs und sahst ihn dann im sonnenhellen Türrahmen – ebenso wie in jenen zwei Nächten in Trinidad: Das Erfrischungstuch über seinem dunklen, jetzt nur noch halbsteifen Geschlecht, über dem kurzrasierten, bläulichschwarz schimmernden Kräuselhaar seiner Scham. Walkers Augen, die dich interessiert musterten, die vollen, dunkelroten und in Violette changierenden Lippen mit dem angedeuteten Lächeln.

»Erzähl mir von deiner Zeit nach Trinidad...«

Was du auch tatest – ohne ins Detail zu gehen, Wesentliches verschweigend. Jorge Alfredito, jedoch ohne die Geschehnisse im Dachzimmer, ohne die Wippende im Parterre. In Habana: Ohne die Stasi-Schöne. Der Therapeut Lazaro, die Ausflüge ins *Humboldt*, Lobesworte für Alex, ein wenig Spott über die Hotelgäste. Kein Wort, keine einzige Silbe über Ruben. Nichts über die Geschehnisse in der *Casa* des Schweizers, nichts über das Stasi-Museum, ein paar *neutrale* Worte über die Revolutionsausstellung in Batistas ehemaligem Palast. Nichts über die Dachwohnung in Vedado und die Diskussion mit den Schriftstellern. Nichts.

»Wollen wir ihn nicht anrufen?« Walker lag neben dir und strich mit träger Geste über sein Glied.

»Wen?«

»Na den großen Therapeuten! Gar nicht nett, miteinander einen wilden Nachmittag zu verbringen und sich danach nicht mehr zu melden. Weder von ihm noch von dir. Und da er weiß, wo du wohnst und du seine Nummer hast...« Walkers Glied hatte sich aufgerichtet, und auch deine Finger zitterten, als du dein Notizbuch aufschlugst und nach der Seite blättertest, auf der am Montagmittag Lazaro seine Nummer notiert hatte – tatsächlich, hattest du gedacht, wie ein Arzt beim Ausstellen eines Rezeptes, leicht geneigter Kopf, schnelles konzentriertes Schreiben. Mit dem Unterschied, dass er nackt gewesen war und das Notizbuch auf seiner seitlich ausgestreckten linken Wade lag, gestützt von seinem rechten Knie. Nach-Koitus-Notizen in der Dachkemenate eines Hauses, das im Parterre einen halb verborgenen Frisiersalon beherbergte und an der leprösen Treppenhauswand das Schwarzweiß-Graffiti eines besorgt Ausschau haltenden Charlie Chaplin zeigte. (Ha!) Walker begann die Nummer in sein Mobilphon zu tippen und alsdann zu sprechen, Blick auf dich, Hand an seinem Glied.

Zum wiederholten Mal sagst du es dir, hier in Zimmer 10: Dies ist kein Roman. Du bist Chronist und verwunderter Zeuge von Verwandlungen, doch wird es keinen traditionellen *Plot* geben. (Sei froh, wenn es keinen *Plautz* gibt – ha!) Von was zu berichten ist: Die fortwährende Veränderung deines Referenzsystems. Dies ist die DDR ist sie nicht. Hier und da müsstest du misstrauen musst es nicht. Ist besser schlimmer *anders*. Du hast *viel* Zeit in dieser künstlich angehaltenen Gesellschaft rasend ist der Leerlauf unter Palmen von dir höchstens in Sequenz-Fragmenten zu erhaschen. Dein Wahrnehmungsmuster, vorstellbar als Quadrat, ist längst zu einem Rhombus geworden, zu einem Dreieck gepresst, hat sich zum Kreis geweitet/verengt, glaubt ein übermütiger Speer zu sein oder schrumpft zum ängstlichen Pünktchen – bekommt Zimmerchen und Stiegen und Absteigen wie ein verfallenes Altstadthaus in Habana Centro. Wird zum Kussmund oder nimmt Vogelform an, doch seit der Nacht und dem Morgen mit Ruben schweigt der Vogel *Sí* unten im Hof, also wird wohl dein übermütiger Speer weder Speer noch der deine sein, sondern schlicht die Antenne auf dem Autodach der Stasinachbarn. (Erinnere den wartenden Wartburg in diesem halbvergessenen Ostnest namens Wechselburg...) Oder: Das Quadrat, eingedellt und gleichzeitig lebendig geworden in der Knautschgrimasse von Alex, der dir eine wissende Schnute zieht.

Und doch: Deine Freiheit, deine wiedergewonnene Ruhe. *Jetzt* an diesem Freitagmittag, einen Tag *nach* Walkers Ankunft. Dein Lächeln über das fortgesetzt Pubertäre deiner Gestimmtheit – ob nun Quadrat oder Pfeil oder Kreis oder was auch immer. (Ach!) Deine damalige Vorfreude in Trinidad auf das noble Dinner mit dem respektablen *Casa*-Chef. Deine Gedanken in Santiago, von Alfreditos Schnippschnapp verwirrt, dank Walker wieder zur Ruhe gebracht: Nur eine Woche, dann wirst du mit ihm durch Habana streifen können, *ohne böse Überraschungen*. Nach dem Abendessen-Nepp mit dem betrügerischen Antiquar, zur Beruhigung: Nur noch ein paar Tage, dann kommt Walker, ein richtiger Boss. Nach der Begegnung mit Lazaro (sei ehrlich: es war deine Phantasie, schon *mittendrin*): Eine Wiederholung als Treffen zu dritt – mit Walker. Sodann Ruben, der all dies auslöschte durch seine Präsenz, ohne dass du freilich den

Kopf verlorst. (Obwohl du nun, sei kein Lügner vor dir selbst, durchaus...)

Aber du schreibst weder *La Boum* noch einen Cuba-Porno, keine neue Folge der *Schmutzigen Habana Trilogie*, das vermag ein Hiesiger wie Pedro Juan Gutiérrez ungleich besser. (Während Cabrera Infantes vergnügte *Drei Tiger* bei ihren Spritztouren über den Malecón die schönen jungen Frauen auf dem Rücksitz mit CubaLibre-seligen libidinösen Überlegungen piesackten, die sie schließlich alle zum Lachen brachten: *TriTri-Trilogie* – also wäre dann ein Doppelband *Biologie* und ein sechsteiliges Werk *Sexologie*? Haha!)

Noch einmal: Auch wenn du in einem Bett oberhalb des Stasi-Hofs liegst, bist du frei genug, den Naturalismus deiner Erinnerung an Ruben, deine Freude am Detail, jetzt einzutauschen gegen die kühle Souveränität des Stenogramms, ein Heran- und Vorbeiklicken der Bilder. (Mochte es dir auf diese Weise gelingen, da doch mit jeder Stunde ein Gefühl zur Gewissheit geworden war und sich zu diesem Satz geformt hatte, der auch jetzt noch – am Freitagmittag – Realität beschreibt und dich den Augenblick erhoffen lässt, wenn du am Sonntag wieder ins Flugzeug steigen wirst: *Es war kein Bleiben hier, keine Zuflucht mehr.*)

Walker: »Er sagt, er kommt in einer halben Stunde.«

Du: »Toll! Aber einfach so? Er hat Zeit, keine Patienten?«

Walker: »Offensichtlich nicht, als er sprach, war im Hintergrund Straßenlärm.«

Du: »Und hat gar nicht mit mir reden wollen?«

Walker: »Wieso? Wenn er dich doch gleich sieht. Hattest ihm ja erzählt, dass du Besuch aus Trinidad erwartest. Und ihn bereits heiß gemacht, haha. Übrigens...«

»Ja...?« Ein versonnenes Sprechen ist das, Siesta-Konversation, auf angenehme Weise träge. Mit einem Rest von Lauern und Vorsicht, dachtest du. Wie der kleine grüne Gecko, der sich ewig nicht bewegt hatte auf der geweißten Zimmerwand und plötzlich hinter die Fensterläden huscht – *jetzt!*

»Tut mir leid, es werden wohl hier in Habana nur zwei Nächte werden. Eine alte Freundin in Santa Ana hat mich zu ihrer Familie eingeladen, und da ich nun schon einmal in der Gegend bin...«

»Sollest du davon profitieren, kein Problem!« Bist voll Verständnis, ja?

»Hartes Kopfsteinpflaster da, deshalb muss ich vorher Schuhe kaufen, hier in der Stadt. Heute Nachmittag oder morgen...« Walker sprach beiläufig, ruhig; dir gefällt seine Selbstsicherheit, die Abwesenheit von Theatralik. (Ob dies mit dem sozialen Status zusammenhängt, einer gewissen Stabilität?)

Du rekeltest dich auf dem Bett, auch in Erwartung von Lazaros großen schlangengleichen Körper, sagtest: »Können wir schon heute Nachmittag machen. Ich weiß zwar nicht, wo's Schuhgeschäfte gibt...«
»Aber ich! Sollte natürlich kein einheimischer Schrott sein, sondern CUC-Ware. Ich weiß, dass es Sonderangebote gibt, und wenn du mir etwas auslegen könntest... Sind auch nur achtzig CUC.«
»Achtzig CUC? Entsprechen immerhin achtzig Euro.«
Du entgegnest, du rechnest vor. Versuchst den unerwarteten Tiefschlag zu ignorieren, deine Fassungslosigkeit zu kontrollieren, einzukästeln – in einer Währungstabelle. »Amigo, glaubst du, ich würde mir in Deutschland Sommerschuhe für *achtzig Euro* kaufen?«
Walker, unbeeindruckt, aber interessiert, die runden Lippen halb geöffnet: »Und wieviel gibst du aus?«
»Ich nehm' die *wirklichen* Sonderangebote. Dreißig, vierzig Euro, nicht mehr.«
»Dann sparst du ungefähr vierzig, fünfzig Euro. Du könntest...«
»Vierzig-fünfzig Euro von was spare ich?« Auch du klingst interessiert, ruhig. Nicht mehr lange, dann erscheint der Therapeut.
»Na von den achtzig CUC für die Schuhe, ohne die ich mich nicht nach Santa Ana wagen kann. Ist eine respektable Familie und natürlich freuen sie sich auf mich. Tja...« Das Bedauern in seiner Stimme.
Du schweigst. Versuchtest, die Überraschung zu verdauen. Woher sollten sie auch um den Wert des Geldes wissen, hier in der sozialistischen Tauschgemeinschaft Cuba? (Außerdem: Ehe Ruben gegangen war, hatte er dir noch mit warnendem Zeigefinger geraten, Pass und Geld nicht etwa in der Schublade unter dem Leonardo-Padura-Roman zu verwahren, sondern in den Plastikbeutel mit den in zu großer Menge mitgebrachten, aber nur für die abendlichen *Humboldt*-Besuche notwendigen weißen Socken hineinzustecken/hineinzuquetschen *und zwar ganz tief, entiendes?*)
Walker war nicht auf die seltsame Schuh-Offerte zurückgekommen, sondern machte sich wieder an seinem Laptop zu schaffen, linkshändig, rechter Arm um deine Schultern. Statt der Klimaanlage lief der Ventilator; kein Grund zu frösteln. Umso mehr gleich der große Lazaro eintreffen würde, laken-los auferstanden von der Hilfe für die psychisch halb Toten, um euch gemeinsam in Hitze und Begierde zu hüllen. (Ha!)

Auf dem Malecón wart ihr wieder vollständig bekleidet; Walker hatte das Taxi halten lassen, um ein wenig spazieren zu gehen; Lazaro brauchte ein Bier. Das Meer war unruhig an diesem Nachmittag und brandete bis zu den Uferbefestigungen; Gischt sprühte über die salpetrige Mauer und vertrieb Müßiggänger und Angler, Touristen und solche wie euch. Über dem Wasser hing ein graublauer Himmel, durch den vereinzelte Sonnenstrahlen drangen. Wie um zu zeigen, dass sie dennoch kapitulierten, dachtest du. Die marode bunte Häuserfront im Rücken, machte Walker Fotos mit seinem Mobilphone; zielgerichtet eines nach dem anderen von Fahrbahn/Mauer/Meer und Himmel, doch weder dich noch Lazaro bat er vor die winzige Kamera.

Lazaros Haar war erneut perfekt nach oben gegelt. Als er sich vorhin – bereits wieder angezogen – im Bad von Zimmer 10 zurecht zu machen begann, hatte Walker wie absichtslos die Tür mit dem Fuß aufgestoßen und dabei erneut sein Pokerface aufgesetzt. (Rundlich, dunkelhäutig, nach den physischen Herausforderungen der kleinen Orgie noch etwas gerötet.) Wachsamkeit, Zufall oder nur die fortdauernde Neugier auf Lazaros Fingerkünste, die jetzt den Strähnen seines Haars galten, die er nach dem Duschen mit einem Handtuch trocken gerubbelt hatte und mit Hilfe deiner kleinen Wachsdose nun wieder in jene Hochform brachte, mit der du ihn am Montagmittag auf der Straße nahe des Castillo entdeckt hattest?

»Für einen Therapeuten ziemlich schick«, sagte Walker leichthin, und Lazaro entgegnete lachend *Ist für euch, nicht für die Patienten*. Täuschte es von deinem Bettplatz aus, der dich via des Schrankspiegels in den Badspiegel sehen ließ, dass Lazaro gerade dabei gewesen war, etwas in seine Hosentasche zu stecken, mitten in der Bewegung diese aber umkehrte, als sich durch Walkers Kick die Tür geöffnet hatte? Wo sich seine linke Hand befand, endete der Spiegelausschnitt, aber nicht das war es, was dich beunruhigte.

Wie ernsthaft, still und schweigend alles geschehen war! Wie schnell und umstandslos sich Lazaro ausgezogen hatte, sobald er zur Tür hereingekommen war – dahin geleitet von Alex, der geklopft und sich gleich darauf mit infernalischer Grimasse zurückgezogen hatte. Ein Wiedererkennungslächeln für dich, ein paar Begrüßungsgesten, dazu ein *Ah, du kommst aus Trinidad und bist hier eingeladen* für Walker und schon begann es. Du nahmst ihn, und Walker sah zu, sein Glied reibend, ehe es einen Stellungswechsel gab und sich Lazaros gertenschlanker Körper aufbäumte, jedoch ohne Schwierigkeit Walker in sich aufnahm, die Unterarme aufs Laken gedrückt, seinen Kopf zwischen deinen Beinen. Den Rücken an die hölzerne Bettwand gedrückt, saßt du in dieser Position und schautest. Unter/vor dir Lazaros ausgestreckter Leib, hellbraun. Dahinter, schwarz,

Walker, der sich rhythmisch bewegte und ins Schwitzen, jedoch nicht ins Lächeln kam, deine Mimik-Bitte um gutgelaunte Komplizenschaft ignorierte. Wenn du den Kopf ein wenig zur Seite drehtest, sahst du ihn von hinten im Wandspiegel, die Bewegungen seines muskulösen Hinterns, den schweißglänzenden Rücken. Karibischer Porno, dachtest du, Weiß-hellbraun-schwarz, Das Sandwich von Habana, dachtest du, würziger als das Erdbeben in Chili, heißer als Die Verlobung in Santo Domingo (ha-haha), dachtest: Zwei Ärzte und ein Patient, dachtest dir solche Titel aus für mögliche Filmchen auf Walkers Laptop (oder dem Riesenbildschirm in seiner menschenleeren *Casa* zu Trinidad). Fandest Vergnügen an solchen Synapsen-Orgien, stelltest dir vor: Die Geschwätzigen oben auf dem Balkon würden ausflippen: Schon wieder neue Gäste auf Zimmer 10. Spekuliertest: Deren Pein, *dies hier zu verpassen*, würde größer sein als deine Lust, *dies hier zu erleben*. (Kleiner Philosoph am Donnerstagmittag – immerhin aber, ha!, mit *sauberem* Nicht-Sartre-Arsch, und die praktischerweise von Lazaro mitgebrachte Tube keine Hämorrhoidencreme, sondern das Gleitgel für die Kondome, und diese wiederum aus deutscher *Rossmann*-Produktion.) Und da du dich ob des Schweigens, das von den Stöhnlauten des Physischen nur verstärkt, aber nicht gebrochen wurde, zu langweilen begannst und dennoch vermeiden musstest, dass dich Sehnsucht und Melancholie ergriff in Erinnerung an Ruben und den Frohsinn seines Wesens, flüchtetest du dich in allerlei Bewegungen: das Taktile als Ersatz. Zwei Münder zwei Paar Hände zwei Becken zwei Schwänze zwei Ärsche von allem zwei. Möglichkeiten, ins Volle zu gehen, die du ebenso ausschöpftest wie Walker und Lazaro, doch weshalb blieben vier dunkle Pupillen in all ihrer Schönheit und umrandet von ebenso dunklen schweißlustfeuchten Lidern und Brauen, dennoch so knopfartig starr, während die deinen, Narr, sich noch immer bemühten... aber um was? (Wenigstens blieben dir die vorrevolutionär gesprächigen *Drei Tiger* treu und ihr, ihre Schnurren: *Jedem Spektakel sein Debakel*.)

Das war das Beste, dachtest du: Wieder hier zu liegen, *allein* und in der zurückgekehrten Illusion, Zimmer 10 sei tatsächlich weiterhin ein Refugium. (Das Fenster zum Hof halb offen, Licht über dem Bett, du jedoch von draußen nicht sichtbar und der Vogel *Si* und die Automotoren stumm.) Noch stand der Stuhl, an dem Walkers kleiner, mit gebügelten und gefalteten Klamotten gefüllter Koffer gelehnt hatte, in der gleichen Position vor dem Schrank. Sogar der herbe Duft von Walkers Parfum lag noch in der Luft, doch wenn du dich nicht erinnertest, würde gar nichts geschehen sein, wäre der letzte Tag ausradiert aus deinem Gedächtnis. (Und wahrscheinlich nicht nur aus deinem, da doch auch Walkers und Lazaros Erwartungen unerfüllt geblieben waren.) Das war die Chance, die Herausforderung: Im Erleben schneller zu sein als in der Erinnerung. Es hinter sich zu bringen, dem *Jetzt* eine andere Perspektive abzuringen, aus dem Moment wegflutschen, Zuflucht im Gedächtnis suchen. Keine Bange: Was gerade *ist*, wird sofort danach *gewesen* sein. Hattest du nicht *schon* gestern damit begonnen, auf dem beinahe menschenleeren Malecón? Das Spazieren war kein gemeinsames gewesen, eher ein beinahe zufälliges Dahintrotten – und kein Beobachter, würde es ihn geben, hätte bemerkt, dass diese drei Personen sich noch vor einer halben Stunde nackt in einem Bett gerollt hatten.

Als ihr die Casa verlassen hattet – Alex' auf Sieh-an-aber-was-seh-ich-da getrimmten Blick an der Seite, im Rücken – waren euch auf der Straße ein paar Jüngelchen entgegen gekommen, die dein Auge in den *Humboldt*-Nächten gescannt hatte; Dauerstatisten auf der *Jinetero*-Bühne. Nun waren sie wahrscheinlich zum Spielen mit den Alten gekommen, für eine gekaufte Stunde. Halblaut erzähltest du es. Walker zuckte mit den Schultern, und Lazaro fragte mit nervösem Kichern, das so gar nicht zu seiner Körpergröße passte, wie hoch der Eintritt im *Humboldt* sei. Als du ihm sagtest, dass dieser über die hohen Getränkepreise erhoben werde, pfiff er durch die Lippen und erfragte die CUC-Details für diverse Drinks. Im Taxi, das euch die Avenida 23 entlang brachte, begannen die zwei einen Nuschel-Dialog, indem du lediglich *HumboldtZapatosInvitationClinicaCasaHotel* aufschnapptest, unterbrochen einmal von Walkers, dann von Lazaros Lachen, das ein verstehendes oder auch überraschtes zu sein schien, jedenfalls kein Ausdruck unbesorgter Heiterkeit. Therapeut, Hotelier und *Escritor* – hättet ihr nicht auch drei Tiger sein können? (Was also lief falsch und weshalb konntest du keinen Grund benennen für die vage atmosphärische Spannung?)

War es die Selbstverständlichkeit gewesen, mit der Walker den von Alex gereichten Ausweis per Kopfnicken zurück in die Schreibtischschublade befohlen hatte, da er doch nun ganz regulärer *Casa*-Gast war, während Lazaro, was ihm eventuell entwürdigend vorgekommen war, sein Kärtchen wieder entgegenzunehmen hatte, als wäre er einer von der Straße, von euch ebenfalls zum Vergnügen *gekauft*? Um die gefühlte Mitschuld wieder gut zu machen, fragtest du ihn nach seinen Dienststunden. Erfuhrst, dass heute und morgen seine freien Tage seien, und Walker schlug vor, heute Nacht alle drei ins *Humboldt* zu gehen. In Höhe des Hotels *Habana Libre* bat er den Fahrer zu halten, und während du zahltest, sagtest du auch schon *Okay, gute Idee* und dachtest an Ruben und fühltest dich schlecht.

Was zum Teufel war hier anders als an allen anderen Orten der Welt, wo man nach dem Sex über den eigenen Beruf plaudern konnte und den des/der anderen erfragte, jedoch nicht zum Zweck sozialen Abcheckens, sondern aus entspannter, auf nicht-verpflichtende Weise sympathisierender Neugier? Weshalb waren die beiden, die nun neben/vor/hinter dir liefen – und dies keineswegs zusammen – so still, weshalb machte dich diese Inselblase im Inneren des nachmittäglichen Verkehrs- und Fußgängertrubels so nervös? In Santiago hattest du noch die Energie/den Wunsch verspürt, Tricky-Alfredito mit künstlicher Empathie zu umgarnen, imaginäre Krallen zu ziehen. Woher also kam jetzt deine Müdigkeit, da doch überhaupt nichts Schlimmes/noch nicht einmal Halb- oder Viertelschlimmes geschehen war und ihr euch doch erst vor ein paar Minuten einträchtig zum gegenseitigen Kommen gebracht hattet?

Da dachtest du wieder an die Schuhfrage, und Walker blieb stehen, um sich zu verabschieden. »Ich seh' mich mal nach Schuhen um«, sagte er ohne Nuscheln. »Da vorn gibt's ein paar Geschäfte. Und hier an der Ecke eine Milchbar, da treffen wir uns in zwanzig Minuten, abgemacht?«

Lazaro sah ein wenig unglücklich drein, aber deine Stimmung besserte sich um Grade: Da war nichts Schleimiges/Kriecherisches in Walkers Stimme, war eher Chef-Modulation, Macher-Sound, klare Ansage. (Deine wiederkehrende Neugier, leicht abnehmendes Unbehagen.)

In Höhe des Parque Maceo steuerte Lazaro weg vom Malecón und auf eine Bar zu, die bereits jetzt am Nachmittag geöffnet hatte. Du erkanntest die Gäste des Terrassen-Restaurants wieder, in das dich am Montagabend der Antiquar gelockt hatte. (Niedergekämpfter Impuls, Lazaro und Walker davon zu erzählen. Plus erneut heftigste Sehnsucht nach den Bars von Panamá-City und San José und Tel Aviv, wo du und die dortigen Freunde darum drängelten, wer zuerst bezahlen und einladen durfte. Deine Antizipation des Kommenden/*hier* Gängigen, die dich nicht des Geldes wegen störte, obwohl nun auch du zu rechnen begannst. Sechs oder acht CUC für drei Bierdosen – zuzüglich der Torten- und Kaffeekosten vorhin in jener Milchbar nahe des *Habana Libre*, die mit stolzen zwölf CUC zu Buche geschlagen hatten, da der Therapeuten-Magen anscheinend derart leer war, dass er nur durch klobige Sahneteigrechtecke zu füllen war, die dich an die Ungetüme in den VEB-Cafés deiner Kindheit erinnerten. Ganz wie einst hatte dich der Geruch nach abgestandener, verschütteter Milch zum Würgen gebracht. Immerhin: Dein von der Anstrengung, den Brechreiz zu unterdrücken, rot angelaufenes Gesicht sorgte für eine gewisse Erheiterung bei Lazaro und Walker, der nach den abgesprochenen zwanzig Minuten ebenfalls in diese Bude aus Plastiksitzen und verschmierten Tischplatten gekommen war, *ohne* Schuhpaket.)

»Er sagt, du würdest ihm Schuhe kaufen, für achtzig Euro.« Lazaro, oben in jener Milchbar.

»Was?«

»Hat er mir vorhin im Taxi erzählt, und jetzt sucht er nach geeigneten Modellen.«

»Muss ein Missverständnis sein. Weißt du, wieviel achtzig CUC sind?«

»Achtzig Euro«, sagte Lazaro ungerührt und zeigte mit der Linken, während die Rechte die halb verbogene Blechgabel in den nunmehr dritten Kuchensarg stieß, auf das schmale Lederarmband, das dir heute Morgen Ruben übers Handgelenk gestreift hatte. »Und das da – zwei CUC.«

»Ist ein Geschenk«, sagtest du und versuchtest zu vermeiden, dass deine Stimme belegt oder gar beleidigt klang. Wo dir doch sowieso eher zum Heulen war und du dich fragtest, wo der Lacan-Fan vom Montagnachmittag geblieben war, der Dachzimmergenosse, der mit leichtem Tänzerschritt am Charlie-Chaplin-Graffiti vorbei geschwebt war.

»Ein Geschenk für wen?« Lazaro saß aufrecht, aß schnell und konzentriert, doch noch aufmerksamer war sein Blick. »Wer soll's bekommen – Walker oder ich?«

Du lachtest deine Irritation weg und sagtest, dass du selbst es bekommen hättest und deshalb nicht weiterverschenken könntest, leider. (Keine weiteren Details.)

»Für zwei CUC, da hat einer Geld«, resümierte Lazaro und klopfte mit dem Fingerknöchel auf die schlierige Resopalplatte. Aß weiter, trank weiter, schaute dich weiter an. (Verliefen auch seine beruflichen Sitzungen auf diese Weise?)

»Er sagt, du hättest gesagt, ich würde dir Schuhe für achtzig Euro kaufen. Was ist da los, Walker?« Walker, in der schummrigen Bar am Parque Maceo an den Tresen gelehnt und ein schneller Blick in Lazaros Therapeuten-Tänzer-Rücken, der sich gerade mit Grandezza in Richtung Toilette

entfernte. »Das hat er falsch verstanden. Wie er so vieles falsch versteht. Hält mich für eine Art Edel-Escort. Glaubt mir nicht, dass ich in Trinidad eine Casa führe. Glaubt es weder mir noch dir. Denkt, du würdest den Rezeptionisten im Hotel dafür bezahlen, dass er Gäste aufs Zimmer lässt. Übrigens, tust du's?« Walker nahm noch einen Schluck Bier und wischte sich den Schaum von seinen Lippen.
»*Was*? Sag' mal... Ich versteh' diese ganzen Geschichten nicht. Weshalb sollte ich Alex *bezahlen*? Du bist für zwei Tage ganz normaler Gast, und auch Lazaro...Er hat *uns* besucht. Gehen wir dann noch was zusammen essen, zu dritt? Muss aber zuvor mal dringend ins Hotel *IberoStar*, im Internet-Raum schnell ein paar Arbeits-Mails checken. Dauert nicht lang.«
Plan B, der sich beim Reden entwickelte. Verfertigung des *Gedankens* an Plan B, an dessen pure Notwendigkeit, *jetzt*. Auch wenn du nicht im Entferntesten wusstest, wie er aussehen könnte. Als Lazaro mit ernstem Gesicht zurückkam, hattest du jedoch wieder genug Kraft getankt, um das Leeren deiner *Bucanero*-Dose mit einem folkloristischen Rülpsen zu feiern, Volkstheatermaske zur Illustration eines *Drei Freunde seid ihr*. (Ha, und belogen und misstrauten sich gegenseitig – doch aus welchem Grund?)

Du sahst sie draußen auf einer der Steinbänke im Parque Central und schämtest dich, sie auf diese Weise zu beobachten. Saßt im Internet-Raum des *IberoStar* vor einem Computer, der dich für eine Stunde für ein Viertel des hiesigen Monatseinkommens mit der ganzen Welt verband – und hattest nichts Besseres zu tun, als forschend aus dem Fenster zu blicken? Draußen das Übliche: Die im Kolonial-Chic restaurierten Fassaden. Wuchtige Palmen und in deren Schatten die parkenden, bonbonfarben gestrichenen Cabrios, Buicks und Chevrolets, deren in weiße Leinenanzüge gezwängte Fahrer auf kaufkräftige Kundschaft warteten, einmal Malecón vor und zurück. Vor den Heckflossen der Wagen: Greise Zigarrenverkäufer, Holzkistchen vor die dünne Weißhemd-Brust gedrückt. Im Park selbst saßt du die Nutten spazieren, auch ein paar *Jineteros* waren dabei. Hielten sie vor der Bank, auf der Lazaro und Walker in den Abend hinein warteten, kurz an? Du sahst scharf nach draußen, sahst nichts.
Weshalb hatte auf dem Weg hierher eigentlich keiner der beiden von seinem Beruf gesprochen, die üblichen *Ach's* gesagt und Mangelklagen geführt, die dir hier doch ansonsten auf Schritt und Tritt beggegneten? Hatte Walker dir nicht in Trinidad erzählt, dass er ursprünglich *Traumatologe* gewesen sei, ehe er sich mit Unterstützung seiner Familie selbstständig ge-

macht habe? Weshalb dann also kein Kollegen-Plausch, sondern Walkers fortgesetztes Schweigen, während Lazaro vom Parque Marceo bis hierher noch zwei weitere Bars ausfindig gemacht hatte, um sich *Bucaneros* in den Schlund zu jagen? Du hattest irgendwelche Probleme vermutet, die jedoch – wie sollten sie es auch? – weder mit Walker noch mit dir zu tun hatten, und in der Calle Neptuno ein kleines Restaurant erspäht, dessen Preise Berliner, nicht Münchener Niveau hatten. (Und *schon* kreisten in deinem Kopf wieder jene Überlegungen, die du hasstest: Bezahltest du zu viel, würde man dich beneiden, bliebst du zugeknöpft, wärest du ein schofeliger Orgien-Profiteur, ein Schuft.)
»Ah, die Calle Neptuno«, sagte Walker beim Reis-mit-Hühnchen-Vertilgen. »Die Parallelstraße zur San Lázaro. Ist sie nach dir benannt, Amigo, oder hast du dir diesen Namen gegeben, weil's dein Bario ist?« Du verschlucktest dich beinahe, aber Lazaro, mit ebenso solchen Appetit essend, grinste, und wer sich erneut wie ein Idiot fühlte – warst du. (Calle San Lázaro, Calle Neptuno. Calle Lamparilla, wo Graham Greenes überforderter Pseudo-Agent Mr. Wormold zu seinem himmelstürzenden Resümee gelangt war: »Jeder, der mit Habana vertraut wurde, musste seine Existenz früher oder später bezweifeln.« Wenigstens deine Zitate hast du also noch parat.)

Und nun saßen sie, die Nicht-Freunde, gemeinsam da draußen und schmiedeten Pläne – für was wohl? Heute Abend zu dritt ins *Humboldt*, und dann? Du merktest, wie dir langsam dein Koordinatensystem entglitt, als gelte auch dafür das Gesetz von Dämmerung und Sonnenuntergang. Hätte Lazaro doch nach medizinischen Fachzeitschriften gefragt, die es nur in Spanien gab. (So geschehen vor einigen Jahren in Nicaragua, beinahe verschämt, aber mit welchem Vergnügen hattest du zu helfen vermocht.) Hätte Walker dich oder Alex mit Fragen gelöchert, wie es dieses Haus im Vedado anstellte, immer voller Gäste zu sein – hätte er, Hüter einer menschenleeren *Casa* in Trinidad, Interesse/Verdutztheit/Skepsis geäußert, *auch nur irgendwas*. (Wie von dir erwartet.) Hätten beide, da sie kaum englisch sprachen, dich um Paperbacks gebeten. (So geschehen vor ein paar Jahren in Borneo, und du hattest daraufhin, zurück in Berlin, mit der gleichen Freude ein Bücherpaket gepackt wie du einst ein solches erhalten hattest – damals in der DDR, als du auf Ostberlin-Besuchen westliche Touristen angequatscht hattest, *gezielt* die richtigen heraussuchend.)

Du dachtest an den Taxifahrer in San Salvador, der dir während der Nachtfahrt durch die gewaltbereite Stadt von seiner Lektüre erzählt hatte, sobald er den Wagen vor den Portalen der wenigen großen Hotels parke und auf Kundschaft warte: Ein kleiner zerfledderte *dictionario*, spanisch-englisch, der ihm vielleicht irgendwann von Nutzen sein konnte, wenn er sich auf den riskanten Weg machte hoch in den Norden, auf Zugdächern quer durch Mexico bis nach Ciudad Juárez in der Hoffnung, hinüber nach El Paso zu gelangen, in die Staaten. *Vielleicht, Amigo, finde ich den Tod, oder er findet mich, aber dann will ich wenigstens zweisprachig sein, haha.* Helden hattest du kennengelernt, ja. Hatten mehr vom Leben gewollt als Bier und Schuhe und jenes Lederarmband, das Ruben dir so großzügig geschenkt hat.

Was dir aber dennoch kein Recht gibt, auf diese Ohrensessel-Art zu räsonieren und von hier aus dem Fenster hinunter in den Park zu glotzen, *auf diese Weise*. Schon vergessen, wie es dich als Ost- und Dorfkind aufgebracht hatte, wenn die Rottweiler und Wuppertaler Westverwandtschaft, nachdem sie euch gnädig zum Mittagessen ausgeführt, bei der Rückfahrt indigniert aus dem Audi- oder Mercedesfenster geblickt hatte und angesichts der grauen Häuser, an denen ihr vorbei surrten, den Vorschlag machte, deren Besitzer sollten doch *zumindest ein bisschen weiße Farbe* kaufen, damit es hübscher aussehe, *was fürs Auge*. Wie es dich geärgert hatte, wenn sie die Witze wiederholten, die ihr doch dauernd selbst machtet: *Der Staat tut als würde er uns bezahlen und wir tun als würden wir arbeiten.* Haha. (Und hockst jetzt hier in diesem Internet-Zimmer einer luxuriösen Touristenabsteige in Habana Vieja und erinnertest dich tatsächlich an all das, was deine Eltern am Bodensee *diesen ganzen Ostscheiß* nennen?)

Da dir nach dem Beantworten deiner Mails noch zwei freie Minuten auf dem Voucher-Konto bleiben, gibst du nochmals bei Google *Garcia Márquez, carta de despedida* ein. Findest in allen aufgeführten Artikeln erneut das Wort *falsa*. Tippst einen an, liest quer – entdeckst das Foto. In der Tat: Ein mexikanischer Puppenspieler, der ausschaut wie ein verlebter Bon Jovi. Hält eine Marionette in der Hand, die modische Bluejeans mit weißfädigen Knielöchlein trägt, im massiven Gesicht ein dicker Schnauzbart und das dichte schwarze Haar in Wellen onduliert. Daneben auf der Couch, beleibt, bebrillt und grinsend, das Original: Señor Garcia Márquez. Dann wird der Bildschirm wieder schwarz. Als du aufstehst und erneut auf dem Fenster schaust, sitzen Walker und Lazaro noch immer auf der steinernen Parkbank.

Auf dem Weg hinunter zur Lobby (erneut klimpert sich ein Barpianist durchs Repertoire von Celine Dion bis Adele) begegnet dir der Antiquar.

Trägt die gleiche Kleidung wie am Montag, bewegt sich auf die gleiche Muss-mal-kurz-vorbeischauen-Weise. Und wer den Kopf zur Seite dreht, als wärest *du* es, der sich schämen müsste – bist selbstverständlich wieder *du*. Scheißland, murmelst du in dich hinein, nun – *finalmente* – ebenfalls mit einem Plan für heute Abend. Als du die Straße zwischen Hotel und Park überquerst, hörst du wütendes Hupen. Zwei Meter vor dir schnappt das verchromte Haifischmaul eines Cadillac, am Steuer ein fettleibiger Gringo mit Zigarre und Sonnenhut. Schreit, Zigarre jetzt in der angewinkelten Linken, treuer Diener des Klischees – und dich mit der rettenden Idee beschenkend, dies hier wäre womöglich ja doch ein *Roman* – das erwartbare *Getoutofhere*.

Von der Parkbank erheben sich Walker und Lazaro, langsam, abwartend.

»Soll ich also gleich gehen?« Walker, der sich halb vom Bett erhob, keineswegs hastig.

(Damit auch noch der Preis für das Nachttaxi nach Trinidad hinzu käme?)

»Aber Nein! Wie könnte ich dich rausschmeißen, so mitten in der Nacht! Wie gesagt: Nur müde bin ich, *sehr* müde. Zu müde fürs *Humboldt*, zu müde für all diese Geschichten.«

Es ist kurz vor Mitternacht im Zimmer 10, und nur halb-halb spielst du den Überforderten, Ruhebedürftigen, Resignierten, der clever genug ist, schon im Voraus alle Schuld auf sich zu nehmen. Obwohl es ihn *ankotzt*. Obwohl er die Schnauze voll hat von diesem verschmierten Inselkommunismus, der die Leute, die's nicht geschafft hatten abzuhauen aus Castros Paradies, zum andauernden Tricksen und Lügen zwingt und der es mittels Zermürbung fertigbringt, schon aus den Jungen und Schönen abgebrühte Plateausohlen-Ganoven zu machen, sie in die Hässlichkeit der Verstellung zu stoßen, Sklaven des Talmi. Walker, auf deine Frage im Taxi zurück nach Vedado, nachdem ihr euch am Parque Central von Lazaro verabschiedet hattet: »Eine Website für meine *Casa*? Hab' doch Facebook.« *Tengofahsebukk*. (Keine Website, um Touristen zu angeln, aber *Fahsebukk* und der Prioritätenwunsch nach Achtzig-Euro-Schuhen?) Walker, an deiner Seite auf dem Weg vom Taxi ins Haus, durch das offene Metalltor und den kleinen Garten. Vor der Tür auf den Summton wartend. »Weshalb wunderst du dich? Doch nicht seine Schuld, wenn du die Sache mit dem Therapeuten geglaubt hast. Lazaro, der Wiederauferstcher.... Kleingeschäfte, ausländische Freunde, *so* schlägt er sich eben durch.«

War aber doch auch nicht *deine* Schuld! Bist weder Spross von Oligarchen noch von irgendeiner Nomenklatura, lebst weder *auf Kosten der Dritten Welt* noch musst du Abbitte tun für eine eventuelle frühe Revolutionsbegeisterung. Bist hier auf der Insel weder fett noch sexuell ausgehungert angekommen, bist es nur nicht gewohnt, als wandernde Brieftasche betrachtet zu werden. (Bist, gib's zu, eher wütend auf dich, dass du dir, nun hier auf diesem Bett, zum zigsten Mal Leitartikel-Gardinenpredigten wiederholst: Von egalitärer Verzichts-Ideologie bis zum Wahnsinn hochgeputschter Materialismus, Hühnchen im Tropen-Knast, die pausenlos CUC-CUC-CUC gackern, über die Jahrzehnte hinweg verblödet von ihren Kerkermeistern. So mechanisch wie sich Killer-Idiot CHE den *Neuen Menschen* der revolución vorgestellt hatte, so roboterhaft versucht der inzwischen herangezüchtete Menschenschlag alles zu grabschen, was in Reichweite ist, denn viel ist es ja nicht. Aber dass selbst Mittelklasse-Typen wie Walker...? Dass war er doch, oder? Noch einmal: Nicht- Deine-verdammte-Schuld.)

Diesmal hattet ihr keinen Sex, nahmt die Vorabendmüdigkeit zum Vorwand fürs Dahinzudämmern bei ausgeschaltetem Licht. Von der Hofbeleuchtung des Nachbargebäudes drangen dünne Streifen durch die Fensterlamellen. Schienen nicht mehr die gleichen zu sein, die deine Stunden mit Ruben illuminiert hatten. Cubanische Verwandlungen.

Zuvor hatte Walker einen Anruf von Lazaro bekommen und (wie der Stasi-Vogel, jedoch Oktaven tiefer) mit *Si-Si* und *Si, claro* geantwortet und dich gefragt, ob man sich nach Mitternacht im *Humboldt* treffen könne. Noch war dein Plan nicht ganz entwickelt, psychologisch wasserdicht gemacht, so dass du vage Zustimmung signalisiertest. Zumindest noch ein letzter Versuch, ehe...

»Walker, hör mal...«

»Ja?«

»Tut mir leid, dass ich dir keine achtzig Euro-Schuhe kaufen kann.«

»Achtzig CUC.«

»Was das Gleiche ist. Bin *escritor*, kein Geschäftsmann. Mit einer kleinen Wohnung zuhause statt einer *Casa*. Toll, dass du nach Habana gekommen bist, wir können essen gehen, ausgehen, natürlich übernehm' ich auch das Taxi von Trinidad hierher, aber Zusätzliches... Sieh mal: Hätte ich einen Überschuss an Geld, würde ich nicht hier in diesem Zimmerchen in der Calle 3 wohnen, sondern drüben im *IberoStar* oder gleich im *Nacional*, wie damals Sartre.«

»Wer?«

»Unwichtig«, sagtest du, aber schon hatte Walker die Nachttischlampe angeknipst und mit überraschender Behändigkeit seinen nackten Körper an den Bettrand gerollt, um mit ausgestreckter Hand nach seiner Hose zu greifen. Auf Kante gefaltet lag sie auf dem Stuhl, und mit einem Griff hatte er aus ihrer Tasche die Geldbörse gezogen.

»Ganz ruhig... Und sieh auch du mal! Ich bin *Casa*-Besitzer und kein Obdachloser. Und im Unterschied zu dir hab' ich auch genug Scheine eingesteckt.« Worauf er sich zu dir drehte und für Sekunden das schmale Leder-Etui mit den diversen Karten aufklappte, damit du die im hinteren Fach aneinandergedrängten Scheine sahst. Zauberer Walker zog sogar einen, dann zwei hoch, doch hätte er das besser unterlassen: Peso-Scheine waren es, die längst entwertete nationale Währung, keine CUC's.

Das war geschehen, bevor ihr in den Schlaf geglitten wart, Seite an Seite, nackt, doch ab nun ohne Begierde. Walker begann bald zu schnarchen, während du das Laken bis zum Kinn zogst, fröstelnd. Hatte Genosse Kosmonaut Arnaldo Tamayo in seiner Zeit als CDR-Chef verfügt, dass jeder Bario-Stützpunkt eine gewisse Menge an Weltraumkälte bereit zu halten habe, die – Stromsperre hin, Ressourcenknappheit her – immer dann auszusenden war, wenn sich einer der Naiven aus dem Westen der Illusion hingegeben hatte, er verstünde Cuba und richte sich gerade ein wenig häuslich ein? Kälte. Frösteln und Zittern. Schläge in die Magengrube. *Nein, es war kein Bleiben hier.* (Jetzt, dachtest du, müsste der Vogel *Si* vom Stasi-Hof da unten anstimmen: Die Verneinung bejahen, tropische Dialektik – ha!)

Du hattest dir, zum ersten Mal in deinem Leben in solch einer Situation, eine *Strategie* zurechtlegen müssen – im wahrsten Wortsinn, hier auf dem Bett liegend, schlaflos neben dem schnarchenden Walker und im Moment nur der Wunsch, allein zu sein. Noch einmal liest du die Bilder dieses seltsamen Tages an dir vorbei gleiten, die wie verwischt schienen von der Meeresgischt unter dem bewölkten Himmel, salpetrig zerfressen auch sie, aber das Gedächtnis, die Erinnerung an *Zeilen* blieb doch auch jetzt deine gute Freundin, dein Schutzschild. *Ich hab nämlich ein Gedächtnis wie ein Schwamm ohne drüber,* hatte der nicht-traurige Tiger Silvestre (Cabrera Infantes junges alter ego) geprotzt und Mit-Tiger Arsenio (*Wir waren wieder in den Möbiusschen Gefilden, vulgo Malecón rauf, Malecón runter*) hatte sich bei voller Fahrgeschwindigkeit in einer Weise beschrieben, die dir – minus Geschwindigkeit, minus CubaLibre in Magen und Hirn – auch für diesen Moment, auch für dich eine praktikable Beschreibung abzugeben schien: *Tschenerel Confjuschen, Chef der Langen Heeresleitung Mitte links.* (Ha!)

So hattest du dann doch noch einschlafen können, für die paar Stunden bis Mitternacht, bis zur Prüfung, zum Finale. Als du wieder aufwachtest, saß Walker bereits aufrecht im Bett und spielte auf seinem Laptop. Du schobst das Laken bis zum Bauchnabel herab, setztest dich ebenfalls auf und sagtest das Vorbereitete. Musstest das Stockende/Zögernde/ gar nicht spielen; wie von selbst bröckelte es über deine Lippen.

»Soll ich also gleich gehen?« Walker, der sich halb vom Bett erhob, keineswegs hastig.
(Damit auch noch der Preis für das Nachttaxi nach Trinidad hinzu käme?)
»Aber Nein! Wie könnte ich dich rausschmeißen, so mitten in der Nacht! Wie gesagt: Nur müde bin ich, *sehr* müde. Zu müde fürs *Humboldt*, zu müde all dieser Geschichten.«

Da hattest du bereits – kein einziges Mal unterbrochen von ihm, der kaum seinen Blick vom Laptopbildschirm ab- und dir zuwandte – deinen Fünf-Minuten-Monolog gehalten, deine modeste, aber kompromisslose Müdigkeitserklärung, irgendetwas (dachtest du beim Sprechen) zwischen Barthlebys *I would prefer not to* und Enrique Iglesias' *No puedo más*. (Obwohl der rhythmische Refrain ja vor allem aus den Kehlen seiner cubanischen Begleittruppe kam, *la Gente de Zona*, den Zonenleuten – ha!.)

Dabei waren weder Vorwürfe noch Anspielungen von dir zu hören. Obwohl du Walker keine Sekunde glaubtest, dass er heute früh ein 50-CUC-Taxi genommen hatte, um dich noch früher sehen zu können, als es die Überlandbusgeschwindigkeit erlaubt hätte. Obwohl er ja, zum wiederholten Mal dachtest du's, es wie jeder clevere, von verdammten Umständen, Bürokraten und Staaten gepeinigte Kleinunternehmer hätte halten können: Bei Gleichgesinnten nach nützlichen Informationen suchen, sie mit konkreten Fragen löchern. Freund Alex nämlich hätte geantwortet, da warst du dir sicher.

»Alex hätte dir bestimmt helfen können mit praktischen Tipps zu den Touristen. Und ich hätte in einem Zeitungsartikel für die *Casa* geworben. Neben dir liegt kein reicher Gringo, sondern einer, der sich *Gedanken* macht. Auch wenn er keine Schuhe kaufen kann. Und erst einmal glaubt, dass einer Therapeut ist und nicht sofort eine Lüge vermutet, um später abzocken zu können.« (Also sagtest du doch, was dir während des Sprechens im Kopf herumsurrte – Triller des Vogels *No*.)

»Er hat ja nur Bier gewollt und etwas zu essen. Vorerst. Dass er mehr will…. Logisch. Aber weißt du was, ich sag' ihm für heute fürs *Humboldt* ab. Kann er sich sowieso nicht allein leisten und dann bleibt mehr übrig, für uns. Nach dem Shoppen will ich ja morgen auch ins Revolutionsmuseum.« »Gute Idee! Um zu sehen, was man ja sonst kaum sieht: CHE und CHE und CHE. Und Fidel und Raúl und was sie alles geschaffen haben, damit du dich so wunderbar fühlst auf dieser Insel.« Du konntest es nicht verhindern: Jetzt war dein Ton doch schneidend geworden. Aber... Aber hätte Walker darauf mit Rubens Lachen oder Alex' Zynismus reagiert, mit Señor Orestes' Feinheit oder Karate-Gabriels riesenhaft ehrlichem *No puedo más*, hätte er seine Arme um dich geschlungen oder nur irgendetwas darüber/darunter/dazwischen gesagt oder getan, was dir zumindest die Illusion einer wiedergefundenen Nähe verschafft hätte... Diese Nacht und die kommenden zwei Tage wärt ihr *dann vielleicht doch* zusammen durch Habana gestreift, zwei mutwillige Tiger. (Und hättest dann im Kopf hin und her gerechnet und *vielleicht ja doch* bei einem der vielen neuen Bancomaten in der aufgehübschten Altstadt die Schuhsumme eingetippt.)

Nun aber war Walkers Blick, der dich traf, derart verständnislos und eisig, dass du...dass er...dass du. *Es tut mir leid, aber das klappt nicht mit uns, wahrscheinlich meine Schuld.* (Heuchel nur, umso rapider geht's über die Bühne.)

Nachdem die Show mit dem Jetzt-gleich-Aufbrechen beendet war, ging es tatsächlich unerwartet schnell. Lazaro-Nicht-Therapeut per SMS von der gecancelten Verabredung informiert und die Freundin in Santa Ana mit der gleichen Technik darüber in Kenntnis gesetzt, dass sie nun schon morgen Nachmittag mit Walkers Ankunft rechnen könne. Sein Pragmatismus, halb erhofft, gab dir den Rest. Wolltest jetzt nur noch schlafen, die Stunden bis zum Morgen wegschlafen, nicht bewusst erleben. Sehntest nun auch physische Müdigkeit herbei, damit sie dich die entsetzliche Fremdheit in diesem Zimmer vergessen ließ, das Gefühl abrupt entschwundenen Obdachs. (Hatte sich Leonardo Padura auch so gefühlt, wenn auch um die helle Nachmittagszeit und nur für Minuten, als du bei ihm zuhause plötzlich *Ach all diese Fragen, Amigo* zu stellen begonnen hattest – es war nur eine einzige gewesen – und der bis dahin so konziliante, vergnügte Hausherr im Alter deines Vaters auf einmal Schweißperlen auf der Stirn hatte und nervös den Tabak seiner *Popular* zerkrümmelte, atmosphärisch aus der Sicherheit seines kleinen Vororthäuschens und schreibenden Tuns vertrieben durch deine törichte, unsichtbare – nein: *sehr* sichtbare – Linien übertretende Neugier?)

»Um fair zu sein. Das, was du Taxigeld nennst und mit fünfzig CUC veranschlagst, werde ich dir natürlich ersetzen.« Verklausulierte Korrektheit.

»Nicht nötig.«
»Doch, keine Frage.«
»Gut, dann ist auch das deine Entscheidung.« Gleichmütiger Walker, Griff zum Schalter der Nachttischlampe. Danach spendete nur noch das Quadrat seines Laptops ein wenig Licht, tonlose Filmszenen oder Pornosequenzen. Auch unten im Hof war die Beleuchtung ausgeschaltet worden. (Aus Dezenz, damit du dich nicht etwa überwacht fühltest, sondern in die Höhle des Schlafs gleiten konntest, als wäre zumindest dort eine Heimstatt?)

La Habana.

»So, so. Du bezahlst also, damit einer *geht*. Während *die normalen Weißen* es tun, damit einer *kommt,* haha. Obwohl gestern Mittag ja auch Walker gekommen war, auf oder in demjenigen, der sich Lazaro nennt oder nannte. Von dir ganz zu schweigen.« Alex, als würde er sich nie von diesem Platz wegrühren, ewige Nemesis, hockte vor seinem Computer und checkte Reservierungen.
»*Sehr* lustig! Hat da vielleicht einer an Zimmertür zehn gelauscht?«
»Nicht nötig. Und jetzt geh' bitte frühstücken. Der andere Señor hatte ja offensichtlich keinen Appetit gehabt.«

Vor drei Stunden hattest du dich von Walker verabschiedet, hier im Vestibül, unter Alex' Augen. Denkst jetzt: Um den Schein zu wahren, Konventionen im Haus von Montevideo-Pornovideo-Montevedado. (Humoriger Tiger-Balsam auf deine halluzinierten Wunden.) Mannhaft-schweigende Umarmung, kein offensichtlicher Groll, fünfzig CUC *Taxigeld* und dann auch schon Walkers dir zugedrehte breite Rückenschultern, ein Oberkörper, den erneut ein makellos gebügeltes T-Shirt schmückte. Würdiger Abgang mit Rollkoffer, Handy und Ausweiskärtchen in der Hand.

Drei Stunden hattest du danach geschlafen/geraucht/geschlafen. Alles Geschehene/Gedachte im Zeitraffer, in Fragmenten noch einmal zu erleben – war das deine Art, damit umzugehen? Ein Hin und Her, das Mobilität erschaffen sollte, je mehr du glaubtest, mit Kaugummi-Gewichten in einen Schlund undurchsichtiger Ambivalenzen gezogen zu werden, nie mehr von hier fortzukommen. Das Weberschiffchen deiner Gedanken als Fluchtfahrzeug. (Und gleichzeitig – Teil dessen, was dich ebenfalls zu ermüden begann – deine Scham, dieses Wissen ums geradezu ungeheuerliche Privileg: In den Tiefen deines Koffers der Pass mit dem Rückflugticket für Sonntag, dazu in der Geldbörse die Bankkarte, *für alle Fälle.* Ach, wie dich doch bei früher Roman- oder Tagebuchlektüre die wehleidigen Überlegungen westlicher Reisender immer genervt hatten, da ja auch sie, die edlen Seelen, das ahnte das Ostkind in dir, *immer* irgendetwas in petto hatten, *für alle Fälle.* Und bist jetzt also auch einer von denen geworden? Versuchst zumindest, dir darüber Rechenschaft zu geben.) Drei Stunden, endlich allein im Zimmer, oberhalb des Stasifuhrparks. Und im Hinterkopf, was dir Alex mit richtig-falscher, auf deinen Jubel bereits spekulierender Beiläufigkeit mitgeteilt hatte. Nicht nötig, Ruben anzurufen und ihn zu fragen, ob nicht womöglich bereits nach *einer* offiziellen Übernachtungspause nun für Freitag die Möglichkeit bestände, dass...

»*Anruf?* Du meinst Rückruf...«

Wie ruhig du plötzlich bist! Im Wissen um Rubens Rückkehr, unerwartet und doch vage erhofft? Oder ist es eher so, dass du die verbleibenden drei Tage, inzwischen *schon* messbar in Stunden, nicht verplempern möchtest mit Grübeln und Sinnieren, kein *Beteiligter*-von-was-auch-immer sein willst – eher ein Zeuge, dessen Auge eine Kamera ist?

Nun denn, Alex hatte dich hoch zum Frühstück geschickt, und weil du erneut der letzte am Büffet warst in der Stille des Speisezimmers zwischen vorderem und hinterem Balkon, hörtest du umso deutlicher die Gespräche unter den Markisen, von keinem Kaffeeschlürfen oder Essgeräuschen verwischt. Müde-aufgeräumte *Na-junger-Mann*-Casino-Witzchen, ganz ohne Likör, aber mit Haha und Hihi, die dem Frühstückskellner galten, der kurz darauf, ein Tablett aufeinander gestapelter leerer Teller in den Händen, in den Raum kam.

»Hola aleman, so ganz allein?«
»Keine Lust, mit denen da draußen...«
»Haha, gut.« Er lächelte dich an, du sahst die gepierste Augenbraue, und *dein* Blick, der von seiner Stirn abwärts glitt über die samtigen Wimpern und die markante Nase und die trotzig aufgeworfenen Lippen und den Hals mit der pulsierenden Ader und den starken Oberkörper mit dem weißen T-Shirt, das die hellbraune Haut betonte – war er in seiner Adjektivschwelgerei wirklich dezenter als das sabbernde Gucken der Alten da draußen, die noch immer ihre Höhö's von sich gaben? War deine Anmaßung nicht sogar größer, Hybris der Absicht: Komplizenschaft mit ihm herstellen, *und zwar sofort?* (Konntest es, Amigo, also doch nicht lassen, solcherart zu beobachten – die anderen und dich.)

»Die reden über dich«, sagte er auf Spanisch und blieb neben dir stehen, an der Schmalseite des riesigen Verlourdecken-Tischs, an dem du als einziger saßt. Fügte, als er deine verdutzte Miene sah, auf Englisch hinzu: »Talkin'bout you, man.«
»Und wo hast du den Gangsta-Sound her?«
»Aus einer Fernsehserie. O-Ton mit Untertiteln, und alle tauchen auf. *Reallymate* (er verzog die Lippen, als wäre sein Gesicht im Windkanal gelandet), das war jetzt irisch. Kann aber auch Cockney und Upperclass-english, *even in* (er ruckelte den Kopf und auf dem Tablett klirrte das schlierige Besteck) *indian-english I can espress myself*, *bu-ut* (und dabei baute er sich tatsächlich in dieser Kumpel-Stellung vor dir auf, dass du die Wochen/die Monate zu zählen begannst, wenn aus dieser Darstellung in Habana wieder die Realität von Tel Aviv geworden wäre), *bu-ut you know-o*, ich kann sogar den israelischen Akzent. Also, was meinst du?«

»Sagenhaft«, sagst du mit offenem Mund. »Kommen in dieser Serie also auch Israelis vor?«

»*Wouldn't say so* (Lippenspitzen), *but-h onti streeds-s of this-s town-n there are-e many*. Wie du hörst, kann ich sogar die Frenchies immitieren, und wenn dann irgendwann in der Zukunft der richtig große Touristen-Run einsetzt, hab' ich wenigstens ein paar Vorteile. Alex hat's ja auch von der Küche zur Rezeption geschafft, ohne dass er, ohne...« Eine angedeutete Geste in Richtung des schmalen Korridors, den du erst jetzt bemerkst – ein weiterer Weg im Labyrinth. »Wer wohnt dort?« »

»Normalerweise der deutsche Chef oder dessen Freunde. Wirst einen davon sehen, aber der schläft noch.«

»Und weshalb reden die anderen Gäste über mich?«

»Weil du dich von der Gruppe *absonderst*, wie sie sagen.«

»Hall-oh! Ich kenn' diese Leute doch gar nicht.«

»Aber sie kennen *sich*, Stammgäste seit Jahren. Teilen sich alles – aus *Sicherheitsgründen*.«

Der Kellner machte ein Pokerface, das dich an Alex erinnerte – die gleiche Frag-nicht-zuviel-Mimik, nur ohne Knautschgrimasse.

»Und warum seh' ich dann keinen ihrer boys?«

»Weil die nicht über Nacht bleiben. Zu teuer oder den Gästen zu riskant. Obwohl sie manche von denen bereits von früheren Aufenthalten kennen und bei ihnen bleiben, so lange sie frisch sind. Ich meine die Jungen, haha!«

»Haha! Aber was hat das mit mir zu tun?«

»Eine Menge, Amigo«, sagte der Kellner, sein Ellenbogen streifte deine Schulter, die Stimme gedämpfter. »Weil ihnen die Jungs gesagt haben, du müsstest nicht zahlen. Bei *keinem* deiner Gäste auf Zimmer Zehn.«

»Natürlich nicht. Weshalb sollte ich?«

»Weil hier gar nichts na-tür-lich ist. Weder im Haus noch auf der Insel.« (Weshalb wagte er sich, ohne dich zu kennen, so weit vor – oder war auch das Teil der Mysterien?)

»Okay. Und woher wissen die Boys das mit dem ›Nicht-Zahlen‹? Kennen die etwa *meine Gäste*?«

»Nicht wirklich. Aber sie hören *Radio Bemba,* kochen in der Gerüchteküche und benutzen das Buschtelefon. Haha! Vor allem aber haben sie Augen, um zu sehen...«

»Und weshalb habe ich dann diese Super-Augen noch nicht beim Checken entdeckt, sitzen die vielleicht hinter Kaffeetassen und im Gebüsch?« Oder im Hof, willst du hinzufügen und tust es nicht.

»Weil du nicht von hier bist und vieles nicht sehen kannst. *Vieles.*«

Ein wenig Bedauern lag in seiner Stimme, und von deinen mit Mangos und Papayastücken gefüllten Teller sahst du hoch, vorbei an dem ekligen Tablett, in die dunklen Augen in seinem wie gemeißelten Gesicht. »Kann ich mir vorstellen.«

»Nicht mal das kannst du, Señor Escritor«, entgegnete er. Du spartest dir die Frage, weshalb also auch er über deinen Beruf *informiert* war. Stattdessen: »Aber weshalb sollten sie es den Alten erzählen, drückt das nicht den Preis?«

»Nein. Im Gegenteil. Ein bisschen Demütigung von Zeit zu Zeit muss sein – wegen der Ehre. Ansonsten wissen alle, was sie aneinander haben. Leichtes Geld, schnelle Befriedigung. Die meisten wollen ja nur kuscheln. Oder *gekitzelt* werden wie...«

Abrupt unterbrach der Kellner seine Rede. Ging, als wäre nichts geschehen, mit seinem vollbeladenen Tablett in Richtung Küche.

Als du eine verwaschen lispelnde Stimme hörtest, sahst du hinüber zum Balkon. Im Mittagslicht unter den Markisen stand der Gesprächige vom Mittwochmorgen, Schamlosigkeit der Qualle, deren Sprechblasen nun auf dich zublubberten. (Heidewitzka, Herr Kapitän – ha!)

»Na, wo ist denn dein Prinz? Für immer ausgeflogen oder mit der üblichen Drei-Tage-Sperre belegt? Und die zwei anderen Schönen von gestern? Nicht schlecht, Herr Specht! Ein ganz stiller Genießer, was? Und übrigens, ohne neugierig sein zu wollen – was war denn in dieser *Rossmann*-Tüte, mit der du vorgestern aus dem Haus bist?«

Da es unmöglich war, schweigend weiter zu essen (und dein Teller und der Büffettisch sowieso leer), entschiedst du dich, aufzustehen (hallendes Stuhlbeinknarren im leeren Raum).

Auf dem Weg zur Treppe aber hörtest du plötzlich *Bailando* und gingst dem *No puedo-más*-Refrain sofort hinterher, bis du an der angelehnten Küchentür standest. Atmetest den Geruch von heißem Öl und Zwiebeln ein und sahst, neben dem Transistorradio auf dem Spültisch, den Englisch-Experten von Kellner beim Schäkern mit der kleinen Köchin mit dem langen schwarzen Haar und der Schmuddelschürze. (Seine starken Hände an ihren breiten Hüften, um sie zum Tanzen-oder-was-auch-immer zu bringen.) Als sie dich entdeckten, lachten sie und steckten die Zungen heraus, schlossen die Tür vor deiner Nase. Du gingst den Gang zurück, als sich die Tür des Nachbarraums einen Spalt öffnete – und genauso schnell wieder schloss wie vor zwei Tagen, als Ruben und du auf dem Weg zum Dachgeschoss wart, aufgehalten von Alex.

Alex, blitzschnell auf den Gang herausgeglitten, die Tür im Rücken. Alex, jetzt in einem andersfarbigen ärmellosen Hemd, doch wiederum mit dem Schlüsselband über der linken Schulter. Hatte deinen Neugiersblick gesehen; war nicht gewillt, ihm nachzugeben.

»Glotz nicht in meine Bude...«
»Wäre ich drin, müsste ich nicht glotzen.«
»Wärst du drin, dann höchstens allein und arretiert.«
»Du machst Gefangene?«
»Du fragst zuviel. Ruh' dich lieber aus, um Energie zu tanken. Heute Abend feiert das *Humboldt* Geburtstag.«
»Nicht dein Ernst!«
»Und ob! Komm' mit runter zur Rezeption, ich geb' dir Voucher für den freien Eintritt. Du brauchst *zwei*, nehm' ich an...«

»Wenn es Probleme gibt – in einer Stunde im *Humboldt*. Oder in zwei...«
Ruben sprach gleichsam gegen die Nacht an, erhellt von den roten Rücklichtern der Fahrzeuge und Taxis, dazwischen die Schatten der Passanten. Unter dem Laternenlicht sein Profil: Die Augen nach vorn gerichtet, die nächste Straßenecke im Visier. Als hätten ihr nicht den ganzen Abend beieinander gelegen in Zimmer Zehn. Wie starr blickte Ruben geradeaus! Dann sahst du selbst das nicht mehr: Nur noch seinen Rücken, die Schultern durchgedrückt, junger Mann auf Freitagabend-Tour, *allein*.

Du passtest deine Schritte an: Bliebst folglich zurück. *Schlendertest* jetzt nur noch, Tourist auf der Avenida 23, in Richtung Meer, in Richtung

Malecón, auf deinem Gesicht das zu erwartende, also unauffällige Idioten-Lächeln des halb verzückten, halb ängstlichen Habana-Besuchers. Einen, den man nicht anhalten, einen, von dem man keine Papiere fordern würde. Weil er ja ohnehin nichts wusste.

Ruben aber hatte *sie* gesehen, und bevor du überhaupt... Eine Zivilstreife an der Ecke zur Avenida de los Presidentes, quer übers Trottoir verteilte Männer, und was noch eine Sekunde zuvor euer Gespräch gewesen war, Geplänkel über das zu erwartende Fest im *Humboldt*, Rubens milder Spott über den vermuteten Geiz des abwesenden deutschen Besitzers, da die von Alex verteilten Voucher ältliche deutsche Varietékarten waren, Abrisszettel mit Falznaht, darauf nun der Stempel *Humboldt,* was euch zum Lachen gebracht hatte, fröhliche Antizipation des Kommenden, war nun schon gar nicht mehr wahr, hatte nie stattgefunden, nie existiert.

Was die Zivilstreife, sollte ihr Blick auf euch fallen, eben *nicht* sehen durfte: Ein *Euch*. Dachtest, wie vor Jahren in Teheran: Lebte ich hier, ich würde verrückt werden angesichts solcher Vorsichtsmaßnahmen. Dachtest: Lebte ich hier, wäre ich gewiss nicht jener Fisch im Wasser, der Ruben (ebenso wie der andere R., am anderen Ende der Welt) zu sein schien. In aller Unschuld und mit jenem Lächeln, mit dem er am frühen Abend in der *Casa* aufgetaucht war. Als wäre er niemals weg gewesen. Als hätte er nicht in zwei überfüllten, in ihren Ankunfts- und Abfahrtzeiten selbstverständlich *nicht* aufeinander eingestellten Bussen die halbe Stadt durchqueren müssen, um dich wiederzusehen. Als wären An- und Abwesenheit etwas, das ohnehin andere entschieden und das deshalb nicht benannt werden dürfte. Als wären seine Methoden, trotzdem etwas zu *ermöglichen,* nicht der Rede wert und blieben ebenfalls besser ungesagt.

»Du hast Sonnenbrand«, hatte Alex gemurmelt, als ihr euch unter seinen amüsierten Augen im Vestibül getroffen und umarmt hattet. »Pass auf, dass du nicht auch noch Samenbrand bekommst, haha.« *Quemadura del Sol, Quemadura del Semen.* (Ha!) Kurz danach, im Zimmer, sahst du, dass Rubens neue Bräunung nicht vollständig war. Gesicht, Hals, Arme, Hände von dunklerer Tönung als sein Oberkörper.

»Ich musste Wände streichen, *Außenwände.* Das T-Shirt, die Sonne...« Er sprach mit großer Beiläufigkeit, eher darauf bedacht, seine eng sitzende *Ausgeh-Jeans* so abzustreifen, dass sie nicht riss. (Denkst du noch an Karate-Gabriel, Reisender?) Später, in einer der Pausen – wieder *Hollywood*-Zigaretten, wieder die Rauchfäden in Richtung des halboffenen Fensters zum Hof – versuchtest du von Lazaro und Walker zu erzählen, Enttäuschungen in Andeutungen. Das sofortige Schabegeräusch von

Rubens Schopf auf dem Kopfkissen neben dir – Sound der Verneinung, Akustik eines Erzähl-mir-anderes.

In Höhe des *Habana Libre* fandet ihr euch wieder, nach knapp zehn Minuten getrennten Gehens. (Dachtest du an den gemeinsamen Spaziergang vom vorherigen Nachmittag – Lazaro, Walker und du, verbunden durch verborgene Absichten, die nur du allein nicht zu entziffern vermochtest?) »Und wenn es wieder passiert?«, fragtest du. Richtetest vorsichtshalber den Blick noch immer nicht auf Ruben, nur auf den Straßenverkehr, auf das *Ciné Yara* vis-á-vis, dann wieder auf das Hotel.

»Unwahrscheinlich. Die machen Stichproben.«

»Zu welchem Zweck?« Blicktest ihn nicht an. Schautest stattdessen mit gespieltem Staunen an der Fünfziger-Jahre-Fassade hoch – törichter Stadtgast mit Erinnerungen an das einst von Fidels *Barbudos*, den hiesigen Bärtigen, gestürmte Hotel, von *Hilton* in *Habana Libre* umbenannt, ab jetzt Bonzen- statt Mafia-Absteige; Erinnerungen, die nicht einmal die deinen waren, nur Angelesenes, in alten Dokumentationen Gesehenes.

»Ausländer und *Jineteras*. Oder *Jineteros*. Manchmal offizielles Strafgeld, häufiger aber gleich was in die Hand. In ihre ein Schein oder in deine ihr Samen, wenn sie dich anders zahlen lassen. Das heißt: nicht *mich*. Aber solche Geschichten passieren, und enden sie schlecht, enden sie auf dem Revier mit *Protokoll*. Vamos?«

Und so erreichtet ihr, nun wieder in gleicher Schritthöhe, die Calles M, N und O und bogt von der Calle P in die Humboldt. Lieft in zunehmender Dunkelheit, die Rücklichter der Wagen und die Masse der Passanten nun hinter euch, die schmale Straße entlang. Ruben kam nicht auf das Thema zurück, und wagtest du noch ein paar Fragen, so blieb er jedes Mal stehen, stellte sich vor dich auf die Zehen, Hände um deinen Hals. Verschloss mit Küssen deinen Mund.

All of my love all of my kissin You don't know what you've been a-missing Oh boy when you are with me Oh Boy the world can see

Und wer konnte euch sehen? Vier Uhr morgens im *Humboldt*, und vor einer halben Stunde hatte einer der Bartender die Tür von innen verschlossen. Längst heimgewankt/weggezerrt/losgezogen/verschwunden waren da die *Jineteros* mit den zahlenden Touristen, und mit ihnen auch die pfeilartigen Blicke, das Ausgehungertsein nach Original-Nikes oder jungen Einheimischenkörpern, das gegenseitige Abchecken, die Kälte in der vorgespielten *pasión*. Die von Alex angekündigte Nachmitternachts-Show zu Ehren des *Humboldt*-Geburtstages hatte sich als Wiederholung des Spektakels von Mittwochnacht entpuppt – die gleichen faden Transenwitze ins Mikro gekrächzt. Wart ihr etwa die einzigen gewesen, die bestens gelaunt waren, ihr Fest im Fest zelebrierten, in der Hand die seltsamen Abrissvoucher aus einem Hamburger Theater, um an der Bar euren winzigen Pina-Colada-Discount zu bekommen? Vielleicht, doch hattet ihr ohnehin nur Augen für euch. Bis sich, von Viertelstunde zu Viertelstunde, die Szenerie zu verändern begann, die traurigen Gestalten eine nach der anderen verschwanden, damit nur die fröhlichen Tiger (ha!) zurückblieben und den Kellerraum zur Zeitmaschine machten. Denn tatsächlich: Jetzt sangen die Dagebliebenen sogar Buddy Holly, ohne Akzent! Schnippten mit den Fingern, bogen/drehten/beugten/streckten ihre nackten Oberkörper, die T-Shirts zusammengerollt in den Händen, der frische Stirnschweiß ein Perlen-Diadem, das im Lichterstrahlen aufplatzte und flog und zurückschwebte, denn schon hatten sie einen Kreis, hatten *Kreise* gebildet, aber das war doch, dachtest/sahst du, mittanzend, von Ruben jubilierend in die Menge hinein gezogen, das war doch längst kein Tanzen mehr, das war *demostración*, und, Dios!, wie sie die Losungen kannten! *Stars appear and shadows are falling You can hear my heart a-calling* und als auf Buddy Holly Chuck Berry folgte und Little Richard auf Elvis und Fats Domino, begannst du endlich zu kapieren. (Auch – das vor allem – den Sinn der abgeschlossenen Tür.) *Fuck*, das waren ja ausnahmslos die Hits von vor '59!

Waren ja die Lieder *vor* der Revolution, die anfangs zwar alle gewollt, die am Ende aber nur einen Boss hervorgebracht hatte; übler, weil *systematischer* als der vorherige Diktator. Und danach für Jahrzehnte all das verboten und verbannt, was als *imperialistisch-bourgeois-dekadent* galt: Die Bücher von Virgilio Piñera ebenso wie Rock'n Roll und einheimische Rhythmen. Deshalb also hat jetzt der DJ im Einvernehmen mit all den jungen Tänzern um euch herum *gerade diese* Songs ausgewählt? *Aus eben diesem Grund?* Aber dudelte derlei nicht auch in anderen Bars und Cafés, Teil eines von der noch immer allmächtigen Partei orchestrierten Reste-Ausverkaufs – nach dem Revolutionsideen-Export nun das Verscherbeln des auf Tafelsilber geputzten Blechs, garniert mit Mangos, trompetenden Greisen und Zigarre paffenden Krinoline-Großmüttern, mit Rum & CHE, und vor allem: Mit den Schönsten des Landes, denen – wollten/konnten sie nicht flüchten – keine andere Zukunft offenstand als der Gebrauch ihrer Köperöffnungen? (Ha!)

Doch *das* hier – du sahst dich um, sahst in zutrauliche oder mutwillige, sahst in noch nicht kalkulierende Gesichter – war doch kein Fremdenspektakel, das machten sie nur für sich. Und Gründe musste es haben, dass sie weder zu Shakira noch zu Lady Gaga sangen, sondern zu... Ritchie Valens. *Let's go let's go let's go litte sweatheart Come on let's go again.* Seine Hand in deinem Nacken, zog dich Ruben ein paar Zentimeter abwärts, um dir die Worte ins Ohr zu singen/zu küssen, aber schon musstest ihr prusten, schon war da ein neuer Song, *Don't be cruel (huhuhu) to a hearts that's true,* und Trueheart fischte ein paar CUC-Scheine aus seiner eng anliegenden Jeans und verschwand und kam wieder, und die zwei Piña Coladas in Ruben Händen provozierten ein schwaches Nicht-doch auf deinen Lippen, aber keine Überraschungsfratzen bei den anderen, die ihre Schönheit und Grazie bewahrten und jetzt, die flachen Handteller aus- und vorgestreckt, ein Trommeln andeuteten: *Sweet little Sheila you'll know if you see her. Dam,* wie sie die Reime genossen! Und waren dennoch keine Retro-Nerds, trugen nicht mal diese klobigen Buddy-Brillen, wie sie bei ihren amorphen westlichen Altersgenossen gerade in Mode waren. Waren (du sahst, während dich Ruben hin und her bewegte, nun endlich auch das Rhythmusgefühl in dir weckend, ihre Gesichter und Profile und wie sie alle steppten und vier Uhr morgens hinter verschlossener Tür der Freude huldigten) offenbar keine *Jineteros,* sondern jene normalen Halbgötter, die du allerorten in der Stadt hinter Verkaufstheken/Marktständen/Ticketschaltern und als Kellner/ Taxifahrer/Malecón-Jogger/Mechaniker gesehen hattest. Ihre nackten, in allen Farbnuancen von tiefschwarz bis weiß glänzenden Oberkörper, Resonanzraum für die Songs. *Me and Sheila go for a ride Oh-Oh-oh- I feel all funny inside.* Ruben küsste dir Piña Colada zwischen die Lippen, du tatest es ihm gleich, aber nicht *tipsy* wurdest du – oder vielleicht ja doch ein wenig, geschärfte Mikro-Aufmerksamkeit. Die Vokabeln, die Traumwörter! Doch welchen *ride* außer zu den Wochenend-Stränden würde auch das Nach-Castro-Cuba diesen Schönen schon bieten können, welches *let's go again,* das mehr wäre als das verordnete Trotten zu den Erste-Mai-Defilés (*No puedo más,* hatte Karate-Gabriel gemurmelt)? Und welches Weggehen, das nicht mit dem Risiko erkauft war, als Haifischfutter im Meer zu enden? Tausende/ Zehntausende waren auf diesem Weg umgekommen, und erneut sahst du in die Gesichter der um euch herum das Leben Feiernden. Musstest jetzt tatsächlich deine Tränen niederkämpfen, deine Wut, musstest dir in die Handballen kneifen, um jetzt nicht etwa Skelette zu sehen, Totenschädel. (Doch, aufgepasst!, waren die faden Touristen-Pärchen, die du im Hotel *IberoStar* und zuvor in den Altstadtgassen von Trinidad/auf der Veranda des Hotels in Santiago gesehen hattest, etwa Botschafter des *Lebens,* derart niedergedrückt von uneingestandenen Begierden, wie sie da aus der tropischen Welt hinein in die Kulissen ihrer Herbergen zurückgeschlichen waren, gesegnet/gepampert *mit allem* in ihren guten demokratischen Herkunftsländern, außer eben mit... Tja, die Crux. Und während die Schwulen Europas und selbst jene Latinos, die schon zu lang in Miami lebten, ihre Macho- oder Sissi-Attitüde pflegten, sich als *top* oder *bottom* bezeichneten, fand die Frage nach der sexuellen Präferenz auf dieser multisexuellen Insel immer nur diese eine, die stets *passende* Antwort: *Soy completo.* Wie also hatte es dies gottverdammte Regime vermocht, gerade solche Menschen, die auf existentielle Weise viel stärker *ganz* waren als die dauerbeleidigten Mittelklasse-Neurotiker des Westens, so übel zuzurichten, ihnen seit über sechs Jahrzehnten Tributleistungen abzufordern und sie zu CDR-Mitarbeitern zu pressen? Weshalb also gerade auf Cuba, auf der mestiziertesten, ethnisch vermischtesten Insel der Karibik, dieses noch in seiner Herrschaftsagonie giftig-bösartige, aus Dunkeldeutschrussland importierte MarxEngelsLeninStalin-Gemisch?)

I had a Girl and Donna was her name since she left me I've never been the same. Wie sie sich in den Hüften wiegten, in die Knie gingen, das zusammengerollte T-Shirt zwischen den Händen aufgespannt, hinter dem Nacken. Noch einmal: Woher zum Teufel kannten sie all diese Texte auswendig – und das *ohne* Akzent? In einem Land, in dem Googlen unerschwinglich war und im Musikunterricht gewiss keine US-Chartshits aus den Fünfzigern studiert wurden? Hatten es wohl von ihren Eltern, dachtest du und gabst dir sogleich die imaginäre Kopfnuss. Narr, wo *du* doch bereits über zwei Jahrzehnte älter warst als sie! (Aber nicht die euch gegenseitig in den Gaumen gekippte Piña Colada – jetzt warst du dran mit Drink-Nachschub – machte dich den Altersunterschied vergessen, sondern das, was nicht nur Ruben gezeigt hatte, jedesmal, wenn du, ein wenig verdruckst, die Differenz der Lebensjahre erwähntest: Hochgezogene/gerunzelte Augenbrauen und schieres Unverständnis, *qué?*)

Und plötzlich deine *flashbacks*, in Serie wie die Songs. Dein Papa, am Freitag- oder Samstagabend im Wohnzimmer die Lieder abspielend, die er zuvor aufgenommen hatte – *drüben in der Werkstatt, aufm Tonband.* Die Polsterwerkstatt im Besitz deines Großvaters, der das winzigkleine Familienunternehmen mit einer Fairness leitete, die dich schon als Knirps staunen ließ – keine der üblichen Querelen zwischen Vater und Sohn, die stattdessen zusammenhielten gegen den Staat. (Von Hausdurchsuchungen hattest du gehört. Vor euren Ostseeurlauben machten sich *die Männer im Haus* – O-Ton Großmutter – mit durchsichtigen Klebestreifen an den oberen Eckrahmen der Türen zu schaffen, um wenigstens *danach* über den Stasibesuch informiert zu sein. Jener Staat, der deinen Vater wegen verweigertem Kriegsdienst für zwei Jahre ins Gefängnis geworfen hatte. »Schön wie der junge Horst Buchholz – und plötzlich saß er beim Sprecher in Häftlingskleidung vor mir, es war zum Heulen« – O-Ton-Mama.)

Dein Vater, der es danach jedoch hasste, *üble alte Geschichten durchzukauen,* und viel lieber auf RIAS BERLIN und RADIO BAYERN 3 die *Westschlager* aufnahm, mit seinem Tonband. Doch nicht etwa die Musik der Siebziger, die ihr ohnehin jeden Tag hören konntet – Disco-Songs, die dich anfixten und vorbereiteten auf dein späteres Leben. Stattdessen... Buddy Holly Fats Domino Bill Haley Ritchie Valens. (Daher nämlich erinnertest du die Namen, während sie, die Chicos vom *Humboldt* heute Nacht, sogar die *Texte* kannten. Du stelltest dir ihre Großväter ein bisschen im Stil deines Vaters vor.) Deine Eltern und du hörten dann die Wiedergabe, handtellergroße Tonbandspulen, die eine ab-, die andere aufwärts laufend, und dazwischen eine Welt, die deinen Papa an eine Kindheit erinnerte, in der er noch nichts von Staat und Stasi wissen konnte, an eine Welt, die woanders womöglich ewige, gute Gegenwart war. Und siehst jetzt in Habana die ausgestreckten Handteller der oberkörpernackten, völlig durchgeschwitzten, lachenden Tänzer, die dieses Trommeln andeuten zu Buddy Holy: *Sweet little Sheila you'll know if you see her.*

Dies, liebe Eltern, also auch für euch. Diese Nacht/dieser frühe Morgen im *Humboldt* als mein letzter Besuch an diesem Ort, nicht wiederholbarer Höhepunkt. Diese Dankbarkeit, hier zu sein. (Und ebenso groß die Scham, per Pass-Privileg zu denen zu gehören, die ein *Lets go let's go again* so ganz wörtlich nehmen dürfen.)

»Und du tust es nicht wieder, *nunca más?*«
»Nein, versprochen...«
»Sag' es.«
»Werd's nicht wieder sagen.«

Kleeblatt eurer letzten Nacht: Es ist ja nur ein Spiel ein Spielchen verstehst du nicht kein Spiel ist das nur ein Spiel ein Spiel ist es nicht. Ruben forderte, Ruben bat, du antwortest, folgtest. Doch keine eurer Körper-Konstellationen wurde herabgewürdigt, synchron dazu zu sein: Kein Herr und Sklave, kein auswärtiger Novize und einheimischer Meister (auch nicht vice versa), kein aktiv-passiv-was-auch-immer, das nicht binnen Minuten ins Gegenteil, nein: in die Ergänzung übergegangen wäre auf dem Bett/vor dem Spiegel/auf dem Fußboden/unter der Dusche (Handgriff zur Konsole, um nicht die Balance zu verlieren) vor dem Fenster-ja-genau-vor *dem* Fenster zum Hof, dessen Lamellen wiederum das Licht in Streifen einließen und eure Körper striemten. (Häftlingskleidung?)

»No más«, flüsterte dir Ruben von hinten ins Ohr und verstärkte die Bewegung seines Beckens, »no más«, antwortest du in diesem Augenblick und auch später, wenn vor dir sein Rücken eine waagerechte Fläche war, hellbraun und mit zitterndem Flaum, und deine Hand, die er sich, um nicht zu schreien, in den Mund gesteckt hatte, auf den Fingerknöcheln die Zähne-Botschaft erhielt, noch einmal. *No más.* Tu's nie wieder, denn was hattest du dir dabei gedacht? Mitten in einem dieser Gringo-Songs *dies* sagen, mit begeistertem Blick auf die Begeisterten um euch herum: »Wow, das ist ja tatsächlich die rebellische Jugend, *Juventud Rebelde*...«

Hattest du gedacht, Ruben würde die offensichtliche Anspielung auf das Parteiblatt gleichen Namens nicht mehr kapieren vor lauter heruntergekippten Piña Coladas? Oder wolltest du, undankbar Unersättlicher, noch eine weitere Stufe eurer Komplizenschaft erklimmen, als wäre wahrlich nicht genug, was dir hier und heute, ja seit *Tagen/ganzen Nächten* bereits zuteil geworden war? Hattest du auf ein Lachen spekuliert, einen weiteren Kuss erwartet (der letzte lag mindestens ein Dutzend Sekunden zurück) – warst du dann also zu Recht überrascht angesichts der schneeweißen Wand, in die sich Rubens Menschengesicht augenblicklich verwandelt hatte?

Nuncadicesalgo. Sagniemalssowas. Zischendes Nuscheln, Späherwort in höchster Gefahr. Du aber – *let's twist again* – noch immer unverständig, obzwar von Ruben bereits an den Rand der Tanzfläche gezerrt, mit weiterhin renitent großer Geste auf *das alles hier* weisend: die verschlossene Tür, eure Armbanduhren, die halb fünf zeigten, die Tanzenden, die Musik, nun auch die Bartender ohne T-Shirt, die ersten Lustsuchenden auf dem gemeinsamen Weg hinter ins Raucherzimmer oder bereits übereinander herfallend auf den Bänken, auf der Couch (*eurer* Couch von Montagnacht, *si recuerdas*) – wer also sollte in dieser Stimmung etwas hören, eine Anspielung verstehen oder gar *melden?* Dein schnelles, leises, sich rechtfertigendes und nun im Tonfall bereits um Entschuldigung bittendes Sprechen – Rubens Kopfschütteln, langsam und endgültig. Nichts-nichts verstehst du, *nada.* Blitzschnell hatte er sich sein T-Shirt über den Kopf gezogen, half dann dir beim Überziehen des verquirlten/verschwitzten Stücks Stoffs, und als ihr zwei Minuten später draußen auf der Straße wart und die kühle Morgenluft einatmetet, hatten seine Augen bereits das nun Wichtigste gesichtet: Zwei wartende Taxis. Ruben steuerte auf das hintere zu, Moskwitsch statt Ford.

Auf dem Rücksitz dann aber wieder Hand in Hand, ebenso beim Aufstoßen der quietschenden Gartentür, die für einen Moment die Stille der Calle 3 zerriss. (Dein nun doch ängstlicher Seitenblick auf Ruben, dessen

Mimik nichts verriet, und auf das Nachbargebäude, das hinter der Gartenmauer aufragte, die Wand gezackt von Palmwedeln.) Die Berührung eurer Zeigefinger beim Drücken der Klingel. Danach oben vor der Rezeption: Alex' sportlicher Kollege, der mit neutralem Nicken Rubens gereichten Ausweis entgegennimmt und in der Tischschublade verstaut. Ihr: Hand in Hand über den schmalen Korridor bis zum Ende, bis zur Zimmertür. Und dann erneut Fingerkuppe auf Fingernagel beim Hineindrücken des Metallic-Knopfes.

Erst jetzt, dachtest du. Erst jetzt in Sicherheit, doch hatte dein dummer, dein beduselter, dein unwissender Zivilistenkopf da wohl schon wieder die Leute vom Nachbarhof vergessen, denn als du erneut mit Erklärungsentschuldigungen beginnen wolltest, riss dir Ruben beinahe das T-Shirt über den Kopf. Ließ, als seine Jeans auf den Fliesenboden glitt, die offene Gürtelschnalle in der Stille von Zimmer 10 klirren, und als gleich darauf auch du nackt warst, begann jenes Spiel, das kein Spiel war, sondern Versöhnung und Warnung und Zauberspruch gegen die Gefahr das Wegreden der Angst Rhythmus des Vögelns gegen die Mechanismen der Macht gegen deine Naivität zu eurer Lust eurem Entsetzen eurer Nähe eurer Angst. *Sag dass du's nie wieder tust.*

Später, viel später schlieft ihr ineinander ein, und als ihr um die Mittagszeit aufwachtet, wart ihr zwei Sieger. (*Trotz alledem und alledem und alledem*, wie es im schönen alten Lied hieß. *CubaLibre & Cuba Si* – ha!) Eine Brise vom Meer hatte den Fensterladen ein Stück aufgeschoben; in einer der Baumkronen saß euer ambivalenter Bekannter, der Vogel *Si*, und trällerte in abgezirkelten Abständen. (Und wusstest bis jetzt nicht einmal, wie er aussah. Ein Kolibri mit einem riesenhaften RevOluciÒn-O als Auge, wie er an die Wand jenes Vorort-Hauses gemalt war? Ein singender Trichter mit Machete, wie er sich im Stasi-Museo in der Calle Obispo präsentiert hatte? Doch wozu dies noch in Erfahrung bringen?)

Dagegen euer *Si*. Länger und lauter, rauer und sanfter zugleich, erneut in Ohren geflüstert, erneut auf Augenlieder gehaucht, erneut auf jeden Quadratzentimeter eurer Körper geküsst, in das Kopfkissen hineingetrommelt, unter dem Wasserstrahl der Dusche zerstäubt, die Lippenbewegungen vor dem Spiegel verdoppelt, real und jetzt und in diesem Moment und also ab da nie mehr ungeschehen zu machen, *nunca más*, selbst wenn ihr, unwahrscheinlicher Fall, irgendwann diese Nacht/diesen Morgen/diesen Mittag vergessen solltet, fern dieser Zeit oder der Insel, doch ihr beide in diesem Zimmer kein Gerücht/keine Phantasie, sondern wirklichste Wirklichkeit, unwahrscheinlich/weder vorgesehen noch vorhergesehen, durch kein Dekret/kein Gefährlichkeitsgesetz zu verbieten. Niemals. *Nunca, jamás.*

La Habana.

In den kühlen, weiß getünchten Wandelgängen und auf den Fluren des *Hotel Nacional* hingen die gerahmten Bilder der Berühmtheiten, doch nicht einmal an der Pinnwand der Gartenbar hoch über den Malecón fand sich eine einzige jener Schwarzweiß-Fotografien, die Europas Geister derart angefixt hatten, vor über einem halben Menschenleben. Danny Glover, Kool & the Gang, Sean Penn und ein aufgeschwemmt verschwitzter Oliver Stone in verblasster Farbe, das Kartonpapier in der Hitze zerschlissen, gewellt von trägen Tisch-Ventilatoren. Sartre aber (Zigarre rauchend, schielend) und die Beauvoir (mit Turban, fokussierter beobachtend) fehlten völlig. Recht so, dachtest du dann draußen beim Touristensteak-zu-Touristenpreisen-Essen im Garten des Protzbaus. Kipptest den zähen Fleischstücken Cristal-Bier hinterher und stelltest dir vor, dass der Mann mit dem schmutzigen Arsch und den simplen Revolutionsgedanken nach seinen Ausflügen in die Welt der Produktion und seinem Ich-krieche-vor-Charisma-Rendezvous mit dem CHE (der Madame de B. ja vielleicht hatte feucht werden lassen) genau hier oben gesessen hatte, auf dieser zur Wiese-Spielwiese werdenden Garten-Terrasse auf dem Felsplateau, von wo aus man das Meer im Garamount-Panorama bewundern konnte, jedoch den Malecón nicht sah. Weder die Straße noch das Trottoir, die Uferbefestigung nicht und auch keine Menschen auf der Mauerbrüstung. (Was sich für gewisse Philosophen und ihre Leser schon immer als recht praktisch erwiesen hatte.)

Was du wirklich vermisstest – obwohl *diese* Abwesenheit keine Überraschung sein konnte – waren Bilder von Rita Montaner, der brillantineschönen *La Única*, die hier, wiederum Jahrzehnte zuvor, mit ihren Liedern das vorrevolutionäre Publikum verzaubert hatte. Wie gern hättest du ein Digitalfoto von solchen Schwarzweißbildern gemacht und sie danach ihrem Neffen geschickt, Nach-wie-vor-Staatsfeind Carlos Alberto in Miami! Auch deshalb, wegen solcher Abwesenheiten, war das *Nacional* mit all seinen blassen, ihre *Peso Convertible*-Drinks kippenden europäischen und Gringo-Touristen der falsche Ort.

Und die einem riesenhaften Bunker ähnelnde US-Vertretung ein Stück weiter Malecón-aufwärts? Die Leuchtschrift in der oberen Etage, die in

Cuba zensierte Nachrichten aufflimmern ließ, war ausgeschaltet. Wäre ohnehin nicht lesbar gewesen im grellen Gegenlicht dieses Samstagnachmittags, deines letzten in der Stadt und im Land, der dir seltsam stumm erschien. Das Meer eine metallene Platte, von Sonnennadeln gepickt. Die von Salzwassergischt und Salpeter gepeinigten Hausfassaden vis-á-vis der Uferbefestigung jetzt viel weniger pittoresk als vielmehr Wachtürmen ähnelnd – Fluchtverhinderungsbastionen (und genau wie dieses Wortungetüm ohne Zwischenraum, Stein an Stein). Das Ensemble unzähliger, riesiger Stangen, an denen einst wehende Cuba-Fahnen die US-Leuchtschriften verdecken sollten. Jetzt aber waren da nur diese galgenartigen Masten, deren Schnüre in der Brise gegen das Metall klatschten. Klatsch-Klatsch-Klatsch. Abklatsch statt *Bailando*, dachtest du, Hölderlinsches Fahnenklirren im Tropenwind, spürst deine trockenen Lippen und setzt dich mit Durstgefühl in Bewegung, trottest vom trostlosen Nicht-Ort weg, klatschnass dein Rücken und deine Stirn auf der schattenlosen Promenade.

Ja: Deine Sehnsucht nach Ruben. Dazu diese plötzliche Angst, die Erinnerung an euer nur wenige Stunden zurückliegendes Finale irgendwann zu verlieren oder verblassen zu sehen oder sie mit den falschen Worten wiederauferstehen zu lassen, eine pathetische Fälschung wie Márquez' *Carta de despedita*.

Was sich dann in deiner letzten Habana-Nacht begab und was du beobachtest: Vom *Café Cantante* hierher in den Parque Jorge Dimitroff. Alex hatte dir, ebenso hilfsbereit wie in all den vergangenen Tagen, den Weg gewiesen zum anderen Tanzort: *Unsere* Calle hinauf bis zur Avenida 23, dann links, den Paseo rechterhand überqueren und dann immer stracks nach oben. Und so gingst du also – *stracks* und ohne Furcht vor Schritten in deinem Rücken, die dich (sei ehrlich) doch in allen, nominell oder real demokratisch regierten Ländern Lateinamerikas nach Einbruch der Dämmerung nervös gemacht hätten – selbst in deinem geliebten San José/Costa Rica, wo nach einem Dichterwort *der Präsident zu Fuß geht*, aber auch so manche Strolche unterwegs sind, ebenso wie im Parque Forestal von Santiago de Chile zwischen den Ausgehvierteln Lastarria und Bellavista, wo man dich eines Abends von einem frequentierten Hauptweg in ein Gebüsch hatte zerren und ausrauben wollen, und nur deine Schreie, nicht das ausgebliebene Eingreifen der Vorbei-Flanierenden, hatten dich gerettet.

Diese Angst also hier nicht. (Aber um welchen Preis?) Und auch nicht *diese* Unterordnung der Frauen, wie sie *Tradition* ist von Neukölln bis in die Türkei und zu *unserem Verbündeten* Saudi-Arabien. (Doch um welchen anderen Preis?) Gingst jedenfalls ohne *solche* Sorgen. Sahst unterm Laternenlicht ab und an voluminöse Frauen auftauchen, in sonnenhelle Stretch-Hosen gezwängt, die auf kompakten Beinen ebenfalls den Paseo auf der rechten Seite hochstöckelten, über schiefe Gehwegplatten balancierten und die Köpfe mit dem gekräuselten oder brillantine-glänzenden Haar unter den ausladenden Zweigen der Ficusbäume beugten – sanft und beiläufig, Berührung im Vorübergehen. Dass es dir erst jetzt auffiel, zum Abschied: Wie physisch *alles* war, was sie taten, *alle*. Wie präsent und miteinander verknüpft sie waren, auch ohne Internet. Wie sie sich einander in die Augen lächelten, stolz auf sich, erwartungsfroh auf die Anderen. Keine jener amorphen Vegan-Strichmännchen und Business-Bulimiefrauen, die sich krummrückig/greiffingrig an ihren Smartphones festhielten. *Das* festhalten, dachtest du (und musstest aufpassen, dir nicht zu guter Letzt in einer der Gehwegsenken, nein: *Löcher* den Knöchel zu verstauchen), diese Trotz-Regime-Lebensgier behalten/nicht verscherbeln/sich nicht abgewöhnen lassen durch andere, spätere Sitten.

Und wurdest, Grübelnder, dann plötzlich erneut um sechs Jahrzehnte zurückgebeamt, ins Habana von Cabrera Infantes Helden, jetzt, wo linkerhand in dem kleinen Park ein langgestrecktes Gebäude mit wellenförmigem Dach sichtbar wurde, sein durch Kordeln und zikadenumsummtes Flutlicht abgetrennter Eingang – oben die Markisen, vorn, auf dem ausgerollten roten Teppichstreifen, der uniformierte Doorman oder Ticket-Verkäufer. (*Das Tropicana*, das *Las Vegas*, das *Cabaret Sierra*?) Noch weiter vorn, unter Lichtern, von breiten Palmblättern gesprenkelt und gedimmt: die Korona der Oldtimer, dazu der eine oder andere neue Japaner. Vor allem *Yummys* würden am Wochenende ins *Café Cantante* gehen, wusste der Reiseführer auf seinen Vedado-Seiten und gab sogleich Erläuterung (er, der *Loneley Planet*-Verfasser, nicht etwa Alex, der es beim üblichen *Wirst schon sehen* belassen hatte): *Young urban marxist manager*. Ha!

Und dann warst du auch schon drin und sahst. Die riesige Tanzfläche unter einer Betonwölbung: Bühne, Parkett, Tische & verchromte Stühle bester Qualität. An beiden Seiten des Raums Pfeiler, daran gelehnt: Trinkende, Schauende. Im hinteren Bereich die ellen-ellen-ellenlange Bar, daran gelehnt: Trinkende und Schauende. Schauten auf die Leinwand oberhalb der Bühne: Clips von Grammy-Verleihungen in Hollywood! Du glaubtest nicht richtig zu sehen – Flitterflatter *imperialista* in nicht einmal fünfhundert Meter Luftlinie von der Plaza de la Revolución, wo das Regime *seine*

Menschen aufmarschieren lässt. (Bevor du in den kleinen Park abgebogen warst, in dem sich das Gebäude des *Café Cantante* befand, hattest du, noch ein Stück weiter vorn, den Beginn der überdimensionierten Plaza gesehen, ein von Peitschenlampen erhelltes, betoniertes Massenareal, ein Ufo des Totalitarismus, darin ein zeigefingerartiger Turm und an einem Betongebäude die schwarzen Umrisse des CHE-Gesichts – vielleicht ja vom gleichen *Künstler* verbrochen wie jener EVITA-Schattenriss, den du vor Jahren in Buenes Aires gesehen hattest, ebenfalls über die ganze Länge und Breite an ein Ministeriumshaus geklatscht.)

Und hier nun standen und klatschten sie zu all den R&B-Kopien und Soul-Epigonen und Spät-Rappern, die sich auf der Bühne – auf der Videoleinwand – artig oder unartig bedankten und alsdann tanzten und sangen, während das Publikum – auf der Leinwand – sein Showbizz-Lächeln anknipste und seine Reichheit und sein Schöntum á la Hollywood zeigte, nun sogar den Nachtschwärmern von der Nähe der Plaza de la Revolución ein Vergnügen, das ihnen große, leuchtende Augen bescherte und den (staatlichen) Besitzern des Clubs eine Menge Trink-Geld. (Ha!) Zweifellos: Das war eine andere Klientel als im *Humboldt*. Männer und Frauen gemischt, die einheimischen Männer – selbst die jüngeren – trotz ihrer todschicken und vielleicht auf Kurztrips nach Miami gekauften Klamotten mit einer *anderen* Stressmimik im Gesicht: *Young urban marxists* auf dem steinigen Weg von der Murks- in die Marktwirtschaft, darauf bedacht, auch dort wie die Made im Opportunistenspeck zu schlängeln. Die Frauen: Typ ambitionierte Gattin/einflussreiche Freundin/beste Freundin – Camouflage wenn nötig, Karrierehelferin so gut als möglich. Du standest an der Bar und beobachtest: Cubanische Transformationen im Rhythmus der Grammy-Gewinner. CAPITALSOCIALISMO O MUERTE. (Was würde wohl die Museums-Tante dazu sagen, die Styropor-Bastlerin im Stasi-Tempel in der Calle Obispo? Und – nicht zu vergessen, obwohl sie vielleicht ja dich vergessen hatte und *nicht* angerufen hatte – die allzeit aufmerksame Señora Schon?)

Gerade als du, eine Vier-CUC-Flasche Cristal in der Hand, an die Stasi-Schöne und an Alfredito-tricky-Frisör dachtest – sie wollten dort hin, wo ihre bessergestellten Landsleute schon jetzt saßen/standen/soffen/tanzten und mit kollektivem Schauder auf die Leinwand starrten – sahst du ihn.

Um den breiten Mund mit den schiefen weißen Zähnen ein wolfsvertrauliches Lächeln, lag die Hand des Antiquars auf dem behaarten Unterarm eines Touristen, auch dieser freilich kein Gast á la *Humboldt*: Gebügelte Stoffhosen statt über den Schenkeln spannende Bermudas, Halstüchlein statt Goldkettchen. (Oder vielleicht: *unter* dem Hermés-

Stoff ein verstecktes Edelmetall, das der Detektor des Antiquars bereits geortet hatte.) Und da du dich, um Blickkontakt zu vermeiden, abrupt umdrehtest, und neben dir an der überfüllten Bar sogleich mit Freude ein *schwarzes* Engelsgesicht sahst – eine Ausnahme, merktest du erst jetzt, in dieser Hedonistengenossen-Nacht, in der die helleren Hauttönungen dominierten, als du also, lächelnd und froh, dass du dem Anderen bei deiner schnellen Körperdrehung nicht irgendeine teure Flasche oder ein nicht minder horrendes Glas aus der Hand geschleudert hattest...

»Hola Amigo, könntest du mich auf ein Mineralwässerchen einladen?«

Na klar doch, dem jungen Meister des Diminutivs ein Aqua. Ihr kamt ins Gespräch, dein Gegenüber war Student-Innendesigner-Masseur(!)-Therapeut(!!), doch anstatt nach Lacan zu fragen, sahst du dies – im Voraus: Wie ihr redet und dann im Foyer den ersten Kuss austauscht. Wie ihr zusammen in die linde Nacht hinaus und den Paseo hinunterschlendert. Weitere Küsse im Schatten der Bäume, in der Stille der Calle 3 (unterm ewigen Licht des Nachbarhauses). Das quietschende Gartentor, der Weg durch den Vorgarten. Türklingeln und nachfolgende Ausweis-Abgabe oben an der Rezeption. Alex' Grinsen und dann hinter ins Zimmer 10...

»Hmh, gracias. Undwastrinkstduda?«

»Cristal.«

»Oh! Wäre auch nicht schlecht, aberdievielenCUCITOS...« (Hola-Hoppla, Cucito-Cupido, Diminutiv sogar der Währung!)

»Hey, Amigo. Für ein Bier bist du eingeladen.«

Im Zimmer dann die Auszieh-Prozedur (jeder für sich oder ihr miteinander – je nach Temperament), und während er im Bad war, würdest du im offenen Koffer deinen Pass und das restliche Geld noch tiefer in der Nicht-*Rossmann*-Tüte verstauen, die randvoll gefüllt war mit Schmutzwäsche, und wenn der junge Beau schließlich aus der Dusche kommt: Sein Lächeln und Grinsen, Lippenlecken und Griff ans Gemächt, hier ist mein Speer/mein Arsch/mi Boca, kenn' ne MengeLeutediereisennurdeshalbhierheraufdieInsel, haha...

»Danke, aber von Bier bekommichimmer solcheKopfschmerzen. Teilenwiruns ein Fläschchen Champagner?« Er fragte fast beiläufig, und da war auch schon seine Hand auf deiner Schulter, war er näher getreten, spürtest du am Reißverschluss deiner Jeans den Reißverschluss seiner Jeans, dahinter das aufgerichtete Glied.

Hatte er gedacht, so liefe es in Hollywood, sobald die Grammy-Kameras ausgeschaltet waren und das wahre-wilde Leben begann – Francis Scott ohne Zelda? (Ha!) Hielt er dich für einen aus dem dortigen Publikum – hielt er womöglich *alle* aus dem Ausland für Angehörige jener Grammy-Welt, die da vorn über die Leinwand zuckte?

»Tut mir leid, mein Budget...«

»Ach, machtdochnichts«, sagte der Beau. Gab dir einen Halsschmatz, hinterließ einen Hauch von Kenzo und war binnen Sekunden im Gewühl verschwunden, nun noch näher der Leinwand.

Wenige Minuten später warst du wieder draußen. Entgegen der Laufrichtung, denn noch immer stauten sich vor der Kordel und unter dem Flutlicht die Wartenden, dem *Café-Cantante*-uniformierten Zerberus Scherz- und Schmeichelworte zurufend, damit sie ein bisschen schneller in den Tempel gelangten als ihre Pseudo-Freunde vor und neben ihnen. Die revolutionäre Tragödie, im Schlussakt als Konsum-Farce. (Zeit zu gehen, dachtest du, Zeit abzufliegen, dachtest du, denn wenn schon derlei erwartbare/konventionelle Überlegungen dein Bier-nicht-Champagner-Hirn durchflossen... Nur an Ruben wolltest du in diesem Moment nicht denken, dir nicht vorstellen, dass auch er irgendwann zu einer jener parfümierten Dauer-Larven würde. Nein.)

Ha, Mister T.S. Eliot! Noch nie in Habana gewesen? *This is this is this... This is how the world ends: not with a bang but with a whimper.* Wirklich, *verdad?*

Wo doch die *Hollow Men* vom Parque Jorge Dimitroff gar keine Zeit mehr hatten, *hollow/leer* zu werden, jetzt gegen drei Uhr sonntagmorgens, auf diesem winzigen Weg-Treppen-Gebüsch-und-Büsten-Hügelchen an der Ecke Paseo und Avenida 23!

Waren – unbefriedigte *Café Cantante*-Gäste oder nächtliche Herumstromerer, die längst zu alt oder auch nur zu unscheinbar waren für den *Jinetero*-Status im *Humboldt* – im unschuldigsten Wortsinn, doch absolut unerleichtert *auseinandergespritzt,* nachdem es (wie in einer Cartoon-Szene, dachtest du) unten an der Kreuzung diesen *Bang* gegeben hatte: Austin ohne Bremsung trifft Buick mit Schlingerreifen – krach-plauz-peng, und da das Geräusch derart bombig klang, *sofortiges* Blaulichtkreischen von den Nachbarstraßen her. (Hatten sie also dort gewartet, auf der Lauer gelegen zwischen dem steinern umrandeten Meer am Malecón und der riesigen Plaza de la Revolución mit ihrem Turm und dem CHE-Bildnis? War ihnen, da sie ja auch darum wissen mussten, das nächtliche Zueinander-Gedrängel im Hügelchen-Park, gewidmet dem Andenken des bulgarischen Stalinisten Georgij Dimitrov – Prozessheld von Leipzig, Denunziant in Moskau, Henker in Sofia – demnach völlig schnurz, so lange nur Ruhe auf den Straßen herrschte?)

Diese Comic-Haftigkeit – Schnurre statt revolutionäres Epos – die dir bereits eine Viertelstunde zuvor aufgefallen war, auf dem Rückweg zur *Casa*, zu deiner letzten Nacht in Zimmer 10, als du hier tatsächlich *ganz zufällig*, da ohne jedes Insider-Wissen... Die wie Lemminge von den nächtlichen Trottoirs ins Grüne abbiegenden Männer-Gestalten, die plötzlich zwischen Gebüschwegen verschwanden oder sich eine Zigarette anzündeten im Schatten der Dimitroff-Stele. Kippen auf den Pfaden, zu Halb-Humus gewordene Papiertaschentücher, aufgerollte Kondome. Du folgtest dem Gefunkel der Straßenlaternen, das durch Sträucher und Baumkronen drang – genug Licht, um zu sehen, dass die Männer, die sich auf dem höchsten Punkt des Hügels versammelt hatten, nicht dein Typ waren. Schweratmige Dickbäuchige und spacke Jüngelchen, die man zu anderen Zeiten (in anderer Prosa) als akne-gepeinigte Ladenschwengel bezeichnet hätte, im Kreis versammelt auf diesem mäuerchen-umrandeten Halbrund, sich züchtig die Hälse küssend, einander unzüchtig die Schwänze reibend. Mitunter ging einer von ihnen in die Knie, während die anderen noch näher drängten, ihren Hosenlatz-Inhalt in ein anonymes Schlabbermäulchen zu schieben. Und du?

Warst nicht einmal angeekelt, nur irritiert, wie du dich und die Szenerie jetzt sahst: Tatsächlich nämlich als Comic, schwarzweiß schraffiert, alle Konturen markant, sogar die Palmenblätter und die Zweige der Ficusbäume. Und im Halbschatten jene Gesichter, die sich angesichts deines Desinteresses bald wieder abwandten, eine weitere Zurückweisung einsteckten und in der Schwammigkeit ihrer Wangen wegsteckten. Muss die Hölle sein, dachtest du, auf dieser noch immer schönen Insel einer Minderheit physisch Unattraktiver anzugehören. Von der ansonsten doch so großzügigen und verschwenderischen Natur nicht einmal jene sinnliche Kompensation erhalten zu haben, die als einziges das hiesige Leben noch erträglich macht. Von der Regierung und der Geschichte (der Partei/den Castros/dem CDR/dem Embargo/dem Mangel/dem Zwang/der Überwachung/dem Was-auch-immer) bestohlen und von jener Natur dennoch nicht beschenkt: Himmelschreiendes Unrecht, dachtest du in dieser letzten Habana-Halbnacht, die ein Morgengrauen bringen würde und am späten Nachmittag den Rückflug, den vor dir in altmodischen T-Shirt's aneinander Herumreibenden dagegen höchstens eine schale Sekunden-Erleichterung. Weder CUC noch Freude noch Pass und Visa, nur dieses Sich-Entleeren, doch schließlich nicht einmal dies, da jetzt...

Plautz!, machte es auf der Straße, und von oben sahst du (in Comic-

Format) zerbeulte Walross-Stoßstangen und den aufsteigenden Qualm, die szenegerecht aus den Autos Springenden, lädierte Türen Aufstoßenden, auf einander Einbrüllenden. Während um dich herum ein halbes Dutzend halbsteifer Schwänze wieder eingepackt wurde, in erneuter Geste der Resignation, der All-Blasende sich stöhnend erhob und davon wankte, da doch jetzt unten auf der Straße nicht jene sehnsüchtig erwarteten Männer auftauchten, nach denen man hier stundenlang – rauchend, unter der maskenhaft bronzenen Dimitroff-Büste hüstelnd umhergehend – gespäht hatte, sondern: *Die Macht*. Zwei/drei/vier Polizeiautos. Waren sofort da. Sperrten die Kreuzung ab, obwohl sich um diese Stunde ohnehin kaum Motorisiertes über den rissigen Asphalt quälte. *Moderne* Polizeiwagen waren das, Skoda oder Mazda, die Lackierung im Laternenlicht glänzend.

Ein paar Minuten später, als sich herausgestellt hatte, dass der kleine Auffahrunfall nur Blechschaden verursacht hatte, also glimpflich verlaufen war und auch nicht der Beginn einer (Konter-)Revolution, die eingetretene Unruhe also nicht politisch, sondern auto-mechanisch, glitten drei Wagen, nun ohne Sirene, wieder in die Nebenstraßen davon. Zwei Uniformierte blieben am Tatort, nahmen Papiere auf, beaufsichtigten das erfolglose Wiederanlassen der wuchtigen Fossile, die irgendwann dennoch ansprangen und davon krächzten/ruckelten/qualmend schlichen in Richtung La Rampa. Während du – Chronist und letzter Gast auf dem Dimitrofff-Hügelchen – all das beobachtetest und dir schien, dass sich die Austin- und Buick-Fahrer mit dem gleichen Kannste-nüscht-machen-Fatalismus von der Szene entfernt hatten wie *The Holow Men,* die sich nicht hatten entleeren können, da ihre kleine Nachtwelt der armseligen Lust keineswegs mit einem whimpernden Winseln oder gar mit Gangbang zuende gegangen war, sondern mit dem blechernen Crash-Krach zweier ebenso todmüder Fünfziger-Jahre-Oldtimer unten auf der Straße. (Tropische Lebensfreude – ach, auch so eine *Carta de despedida*, von den Puppenspielern der Macht zum Gaudi der Inselgäste zusammengefälscht.)

Sie wussten es doch, dachtest du auf dem Nachhauseweg. Alle wussten es, auf ihre je eigene Weise. Die Yummies vom *Café Cantante* über die Usancen des Aufstiegs im Schatten des CHE-Bildes auf der Plaza de la Revolución. Ihre kleinen, unglücklicheren Brüderchen an der Bar bei der Staffelung der Fragebitten von Mineralwasser bis Champagner. Und die Älteren, die im Parque Dimitroff wahrscheinlich sogar noch aus Schultagen wussten, wie heldenhaft dieser bulgarische Genosse gewesen war, hatten ebenfalls das richtige Gespür: Abhauen, wenn die Polente kommt.

Lazaro wusste, wann man *Lacan* sagen musste, und Walker, wieviel CUC/ Euros du sparen könntest, wenn du ihm Schuhe kaufen würdest. (Nur der empörte Schweizer wusste nichts und schätzte die unschuldige Nacht mit Ruben und dessen Mit-Rekruten völlig falsch ein – ha!) Auch Alfredito und alle im Haus der Wippenden von Santiago wussten Bescheid.

Die deutschen Touristen, von Señora Schon hierhin und dorthin geführt, sahen, was sie sahen, übermäßig Bescheid wussten die *Jineteros* im *Humboldt*, während dir Karate-Gariel *schon* gleich zu Beginn deines Hierseins auf der Insel seine Müdigkeit gestanden hatte, das Unnütze all dieses Wissens: *No puedo más.* Señor Padura jedoch wusste vor allem um die potentielle Gefahr und das Törichte deiner Fragen. (Ziehst jetzt, heimziehend, also eine Art Resümee, oder was?)

Alex, dachtest du, nun *schon* fast – ein letztes Mal – an der Ecke, an der du von der Avenida 23 in deine Calle 3 abbiegen musstest, Alex wusste über das Nachbargebäude ebenso Bescheid wie über die Wünsche der auswärtigen Gäste – *und* über deine Naivität. Und Ruben? Würde von seinen Eltern über das *Gesetz der Gefährlichkeit* unterwiesen worden sein, das noch gegen Ende der siebziger Jahre Menschen aus ihren Wohnungen verbannt hatte, nur weil sie es gewagt hatten, mit westlichen Ausländern zu sprechen. Hatte mit Sicherheit davon gehört und lernte mit den Modifikationen zu spielen: Die unterbrochenen Nacht-Aufenthalte in der *Casa*, die nötigen Pausen beim Hinterlegen seines Ausweises. Und auch Orestes und seine Kollegen wussten Bescheid, denn einer von ihnen – wer war es? – hatte am Ende eures Treffens deine beiläufige Frage beantwortet.

Jener mysteriöse »Dritte« in Leonardo Paduras Roman *Máscaras*, der in den Erinnerungen des verbotenen Dramatikers im Pariser Mai '68 noch ein kabarettsüchtiger Freund und Mitreisender gewesen war, nach seiner Heimkehr und der Maßregelung durch die kubanischen Behörden sich jedoch zum Angepassten, ja zum Einpeitscher gemausert hatte – wer war er, *im realen Leben*?

»Natürlich der Genosse Miguel Barnet«, sagte man dir in dieser Dachwohnung in Vedado, denn auch sie – *gerade* sie, die Vorsichtigen – wussten Bescheid. Während die simplere Köder auslegende Señora Schon lediglich davon Kenntnis bekommen hatte, an welchen Adressen du in Habana aufzufinden sein würdest. So oder so: *Jeder* wusste hier *irgend etwas*, während du... Immerhin: Warst nicht nur auf StraßenundPlätzen gewesen oder in Betten(ha)! Hattest dich in Häusern/in Zimmern/in Höfen/auf Dächern/ in Dachkammern/in Korridoren/auf Balkonen herumtreiben können, Zaungast im hiesigen Labyrinth. Und hattest, Glückspilz, nicht nur die

Verschlagenen, sondern auch die Edlen kennengelernt. (Und denkst das ohne jede Ironie, die Augen feucht, Zähne in die Lippen gebissen.)

In deiner letzten Nacht in Zimmer 10 träumtest du, dass sich die Schranktür in ein Floß verwandelt hatte, ihre Spiegelfläche jedoch keinen Halt gab. Über den höher und höher schlagenden Wellen sang der Vögel *Si* sein höhnisches Lied, und die Gestalt, von der du nur den sonnengebräunten Rücken auf dem Spiegelfloß sahst – war das etwa Ruben?

La Habana.

Möglichkeit eines Berichts (VII)

Beobachter reiste heute ab. Am späten Vormittag regelte er die Bezahlungsmodalitäten, behielt jedoch das Zimmer 10 noch bis zum Nachmittag.

Möglichkeit eines Berichts (VIII)

Um die Mittagszeit verließ *Beobachter* (nachfolgend B. genannt) das Haus, wandte sich nach rechts in Richtung der Calles 21, 19 und 15; es war der gleiche Weg, den er bereits am Mittwochnachmittag eingeschlagen hatte, an der Seite des Übersetzers Sandoval, Orestes. Doch weder die Deutsche Botschaft noch das Haus des Schriftstellers Monteiro, Reinaldo war diesmal B.s Ziel. Stattdessen machte er Fotos von einem Haus, dessen Vorderfront-Erdgeschoss sich in Höhe einer Nebenstraße befindet, während der rückwärtige Teil über ein zwei Etagen tieferes Parterre verfügt, das wiederum auf eine parallel laufende Querstraße geht. Von der Seite sah man B. Dutzende Bilder von den Rissen in den Balustraden machen, von Balkonen, die mit Matratzen, Blumenkästen und radlosen Fahrrädern vollgestellt waren. Um einen besseren Blick zu bekommen, sah man ihn sogar Zweige beiseite schieben, auf den Gehwegplatten balancieren und immer wieder zwischen beiden Straßen hin und her gehen, auf und ab, hoch und runter. Das Haus der zwei Parterres schien besonderen Reiz auf ihn auszuüben. Inwieweit seine kleine Digitalkamera in der Lage war, von seiner Position aus in die offenen Türen und Fenster hinein zu zoomen und zwischen den im Dämmer liegenden Säulen die Silhouetten von Siesta-Haltenden zu erkennen, konnte nicht eruiert werden: Bis zu seiner Abreise aus Habana führte B. seine Kamera und das Notizbuch die ganze Zeit mit sich.

Möglichkeit eines Berichts (IX)

Beobachter (nachfolgend B. genannt) kehrte gegen 13 Uhr in die *Casa* zurück, um in seinem Zimmer Mittagsschlaf zu halten. Das Taxi zum Flughafen wurde für 17 Uhr bestellt. Gegen 15 Uhr klopfte der Rezeptionist Alex an die Tür von Zimmer 10; wenig später erschien B. im Vestibül. Der Rezeptionist Alex trat von hinten an ihn heran und verschloss mit beiden Händen die Augen des B. Vermutlich setzte er B. auf Deutsch über den Zweck dieses Tuns in Kenntnis, denn B. blieb mitten im Vestibül stehen, bis jemand hinter dem Türbogen des zweiten Korridors hervortrat und B. auf den Mund küsste. Es war der Rekrut R. Daraufhin zog sich der Rezeptionist an seinen Tisch mit dem Computer zurück, während R. und B. im rechtsseitigen Korridor verschwanden und ein letztes Mal Zimmer 10 betraten.

Zwei Stunden später musste das Taxi mehrfach hupen und der Rezeptionist Alex wiederholt an die Zimmertür klopfen, doch erst nach weiteren zwanzig Minuten sah man den Rekruten R. wieder im Vestibül und anschließend auf der Treppe, um die *Casa* zu verlassen. Sein Gesicht war gerötet und er lächelte.

Kurz darauf erschien B. mit seinem Rollkoffer vor der Rezeption; auch er lächelte, schien jedoch ein wenig nervös zu sein, unruhig. Dann wurde er vom Rezeptionisten Alex umarmt, beinahe eine Minute lang. Der Inhalt ihrer deutschen Unterhaltung konnte nicht verfolgt werden, allerdings waren Zeichen einer gewissen Vertraulichkeit nicht zu übersehen. Um viertel vor sechs hatte B. schließlich die *Casa* verlassen und war in das noch immer vor dem Gartentor wartende Taxi eingestiegen.

*

»Real Madrid oder Bayernmunich?« Den Paseo hoch, vorbei an der Revolutions-Plaza. Vorbei am CHE-Riesenkopf. Vorbei an Informations- und Innenministerium. Vorbei am riesigen *Va bien, Fidel*-Slogan am Gebäude des Zentralkomitees der KP. Vorbei an den Wachposten mit den MP's. Vorbei.
»Weder noch. InterressiermichnichsofürFußball.« Gleich vorbei auch die Notwendigkeit des Nuschelns, wenn du spanisch radebrechst. (Wirst es vermissen, Cuba/Habana- und jetzt nur noch Taxi-Gast.)
»Gut so! Wo doch *Bejsbol* das einzig Wahre ist. Auch wenn wir längst keine guten Spieler mehr haben.« Eine mehrspurige Straße entlang, zu beiden Seiten die Plakate und Slogans. (Wirst sie *nicht* vermissen, weder diegroßkotzigen/weinerlichen/auftrumpfenden/triumphierenden/

fordernden Losungen noch die Drei Fressen: Die Castro-Brüder plus CHE.)
»Wie das?«
»Na weil sie abhauen! Mehr vom Leben wollen alsdashier.«
Bald vorbei auch dein Befragungs-Modus: Versucht der Fahrer mich, quasi auf den letzten Metern, aus der Reserve zu locken, oder hat er mit allen Illusionen/Hoffnungen/Gewissheiten nun auch die Angst verloren – zumindest während einer Flughafenfahrt mit einem Ausländer auf dem Rücksitz?
»Und wo gehen sie hin?«
»Wohin sie *flüchten,* meinstewohl, Amigo. In die USA, in die verschiedenen Ligas dort! Keine Zeit zu verliern, sind ja nurkurzjung.« Kraulen des kahlen Schädels, auch er also ein Wissender, denkst du.
»Undeinssagich dir! *Dort* haben sie Erfolg. Müssen *dort* nicht in irgendwelche *Organisationen,* sondern nur das haben: Erfolg.« Pfeifen zwischen den Zähnen, Abbremsen des Wagens, jetzt, wo der Verkehr zähflüssiger wird, so kurz vor dem Abzweig zum Flughafen. »Und Dios, wiesihnen gelingt! Schließlich sind wir *Cubanos.*«
Und dann, *schon* während des Einfädelns des Ladas in der Autoschlange vor der Abflughalle, noch dies: »Auch wenn sie angeblich tot sind.«
»Tot?«
»Nanichso-tot, Amigo! Dürfen nur bei unsim Radio, im Fernsehen und in der Zeitung nich mehr erwähnt werden. Heut noch GenosseMannschaftsmitglied, morgen... Als hätts sie niegegeben. Als würdens Spiele, an denen sie drüben oder international teilnehmen, auch nich geben. Nur, weil sie inzwischen *dort* dabei sind, *sabes*? Kein Sterbenswörtchen mehr über sie, ganze Spieltabellen müssen so abgestimmt sein, dass ihre neuen Teams nicht auftauchen. Haha, starke Kerle, was?«

»Und, hatten Sie *schon* eine gute Zeit?«
Fliegender Wechsel. Dem offenherzigen Taxifahrer ein paar CUC mehr gegeben (Und dich für den Ablasshandel geschämt: Sein Mut, der von *dir* belohnt wird – ha!), zusammen das Gepäck aus dem Kofferraum gewuchtet, Handschlag und Adiós und auf dem Weg zwischen Automatiktür und Check-in-Schalter: Señora Schon, das Uhu-Gesicht mit dem eng anliegenden, erneut verschwitzten Haar ganz mütterliche Neugier.
»Was für ein Zufall...«
»Aber nicht doch! Ich warte auf eine Gruppe, so ähnlich wie die Deutschen, mit denen Du angekommen bist vor so vielen Tagen...«

Sie begleitet dich zum Schalter, du fragst sie, weshalb sie *schon* jetzt weiß, dass diese Gruppe der anderen *ähnlich* sein wird, worauf sie sagt: »Weil's alle sind.«

Zum ersten Mal hörst du Sarkasmus in ihrer Stimme – entdeckst zum ersten Mal eine Spur von Sympathie für sie. (Wie sich alles fügt zum Schluss, was?)

»Alles gut verlaufen in Santiago und während der restlichen Tage in Habana?«

»Allerbestens. Nur Miguel Barnet hat sich nicht gemeldet.«

»Nein«, sagt Señora Schon. »Hatte ich mir aber schon gedacht und dir schon in Trinidad nicht allzu viele Hoffnungen gemacht.«

»Korrekt«, sagt du, denn damit hatte sie *schon* Recht. (Außerdem: Du denkst an Ruben, an Ruben, an Alex' Abschiedsworte und an Ruben.)

»Wirst du einen schönen Artikel schreiben über unsere Insel oder hast ihn womöglich schon geschrieben?«

Ihr rückt in der Schlange vor, beinahe, denkst du, wie ein altes Ehepaar, *ähnlich* den Deutschen vor euch. Doch tragen diese Strohhüte auf dem Kopf und im Nacken sonnenverbrannte, rote Streifen. Die Frauen mit Rastazöpfchen im Haar, ihre verwunderten Blicke auf dich und den wissbegierigen Uhu.

»Wird wohl ein ganzes Buch. Ist auch *schon* fertig.«

»Aha...«

»Aber nicht im Notizheft, sondern im Kopf. Haha!«

»Haha...«

Dann drückt dich Señora Schon an die Brust, du riechst diese Mischung aus Seife und frischen Schweiß, ihren Pfefferminzatem. »Es war mir eine Freude...Mir auch...Bin gespannt, von Dir zu lesen...Warte ab«; es sind (beinahe) die üblichen Abschiedsformeln. Als sie gewechselt sind, rückst du weiter in der Warteschlange vor, siehst nur einmal noch kurz hinter dich: Señora Schon, anstatt hinüber in die Empfangshalle zu gehen, läuft auf kurzen Beinen/entschiedenen Schritts nach draußen. Du verlierst sie aus den Augen, stehst vor dem Schalter. Fragst dann nach dem Ende der Eincheck-Prozedur, ob der deutsche Flieger *schon* angekommen sei.

»*Que?*« Die Angestellte mit der Aufkleberbanderole in der Hand versteht nicht und runzelt die Stirn, so dass du die Frage wiederholst.

»*Schon* angekommen? Dann wäre es jetzt für die Rückflug-Passagiere etwas zu früh, oder? Steht doch schon seit Stunden auf dem Rollfeld, aufgetankt und leer.«

Soviel zu Señora Schons Auftragsarbeit, denkst du, möchtest jedoch –

auf den nun tatsächlich allerletzten Metern – nicht gerade an sie denken. (Eher an Ruben, an eure letzten zwei Stunden, an das, was...)

Als könntest *du* es entscheiden! Der Pferch, an dessen Eingang man dein Visum abstempelt und dessen Ein-Meter-Enge du zu durchlaufen hast, erinnert dich an die Grenzkabuffs am Bahnhof Friedrichstraße: Resopal/Sperrholz/Uniformierte-die-nie-lächeln. Und wann hast du sie das letzte Mal durchschritten? Februar '90. *Nach* Mauerfall. Nach dem Ende, der ein Anfang war. *Not with a bang but with a whimper.* Wünschst dir *Ähnliches* für die Insel, kreuzt die Finger, gehst durch die per Summton sich öffnende Tür, stehst vor einem Uniformierten.

»Da hat etwas gepiept«, sagt er und zeigt auf das schmale Lederarmband mit dem Metallicstreifen, das dir Ruben am Mittwochabend geschenkt hatte. (Am Donnerstag unter Lazaro-des-Nicht-Therapeuten materialistischem Blick auf zwei CUC taxiert und jetzt etwa...) Dein zögernder Griff zum Handgelenk wird mit einer knappen Schon-gut-Geste gestoppt, dann wirst du auch schon weitergewinkt, dann atmetest du durch (wegen des Notizbuchs wegen des Armbands wegen *allem)* und schon stehst du mitten im Duty-Free-Bereich.

»Und wo is nu der Rum?«, hörst du ein paar deiner Landsleute fragen. Hörst dann nichts mehr, weder auf den Wartebänken noch im Flieger. Bist nicht müde und hast – inzwischen *schon* in der Luft und auf dem Bordmonitor jetzt mit Guantánamo das letzte Fitzelchen Cuba zu sehen – auch keine Scheu, dich der Notlüge zu überführen. Von wegen alles im Kopf, Genossin Schon aus dem schönen Freiberg in Sachsen. Hast dir während der ganzen Zeit selbstverständlich Notizen gemacht, fügst ihnen neue hinzu.

Seltsam: Gerade dort, auf jener Insel der angeblich angehaltenen Zeit, schien es keine Langsamkeit und kein Verweilen zu geben – weder für deinen Blick noch für die Geschehnisse, denen er folgte. (Oder es zumindest versuchte.)

Die Notizbuchseite mit Rubens E-Mail-Adresse aber lässt du frei. Ein paar Zeilen unter Alex' Facebook-Adresse hatte er sie dir aufgeschrieben, was zur zeit noch ohne Sinn war. »Ich geh' da nie hinein, zu teuer. Aber für die Zukunft, weißt du, für später.«

Für später-später-später.

Möge es, verdammt noch mal, bald sein, *für alle.*

Marko Martin im Wehrhahn Verlag

Kosmos Tel Aviv
Streifzüge durch die israelische Literatur und Lebenswelt
234 Seiten, Broschur, ISBN 978-3-86525-293-7, Preis: 19,80 €

Kosmos Tel Aviv führt in Streifzügen durch eine israelische Literatur und Lebenswelt, die in ihrer flirrenden, selbstkritischen Heterogenität hierzulande noch kaum bekannt ist. Nicht enzyklopädische Vollständigkeit, sondern die Lust an Lektüre, an Biographien und unerwarteten Alltagsbegegnungen vermittelt dieses Stadt-Lesebuch – inklusive Abstecher nach Jerusalem, in Israels Norden und hinunter in die Negev-Wüste. Marko Martin schreibt nicht als kühler, nur für wenige Tage zugereister Beobachter, sondern als sympathisierender Flaneur – in Essays, Reportagen, Autoren-Porträts und Glossen. Die Schriftsteller, die er hier trifft – vom jiddisch schreibenden Holocaust-Überlebenden Alexander Spiegelblatt über die jüngeren Romanciers Nir Baram und Etgar Keret bis zu den israelisch-arabischen Autoren Sayed Kashua und Ayman Sikseck – vermitteln dabei ein ungleich komplexeres Israel-Bild als das medial übliche.

Treffpunkt '89
Von der Gegenwart einer Epochenzäsur
320 Seiten, Hardcover, ISBN 978-3-86525-416-0, 22,80 €

»das beste Buch zum Fall der Mauer«
(Michael Kleeberg, Süddeutsche Zeitung, 7.11.14)

Schnurrt unsere Erinnerung an das Revolutionsjahr 1989 tatsächlich auf die bis zum Überdruss gezeigten Fernsehbilder zusammen? Für Marko Martin – Schriftsteller, Essayist und Reisender aus Passion – ist jenes Jahr ungleich mehr. Im Mai 1989 als Kriegsdienstverweigerer aus der DDR ausgereist, erinnert er nun ein Vierteljahrhundert später nicht etwa das sattsam Bekannte, sondern an die Vorgeschichte der Umwälzung ebenso wie an ihre heutigen Spuren im Gesicht der Welt.
Sein Augenmerk liegt dabei auf den antitotalitären Vordenkern wie etwa Manès Sperber, Arthur Koestler, Vaclav Havel und Albert Camus. Wichtige intellektuelle Protagonisten lernte er noch persönlich kennen: Jürgen Fuchs, Reiner Kunze, Melvin Lasky, Ralph Giordano, Czeslaw Milosz, Tomas Venclova, André Glucksmann, Milo Dor oder Francois Fejtö, dazu emigrierte Dissidenten zwischen Toronto, Lissabon und Hongkong.

Madiba Days. Eine südafrikanische Reise
328 Seiten, Hardcover, ISBN 978-3-86525-463-4, 22,80 €

1990 bedeutete nicht nur für Deutschland eine Zäsur. Mit der Freilassung Nelson Mandelas begann auch das Ende der anachronistischen Apartheid in Südafrika. Marko Martin hat das Land seither oft besucht, doch ist auf seiner jüngsten Reise plötzlich alles anders. In der Nacht des 5. Dezember 2013 erreicht ihn in Kapstadt die Nachricht vom Tod des legendären Freiheitskämpfers. Alles Gesehene und Erinnerte erhält damit eine zusätzliche Grundierung: Wieviel Vergangenheit steckt in der Gegenwart, welches Sprechen darüber ist möglich? In Johannesburg und Pretoria, bei Begegnungen in Townships und auf einer ehemaligen geheimen ANC-Farm spürt Martins literarisches Tagebuch Mandelas Lebensleistung nach, über die »Versöhnung zwischen schwarz und weiß« hinaus: Ein Freiheitsstreben ohne ideologische Hybris, ein Insistieren auf demokratische Institutionen. Sind Revolutionäre also doch nicht immer zum Scheitern verurteilt?